宋太祖赵匡胤,陈桥兵变,北周"点检做天子",黄袍加身真的身不由己?

赵普是宋初谋士，竟引得皇帝和御弟雪夜拜访，足可见皇家的信重。明人刘俊的这幅《雪夜访普图》，生动刻画了宋太祖和赵普促膝谈话的情景。

也许正是有了"杯酒释兵权",宋太祖才能悠闲蹴鞠。这幅宋人苏汉臣所绘《宋太祖蹴鞠图》中,技艺不凡的宋太祖正和赵光义、赵普、石守信等切磋球技。

史说历代焦点人物·宋太祖

北宋首都汴梁是个繁华的大都市,张择端的《清明上河图》长卷描绘了汴梁的繁盛,仅仅这里的局部已经足以让人遐思慕念。

都市生活的一个重要方面,就是消闲。从这里的《斗茶图》(南宋刘松年绘),可见宋代都市市井生活的精致甚至精彩。

史说历代焦点人物

史说宋太祖

黄袍加身的宋太祖及其老友新朋

郭　佳 —— 编著

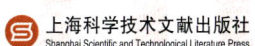
上海科学技术文献出版社
Shanghai Scientific and Technological Literature Press

图书在版编目（CIP）数据

史说宋太祖／郭佳编著．—上海：上海科学技术文献出版社，2025. —ISBN 978-7-5439-9353-2

Ⅰ．K827=441

中国国家版本馆 CIP 数据核字第 2025T6A222 号

责任编辑：张雪儿
封面设计：留白文化

史说宋太祖
SHISHUO SONGTAIZU
郭　佳　编著

出版发行：	上海科学技术文献出版社
地　　址：	上海市淮海中路 1329 号 4 楼
邮政编码：	200031
经　　销：	全国新华书店
印　　刷：	商务印书馆上海印刷有限公司
开　　本：	850mm×1168mm　1/32
印　　张：	15.25
插　　页：	4
字　　数：	368 000
版　　次：	2025 年 3 月第 1 版　2025 年 3 月第 1 次印刷
书　　号：	ISBN 978-7-5439-9353-2
定　　价：	68.00 元

http://www.sstlp.com

目 录

黄袍加身宋太祖

宋太祖赵匡胤……………………………………… 3
《宋史·太祖本纪》……………………………… 73
古今名家评说……………………………………… 106

承前启后诸君主

后周世宗柴荣……………………………………… 131
后周恭帝柴宗训…………………………………… 142
宋宣祖赵弘殷……………………………………… 144
宋太宗赵光义……………………………………… 147

太后·皇后·公主

昭宪太后杜氏……………………………………… 165
孝惠皇后贺氏……………………………………… 169
孝明皇后王氏……………………………………… 170
孝章皇后宋氏……………………………………… 172
燕国长公主………………………………………… 174
昭庆、延庆二公主………………………………… 175
永庆公主…………………………………………… 176

宗室亲王与外戚

魏悼王赵廷美……………………………………… 181

燕懿王赵德昭……187
秦康惠王赵德芳……189
母舅杜氏诸昆仲……190
岳丈宋偓……193
妻弟王继勋……198
姨表弟刘知信……201

义社十兄弟

天平军节度使石守信……207
昭义军节度使李继勋……212
忠正军节度使王审琦……214
镇宁军节度使刘廷让……217
彰德军节度使韩重赟……222
史传失载四兄弟……225

陈桥兵变关系人

归德军节度使高怀德……229
镇宁军节度使张令铎……233
永清军节度使张光翰……234
建雄军节度使赵彦徽……235
翰林天文苗训……237
枢密副使李处耘……238
枢密使楚昭辅……244
唐州团练使王彦升……247
安国军节度使罗彦瓌……250
礼部尚书陶穀……253

宰相半《论》治天下

侍中范质	261
司空王溥	267
右仆射魏仁浦	274
中书令郭从义	280
检校太傅孙行友	284
门下侍郎赵普	287
门下侍郎薛居正	307
中书侍郎沈伦	311
中书侍郎卢多逊	315

武将偏多是使相

成德军节度使韩令坤	323
检校太尉慕容延钊	326
凤翔节度使符彦卿	329
凤翔节度使王景	335
山南东道节度使向拱	339
永兴军节度使王彦超	343
忠武军节度使王全斌	348
枢密使曹彬	356
宣徽北院使潘美	366
嘉州防御使张琼	370
桂州观察使曹翰	372
枢密使吴廷祚	377
枢密使李崇矩	379
右卫大将军王仁赡	384

文臣谋士状元郎

兵部尚书李涛……………………………………… 391
御史中丞刘温叟……………………………………… 395
御史中丞边光范……………………………………… 400
礼部尚书窦仪………………………………………… 404
吏部侍郎吕馀庆……………………………………… 409
兵部侍郎刘熙古……………………………………… 412
左拾遗李穆…………………………………………… 414
户部侍郎扈蒙………………………………………… 419
翰林学士王著………………………………………… 421
给事中赵逢…………………………………………… 423
枢密直学士高防……………………………………… 426
枢密直学士冯瓒……………………………………… 430
光州刺史史珪………………………………………… 434
开国第一状元杨砺…………………………………… 437
开国第二状元张去华………………………………… 440

前朝臣子与割据群雄

昭义军节度使李筠…………………………………… 449
淮南军节度使李重进………………………………… 456
荆南王高继冲………………………………………… 461
蜀后主孟昶…………………………………………… 463
南汉后主刘鋹………………………………………… 467
南唐后主李煜………………………………………… 470
吴越忠懿王钱俶……………………………………… 479
北汉后主刘继元……………………………………… 480

黄袍加身宋太祖

宋太祖赵匡胤黄袍加身之后，南征北战，基本结束了唐末以来持续数十年的割据局面，并实行较为开明的内外政策，算得上是一代英主。"杯酒释兵权"的策略，较之有些君主"狡兔死，走狗烹"来得高明且仁义，但重文轻武却也埋下后来军势不振、饱受欺凌的恶果。至于所谓"斧声烛影"，无非是历代宫廷几乎都要串演的剧目，难以坐实，也不可轻忽。

宋太祖赵匡胤

赵匡胤（927—976），宋朝开国皇帝。小名香孩儿，涿郡（今河北涿州）人。诞生于军营，早年从军，后周时官至殿前都检点。陈桥驿兵变"黄袍加身"，代周建宋。在位期间，致力于统一全国，基本结束唐末以来纷争割据的局面，且实施开明政策，较好调整了君臣、央地关系，使社会经济得到较大发展。但其"重文轻武"政策利弊参半，"金匮之盟"不无纷纭。

一、作战勇猛　世宗赏识

赵匡胤乳名叫"香孩儿"。传说他出生时，正值后唐明宗李嗣源在洛阳宫中焚香祷告。李嗣源虽被部下拥立为帝，却一直认为自己出身蕃族（沙陀人），家世贫贱，又年过花甲，目不识丁，因而登基之后，几乎天天晚上都要在宫中焚香祷告。

后唐天成二年（927）三月二十一日，明宗皇帝又照例在宫中燃起了香烛，口里喃喃道："我是个蕃人，遭逢乱世，被众人推戴，不得已做了皇帝。希望上天早早降生圣人，给老百姓做主。"（"某蕃人也，遇世乱，为众推戴，事不获已。愿上天早生圣人，与百姓为主。"《旧唐书·后唐·明宗纪》）午夜时分，离皇宫不远的夹马营（亦作"甲马营"，洛阳的军营）里，一个男孩来到了人间，这个男孩便是赵匡胤。他生下来后，体有异香，三日不散，故名"香孩儿"。

几年后，香孩儿到了读书的年龄，父亲赵弘殷正式给他取名叫"赵匡胤"。匡者，匡扶、保佑也；胤者，胤嗣、后代也。父亲无疑对儿子寄予厚望。

父亲赵弘殷"好儒事",喜"访求书籍",又意识到"文武为立身之本";母亲杜氏也有一定的文化修养。在父母的影响下,少年时代,赵匡胤不但书读得不错,而且和父亲一样,习武方面也表现出天赋,"学骑射,辄出人上",几年下来,已经是一个弓马娴熟的骑手。

不过,在赵匡胤长大成人的这十几年里,赵家却很不景气。赵弘殷本是后唐庄宗李存勖宠爱的战将,但自从李存勖在兵变中被杀后,他也就开始受到冷落,十几年里,朝代已是两度更迭,天子也换了五六位,他的官职却一直没有提升。这期间,赵家又添了二男二女,家境也日益艰难。

后晋开运二年(945),赵匡胤十八岁,结婚成家,娶了贺景思(与赵弘殷同在禁军供职)的长女贺氏。成家当立业,但家中状况窘迫,依靠家庭帮助干一番事业的路子似乎走不通。二十一岁那年,赵匡胤毅然离家,决心在外面闯荡一番。

赵匡胤南下来到复州(今湖北天门),首先投奔父亲的同僚王彦超,希望谋个安身的差使,可王彦超给了些钱,就把他打发走了。接着,赵匡胤又转投随州(今湖北随州)刺史董宗本,得其收留。但不久,又因与董宗本之子董遵诲产生不快,离开了随州。流浪生活虽然艰苦,却也磨炼了意志,开阔了眼界。

后来,赵匡胤来到汉水边的重镇襄阳,住进一家寺院。寺院的住持是位年近百岁的老和尚,饱经沧桑,阅人颇多,又精通术数。他见赵匡胤紫面丰颐、豹头环目,虽满脸风尘却掩不住英挺之气,一身破衣却不带寒酸之态,心中暗暗称奇。待一交谈,更觉得气度不凡。他告诉赵匡胤,汉水以南的各个政权比较稳定,北方却战乱不止,乱世出英雄,所以应该北上,而不应南下。这位老者不但"厚赠"了金钱,还把寺院里唯一的一头驴送给赵匡胤,让他骑驴北上。("汉初,漫游无所遇,舍襄阳僧寺。有老僧

善术数，顾曰：'吾厚赈汝，北往则有遇矣。'"《宋史·太祖本纪》）

告别了老者，赵匡胤昼夜兼程，踏上了北归的道路。一次，他早起赶路，看着太阳从东方升起，光芒四射，不禁一阵激动，随口吟咏道："欲出未出光芒达，千山万山如火发，须臾走上天上来，赶却流星赶却月。"又一次，他露宿野外，一觉醒来，只见一轮明月高挂中天，大地披上一层银辉，稍一思索，吟出了两句："未离海底千山黑，才到中天万国明。"这些诗平铺直叙，并无多少文采，但气势恢弘，"规模远大"，说明赵匡胤北归时的心境是相当亢奋的。

赵匡胤向北走到河南商丘时，正好路过一座高辛庙，就兴冲冲地进去占卦。他先是祈祷做个小校，后又祈祷做节度使，结果都不应。这使他兴致大增，自言自语道："难道能做天子不成？"说着，将竹栖珓（占卜的器具）一掷，结果真的应了。五代时期，人们的君臣名分观念比较淡薄，所以，赵匡胤占出这么一个"大吉"之象，不但不觉得唐突和惊慌，反而有些洋洋自得。

后汉乾祐二年（949），赵匡胤来到河北邺都，投靠在后汉枢密使郭威的手下，做了一名士兵。次年，郭威发动兵变，灭亡了后汉，建立起后周王朝。赵匡胤因战功被提拔为禁军东西班行首，负责宫廷禁卫。郭威的养子、开封府尹柴荣，经常出入宫廷，赵匡胤的英武、器识、风度给他留下了很好的印象，于是征得郭威同意，把赵匡胤调到自己的手下，让他担任开封府的骑兵指挥官（开封府马直军使）。

后周广顺四年（954），后周太祖郭威病逝，柴荣继位，是为后周世宗。世宗的继位，为赵匡胤施展才华和抱负创造了极好的条件。这一方面是因为赵匡胤本为世宗亲信将领，自然会受到重用；另一方面，也更重要的一点，是因为周世宗柴荣顺应历史趋势，从事统一中国的事业，为赵匡胤这些有才华的文武大臣提供了用武之地。

后周世宗柴荣登基后，赵匡胤随之调到中央禁军任职。后周显德元年（954）二月，北汉对后周发动进攻，赵匡胤随世宗前往迎敌。双方在高平（今山西晋城东北）相遇，展开激战。战斗开始不久，北汉军队就占了上风，后周大将樊爱能、何徽畏敌如虎，一见阵势不好，竟然临阵脱逃。一时间后周军阵脚大乱，情形十分危急。此时的赵匡胤却很冷静，在他的建议下，世宗将身边的禁军分为两部，一支张永德指挥，抢占制高点，居高临下，以密集的箭矢压住敌人的进攻；另一支由赵匡胤率领，从左翼直扑敌阵。赵匡胤对部下高喊："主上面临险境，我等当拼死一战！"率领两千骑兵冲入敌阵。北汉军受不住这突如其来的冲击，纷纷败退，后周军终于转败为胜。

赵匡胤以高平之战的出色表现，受到了周世宗的进一步赏识。战后，他不但被破格提拔为殿前都虞候，成为后周禁军的高级将领，而且还被委以整顿禁军的重任。在赵匡胤的亲自主持下，后周禁军完成了汰除老弱、调选精壮和组建殿前司诸军三项工作。其中新组建的殿前司，包括诸班直及龙捷（马军）、虎捷（步军）、铁骑、控鹤等诸禁军，成为后周最精锐的军队，史称"兵甲之盛，近代无比"（《旧五代史·后周·世宗纪》）。

也正是在这次整顿禁军的过程中，赵匡胤开始在军中形成了自己的势力。他利用主持整顿的机会，将罗彦瓌、郭延斌、田重进、潘美、米信、张琼、王彦升等自己麾下的"委心"之人，安排在殿前司诸军担任基层将领；同时又以高级将领的身份，主动与其他中高级将领交结，并与其中的石守信、王审琦、韩重赟、李继勋、刘庆义、刘守忠、刘廷让、王政忠、杨光义结为"义社十兄弟"，形成一个以自己为核心的势力圈子。

当时，赵匡胤并非禁军的最高统帅，他的殿前都虞候职务，还远远地排在殿前都点检、副都点检以及四五位正副都指挥使之后。但由于控制、结交了大批中级以下的少壮派将领，他在禁军中有很大的活动能力，特别是在指挥禁军作战方面，远比上司们得心应手。显德二年（955），世宗柴荣向后蜀用兵，先是派大将王景、向拱率领罗彦瓌、潘美等部前往，但受到后蜀军队的顽强抵抗，旷日持久，师老无功。世宗改派赵匡胤前往观察战局，相机行事。赵匡胤到前线后，经过分析，调整了禁军的布置，结果一举夺得了后蜀的秦、凤、成、阶（今甘肃秦安、陕西凤县及甘肃成县、武都）四个州的大片领土。

二、功高名显　暗蓄异图

从显德三年（956）到显德五年（958），周世宗柴荣对南唐前后发起过三次征伐，逼迫南唐将江北十五州的土地割让给后周。

显德三年二月，周世宗命赵匡胤昼夜兼程，袭击清流关（今安徽滁州西北）。南唐将领皇甫晖等陈兵山下，刚与前锋交战，赵匡胤就领兵出现在山后。皇甫晖等大惊，逃入滁州，想截断浮桥坚守。赵匡胤跃马指挥大军渡水，直抵城下。皇甫晖说："人各为其主，希望能允许布阵决战。"赵匡胤笑着应允。皇甫晖整顿队伍出迎，赵匡胤抱着马脖子破阵而入，大声呼喊："我只取皇甫晖，其他人不是我的敌人。"他用长剑击中皇甫晖头部，将其生擒，同时俘获敌将姚凤，遂攻克滁州。

过了几天，赵匡胤的父亲、马军副都指挥使赵弘殷，领兵半夜来到滁州城下，传呼开门，赵匡胤不准开门，说："父子固然是至亲，但城门的开启关闭是国家大事。"（"父子固亲，启闭，王事也。"《宋史·太祖本纪》）第二天早晨，赵弘殷才得以入城。

在攻克滁州时，赵匡胤曾派翰林学士窦仪登记滁州府库所藏的物资。窦仪刚刚登记完毕，赵匡胤便派亲吏来取库藏的绢帛。窦仪说："您攻克城池之初，就是把库存全部取出分给将士，谁敢说什么？如今已经登记为官物，没有诏书不能取呀。"（"太尉初下城，虽倾藏以给军士，谁敢言者？今既著籍，乃公帑物也，非诏不可取。"《宋史·窦仪传》）赵匡胤因此器重窦仪。

周世宗诏令左金吾卫将军马崇祚主持滁州事务。起初，永兴节度使刘词送表举荐幕僚赵普有才略、可任用。当时滁州已经平定，宰相范质推荐赵普为滁州军事判官。赵匡胤经过与赵普谈话，对他很满意。当时捕获盗贼百余人，都应处死，赵普请先审讯、再处决。赵匡胤同意了。赵普经过审讯，应当处死的只有十几个人，其他人都得以活命。赵匡胤更加欣赏他。

赵匡胤名望越来越高，每次亲临阵营，他必定用很多缨络装饰战马，铠甲鲜明。有人说："这样做，容易被敌人认出来。"赵匡胤说："我就是想让他们认出来啊。"

南唐国主李璟派泗州牙将王知朗送信到徐州，信中说："唐皇帝进献书信给大周皇帝，请求息兵讲和，愿以兄弟身份服侍大周皇帝，每年输送财物用作军费。"周世宗不答应，命前武胜节度使侯章等进攻寿州水寨，决开壕的西北角，引水入淝。

赵匡胤派人把皇甫晖等战俘送给周世宗，皇甫晖伤势很重，见到周世宗说："我不是不忠于职事，只是士卒勇敢怯懦的程度不同。我不久前多次与契丹交战，不曾见过这样的精兵。"大家都称颂赵匡胤的勇猛。

可以说，在攻打南唐的整个战役中，赵匡胤表现得最为突出。这除了他的足智多谋、勇猛善战，部下将领的拼死效命也是重要原因。在攻打寿春（今安徽寿县）时，后周军队屡屡失利，最后赵匡胤发起强攻，亲自乘皮船攻入护城壕。寿春守敌"车弩遽发",一时间箭矢如雨,十分危险。这时,幸亏亲兵张琼舍生忘死,以自己的身体掩蔽赵匡胤,才使他安然无恙地指挥军队攻下了寿春。但在赵匡胤建宋称帝后,却听信谗言,把救命恩人张琼处死了。

从五代十国后期的形势看,除了北方的后周,南方的后蜀、南唐,也是势力较为强大的王朝。这两个王朝不但吞并了周围的小国,而且乘五代中期中原混乱之机,开始向北方扩张领土,大有与后周鼎足而立的趋势。这种趋势一旦成为定局,必然会延缓中国重新统一的进程。秦凤成阶之战的胜利及迫使南唐割让江北十四州,有力地遏止了后蜀、南唐势力的发展,为周世宗"十年平定天下"战略部署的进一步实施创造了条件。因而制服南唐以后,周世宗论功行赏,大拜群臣,赵匡胤被提升为忠武军节度使兼殿前都指挥使。

当时,因为殿前副点检一职空缺,殿前都指挥使实际上就成了殿前司诸军的第二统帅,其地位十分重要。至于节度使一职,则是唐宋时期大臣的最高官衔,位秩崇高,殊不易得。这样,赵匡胤集权力、位秩于一身,成为后周王朝最有影响的人物之一。但赵匡胤自己反而有些不满足了,十年前商丘高辛庙问卜的情形,又浮现在了他的眼前。对赵匡胤来说,占卜问卦不可全信,似乎也不可不信,但无论如何,既然已经做了节度使,离当年"卦象"指示的"大吉之象",不也就是一步之遥了吗?

赵匡胤称帝后,曾经提及一桩旧事。后周世宗柴荣时期,因传言"方面大耳"者有帝王之相,世宗见到这种相貌的,一概诛杀。而赵匡胤整天在他身边,却安然无恙。显然,他这是把自己归入"方面大耳"之列,并以"帝王之兴,自有天命"来解释了。五代时期,毕竟是个"主无恒尊,臣无恒卑"的时代,一切都随势力和机遇的转移而定。像赵匡胤这样一个不安于现状、不甘居人下、有抱负而又有才干的人，当年一文不名时，尚敢祈祷做天子，难道如今做了兵权在握的节度大帅，反而会毫无"奢望"、甘做人臣吗？

自征南唐战役之后，赵匡胤处事待物，与以前也大不相同了。以前，他只注重在军队中交结武将，如今对文人也比较重视了。赵普、王仁赡、楚昭辅、李处耘等人，都是在这前后罗致麾下，成为心腹幕僚的。除此之外，他自己也开始留意经史，一改从前那种不喜诗书的草莽作风。攻打南唐时，他曾收集了若干卷书，随时阅读。周世宗对赵匡胤的这种变化也颇感惊讶，有一次问他："卿担任将帅为朕开辟疆土，应当致力于修治甲胄、磨砺兵器，哪用得着读书？"他回答说："我缺少奇谋妙策辅助圣上，却滥竽充数、受到重任，常常感到力不从心，之所以集聚书籍，是想增广见闻、增加智谋。"（"臣无奇谋上赞圣德，滥膺寄任，常恐不逮，所以聚书，欲广闻见、增智虑也。"《续资治通鉴·宋纪一》）很巧妙地遮掩过去了。

在这一时期，赵匡胤的活动范围更大了。除了通过"义社十兄弟"和自己麾下心腹将校继续在军队基层加紧活动外，他又开始对那些资历较深的老牌将领、节度使、各地藩镇、当朝宰相以及宗室贵戚加以笼络、收买。甚至赵匡胤的家人，如他的母亲杜氏、弟弟赵匡义等，也都参与了这些活动。一时间，赵匡胤的府第中迎来送往，高朋满座，热闹非凡。

种种迹象表明，周世宗在位时，赵匡胤已经暗蓄异图，准备按照当年"卦象"上的预言，由节度使而天子了。当然，他也懂得时机的重要，在时机不成熟时，绝不轻举妄动，否则不但会把正在成熟的时机破坏掉，还可能引来杀身之祸。

显德六年（959）三月，后周宰相王朴突然得病去世。赵匡胤平生最怕王朴，几天之前，他还被王朴训斥得"唯唯而退"，现在终于可以松一口气了。四月，周世宗发兵亲征契丹，途中审阅各地所上文书，得到一只皮口袋，里面有一块三尺多长的木牌，上面写着"点检做天子"，感到十分奇怪。（"世宗在道，阅四方文书，得韦囊，中有木三尺余，题云'点检作天子'，异之。"《宋史·太祖本纪》）"点检"是一般人对禁军最高统帅"殿前都点检"的简称。当时任"殿前都点检"的张永德，是周太祖郭威的女婿，与周世宗有郎舅之谊。

由于忙于战事，周世宗并没有深思。岂料后周军队刚刚收复被契丹所占领的瀛、莫、易三州和莫州北面的"三关"之地，世宗就突染暴疾，不得不撤回开封。病中的世宗担心死后禁军会发动政变，推翻自己的儿子，很自然地又想到"点检做天子"的木牌，于是匆匆撤掉张永德的职务，换上自认为可靠的赵匡胤任殿前都点检。同年六月，周世宗柴荣去世。这一下，所有可能阻挡赵匡胤称帝的障碍都没有了。形势变化之快，机遇得来之易，连赵匡胤自己也没有料到。

三、陈桥兵变　黄袍加身

后周世宗柴荣去世后，七岁的儿子柴宗训继位。后周王朝随即出现"主少国疑"的局面，一时间人心惶惶，谣言四起，"时人咸谓天下无主"。一些忠于后周的官吏，敏锐地意识到动乱的根源，十有八九要出在赵匡胤那里，指出赵匡胤不应再掌禁军，甚至有人主张先发制人，及早将赵匡胤干掉。

赵匡胤及其麾下心腹文武，也在加紧活动。一个明显的事实是，在周世宗去世后的半年里，禁军高级将领的安排，发生了对赵匡胤绝对有利的变动。

先看殿前司系统。原来一直空缺的殿前副都点检一职，由慕容延钊出任，延钊是赵匡胤的少年故交，两人交情甚深，关系非同一般；原来空缺的殿前都虞候一职，由王审琦担任，此人既是赵匡胤的"布衣故交"，又是"义社十兄弟"之一，与当时已经担任殿前都指挥使的石守信一样，都是赵匡胤势力圈子里最核心的人物。这样，整个殿前司系统所有高级将领的职务，就都由赵匡胤的人担任了。

再看侍卫司系统。在这一系统的高级将领中，原来赵匡胤只与韩令坤有"兄弟"之谊，周世宗去世后，韩令坤升任一直空缺的侍卫都虞候一职，空出的侍卫马军都指挥使一职由高怀德出任；原由赵匡胤政敌袁彦担任的侍卫步军都指挥使一职，则由张令铎取代。而高、张二人一年后都与赵匡胤结为姻亲，由此可见他们与赵匡胤关系之密切程度。这样，在侍卫司系统所有五个高级职务中，赵匡胤的亲朋故友占了三位。而余下的两位中，一个是侍卫司马步军都指挥使李重进，当时正领兵驻守淮南的扬州，京城里实际上只剩下副都指挥使韩通，势孤力单，自然无法与赵匡胤抗衡了。

经过近半年的部署准备，赵匡胤觉得可以选择一个适当的机会动手了。显德七年（960）正月初一，后周君臣正在朝贺新年，突然接到辽和北汉联兵入侵的战报。后周恭帝柴宗训征求宰相范质、王溥同意后，令赵匡胤率领禁军前往迎敌。

当年郭威就是在边防"有警"，率兵前往抵御途中发动兵变，当上了皇帝的。所以赵匡胤出征的消息传出后，京城里很快流言四起，到处哄传着"出军之日，当立点检为天子"。市民害怕兵变的祸害，纷纷准备外出避难。一时间人心惶惶，一片混乱。

这时，赵匡胤却有些犹豫了。或许，他觉得在这样一种场合下发动兵变并不理想，因为这与郭威当年兵变时的情形毕竟太类似了，如法炮制，故技重演，似乎也太不称其志气了；或许，他觉得虽然处心积虑地准备了好长时间，但受命出征，毕竟事出突然，忙乱之际，诸多关节难免顾此失彼，一旦有个三长两短，岂不功亏一篑？他心事重重地回到家，一进家门就说："外面到处都议论我的出征，这该如何是好呢？"恰巧大姐（一说为太祖长女）正在厨房，闻言后铁青着脸，拿着擀面杖追着边打边说："大丈夫碰到大事，行不行应当自己在心里决断，跑回家里来惊吓妇人女子干什么呀？"（"太祖姊或云即魏国长公主，面如铁色，方在厨，引面杖逐太祖击之，曰：'大丈夫临大事，可否当自决胸怀，乃来家内恐怖妇女何为邪？'"《涑水纪闻》卷一）姐姐一顿"训斥"，反而帮赵匡胤下定了决心。

正月初二，赵匡胤按计划率军出城。当天下午，到达离开封几十里的陈桥驿。刚安顿好，有个自称通晓天文的军校，指着西面的太阳叫道："天边有两个太阳，正在搏斗。"并对赵匡胤的亲信幕僚楚昭辅说："一日克一日，这是天命。"二人煞有介事地一问一答，引起了周围士兵的注意，大家一传十、十传百，很快军中都知道"一日克一日"。不一会儿，一批军校就聚集在驿门外叫喊："主上幼小柔弱，我们舍生忘死奋力杀敌，谁又知道呢？不如先立点检做天子，然后再北征也不迟！"（"主上幼弱，我辈出死力破敌，谁则知之！不如先立点检为天子，然后北征。"《资治通鉴·宋纪一》）

当晚，赵匡胤的亲信郭延赟秘密返回京城，通知石守信和王审琦，要他们掌管好京城内外大门。次日天刚亮，忙得一夜未眠的赵普、赵匡义（赵匡胤之弟，后避讳改名"光义"）在门外将校的阵阵呼喊声中，将赵匡胤拥出寝室。只见将校们手握刀剑，挤在院子里，齐声高喊："诸军无主，愿策太尉（对高级军事长官的尊称）为天子。"（《宋史·太祖本纪》）赵匡胤还没来得及回答，一件象征着天子的黄袍就披在了他身上，众将校统统跪拜，高呼"万岁"。

众人扶持赵匡胤上马,返回汴京(今河南开封)。途中,赵匡胤在马上收拢缰绳,说道:"你们这些人贪图富贵,拥立我做皇帝,我有号令,你们能听从吗?"("汝等贪富贵,立我为天子,我有号令,汝等能禀乎?"《资治通鉴·宋纪一》。《宋史》本纪作:"我有号令,尔能从乎?")众人都下马说道:"唯命是从!"赵匡胤说:"太后和主上,我曾以臣子身份侍奉,你们不许惊扰冒犯;公卿大臣,曾经和我地位相等,不许侵犯欺凌;朝廷的府库、官民的家庭,不许侵扰掠夺。执行命令有重赏,违犯命令,格杀不论。"("太后、主上,吾皆北面事之,汝辈不得惊犯;大臣皆我比肩,不得侵凌;朝廷府库、士庶之家,不得侵掠。用令有重赏,违即孥戮汝。"《宋史·太祖本纪》)众人都应声答曰"是",于是整齐队伍,继续进发。

正月初五,赵匡胤进入汴京。他先派遣楚昭辅安慰家人,又派遣客省使潘美向执政大臣告知代立之意。侍卫亲军副都指挥使韩通,从皇宫急遽归来,谋划率众抵御,被军校王彦升驱逐。韩通急驰归入府第,还未来得及关门,便被王彦升杀害,他的妻、子同死于难。

赵匡胤入明德门,命令甲士回营,自己退居于办公的官署。将士们护卫着宰相范质等人前来官署,赵匡胤见面后流泪说:"我受周世宗的深厚之恩,被部下将士逼迫,一下子到了如此地步,自觉对不起天地,这可怎么办呢?"("吾受世宗厚恩,为六军所迫,一旦至此,惭负天地,将若之何?"《续资治通鉴·宋纪一》。《宋史》本纪作:"违负天地,今至于此!")还不等范质等人回答,列校罗彦瓌拔出佩剑,对范质等人说:"我们这些人没有主上,今日必须立出天子!"("我辈无主,今日须得天子。"《宋史·太祖本纪》)范质等人面面相觑,不知道怎么才好。

这时,王溥走下台阶,先去拜赵匡胤;范质不得已,也一同下拜。于是，请赵匡胤到崇元殿去，召集百官入朝，举行禅让帝位的大礼。下午朝仪位次已定，却没有禅代的诏书，翰林承旨陶穀从衣袖中拿出受禅诏书，用以行礼。赵匡胤走进殿廷，北面拜受禅让诏书，已毕，然后扶持升殿，即皇帝位。奉后周恭帝为郑王，符太后为周太后，迁至西宫。大赦天下，改元"建隆"。由于赵匡胤兼领的归德军在宋州（治今河南商丘南），故国号曰"宋"。定都汴梁，与都临安的南宋相对，史称"北宋"。因以火德得王，礼服、旌旗等都尚红。

当时，西岳华山隐士陈抟，闻知赵匡胤取代后周，说："天下从此便可以统一安定了。"（"华山隐士陈抟闻帝代周，曰：'天下自此定矣！'"《续资治通鉴·宋纪一》）不久，镇州来报：北汉兵已自行引退还国。过了几天，宋太祖赵匡胤下诏，追赠后周马步亲军副都指挥使韩通为中书令，依礼安葬，以表彰他忠于后周。欲加王彦升以擅杀韩通之罪，群臣以建国初始为由，请求赦免，太祖仍余怒未息，王彦升因此终身不得受节钺。

此外拥戴天子者（所谓"翊戴六功臣"），因功酬劳：石守信加官为侍卫亲军马步军副都指挥使，高怀德为殿前副都点检，张令铎为马步军都虞候，王审琦为殿前都指挥使，张光翰为马军都指挥使，赵彦徽为步军都指挥使，并兼领地方节度使。其余领军官员都得以晋升官爵。其时，慕容延钊驻守真定（今河北正定），韩令坤巡守北部边境，太祖派使臣晓明旨意，允许他们自行处置行事。两人都表示听命，太祖给慕容延钊加官为殿前都点检，韩令坤为侍卫都指挥使。

四、巩固帝位 稳定臣民

建隆元年（960）正月，登基后的宋太祖"车驾初出"。随行的卤簿较为简略，排在前面的是由禁军组成的"驾头"，随后就是皇帝乘坐的步辇,步辇之后是擎着扇的方队。方队后面是公卿百官——他们本来都是后周旧臣,与端坐步辇之上的"皇帝"乃多年的同事,想不到现在却要毕恭毕敬地跟在他的步辇之后做臣民,心中难免有些不自在,所以仪仗队到这里就有些杂乱了。虽然在公卿百官后面还有一支训练有素的"劲骑扈卫",跨着饰有缨络的骏马,应着军乐的节奏,走出很整齐的骑兵方队,但仍矫正不了前面公卿百官"杂行道中"的情形。站在两旁观望车驾的"士庶百姓"更是秩序混乱,不少人竟随着车驾的前行"夹道驰走",前拥后挤,喧闹不已。更糟糕的是,沿途所有楼台亭阁不但挤满了居高临下的看客,而且这些楼阁大都挂着帘子,总让人感到帘子背后藏着些刺客。

坐在步辇上的宋太祖面目平和,似乎对这种混乱并不介意。其实内心并不平静。"天下新定,人心未安",如何措置是好?自登基以来,他几乎天天晚上睡不着觉,脑海里反复考虑这一问题。所以,他对眼下的这种混乱情形是有些准备的,并且有比这更严重的事情发生的预感。

果然,当銮驾缓缓通过御街、跨上大溪桥时,就听得"嗖"的一声,一支利箭紧擦着步辇飞了过去,射到后面的扇上,卫士大惊。宋太祖显得比卫士们镇定多了,他从步辇中探出身子,指着胸膛说"教射,教射",又笑道:"射死我,这皇位亦轮不到你!"("射死我,未便到汝。"《宋论·太祖六》)这话笑中含刺,不单单是讲给刺客听的,步辇背后的一大批后周旧臣也不能不为所动。

的确,不能把这种谋杀事件看作毫无背景的孤立活动。陈桥兵变,从起兵到政变成功,不过一两天的时间,迅雷不及掩耳,对后周大部分文武百官来说,不要说是反抗,甚至还没有反应过来是怎么回事的时候,就已经无可选择地成了新天子的臣民。事变过后，面对既成之局，难得糊涂者听之任之、随波逐流，识时务者稽颡称臣、洋洋自得，但也有不甘任人摆布者，要尝试着把兵变时来不及或不敢公开进行的反抗，放到这时候进行。像上述一类的谋杀活动（这种活动后来又发生了数起），正是这种反抗的方式之一。

有时候，这种反抗还会以思念后周故君的方式表现出来。在一次宴会上，翰林学士王著公然恸哭失声"怀念世宗"；成德节度使郭崇听到废周建宋的消息，"忧懑失据"，痛哭涕泣；昭义节度使李筠在新王朝派人赐册时，竟当着使者的面挂起后周太祖郭威的画像，"涕泣不已"……

当然，这些人也很难说都是后周的"忠臣"。五代十国时期，军阀混战，势力角逐，怀有帝王野心的本来就大有人在，而周世宗去世后"主少国疑"的局面无疑又刺激了这种野心。所以陈桥兵变之前，像赵匡胤一样积极扩充势力、缮治甲兵，准备问鼎于后周的人并不少，如上面提到的李筠、郭崇，以及保义节度使袁彦、淮南节度使李重进、义武节度使孙行友等，都是一些"挟争心以逐柴氏（后周世宗柴荣）之鹿"的人。宋太祖的捷足先登，只不过使后周旧臣失去了一次实现野心的机会，却没有打消他们的野心，他们有的在等待观望，希冀再起；有的则"日夜缮甲治兵"，准备与新王朝再来一番角逐。

面对这种局势，宋太祖和赵普等人认为，应采取以稳定京城、笼络后周旧臣为主的方针，以静制动。因为"京城若乱，四方必转生变"，"都城人心不摇，则四方自然静谧"。

依据这一方针，宋太祖对后周旧臣实行了官位依旧、全部录用的政策。甚至连宰相也仍由旧相范质继任，乾德二年（964）二月，才将其罢为太子太傅，同年九月病逝。范质去世之前，告诫儿子不可为他立墓碑，不可向朝廷请求谥号，这说明他一直还有留恋旧朝、愧对前君的复杂情绪。但这种情绪既没有发展为公开敌视，也没有导致不合作（如辞官归田），这又不能不归因于宋太祖的优待笼络政策。

前殿前都点检张永德，在后周时既是太祖郭威的女婿，又长期担任禁军高级将领，也是个权倾一时、甚至被怀疑有做天子野心的不凡人物。虽然以前与赵匡胤私交不错，可赵匡胤正是取代其殿前都点检职务后才发动兵变当上皇帝的，张永德这时的心理自然很是复杂。但宋太祖对他一如既往，不仅经常和他一起饮酒叙旧，而且还像以前那样尊称他为"驸马"，从不直呼其名。这些做法，使张永德很快就消除了不安心理，成为新王朝的积极拥护者。

为了保证成功笼络后周旧臣，对那些恃势欺凌旧臣的新贵，宋太祖则毫不留情地严加处理。京城巡检王彦升是当年兵变入城时的先锋，自恃拥立有功，横行不法。一天半夜，他以巡检为名，去敲宰相王溥的门，吓得王溥"惊悸而出"。结果王彦升被贬为唐州刺史。宋太祖的这些做法，对稳定后周旧臣的情绪、缓解他们对新王朝的疑惧，使他们放心地为新王朝服务，起了很好的作用。

五、二李反宋　次第讨平

当然，并非所有后周旧臣都肯接受这种笼络。建隆元年（960）四月，后周昭义军节度使李筠举兵反宋。

李筠是"后周朝宿将"，自称与周世宗"义同兄弟"，以昭义节度使驻守潞州（治上党，今山西长治）七八年，领有泽、潞、邢、洺、卫等州，跨有河东、河北两个重要财赋之区，是当时势力最为强大的一个藩镇。赵匡胤代后周自立后，李筠表面上不得不接受宋朝的册封，暗地里却勾结北汉，密谋叛乱。他派儿子李守节前往东京汴梁，一方面将北汉约他起兵叛乱的书信上交朝廷，以麻痹宋太祖；另一方面则窥伺朝廷的举动，预约后周旧臣做内应。

宋太祖对李筠的动向其实也早有所闻，但他还是放了李守节，并对他说："我没做天子的时候，想怎么做由他自己；我已经做了天子，他就不能臣服我吗？"（"我未为天子时，任自为之，既为天子，独不能臣我耶？"《宋史·李筠传》）这一番话，表面上说给李守节，实际上是说给在场的那些后周旧臣听的，让他们明白，李筠如果真的叛乱，也无非是为了自己做天子，并无复辟后周之意，对他表示支持、响应或者同情，那是毫无意义的。李守节回到潞州后，转达了宋太祖的旨意，可李筠仍一意孤行，很快就举起了反宋的叛旗。

宋太祖派遣石守信、高怀德率军征讨李筠，战幕正式拉开。从当时的形势看，如果李筠由潞、泽西下太行，就会据有黄河上游，进而控制沿岸永丰、回洛、河阳等几乎所有的重要粮仓，断绝东京汴梁的漕运之路。这样一来，宋王朝就会处于粮饷不济的困境，后果不堪设想。因而出兵前，宋太祖特别指示石守信等人："勿纵（李）筠下太行，急引兵扼其隘，破之必矣！"（《续资治通鉴·宋纪一》）为了配合石守信等部的行动，宋太祖又增派慕容延钊、王全斌由东路出击。但宋军刚刚出发，李筠就由潞州攻占了泽州（今山西晋城），大有西下太行的可能。与此同时，北汉又出兵南下，声援李筠。

正当局势日益严重之际，又传来扬州李重进准备起兵响应李筠的消息。李重进是后周太祖的外甥，周世宗去世时，他以马步军都指挥的身份驻守扬州，实际上是与宋太祖分掌内外禁军的。赵胤代后周称帝，他担心受到猜忌，常不自安；宋廷授他为中书令，命他镇守青州（今山东益都），更为不安。李筠反宋的消息传来，他决定从扬州起兵响应，南北夹攻，便派翟守珣前往李筠处联络。谁知翟守珣却偷偷来到东京，把事情报告了宋太祖。

面对这种复杂局面，宋太祖果断采取两项措施：第一，李重进既然是追随李筠起兵，说明他可能只是为了富贵，不一定像李筠那样想做天子，故可考虑向他颁赐"铁券"（皇帝赐予功臣以世代享受某种特权的铁契），以示永保富贵、誓不相负；同时让翟守珣速回扬州，编造假情报，双管齐下，尽量延缓其起兵时间。第二，以皇弟赵光义及赵普、吴廷祚留守东京，宋太祖本人亲自征讨李筠，以求速战速决。临行前，他对弟弟说："是行也，若朕胜则不言，万一不利，则使赵普分兵守河阳，别作一家计度。"（《国老谈苑》卷一）可见，他已经作了最坏的打算。

建隆元年五月，宋太祖由东京出发，渡过黄河，进入太行山。太行山区路陡坡险，乱石嵯峨，宋太祖亲自带头搬石开路，将校及士兵人人争先，行军速度大大加快。不久，宋军就越过太行，与石守信、高怀德部会师，对李筠发起猛烈攻击，大败李筠于长平。六月，攻占了泽州。李筠走投无路，自焚而死。其子李守节献城投降，宋太祖赦免了他的死罪。

七月，宋太祖自潞州回京，以汴梁为东京，洛阳为西京。过了几天，李重进也在扬州起兵叛乱。宋太祖派遣石守信、王审琦、李处耘等分路讨伐。经过短暂休整，同年十月，赵匡胤又亲率大军征服了李重进。宋初的"二李之乱"就这样平息了。至此，宋王朝与后周旧臣之间的矛盾，可以说基本上得到了解决。

这年秋天，当时人们认为海中最为强盛的岛国三佛齐（今印度尼西亚苏门答腊岛的巨港）前来"朝贡"。贡物中有一件称为"通天犀"的兽角，上面有一个龙形的自然斑纹，与龙尾构成了一个清晰的"宋"字。因为三佛齐当时还不知道中国已经改朝换代，由"宋"代"周"，所以这件"通天犀"很自然地被当作

"帝王之兴，自有天命"的具体证物，受到了宋太祖的青睐。他很仔细地用"通天犀"做了一条犀带，每有重大活动就系在身上。这种洋洋自得的神态尽管滑稽，但多多少少也透露出一点帝业初固的气象。

六、金匮缔盟　杯酒收权

随着与后周旧臣矛盾的解决，宋太祖的精神压力小了很多，行为上也有点放纵了。建隆二年（961）闰三月，他以忏悔的口吻对大臣们说，自己这一阵子"沉湎"于酒席之中，常有失态，有时还喝得大醉，太不应该了。（"闰月己巳，幸玉津园，谓侍臣曰：'沉湎非令仪，朕宴偶醉，恒悔之。'"《宋史·太祖本纪》）看来稍有醒悟。紧接着，这年六月又发生了一件大事，才使他对形势的认识变得清醒起来。

这年六月，母亲杜太后因病去世。杜氏出身大家，为人有胆有识，当年陈桥兵变时，有些听到消息的人向她报告，她镇静地说："我儿子素来胸怀大志，如今果真如此。"（"吾儿素有大志，今果然。"）而当兵变成功，儿子做了天子，大臣们向她祝贺，她却"愀然不乐"，并对大家说："我听有言道'为君难'，天子置身于万民之上，如果治政之法得当，那这位置可谓尊贵；如若驾驭不当，想做普通百姓未必能够，这正是我忧心忡忡的缘故。"（"吾闻'为君难'，天子置身兆庶之上，若治得其道，则此位可尊；苟或失驭，求为匹夫不可得，是吾所以忧也。"《宋史·后妃传上》）杜太后生逢乱世，历经后梁、唐、晋、汉、周五个短命王朝，当时那种"王朝更迭，帝祚移人"，"今日贵为天子，明日楚囚对泣"，"求为匹夫亦不可得"的严酷现实，不能不促使她对如何保证帝业永固，不至于成为五代之后的第六个短命王朝的问题，有着更为急切的考虑。

母亲卧病期间，宋太祖亲侍汤药。临终前夕，杜太后突然问道："你知道自己为什么能得到天下吗？"宋太祖"呜咽不能对"，但太后偏要他回答，他只好应付道："这都是先世和太后积德积功的结果。"太后严厉地说："根本不是这么回事！你能做天子，正是周世宗让小孩子继位做天下之主的缘故。如果是成年人继位，天下哪有你的份儿呢？将来你百年之后，应该传位给你弟弟光义。天下很大，头绪很多，能立年长的国君，是社稷的福分呀！"（"不然，正由周世宗使幼儿主天下耳。使周氏有长君，天下岂为汝有乎？汝百岁后当传位于汝弟。四海至广，万几至众，能立长君，社稷之福也。"同上）宋太祖哭着答应道："一定按您的盼咐办。"随即由赵普当场记下太后的嘱咐，藏于金匮之中。这就是历史上所谓的"金匮之盟"。

尽管从感情上说，宋太祖对将来帝位传弟不传子不免有些难以接受，但理智告诉他，太后的这种用心良苦的安排绝非杞人之忧。宋王朝作为梁、唐、晋、汉、周五个短命王朝之后的第六个王朝，还远没有摆脱重蹈覆辙的厄运。

在太后逝世的第二个（七月），皇弟赵光义就以泰宁军节度使、大内都部署的身份，被任命为开封尹、同平章事。这一任命非同小可，五代时期，皇位继承人都要封王、任开封府尹，赵光义此时虽未封王，但任开封尹已隐然有了继位人的地位。这不仅是贯彻太后遗嘱的一个重要步骤，更重要的是，宋太祖希望通过此举向臣僚表明，在未来的皇位交接中，不会再出现"主少国疑"的局面了。这不但有助于稳定人心，同时也会断了那些皇位觊觎者的念想，对他们可能的阴谋活动起到一定的抑制作用。

不过，这毕竟还是个比较消极的措施。宋太祖深知，五代时期之所以会出现朝代更迭、不暇稍息的现象，与其说是因为皇帝太弱，不如说是因为臣属太强。特别是那些领兵大帅，依仗手中的兵权,篡位弑主易如反掌,是威胁皇权的最大势力。为了确保统治的稳固,宋太祖决心采取更为积极的措施,收夺禁军将帅的兵权。"杯酒释兵权",就是在这种背景下发生的。

一天晚朝之后,宋太祖把石守信、王审琦等禁军高级将领留下,设便宴招待。酒到半酣,宋太祖慨叹道:"没有你们,我哪能达到这个地步?但我做天子,远不如做节度使快乐。自从做了皇帝,我没睡过一夜安稳觉。"("我非尔曹不及此,然吾为天子,殊不若为节度使之乐,吾终夕未尝安枕而卧。")石守信等不知所以,叩头说道:"如今天命已经确定,谁还敢再有二心,陛下为什么说这种话呢?"宋太祖一字一顿地说:"人谁不想富贵?(手下贪图富贵,)一旦把黄袍披在你们身上,虽然不想当皇帝,怕也不行吧?"("人孰不欲富贵,一旦有以黄袍加汝之身,虽欲不为,其可得乎?"《宋史·太祖本纪》)

这番话,直把石守信等人给说懵了,不知如何表白才好,只得请皇上给指一条明路。宋太祖长叹一声说:"人的一生就像白驹过隙,好时光转瞬即逝,你们何不多多积累钱财、购买田宅,留给子孙;自己多置些歌儿舞女,快活地过完这一辈子呢?这样一来,我们君臣之间再也不用互相猜疑,不是很好吗?"("人生驹过隙尔,不如多积金、市田宅以遗子孙,歌儿舞女以终天年。君臣之间无所猜嫌,不亦善乎!")石守信等听了,很感激地说:"陛下如此考虑,真是常言所说的'生死而肉骨'啊!"("陛下念及此,所谓生死而肉骨也。"《宋史·太祖本纪》)第二天,他们都表称自己有病,不适宜领兵征战,要求解除兵权。宋太祖十分高兴,对他们赏赐、安抚了一番后,随之宣布免去石守信、高怀德、王审琦、张令铎、罗彦瓌等人的禁军职务,让他们到地方州郡去做节度使。

"杯酒释兵权"后,禁军中的殿前都点检、副都点检、侍卫马步军正副都指挥使等职务，都不再设置，只剩下侍卫马军都指挥使、侍卫步军都指挥使和殿前都指挥使这三个不能相互统属的职务，这三使各领一司（合称"三衙"），互相牵制，均直接听命于皇帝。同时"三衙"长官都由资历较浅的后辈武将担任，使其难以在禁军中形成根深蒂固的势力。

为了"安抚"释去兵权的石守信等人，宋太祖不但赏赐了大量的钱财，而且表示要和他们结为亲戚，"约婚以示无间"。不久，太祖寡居的妹妹燕国长公主，就嫁给了中年丧妻的高怀德；女儿延庆公主、昭庆公主，则分别下嫁石守信之子和王审琦之子。除年幼夭折的以外，太祖只有一妹三女，她们中竟有三位下嫁到失去兵权的禁军高级将领家，说明这种婚姻有着强烈的政治色彩。这不但使石守信等人在一失一得中获得了某种心理平衡，进而消除了"鸟尽弓藏，兔死狗烹"之类的疑惧；而且作为一种象征，也表明宋初皇帝与拥立功臣之间的矛盾得到了较为合理的解决。

在建国的头两年（960—961）里，如何解决与后周旧臣的矛盾，如何处理与功臣宿将的矛盾，这两个关系帝位稳固的问题，花费了宋太祖的绝大部分精力。这期间，他也曾多次"命使度田"，清查土地占有情况；也曾制定过禁止无偿调民服役的法令，但都不过是"兴朝气象"的一种象征性点缀，并无多少"苏息民瘼"的实际效果，因而也就不可能对地主与农民之间的阶级矛盾有所调整。但上层矛盾顺利解决，没有激化为大规模动乱，广大民众避免了池鱼之殃。对饱受五代十国战乱之苦的民众来说，以宋代周后所出现的平静局面，确有一种暑日"清风"、旱时"润雨"似的感觉。

七、先南后北　平定荆湖

五代十国末期，人们要求结束分裂战乱、实现安定统一的呼声越来越高，统一的历史趋势已经形成。早在后周时期，宋太祖赵匡胤作为周世宗柴荣的得力助手，就曾在协助推进统一的行动中做出了很大贡献。如今，当他代周自立并巩固统治后，自然就把全国统一的大事提上了议事日程。

然而，采取什么样的方针、策略来完成统一呢？后周世宗在世时，宰相王朴曾提出"先南后北"的方针，即先平定江南的几个力量较为弱小的割据政权，然后对付割据山西一带的北汉和雄踞东北的契丹辽。但王朴没有作出具体说明，周世宗对此似乎也未加重视，而从他的军事行动看，明显表现出"先北后南"的战略意图。但周世宗的这一意图，当时就曾遭到"诸将"的反对，曾发生过不愉快。当世宗攻下契丹占领的"三州三关"时，诸将又通过张永德再次向他提出委婉批评。对于这些情况，宋太祖自然很清楚，因而在确立自己的统一方针时，不能不特别慎重。

从当时的客观形势看，立国不久的宋王朝，周围存在着几个敌对王朝和割据政权。在北方有契丹人建立的辽朝，在西北有党项人的强大势力，夹在二者之间的则是割据山西一带的北汉。北汉受到契丹的支持，与后周和宋朝一直处于公开敌对的状态。在江淮以南，则存在着南唐、吴越、后蜀、荆南（南平）、湖南、南汉、漳泉等割据政权。虽然这些割据政权处于物产丰富、生产相对发达的地区，但由于各自疆域狭小，又互不联合，因而大都国力不武、软弱怯懦，不得不向后周或宋朝表示名义上的臣服或通好。

在这种形势下，宋太祖面前有两条路，一是乘南方诸国名义上表示臣服的时机，继续后周世宗的政策，进行北伐，收复为辽朝所占的燕云十六州，割断辽与北汉的联系，进而消灭北汉这一公开的敌对势力，然后再统一南方诸国；另一条道路则是南征，在完全征服南方八个割据势力后，再来灭亡北汉，攻取燕云十六州,将契丹赶回长城以北。

这两条道路的选择,简单地说,就是应该"先北后南",还是"先南后北"。宋太祖首先就此与张永德交换意见,张永德认为,北汉和契丹十分强悍,又结成联盟,不应作为首先攻取的目标。张永德的意见,代表了绝大部分参加过北伐战争,对契丹、北汉军事实力感受较深的将领们的意见,不能不引起宋太祖的重视。

不久之后的一个风雪之夜,宋太祖与皇弟赵光义,悄悄来到了赵普家。君臣三人围炉而坐,纵论天下形势。当太祖说到准备发兵攻取北汉时,赵普反对说:"太原(北汉)位于西和北两面,与辽朝接壤,如果我们攻克太原,辽朝南下的边患,就要由我们独自抵挡了。不如暂时留着,等到平定南方诸国之后,北汉不过弹丸之地,又怎么能逃脱灭亡的命运!"("太原当西、北二面,太原既下,则我独当之,不如姑俟削平诸国,则弹丸黑子之地,将安逃乎?")宋太祖一听,笑着说:"我本意正是如此,先前的话,不过是要试探你的意见。"("吾意正如此,特试卿耳。"《宋史·太祖本纪》)

经过君臣之间的反复论证,宋太祖集思广益,最后终于在建隆三年(962)确立了"先南后北"的统一方针。

宋太祖首先把进攻目标定在了荆湖地区。当时,荆湖地区存在两股割据势力。一是以荆州江陵(今湖北江陵)为中心,仅控有荆、归、峡三州的南平政权。统治者为高继冲;一是以潭州(今湖南长沙)为中心,控有湖南地区的周行逢集团。宋太祖认为,湖南和江陵不但"仓廪充实","年谷丰登",而且"东距建康,西达巴蜀",是挟制南唐和后蜀的战略要地,因而早有攻取之意。

建隆二年(961),周行逢去世,其子周保权继位,大将张文表不服,起兵叛乱,周保权一面统兵抵御,一面向宋朝求援。此前，宋太祖派卢怀忠出使荆南，对他说："江陵的风俗人情，山川走向，我想全部知道。"卢怀忠返京汇报说："高继冲的军队虽然严整，但士兵不过三万。年景虽然五谷丰登，但百姓却苦于横征暴敛。荆州南近长沙，东可抵御建康，西可逼迫巴蜀，北面侍奉朝廷，那里事务繁多而时间不足，很容易攻取。"等到周保权求援的使臣到京，宋太祖对范质等人说："江陵是个四分五裂的国家，现今出兵湖南，借道荆州，顺便平定荆州，攻取长沙，这是万无一失的计策。"

乾德元年（963）正月，宋太祖任命慕容延钊为都部署，枢密副使李处耘为都监，率领十州兵马，借道于荆南，声讨张文表。大军未至长沙，周保权部将杨师璠已在平津亭打败叛军，捉住张文表，枭首示众。李处耘至襄州（今湖北襄樊），派丁德裕出使荆南，并告谕宋太祖旨意。朝臣孙光宪就此向高继冲说："中原自后周世宗时，已有统一天下的志向。现今宋主志向远大，不如早日纳土归顺，可以免祸，而主公也不会失去富贵。"高继冲派叔父高保寅，奉送牛、酒在荆门犒赏宋军，并侦察其强弱，李处耘用高一级的礼节接待了高保寅。高继冲闻知这种情况，以为没有什么忧患。

当天晚上，慕容延钊召见高保寅，并在军帐中饮酒，李处耘却秘密派遣轻骑兼程前进。高继冲正在等高保寅归来，突然听说王师已到，立即恐惧出迎，与李处耘在江陵北十五里相遇。李处耘拜见高继冲，让他等待慕容延钊，自率亲兵首先进入江陵城。等到高继冲还城，宋军已经占据城中各处要冲。高继冲十分恐惧，便派客将王昭济带着全境三州十七县的地图和户籍，向宋太祖交纳降表。太祖接受降表，任命王仁赡为荆南都巡检使，命高继冲照旧任荆南节度使，高继冲的亲属、臣僚分别任命为各级官吏，任命孙光宪为黄州刺史。

一个月后,湖南亦被平定,又得到十四州一监六十六县,九万七千三百八十户。

湖南辰州(今湖南沅陵),在唐朝时分为锦、溪、巫、叙四郡。唐朝末年,南蛮酋长分别占据四郡,各自凭借险阻固守,时常出来劫掠侵犯。宋太祖平定洞庭湖以南地区后,很想得到个智勇双全的人物,既通晓蛮人风土人情,又了解当地山川形势,来镇抚这一地区。辰州瑶人秦再雄,英武雄健,有奇谋远略,南蛮各部无不畏服。宋太祖召他入京,经考查以为可用,就提拔为辰州刺史,让他自己选任官吏,田租赋税自己留用。秦再雄感恩戴德,发誓以死相报。回辰州后,他训练士卒,得精兵三千,都能披甲渡水,穿山越堑犹如猿猱。又选择亲信将校二十人,分别出使各南蛮部落,传达朝廷安抚远方归顺的旨意。各部落没有不随风而从的,都书写表示降服的奏章,呈报朝廷。从此,湖北、湖南地区再无边患。

八、出兵后蜀 大获成功

平定荆湖以后,"水陆皆可趋蜀",后蜀这一雄踞川中的南方大国,又成了宋王朝统一的目标。蜀国君主孟昶,自承袭君位以来,整日骄奢放纵,任用王昭远、伊审征、韩保正、赵崇韬分别掌管机要,总理统管军事、民政。

孟昶的母亲太后李氏,本是后唐庄宗的宫女,被庄宗赐给孟昶的父亲孟知祥。李氏曾向孟昶说:"我见识后唐庄宗和你父亲灭亡后梁、平定蜀郡,当时领兵的将领,没有军功不会授职,所以士卒畏服。现在王昭远不过是你的近侍,韩保正又是承袭父职,平素都不熟悉军事,一旦遇到紧急情况,这些人有什么用处?"蜀主孟昶不听。

等到宋太祖平定荆湖,后蜀丞相李昊对孟昶说:"臣观察宋朝开国命运，不似后梁、后周二代。将来统一天下的，一定是宋朝。若向宋称臣纳贡，也算是保全蜀国的良策。"孟昶想与宋互通使臣，王昭远顽固阻止，于是率兵驻守峡路（亦称"峡西"，因在长江三峡以西而得名），增设水军。

宋太祖得知这些情况后，便谋划伐蜀，任命张晖为凤州（今陕西凤翔）团练使。张晖派出探子，把后蜀的虚实和地形险易探了个一清二楚，上报朝廷，宋太祖大喜。

不久，后蜀山南节度判官张廷伟，向枢密院事王昭远说："相公平时没有功绩，一旦掌管朝廷机要，不自己建立大功，用什么来遏止别人的议论？不如与并州（今山西太原，指北汉）交好，请他们南下攻宋，我军从黄花、子午谷出兵响应，这样便可以占有函谷关以西的地区。"

王昭远认为张廷伟说得对，劝主上派人携蜡书秘密前往，约定北汉共同起兵。孟昶听从他的建议，派赵彦韬前往。而赵彦韬为了自己的前途，却偷偷来到汴京，把蜡书献给了宋太祖。宋太祖笑着说："讨伐西蜀师出有名了。"

宋太祖任命王全斌为西川行营都部署，刘光义、崔彦进为副，王仁赡、曹彬为都监，率领步、骑六万，分路伐蜀。同时下令给孟昶在汴水岸边修建房宅，共五百余间，帷帐和日用器具供设完备。诏书对王全斌说："凡是攻克城寨，只登记兵器盔甲和粮草，财物币帛全部分给将士。我所想得到的，是蜀国的土地。"王全斌及崔彦进等人由凤州进军，刘光义及曹彬等人由归州（今湖北秭归）进军。

孟昶闻知后，任命王昭远为都统，赵崇韬为都监，韩保正为招讨使，李进为副，率军抗拒宋军。左仆射在成都郊外给蜀军饯行，王昭远开怀畅饮，捋袖出臂说："我这次出兵，不只是克敌，就是夺取中原也易如反掌。"他手执铁制骨朵子指挥军队，并自比诸葛亮。

乾德二年（964）十二月，王全斌等人攻克万仞、燕子二寨，攻取兴州（今陕西略阳），接连攻下石圌等二十余寨，缴获粮食四十万斛。王全斌的先锋将史延德与韩保正、李进等战于三泉寨，大败蜀军，生擒韩保正及李进等，缴获粮食三十万斛。宋军进至罗川，蜀军依江列阵等待，崔彦进派张万友夺取敌军守桥，蜀军退据大漫天寨。崔彦进、张万友与康延泽分三路攻寨，蜀军以全部精锐迎战，大败溃退。王昭远又领兵迎战，三战三败，于是渡过桔柏江，焚烧桥梁，退守剑门。

夔州有锁江浮桥，上面设置三层敌楼，夹江排列炮具。刘光义等人出师之前，宋太祖出示地图，指示锁江浮桥说："我军逆流到此，慎勿以水师争胜，应先用步、骑陆路袭击。等待敌军势焰低落，再水陆夹攻，必能攻取夔州。"宋军至夔州，距锁江浮桥三十里，便舍舟登陆，先夺浮桥，然后再在岸上牵船逆流而上。蜀宁江制置使高彦俦对监军武守谦说："宋军远道而来，利在速战，不如坚守营垒，以等待敌人来攻。"武守谦不从，独自率领所部与刘光义的骑兵将领张廷翰交战，结果大败而逃。张廷翰乘胜登上城墙，高彦俦奋力死战而不能取胜，身上受伤十多处，左右都已逃散。见大势已去，高彦俦奔回府中，整齐衣冠，望西北成都遥拜蜀君，投火自焚而死。死后数日，刘光义从灰烬中得到他的遗骨，依礼安葬。

乾德三年（965）正月，王全斌进驻益光，听蜀军降卒说："益光江东，越过数重大山，有条狭窄小径名叫来苏，蜀人只在江的西岸设置栅栏，可以渡江到对岸。由此出剑门南二十里至青强，与大路相接。若从此路行军，剑门关便不足依赖。"王全斌分派兵力直奔来苏，用浮桥渡江。蜀兵见宋军突然降临，弃寨逃走，宋军进驻青强。王昭远闻知，留下偏将守剑门关，自己率领大军退驻汉源坡，以等待王全斌。王昭远未至汉源，剑门关已被攻破，王昭远惊慌失措。赵崇韬布阵出战，王昭远在床上已不能自起。王全斌进击，大破蜀军，斩首一万余级。王昭远走奔东川，隐藏在老百姓的仓房里，悲叹流涕，双眼都哭肿了。顷刻间骑兵追来，王昭远与赵崇韬均被擒获。

刘光义、曹彬乘胜前进，连克蜀地万、施、开、忠四州，峡州郡县全部平定。遂州知州陈愈举城投降。当时，各将领所过之处，都想要用杀戮来逞威风，唯独曹彬坚决制止，所以峡路宋军始终秋毫无犯。

孟昶闻知王昭远大败，十分恐惧，用金银布帛招募士卒，令太子孟玄喆统领，李廷圭、张惠安为副，直奔剑门抵御宋军。孟玄喆是个浪荡公子，根本不熟悉军事；李廷圭、张惠安，也都是平庸怯懦的无知之徒。孟玄喆离开蜀都时，携带姬妾及歌舞女子数十人，日夜寻欢作乐，不理军政事务。到了绵州，听说剑门关已经失守，便逃还东川。大军所过之处，焚烧庐舍、仓廪。

孟昶惊恐问计，老将石斌答道："宋军远道而来，势必不能久留。请聚结兵士固守城池，不要出战。时间一长，宋军必将疲劳。"孟昶说："我父子用丰衣美食养士四十多年，等到遇见敌军，不能为我向东发一箭。现在固垒坚守，还有谁能为我效命！"

不久，王全斌进驻魏城。孟昶授命李昊起草降表，请求投降。王全斌接受降表，率大军进入成都；刘光义等人，也率军来成都会师。前蜀灭亡时，降表也是李昊起草的。有人乘晚在他家门上写了"世修降表李家"六个大字，讥刺李昊。宋军自汴京出发到孟昶投降，共六十六天，得四十五州，一百九十八县。

九、蜀地动乱　威信受损

后蜀物产丰富、府库充盈，号称"天府之国"。平定后蜀后，宋太祖特命新任成都吕馀庆，协同王全斌等大肆搜刮，一时间船载路运，"日夜不息"，大量财富被集中到东京汴梁。这固然加强了宋王朝的财力，同时也激化了后蜀地区的社会矛盾，在其后相当长的一段时间里，后蜀一直动乱不已，民变、兵变相继发生，牵扯了宋王朝很大的一部分兵力。

当初，王全斌率军伐蜀时，汴京连降大雪。宋太祖在讲武殿设置毡帐，穿戴紫貂皮裘帽处理军政大事，忽然对左右说："我穿戴这些衣服，身上还觉得寒冷。思念西征的将士，顶风冒雪，用什么来防寒御冷！"当即脱下裘帽，派遣中使疾驰前线，赐给王全斌，并告知各将说："请体谅不能普遍赐予。"王全斌拜受裘帽，感激涕零，因此所向披靡，多立战功。

进入成都后，王全斌、崔彦进、王仁赡等昼夜宴会饮酒，不理军务，放纵部下劫掠财物、强夺民女，蜀地民众痛苦不堪。曹彬多次请求还师，王全斌不从。不久，宋太祖诏书令蜀军开赴汴京，并从优发给衣装钱。王全斌等擅自减少衣装费的数额，蜀兵心怀怨恨、图谋作乱。

乾德三年（965）三月，蜀军行到绵州，终于举事作乱，劫掠城邑，很快聚集十多万人，自称"兴国军"。俘获蜀地文州刺史全师雄，推举他充当统帅。王全斌派米光绪前往招抚，米光绪却尽杀全氏家族，纳其爱女为妾。全师雄愤怒已极，遂再无回乡的念头，率众攻占彭州，自称"兴蜀大王"，设置军府，任命节度使二十余人，占据各地要害，处理政务；川东、川西民众争相响应。崔彦进、高彦晖等分路攻讨，被全师雄打败，高彦晖战死。王全斌又派张廷翰出击，再度不利，退保成都。

全师雄势力日益扩大，派兵据守绵、汉之间，切断栈道交通，沿江设寨，声称准备攻打成都。于是，邛、蜀、眉、雅、东川、果、遂、渝、合、资、简、昌、普、嘉、戎、荣、陵十七州及成都府所属各县，均起兵响应全师雄，王全斌等十分恐惧。当时，成都城里尚有未派遣的降兵二万七千人，王全斌担心他们响应贼兵，与其他将领谋划，将这些降兵引诱到夹城里，全部杀害。

六月，孟昶全家与属官到达汴京，孟昶率领子弟穿白衣待罪宫阙之下。宋太祖亲临崇元殿，备礼见孟昶，给予很贵重的赏赐，并任命他为检校太师兼中书令，封秦国公；他的儿子孟玄喆任为泰宁军节度使，从臣及亲属也都授予各种的官职。不久，孟昶突发暴疾而死，宋太祖辍朝，追封孟昶为楚王。

孟昶的母亲李氏，本是后唐庄宗的宫女，到汴京时，宋太祖命轿舆接入宫中，对她说："国母要珍视身体，不要过于怀念乡土，过些天我会送国母回成都。"李氏说："妾本是太原人，倘若能够老死在并州的土地上，是妾的最大愿望。"当时，宋太祖有北征之意，听了李氏的一番话，心中很喜悦。等到孟昶病逝，李氏不肯哭泣，以酒洒地而祭，说："你不死于社稷国家，贪生以至于今日。我所以忍辱不死的原因，是因为你还在。现今你已死去，我还活着做什么！"李氏数日不食，也死了。太祖闻知，很是伤心。宋太祖曾见过孟昶用珠宝装饰的便溺用器，命令将它捶碎，说："用七宝装这个物件，那还应用什么样的器物来贮存食品？如此作为，国家怎能不亡！"

十二月，宋太祖闻知东、西二川起兵作乱，客省使丁德裕率军前往征讨，任命康延泽为东川七州招安巡检使。当时，全师雄驻守新繁，刘光义、曹彬出兵进击，大破敌军。全师雄退兵驻守郫城，王全斌、王仁赡又率军进攻，全师雄退至灌口。水陆转运使曹翰，会合王仁赡围攻嘉州的吕翰，吕翰弃城逃走。当日傍晚，吕翰还兵，聚众围城，约定三鼓时攻城。探子探知此事，曹翰命打更人只打到二鼓，结果贼众不得集结，到天明逃遁而去。

曹翰率军追击，大破敌军。王全斌又在灌口大破敌军，全师雄退走金堂，得病而死。全师雄的余党占据铜山，推举谢行本为主帅，康延泽随即攻克铜山。丁德裕等宋将分路招抚，各地叛乱平息。西南夷的各部落，大都前来请求归附。

乾德五年（967）正月，宋太祖征召王全斌等人还京。自从得知蜀兵叛乱，凡有使者从蜀地回京，宋太祖都命他们陈述王全斌等人的违法情事，因而已经完全掌握具体事实。但因为他们初期立有战功，太祖不想交给主管司法的官吏处理，只是令中书审问。王全斌等承认犯有贪污受贿、杀害降卒的罪行。最终诸人均予降职：王全斌为崇义节度使留后，崔彦进为昭化节度使留后，王仁赡为右卫大将军。刘光义等廉洁谨慎，同时晋爵加秩，又召吕馀庆任参知政事。

受审的时候，王仁赡等对伐蜀将领逐个诋毁，希望以此免除自己的罪行，但提及曹彬，却说："清廉谨慎，不辜负陛下信任使用的，只有曹彬一人！"（"清谦畏谨，不负陛下任使者，惟曹彬一人耳。"《续资治通鉴·宋纪五》）曹彬还京，囊中只有图书、衣被，又能严格管束部下，因而皇上对他的赏赐特别优厚。曹彬入殿辞谢说："诸将都得罪，臣不敢奉诏领旨。"太祖说："你有很大功劳，又不居功自夸。假若真有过错，王仁赡怎么会不说呢？惩罚和劝勉是国家的基本大法，你无须谦让。"（"卿有茂功，又不矜伐，设有微累，仁赡等岂惜言哉？惩劝国之常典，可无让。"《宋史·曹彬传》）

二月，宋太祖任命沈义伦为枢密副使。当初，沈义伦任四川转运使，随大军入蜀，独自居住在佛寺里，粗茶淡饭，有献珍奇食品者均予谢绝。他回京时，箱中只有书籍数卷而已。太祖曾向曹彬问及众将吏的好坏，曹彬说："军队的事情之外，不是臣所应该知道的。"（"军政之外，非臣所闻也。"《宋史·曹彬传》）宋太祖一再询问，曹彬说："沈义伦可用。"太祖才有了这一任命。

面对蜀地的动乱，宋太祖不仅没有意识到问题的严重性，反而有些被胜利冲昏头脑。孟昶死后，其爱妾花蕊夫人被宋太祖不明不白地接到宫中。这自然引起了人们对孟昶死因的猜测，一时间，京城内外议论纷纷，都说孟昶是太祖用毒酒毒死的；而之所以这样，就是为了强占花蕊夫人。这不但使太祖本人及宋王朝的政治威信受到不应有的损害，也激起了人们特别是后蜀孟氏臣民对蜀主的深切同情，加剧了后蜀地区的动荡；同时，宋太祖的这种不明智之举，也不能不对南方及其他割据政权产生很大的副作用。所有这些，显然都会影响到统一事业的进程。

问题的严重性到此并未结束。为迅速平定后蜀的"辉煌"胜利所鼓舞，对"先南后北"的统一方略，宋太祖似乎也觉得没有多大意义，他的目光转向了北汉。

十、讨伐北汉　损失惨重

北汉为五代十国之一。乾祐四年（951），南汉郭威杀隐帝刘承祐，灭后汉，建立后周，后汉河东节度使刘崇在晋阳（今山西太原）称帝，史称"北汉"，辖境为今山西省中部周围的山西大部分地区。北汉接受契丹的册命，实际上是契丹的附属国。

北汉与后周世代有仇，赵匡胤称帝建立宋朝后，同北汉在边境上屡有战事发生。北汉主自刘钧始，已是治国无方，听任宰相郭无为专断国事。

平定后蜀不久，宋太祖派遣侯霸荣为间谍，打进了北汉内部。侯霸荣积极活动，很快买通了郭无为。在郭无为的安排下，侯霸荣成了北汉的宫廷供奉官，可以方便地出入宫禁。

开宝元年（968）七月，北汉主刘钧去世，养子刘继恩继位。当初，汉世祖刘崇嫁女于薛钊，生继恩；再嫁给何氏，生继元。

二子幼时父母双亡，成为孤儿，汉世祖以刘钧无子，命他收继恩、继元为养子。刘钧曾对郭无为说："继恩逊让柔弱，没有救世的才能，恐怕不能成就刘家的大业，将如何是好？"郭无为不予回答。继恩既已登基，怨恨郭无为当初不帮助自己继位，又以他专断政权为患，加郭无为司空的官衔，外表上优待礼遇，实际上是疏远他。

八月，宋太祖派李继勋率兵讨伐北汉。当初，太祖通过间谍对北汉主说："君家与后周世代有仇，不屈服是理所当然的。今天我与你没有什么嫌隙，何必使一方百姓受困？你若有志于统一中国，应当沿太行山南下，与我决一胜负！"北汉主派间谍回报说："河东地区的土地、甲兵不足以抵挡中国，然而我的家世并非叛乱者，守着这么一小块地方，怕的是没有人祭祀先祖。"太祖认为刘钧所说值得哀怜，便对间谍说："代我转告刘钧：放你一条生路。"所以刘钧在世时，宋朝不再加兵北汉。至此，太祖闻知刘钧病逝，便派李继勋等人率领禁军北伐。

北汉主刘继恩刚刚登基，宋军已进入北汉境内，便派刘继业、马峰等率军扼守团柏谷。马峰军至铜锅河，李继勋的前锋将领何继筠将其击破，斩首三十余级，夺取汾河大桥，逼近太原城下，焚烧延夏门。

九月，刘继恩想驱逐郭无为，但由于懦怯而下不了决心。一个多月后，供奉官侯霸荣与郭无为商议刺杀刘继恩，定下了计谋。随后，侯霸荣率领十余人，拔刀进入阁内，从外面关闭房门。当时，刘继恩独居守丧室中，见此情景，惊慌起身，绕屏风环行。侯霸荣用刀击刺刘继恩前胸，把他杀了。

但意想不到的是，郭无为此时却又突然变卦。就在侯霸荣率人刺杀刘继恩时，他却悄悄调动军队包围刺杀现场，将侯霸荣及其同党全部杀死。郭无为的临阵变卦，搅乱了宋太祖精心布置的一招妙棋。

刘继恩自继位至被杀,才六十余日。北汉人怀疑郭无为授意侯霸荣杀害君主,因此急于杀他以灭口。郭无为与群臣商议,拥立刘继恩的弟弟刘继元,参议中书事张昭敏说:"继恩并非出自刘氏,所以继位不终。现在应立宗室刘氏,以符民心所望。世祖(指刘崇)嫡孙继文久留契丹,历经险阻,应当迎立。这样可以巩固社稷,结交契丹的援助。"郭无为哪里肯听,以刘继元容易控制,立他为王。

十一月,北汉派使臣向契丹告知新主继位,并乞求援兵,契丹便派挞烈统率各道兵马援救。宋太祖也派使臣送诏书,晓谕北汉主投降,并约定降后授予平卢节度使;又另赐诏郭无为,许诺任他邢州节度使。郭无为得诏,喜形于色,劝北汉主降服,北汉主不从。

当初,宋太祖使间谍惠璘假称殿前指挥使,获罪逃奔北汉,郭无为得知惠璘的阴谋,让他任供奉官。等到宋军进入北汉境内,惠璘奔赴宋军,到岚谷时,被边境侦察官吏捕获,押送太原。北汉主派郭无为讯问,郭无为释而不问。有个叫李超的人,知道惠璘的情况,予以上告。郭无为大怒,将李超和惠璘一并斩首灭口。李继勋等人闻知契丹兵来,便引军归宋。北汉因此而大肆掠夺晋、绛二州。

开宝二年(969)三月,宋太祖因李继勋等师还无功,谋划再度发兵北征,他就此询问宰相魏仁浦:"朕想亲征太原,你看如何?"魏仁浦说:"欲速则不达,请陛下慎重对待。"宋太祖不听,命李继勋等先率军开赴太原,以赵光义为东京留守,自己率军自汴京出发,浩浩荡荡来到太原。宋军准备围攻,在太原城的四面立寨:李继勋在城南,赵赞在城西,曹彬在城北,党进在城东。北汉主刘继元乘夜突出城门,进犯东、西二寨,但遭到宋军强有力的反击，只得逃入城中。宋太祖命堵塞汾、晋二水来灌太原城，北汉人大为恐惧。郭无为劝北汉主出城投降，北汉主不从。有一天，因宴请群臣，郭无为在庭中痛哭说："如何用空城来对抗宋朝的百万大军！"拔出佩刀想要自刎，希望以此来动摇众人的守城信心，北汉主急忙下阶抓住他的手，领他升堂入座而止。

四月，契丹又派兵援救北汉。宋太祖揣测契丹兵必经镇州（治今河北正定）、定州（治今河北定县）援救，便派韩重赟日夜兼程，奔赴前线。又探知契丹分兵而进，一支自石岭关入晋，宋太祖召何继筠迎击，并授予作战策略。何继筠与契丹军在阳曲遭遇，将其打得大败，斩首千余级。韩重赟也首先在嘉山布阵，契丹军自定州西入境，见到宋军旗帜招展，非常惊骇，打算逃遁。韩重赟挥军进击，大破敌军，生擒契丹首领三十多人。宋太祖命将所获契丹俘虏在城下示众，城中敌人既惊恐又丧气。宪州判官史昭文、岚州刺史赵文度，各以所守城邑降宋。

契丹主派遣韩知璠册立北汉主。韩知璠精通战备，昼夜巡视督察，尽心固守城池。宋太祖命水军载强弩环绕攻城，勇将石汉等多已战死，北汉兵也屡遭失败。半夜，城中传呼："汉主出城门投降。"宋太祖喜出望外，准备打开军垒大门，将作使赵璲说："接受投降如同迎击敌人，哪能半夜轻易出动！"顷刻间报知，果然系间谍所为。契丹又派遣南大王领兵援救北汉，东西班都指挥使李怀忠说："敌军的形势已经困难重重，如果挑选劲旅急速攻城，破城在旦夕之间。"都虞候赵廷翰请求率先登城，太祖大加鼓励，让他率众攻城。但战斗不利，李怀忠中流矢几乎死去。

当时，宋太祖屯兵甘草地，赶上暑天大雨，军士多患疾病。太常博士李光赞上书请求班师，太祖问赵普，赵普也认为班师为上。于是，宋太祖分兵驻守镇、潞，迁徙北汉居民万余户至山东、河南，然后师还汴京。北汉主捡拾宋军遗弃的军事储备，共得粟三万，茶、绢各数万。北汉在兵败丧地之余，依赖这些物资稍得接济。

太原被围时，南城被汾水淹没。郭无为阴谋投降，因而请求率军在夜间击宋。北汉主相信了他，挑选精锐甲士千余人交给他，亲自登延夏门送行。郭无为行至北桥，遇上大风雨，天空阴暗，军队停止前进。这时，宦官卫德贵告发郭无为的阴谋，还说他要献地归宋，谋反阴谋已多次败露，谋反事实清楚确凿，不可赦免。北汉主杀了郭无为，在军中传其首级示众。

开宝三年（970），北汉主以僧人继颙为太师兼中书令。继颙本是刘氏的旁支，因是宗室而得任鸿胪卿。他曾游于华严，见地有宝气，便在团柏谷设置银场，招募民工开矿，官家收利十分之四。继颙亲自督办，获利超出民工的一倍。当时，北汉主宫中妃嫔众多，继颙进献首饰数百副，北汉主大喜，便任命他为太师兼中书令。

开宝九年（976）八月，宋太祖命令党进、潘美、杨光美、牛思进、米文义兵分五路进攻太原，又派遣郭进等人分路进攻忻、代、汾、沁、辽、石各州。各路将领所向无不克敌告捷，郭进大败北汉兵于太原城下。北汉主急忙求救，契丹主派宰相耶律沙率军前来援救。这时，太常博士李光赞劝宋太祖班师。宋太祖转问赵普，赵普的意见与李光赞相同。于是，宋太祖下令退兵还师。

宋朝自建隆三年（962）九月首次对外用兵起，至乾德三年（965）正月，不足三年的时间，就平定了荆南高氏、湖南周氏、后蜀孟氏三个割据政权，统一了六十三州一监的大片领土。但可惜的是，自平蜀后，几乎完全是由于宋太祖个人的举措失当，导致一系列意外的变故，先是蜀中动荡不已，紧接着又是两次北征太原损失惨重,"先南后北"的统一大业因此而停滞。

十一、横扫岭南　灭亡南汉

南汉以广州为中心,割据岭南两广地区达六十年之久。乾德二年(964)正月,南汉军侵扰潭州(今湖南长沙),防御使潘美率军将其击退。

当时,南汉君主刘鋹昏庸懦弱,国事委托宦官龚澄枢及艺人卢琼仙,自己天天与波斯女子等宫人在宫中游戏;宫中宦者多达七千余人,其中有称为"三师""三公"的。宦者陈延寿对刘鋹说:"先帝之所以能传位陛下,是由于尽杀群弟的缘故。"劝刘鋹铲除各王,刘鋹颇为赞同。刘鋹杀害弟弟桂王刘璇兴,上下怨恨,朝廷纲纪遭受严重破坏。

内侍监许彦真又进谗言,杀害了尚书右丞钟允章。许彦真与龚澄枢共事,二人争权不和。正好有人告发许彦真私通前朝李丽姬,龚澄枢将要查问,许彦真便和儿子密谋将其杀掉。龚澄枢指使别人告发许彦真谋反,并下狱治罪,诛杀全族。刘鋹又任命李托为内太师、六军观军容使,并封其长女为贵妃、次女为美人。从此,国政都要先禀报李托,然后才能实行。

乾德二年九月,潘美、尹崇珂率军进攻南汉郴州(今湖南郴州),攻克郴州城。当初,南汉内常侍邵廷琄对刘鋹说:"南汉承继唐末内乱,在此地立国五十多年。幸而中原各国多事,兵革不至,而南汉愈发骄奢于国无战事。现今士兵不识军旗战鼓,而君主又不知道国家的存亡。天下大乱的局面已经很久了,乱久必治,请整饬军备,同时派人与宋朝通使友好。"刘鋹糊涂无知,不以为虑。宋军来攻,才知道害怕,任命邵廷琄为招讨使,驻守洸口(广东连江与北江交汇处江口咀)。

宋军攻克郴州时,俘获南汉内侍余延业。宋太祖和他谈话,询问南汉政事。余延业谈到：刘鋹制作烧、煮、剥、剔、刀山、剑树等酷刑，或者令罪人同虎、象搏斗。国中赋税繁重，村民入城，每人须交纳一钱，琼州每斗米须交税四五钱。令人潜入海底五百尺采集珍珠，居住的宫殿全都用珍珠、玳瑁装饰。内官陈延寿制作各种技巧，每日花费数万金。宫城左右，有离宫数十座，出游往往一月有余或十几天。以豪民为有纳税丁口的民户，供给宴乐犒赏的费用。宋太祖闻听刘鋹如此奢侈残酷，十分惊骇，说："我应当拯救这一方百姓。"但当时正谋划平定西蜀，没有时间过问此事。

乾德三年（965）六月，南汉招讨使邵廷琄驻守洸口，准备抵御宋军。他招抚逃亡之人，训练士卒，整修战备，国家赖此稍安。有人投匿名书信，诬陷邵廷琄将图谋不轨，刘鋹信以为真，派使臣赐邵廷琄自尽。手下士卒面见使者，诉说邵廷琄没有谋反事实，请加以查证，使者不答应。邵廷琄被害后，士卒们在洸口立庙来祭祀他。

开宝三年（970）九月，刘鋹发兵入侵道州（今湖南道县）。道州刺史王继勋上书说："刘鋹残酷暴虐，多次侵扰边境，请求发兵南征。"宋太祖让南唐君主李煜写书信晓谕刘鋹，让他称臣，并归还侵占的湖南故地。刘鋹囚禁南唐使臣，令驿站传信给李煜，出言不逊。李煜将刘鋹来信上交宋廷，宋太祖任命潘美为桂州道行营都部署，尹崇珂为副，讨伐南汉。

当时，南汉的老将大多受谗言被害，皇室兄弟也被铲除殆尽，掌管兵权的只有宦官之辈。南汉主自刘晟以来，沉溺于游玩宴乐，城墙、护城河多改建装饰成宫馆池沼，战船全部毁坏，兵器也多生锈腐烂。听说宋军到来，朝廷内外震恐，派龚澄枢急至贺州，谋划防御。宋军的前锋至芳林，龚澄枢遁逃，潘美派兵围攻贺州。南汉大臣请求起用老将潘崇彻，刘鋹不听，派伍彦柔领兵援助贺州。

潘美得知伍彦柔即将到来，暗中在南乡岸边埋伏骑兵。伍彦柔的舰队停泊南乡，黎明登岸，伍彦柔在胡床（胡地传入的可折叠的轻便坐具）上指挥军事。这时，宋军伏兵突然发起进攻，南汉军大乱，死者十有七八。宋军生擒伍彦柔并斩首，随即攻下了贺州城。潘美亲自督领战舰，扬言要顺流直下广州。刘鋹满怀忧愁，想不出办法，便以潘崇彻为都统，领兵三万，驻守贺江。恰巧潘美率军直趋昭州，潘崇彻只不过是拥兵自保而已。潘美乘胜攻克昭州，又进兵攻下桂州、连州。

十二月，刘鋹以李承渥为都统，领兵十多万，在莲花峰下列阵。南汉人训练大象，用来摆阵，每象载十多人，都手执兵器。每遇作战，必定把象兵列于阵前，以壮军威。潘美集中强弩射象，大象受伤奔驰，乘象士兵坠落下来，反而践踏了自己士卒，南汉军大败，李承渥只身逃脱。潘美进军攻下韶州（今广东韶关）。韶州是南汉的北方门户，刘鋹闻知韶州失守，更加惊恐，开始修理广州城壕。环顾左右，无人可用。宫中老妇梁鸾真推荐养子郭崇岳，刘鋹命他为招讨使，与大将植廷晓统军六万，驻守马迳（今广州越秀区象岗），抵御宋军。郭崇岳无勇无谋，只是整日祈祷鬼神保护而已。

开宝四年（971）二月，潘美攻克南汉的英州、雄州，潘崇彻率众投降。潘美进驻泷头，刘鋹遣使求和，并请暂缓进军。潘美不许，进军马迳，距广州城仅十里，在双女山下立寨。刘鋹闻知，用十余只船，载着金宝、妃嫔，想逃入海中。还没来得及出发，宦者乐范与千余名卫兵，盗船逃走。刘鋹无奈，派左仆射萧漼到潘美军门献降表请求投降，潘美随即令人送萧漼前往汴京。刘鋹准备派弟弟刘保兴出城迎接潘美，遭到郭崇岳阻止，于是又进行守城准备，派刘保兴率兵抵抗。

这时，植廷晓对郭崇岳说："宋军连战连胜，有席卷残云之势，锋芒不可抵挡。我们兵卒虽多，但都是伤残疲劳之人，现在如不驱兵向前，也是坐以待毙。"植廷晓带领前军据水列阵，令郭崇岳殿后。宋军开始渡江，植廷晓奋力抵挡，不能取胜，死于阵中，郭崇岳则退入栅寨之内。潘美对众将说："他们编竹为栅，如果我军用火焚烧，敌军必然大乱，趁此出兵夹击，这是万全之策。"

于是，潘美派出壮丁，每人手持两把火炬，从小道接近栅寨。恰巧当天晚上刮起了大风，万把火炬一齐点燃，烟尘漫天，南汉军大败，郭崇岳死于乱兵之中。龚澄枢、李托商议说："宋军前来，利在夺取国中珍宝。如今我们将珍宝全部焚毁，他们只得到一座空城，必定不能久驻。"于是放火焚烧府库宫殿，一夜间都化作灰烬。

第二天，刘鋹出城投降，潘美率军入城，俘获南汉的宗室、官属，一同送往汴京。有宦者一百余人，穿戴华丽服饰请求召见。潘美说："宦者这么多啊？我奉诏南下讨罪，正是为着收拾你们这些人。"于是全部斩首。此役总共得六十州、二百四十县。宋太祖给潘美加官为山南东道节度使。

三月，宋太祖下诏说："广南地区有买男女做奴婢并转相买卖的，如今一律放免为平民。南汉政令有损害百姓的，全部上报，一律废除。"

刘鋹到达汴京，宋太祖派吕馀庆审问他反复无常、焚烧府库的罪过，刘鋹归罪于龚澄枢、李托。第二天，主管官员用帛缚系刘鋹及其僚属，献俘于祖庙。宋太祖派刑部尚书卢多逊宣诏责问，刘鋹说："臣十六岁即位，澄枢等人都是先君的故人，每遇国事，臣不能专断。在南国的时候，臣是臣下，澄枢是国主。"说完便伏在地下等待治罪。宋太祖命大理寺卿高继申将龚澄枢、李托拖出千秋门外斩首,赦免了刘鋹的罪过,赐予衣裳、冠带、器币、鞍马,授检校太保、右千牛卫大将军,封恩赦侯。

刘鋹曾用珍珠编结马鞍,成为戏龙的形状,非常精美巧妙,用来献给宋太祖。太祖对左右臣下说:"刘鋹爱好手工技巧,经常操作,专心致志。倘若能把这份勤劳转移到治理国家上,怎能走到灭亡的地步!"("鋹好工巧,习以成性,傥能以习巧之勤移于治国,岂至灭亡哉!"《宋史·南汉世家》)

刘鋹在南国时,常用毒酒杀害臣下。有一天,他随从宋太祖临幸讲武池,跟随的官员还未到齐,刘鋹先至,宋太祖向他赐酒。刘鋹怀疑酒中有毒,哭泣着说:"臣继承祖父的基业,违命抗拒朝廷,劳动王师前去讨伐,按罪理应当斩杀。陛下既然宽待臣下不死,臣愿做京城的布衣百姓,度过太平盛世,终老天年,不敢饮这杯酒。"宋太祖笑着说:"朕与你推心置腹,怎会有此等事情!"("朕推心于人腹,安有此事!"《宋史·太祖本纪》)随即命人取过的那杯酒,一饮而尽,又另斟酒赐给刘鋹。刘鋹十分惭愧,拜谢太祖。

宋太祖即将征伐北汉,在宫禁中宴请近臣,刘鋹向前说道:"朝廷威灵光照远方,四方超越本分的伪君,今日全在座中;早晚平定太原,北汉的刘继元又要到来。那时,臣首先前来朝见,愿手持木棒充任各国降王的长官。"宋太祖听罢大笑。

宋太祖对待刘鋹,如同对待后蜀孟昶,不是杀掉,而是给予很高的官职空衔,把他们养起来,并经常向左右臣下讲述他们昔日奢侈腐化导致亡国的事实,让这些亡国之君起反面教材的作用。宋太祖的这种做法,可以说是相当高明的。

十二、南唐苟安　太祖优容

江南的南唐是五代十国的地方割据政权之一。南唐的辖境在今安徽、江苏中南部、江西全省及福建南部、广西北部等地。

宋太祖登上皇位后不久，南唐国主李璟便献上御用的衣服、锦绮金帛前来朝贺。建隆元年（960）十一月，宋太祖命李重进在临近南唐边境之地演习水军，李璟十分恐惧，派遣使臣犒赏水师，并派儿子李从镒到扬州朝见宋太祖。南唐臣僚杜著、薛良因获罪奔宋，献《干南策》。宋太祖厌恶他们不忠于国君，斩杜著于下蜀市，发配薛良做卢州牙校。

建隆二年（961）二月，南唐迁都豫章（今江西南昌）。李璟继承君位之初，适值中原多事，南唐跨据江淮三十多州，专有鱼盐之利，开矿铸钱，物力富盛，大有伺隙夺取中原的志向。待到淮河流域并入后周版图，南唐逐渐衰弱。宋太祖平定扬州后，虽然杀了南唐逃亡的叛臣，但李璟终究不能自安，于是迁都豫章，以太子李煜留守建康（今江苏南京）。豫章城池狭窄，群臣日夜思归，李璟大怒，打算诛杀主张返回建康的大臣。

八月，李璟正讨论东还，因病殁于南都。留守建康的太子李煜继位，派户部尚书冯谧献父亲的遗表给太祖，愿追加帝号，宋太祖答应了。李煜追谥李璟为"文孝皇帝"，庙号"元宗"，陵为顺陵。李煜原名从嘉，聪明好学，善于为文，擅长书画，通晓音律。

建隆三年（962）六月，宋太祖下诏书给南唐国主李煜："对朝廷横海、飞江、水斗、怀顺各军亲属有在江南的，都要让他们渡江和亲人团聚。"李煜每闻知朝廷出师胜利及喜庆之事，定会派遣使臣犒赏宋军；遇有大庆，更是以贡献为名，另献珍赏玩物。

李煜深信佛教，用宫禁中的金钱，招募人落发为僧。当时南唐都城僧人过万，均由朝廷供养。李煜退朝后，与王后身着僧衣，诵念佛经，频繁跪拜，以至手足生了赘疣。僧人有罪，则令其敬佛而免罪。宋太祖闻知李煜信佛，便选择善于辩论的少年，南渡见他，议论关于性命的学说。李煜信重宋太祖，称他"一佛出世"，从此不再留意治理国家和防守边境。

开宝元年（968）五月，南唐以韩熙载为中书侍郎。在后周时，韩熙载曾朝见后周君臣，回国之后，李璟向他询问后周的大臣。韩熙载说："赵点检（即赵匡胤）举止非同寻常，高深莫测。"（"赵点检顾视非常，殆难测也。"《续资治通鉴·宋纪一》）宋太祖代周建宋，李璟愈发器重韩熙载，打算任其为相，后因其家庭生活淫乱而中止。至此，李煜又任命他为相。

李煜立周氏为后。周氏原本是王后的妹妹，姿容美好，因姻亲往来，先得幸于李煜，王后病逝，便册立为后。李煜留意声色，《霓裳羽衣曲》早已失传，王后按谱尽得乐曲的声调。李煜想把户部侍郎孟拱辰的宅第赐给教坊袁承进，御史张宪上书极谏，李煜不听。当初，南唐宰相严续尽忠主上，没有二心，与执政大臣的议论多不相同，请求罢除宰相的政事，李煜允许，因而百官的政事都归于枢密院。枢密副使陈乔柔弱怯懦，奸猾的官吏暗中勾结权臣，做出许多违法之事，致使朝廷纲纪败坏。而张洎当时正以文学才能受到李煜宠信，特授予清辉殿学士，与太子太傅徐辽、太子太保徐游，另居于澄心堂，秘密谋划机要事务。唐王的旨意多出自澄心堂，由徐游的侄儿徐元楀宣布颁行，中书省、枢密院形同虚设。

开宝四年（971）十一月，李煜派弟弟李从善朝见宋太祖，进贡江南的特产。宋太祖以李从善为泰宁军节度使，赐予宅第，留居京师。李煜亲笔上疏，请求遣李从善回国，宋太祖特诏不予允许。当时南唐事奉宋朝，虽然表面上畏惧顺服，内里却修整军备。待到南汉灭亡，愈发恐惧，因此上表请求免去国号，改称"唐国主"为"江南国主"，"唐国印"为"江南国印"，并请求宋太祖在诏书中直呼其名，太祖予以允许。于是李煜贬低国内制度，所下诏书称"教"，改中书、门下省为左右内史府，改尚书省为司会府，其余官职名称也多所更定。

此前，李煜送给赵普五万白银，赵普如实禀告，宋太祖说："这不可不接受，但要用书信答谢，给使者少量的贿赂即可。"赵普辞让，宋太祖说："大国的主体，不可自行削弱，应当使人高深莫测。"李从善来宋朝朝见，除正常赏赐外，宋太祖秘密赐给他的白金与唐主送给赵普的数额等同。南唐的君臣都很震惊，深服宋太祖的大度。

开宝五年（972）二月，江南江都留守林仁肇密告李煜："淮南的守兵很少，北朝（指宋）先已灭蜀，现今攻取岭南，道路遥远，士卒疲劳。臣愿借兵数万，自寿春直接渡江，收复江北故地。北朝即使派兵来援，臣据淮水抵御，宋军也敌不过我。臣发兵之日，请以臣叛变告知北朝。事成，国家享受其利；事败，便诛灭臣家，以表明陛下对宋并无二心。"李煜不听。

沿江巡检卢绛招募犯罪逃亡之人，练习水战，多次在海门大败吴越军。他也曾向李煜说："吴越是我们的仇敌，到时候必然同北军为犄角之势来夹击我们。臣请诈称在宣、歙二州叛乱，陛下声称讨臣，臣便向吴越借兵。吴越兵到来时，便消灭他们，并跟踪追击，可趁机攻取吴越。"李煜也不采纳。

宋太祖顾忌南唐林仁肇的威望和名声，便贿赂侍奉他的人，得到其画像，挂在另设的房间，带领江南的来使观看，问道："这个人是谁？"使者答道："林仁肇。"宋太祖说："仁肇要来投降，先以此为信。"又手指另一空宅说："将来我把它赐给仁肇。"使者回国禀告，李煜不知这是宋太祖的离间计，便用毒酒杀害了林仁肇。

李煜之所以低声下气臣服宋廷，目的在于保全自己，苟且偷安。当时,宋太祖正集中兵力征伐荆湖、后蜀、南汉,不能同时分兵进攻南唐。因此,他对李煜予以优容,宋与南唐维系了十四年的和平相处的局面。

十三、平定南唐 多有创举

开宝七年(974)正月,江南主李煜派常州刺史陆昭符入贡汴京,上疏请求让弟弟李从善回国,宋太祖不允。李煜天性友爱,自李从善被扣留后,他心情悲痛,经常思念弟弟,年节的宴会一律不再举行。

九月,宋太祖派曹彬等率兵征伐江南。太祖要征伐江南,但师出无名,便派知制诰李穆告知李煜入朝汴京。李煜要随同使者前往,门下侍郎陈乔说:"臣与陛下同受元宗(李璟庙号)临终遗命,今日前往,定被扣留,如何对得起国家?臣纵使一死,也无颜见元宗于九泉之下!"内史舍人张洎也劝李煜不要入朝。当时,陈乔与张洎掌管机密,李煜听信他们的话,便以身体有病推辞,并说:"恭谨侍奉大国,是希望能得到救助。今日逼我前往,只有一死而已。"李穆说:"入朝与否,国主可自行决定。然而朝廷甲兵精锐,物力富足,恐怕难以抵挡。国主应当深思熟虑,不要留下悔恨。"

李煜把李穆的话当了耳旁风,却派使者请求加封的册命。宋太祖不允,命梁迥再度出使,讽谏李煜入朝,李煜不予回答。梁迥还京,宋太祖便任命曹彬为西南路行营都部署,潘美为都监,曹翰为先锋,率领十万大军南伐。

王全斌伐蜀多杀降卒,宋太祖每每恨怨不已。这一次,曹彬等人入殿辞行,太祖告诫曹彬:"江南的事情,全部委任卿,一定不要掠夺百姓。要致力于扩大威信,使他们自行归顺,不要烦躁而急于出击。"又说:"攻陷建康城池的时候,不要滥杀无辜。

假使敌人困兽犹斗，也不要伤害李煜一门的族人。"并授剑给曹彬说："副将以下，有不听从命令者，可就地斩首。"潘美等人闻言，都惊慌变色。

曹彬自荆南出发，战舰由长江顺流东下。南唐沿江的驻守部队，都说这是宋朝每年照例所派的巡边部队，宋军所过之处，只是闭垒自守，奉献牛酒犒劳，但很快觉得宋军与往日巡边不同。池州守将戈彦弃城逃走，曹彬进入池州，大败江南兵于铜陵，进驻采石矶（今安徽马鞍山长江东岸）。

当初，江南池州人樊若水，连年参加科考，但始终未中进士，只好回到家乡池州，在采石矶江上钓鱼。他乘小船把丝绳系在南岸，然后飞快划至北岸，往还十多次，测得江面的宽窄。因此到汴京上书，述说攻取江南之计，请造浮桥派大军渡江。宋太祖信以为真，派使者前往荆湖，造黄黑龙船数千艘。又用大船装载巨大竹排，自荆州顺流而下。有人说长江江阔水深，自古没有用浮桥渡江的，宋太祖不听，提拔樊若水为右赞善大夫。待到大兵南下，以樊若水为向导。

宋军攻克池州后，樊若水被任命为知州。十一月，樊若水请求试架浮桥，首先在石牌口试架，后来移至采石矶，三日而成功，不差尺寸。潘美借此率步兵渡江，如行平地。

当时，江南很久不曾发生战事，老将先后去世，领兵将领全都是新近任职，以功名自负，毫无作战经验。闻听北朝发兵，前来谈战争利害的，每日不下数十人。李煜任命镇海节度使、同平章事郑彦华督领水军万余人，都虞候杜真统领步军万余人，共同迎战宋军。出发前，李煜告诫他们说："两军水陆相互配合，一定会告捷。"郑彦华率领战舰鸣鼓逆流而上，直奔浮桥，被潘美指挥军队击败。杜真统率步兵接战后，郑彦华不能援救，也被打败。于是，金陵（即建康）开始戒严，下令不再使用宋朝"开宝"年号,大批招募百姓当兵,百姓有进献财物粮食的,赏给官爵。

开宝八年(975)二月,曹彬接连攻破江南的白鹭洲、新林港,派遣田钦祚进攻溧水。江南统军使李雄对儿子们说:"我必定死于国难,你们也要勉励自己。"父子八人,都死于阵中,田钦祚攻克溧水。曹彬的大军进驻秦淮河边,江南水陆十万大军陈列于金陵城下。

当时,宋军的舟船尚未齐备,潘美率兵首先开赴战场,下令说:"我带领勇士数万人,一路战必胜、攻必取,怎能限制于一衣带水而不直接横渡!"于是带头涉水,大军随即过河,江南军被打得大败。马军都虞候李汉琼率领所辖部队,用大船装载芦苇,乘风放火,攻克金陵城南水寨,又攻克城关。守城者争相逃遁,落入水中淹死者数以千计。

当初,陈乔、张洎为李煜谋划,令各地驻军坚壁不出,使宋军疲劳而还。李煜以为如此则北军不足为虑,自己在后苑领着僧人、道士诵经书、讲《周易》,高谈阔论而不理政事。如有军情告急,非经徐元㮙等人,不得通报。因此,宋军屯驻金陵城下数月,李煜竟然不知。

当时,南唐军政均归神卫统军都指挥使皇甫继勋。此人平素尊贵骄奢,根本没有誓死报国的意愿,只希望君主早日投降,但却不敢明说。每与众人谈论战事,他便讲:"北军强大,谁能抵挡!"听到兵败,便高兴地说:"我早就知道不能取胜。"手下副将有招募敢死之士,打算在夜间出击的,他必定杖击其背,然后囚禁起来。有一天,李煜亲自外出巡城,见宋军排列栅寨,旌旗蔽野,才知道被左右蒙蔽,惊惧不已。于是,李煜下令收捕皇甫继勋,将他杀死,派使者召神卫军都虞候朱令赞率军入援。

十月,南唐都虞候刘澄以润州(治今江苏镇江)降宋。李煜深感惶急,派学士承旨徐铉请求暂缓进攻。徐铉至汴京,对宋太祖说:"李煜本无罪过,陛下师出无名。李煜以小事大,犹如儿子侍奉父亲,从来没有过失,为什么要讨伐他?"宋太祖说:"你说父子分为两家,可以吗?"("尔谓父子为两家,可乎?")徐铉无言以对,返回金陵。一个月后,李煜又派徐铉请求缓兵,以保全一邦性命。徐铉见到宋太祖,辩论不止,太祖手按宝剑,愤怒地说道:"不要再多说了!江南(南唐)又有什么罪呢?但天下本是一家,卧榻的旁边,岂能容忍别人鼾然大睡呀!"("不须多言!江南亦有何罪?但天下一家,卧榻之侧,岂容他人鼾睡乎!"《续资治通鉴·宋纪八》)徐铉见此,十分恐惧,急忙告辞回到了江南。

南唐大将朱令赟自湖口发兵入援,号称十五万大军,顺流而下,准备焚烧采石矶浮桥。曹彬闻知,派战棹都部署王明秘密树立长木于洲渚之间,像帆樯的形状。使朱令赟远远望见,怀疑设有埋伏,逗留不敢前进。王明借此争得时间,联络其他诸将形成掎角之势,夹击敌人。朱令赟乘大船指挥军士进攻,王明会合步军将领急攻,形势紧迫,朱令赟放火拒战。恰巧北风甚急,大火反而烧向自己,南唐军溃乱,朱令赟被擒。金陵唯一可以依赖的就是这一外援,从此金陵孤城愈发窘迫。

曹彬派人对李煜说:"形势既已如此,我所可惜的是一城人的生命。国主如能归顺,那是上策。某一天此城必破,国主应当早日找出一条生路。"李煜不听。有一天,曹彬忽然声称有病不能办公,众将都前来问病。曹彬说:"我的病并非药石所能治愈,唯须诸位诚心发誓:攻克城池的时候,不要乱杀一人,我的病自然就会痊愈。"众将答应,一起焚香宣誓。第二天,曹彬便自称病愈。又过了一天,便攻陷了金陵。

李煜率臣僚到曹彬军门请罪,曹彬命人护送他前往汴京见宋太祖。曹彬自出师至凯旋,部下将士无不畏服,没人敢于轻狂放肆。此役总共获得十九州、三军府、一百八十县。

开宝九年（976）正月，曹彬及所俘江南主李煜返还汴京。太祖驾临明德门，因为李煜曾为一国之君，下令不宣读捷报，只令李煜君臣穿白衣纱帽到楼下待罪。诏书赦免李煜君臣，赐给冠带、器币、鞍马，授李煜检校太傅、右千牛卫上将军，封违命侯，随从官员一律录用，并大赦天下。

宋太祖责问张洎说："你劝说李煜不降，致使今日如此。"并出示他起草的召集援军的蜡丸书信。张洎谢罪说："这些确实是我干的。狗冲着主人之外的人乱叫，不过是为主人效劳的一端，其他还有很多。今天能得一死，正是我的本分！"（"实臣所为也。犬吠非其主，此其一尔，他尚多有。令得死，臣之分也。"）宋太祖见他面不变色、言辞侃侃，颇感惊奇，说："你很有胆略，我不治你的罪。如今为我做事，不要改变过去的忠诚啊。"（"卿大有胆，不加卿罪。今之事我，无替昔日之忠也。"）《宋史·张洎传》）随即任命为太子中允。

二月，南唐各州郡都已投降，唯有江州（治今江西九江）指挥使胡则杀刺史谢彦实，聚众固守城池。曹翰率兵围攻四个多月，胡则力尽被擒，曹翰把他杀了，并放纵士兵夺取全部财物并屠杀城内居民。

灭南唐是宋太祖统一南方的最后一仗，也是当时最大的一次江河作战。这次战争中的"浮桥渡江""围城打援"，是宋太祖战略部署中的得意之举，也是古代战争史上的创举。

十四、吴越归降　漳泉纳土

吴越是五代十国之一。唐朝末年，钱镠为镇海军节度使，后梁封为吴越王，自称吴越国王，是当时的地方割据政权之一，辖有今浙江及江苏西南部、福建东北部。

建隆元年（960）三月，吴越王钱俶派使臣前来汴京，祝贺宋太祖登上帝位，从此每年向宋廷朝贡。

开宝七年（974），钱俶派判官黄夷简入贡，宋太祖对他说："你回去告诉你主，江南主（李煜）倔强不来朝见，我要派大军兴讨，你主当助我一臂之力，不要听信他人的蛊惑之言：'皮之不存，毛将焉附。'"接着便秘密告知出兵江南的日期。十月，宋太祖讨伐南唐，下诏加吴越王钱俶为升州东南行营招抚制置使。

开宝八年（975）四月，吴越王钱俶以沈承权暂且代管国中事务，自己率军五万，进攻南唐的常州。丞相沈虎子劝谏说："江南（即南唐）是国家的蔽障，现在大王助宋攻唐，是自己撤除藩蔽，将用什么来护卫社稷？"钱俶不听，进攻常州的城关，又在吴越北部边界打败南唐的军队。钱俶派兵进攻江阴、宜兴，全都攻下，遂攻克常州。李煜致书钱俶说："今日无我，明日岂能有君？一旦宋天子与大王变易所辖领土，将吴越并入宋的版图并答谢勋劳，大王也不过是汴梁城中的一名布衣百姓而已！"钱俶不予回答，将来书上报，宋太祖优诏褒奖。

开宝九年（976）二月，吴越王钱俶来汴京朝见。此前，宋太祖对吴越使者说："你主攻克毗陵，有大功劳，等到平定江南，可暂时来汴京与朕相见一面，以宽慰朕长期想念之情，来京后可当即回还。朕对上天发誓，绝不食言！"钱俶对此深信不疑，不久便与其妻孙氏、子钱惟濬入京朝见。宋太祖赐居于礼贤宅，亲临宴会，赏赐甚厚，准许钱俶佩剑上殿，下诏书时不题名字。命钱俶与晋王赵光义以兄弟之礼相见，钱俶坚持辞谢，才没有如此行礼。钱俶在汴京停留了两个月，宋太祖才送他回国，临行赐予黄绸包袱，告诫说："途中秘密观看。"走到半路，钱俶打开包袱一看，都是宋廷群臣请求扣留的奏章。

太宗太平兴国三年（978）三月，吴越王钱俶来京朝见。恰巧此时割据漳州、泉州的陈洪进来京献出所辖领土，钱俶深感恐惧，上表请求免除太祖所封的吴越国王，解除天下兵马大元帅的头衔，以及诏书不称名的赐命，归还他来时所带兵甲，请求回国，太宗不允。臣下崔仁冀劝道："宋廷的意图很明显，大王如不快些交纳所辖领土，灾祸就要来了。"钱俶的左右都不同意，崔仁冀声色俱厉地说道："我们现在已在人家掌握之中，况且远离国家千里，只有长上翅膀才能飞回去！"

钱俶被迫作出决策，上表献出吴越国所辖的十三州、一军府、八十六县。直到钱俶退朝，将吏才知道这件事，都痛哭着说："吾王不能返归江南了。"宋太宗下诏封钱俶为淮海国王，授其弟钱仪、钱信为观察使，授其子钱惟浚、钱惟治为节度使，钱惟演、钱惟灏及钱俶族属、僚佐都按等授予官职，钱俶的将校孙承祐、沈承礼、崔仁冀授予节度使，赏赐待遇，在当时是级别最高的。接着，又命令两浙将钱俶五服之内的家族及管内的官吏全部送到汴京，共用船一千零四十四艘。命范旻暂时掌管两浙各州的民政、军事。范旻上言说："钱俶在国内的时候，徭役和赋税繁重苛刻，请求一律免除。"太宗同意施行。

太平兴国八年（983）十二月，改封钱俶为汉南国王，免去天下兵马大元帅。

那么，"漳泉纳土"又是如何呢？陈洪进原本是清源军（治今福建泉州）节度使留从效的牙将。留从效去世后，其子留绍镃主管留守事务。恰巧吴越使臣前来，留绍镃在夜晚召陈洪进参与宴会。陈洪进诬陷留绍镃阴谋附属吴越，将其拘执并押送南唐都城建康，推举副节度使张汉思为留守，又自任副节度使。

不久，张汉思因陈洪进专权为患，设宴暗伏甲士，打算将之杀害。酒过数巡，大地忽然大震，同谋者深感恐惧，便把阴谋告诉了陈洪进。陈洪进急忙离席，埋伏的甲士也都散去，从此二人相互防备。

有一天，陈洪进袖中藏一把大锁，稳步进入军府，叱退值班的卫兵。张汉思当时正坐在内斋，陈洪进当即关门并上锁，派人叩门说："郡中的军吏请副节度使掌管留守事务，众人的心意不可违，请你交出节度使大印。"张汉思惶惧之际不知如何，便从门缝里把节度使印交出。陈洪进立即召集将吏说："留守把节度使印交给我来履行军务。"众将吏都表示庆贺。当日，陈洪进便把张汉思从军府迁往别处，并派兵看守。陈洪进派使臣请命于南唐，同时又派牙将魏仁济从小道奉表到汴京相告，并请求任命。

乾德二年（964）二月，宋太祖改清源军为平海军，仍授陈洪进为节度使。陈洪进每年向宋廷进贡，横征暴敛，所辖二州百姓深受其苦。

太平兴国三年（978）四月，陈洪进来汴京朝见，同时献所辖漳、泉二州共十四县。宋太宗下诏授陈洪进为武宁节度使、同平章事，留在汴京，他的几个儿子都在外郡任官。

至此，南方完全统一。在此基础上，宋太宗一鼓作气，灭了北汉，延续数十年之久的分裂割据局面终于结束，除了辽朝控制的燕云十六州，中原地区和南方广大区域重新获得了统一。这时，离宋太祖逝世仅仅三年。

十五、中央集权　重文轻武

宋初南北用兵、统一全国的同时，宋太祖赵匡胤还采取了一系列措施，巩固和加强了中央集权，进而创立了一整套为后代奉若圭臬的"祖宗家法"。

首先是"稍夺其权"，即削弱地方势力。乾德元年（963），平定荆湖以后，朝廷废除了荆湖地区"支郡"，即仍保留节度使，节度使驻地之外的州郡"直属京师"。随着南方诸国逐渐平定，罢除"支郡"的范围也越来越大，到宋太宗时，便在全国范围内废除了支郡制度。同时，逐渐向这些地方派遣文臣出任"知州"，取代原来掌管州务的防御使等武将。宋太祖在很短的时间里就选派出上百名文臣，分治原为各大藩所辖的支郡，最终形成了宋代的"以文臣知州事"的制度。

废罢支郡和"以文臣知州事"，使位尊权重、声势煊赫的节度使的权力受到极大削弱，其实际权力仅等于某一州郡的长官，有时甚至徒具虚名，仅是一种荣誉称号。自中唐以来藩镇权势过重、坐大地方、尾大不掉的情形，终于得到改变。

在废罢支郡、以文臣知州事的同时，宋太祖又订立了两项限制州郡长官权力过重的措施。一项是"三岁一易"，使"知州""知县"在一地任职以三年为限，不得久任。乾德三年（965），北海军知军杨光美任满三年，由于为政清廉，颇得百姓爱戴，当地有数百人赴京请愿，要求留任。宋太祖下诏劝说无效，遂采取断然措施，"笞其为首者"，将请愿者赶走。另一项是在州郡设立通判。通判名义上与知州共同判理政务，地位略低于知州，但事实上由于负有监督州郡长官的特殊使命（故通判又称"监州""监郡"），知州往往还要怵其三分。所以有宋一代，州郡长官与通判不和的问题一直存在。

其次是"制其钱谷"，即收夺地方上的财权。乾德二年（964），宋太祖发布了一道十分重要的诏令，要求各州除留有必要经费外，其余财赋中属于货币的部分，应全部辇送京城，不得无故占留。次年三月，又一次重申了这道诏令。随着钱币的集中，对其余财物的控制也逐步加紧。

在废除"留州"制度的同时，对各地大藩镇以"留使"的名义截留地方赋税以及肆意征税的弊政，宋太祖也小心审慎地予以革除。他以支付大藩镇"公使钱"为代价，废除了留使制度，收回了为地方藩镇所控制的部分财权。对于藩镇任命亲信武将掌管场务、肆意征税的问题,宋太祖处置时更为小心。一般都是在该节度使病逝、调离之际,朝廷方才改派文臣管理场务。自此以后,"粟帛咸聚王畿",地方藩镇失去了对抗中央王朝的经济后盾。

地方丧失了财权,自然也就无法"屯兵自重"。在这种情况下,宋太祖与赵普讨论的"收其精兵"的措施,实施起来就非常顺利了。

宋太祖为收取地方精兵而创立的兵分禁、厢的制度,也为后代沿袭下来,成为两宋兵制中一大特色。在统一南方诸国时,为制止地方割据局面重现,宋太祖曾下令拆毁了不少通都大邑的城墙,填平了壕沟。这显然是一种只解决临时问题的消极措施。而"稍夺其权,制其钱谷,收其精兵",才真正获得长远效果,形成了"天下之权悉归朝廷","四方万里之遥,奉遵京师"的中央与地方的新型关系。在其后两宋三百多年的统治中,宋太祖所确立的这种央、地关系作为"祖宗之法"的主要内容,一直为历朝君臣所恪守。

在调整和确立央地关系的同时,宋太祖对君臣关系也进行了调整。在他看来,地方权力集中到朝廷,还没有完全解决中唐五代以来"君弱臣强"的问题,因而应该进一步削弱文武百官的权力,使由地方集中到朝廷的权力,最后完全集中在皇帝一人手中,"总揽威柄","独制天下"。

宰相是封建社会的"百官之领袖",具有"一人之下,万人之上"的地位。宋太祖即位后,宰相奏事仍沿旧制。按旧的制度,宰相上殿,皇帝命坐后方议论政事;宰相上奏意见,写成疏状呈交,皇帝批准后便退出,奉命执行。有一天早朝,宋太祖突然对宰相王溥、范质说自己眼睛有些昏花,让他们把奏疏送上前来。在范、王二相离座递疏时,宫廷侍卫乘机将他们的座位搬走。范质等人畏惧太祖的文韬武略，于是请用奏札，当面领取旨意，退朝后各疏其事，同列书字以志。太祖采纳这一请求，君臣坐而论道的礼节自此废除，宰相站着奏事成为定制，其地位也大大下降了。

相传宋朝的官帽（幞头），也与宋太祖有关。有一次早朝，某大臣奏事时，有不少官员交头接耳、窃窃私语。宋太祖见了，心中恼火，但不露声色。退朝后，他传旨属官，给幞头纱帽加以长翅。长翅用铁片、竹篾做骨架，在帽子两边各穿出一尺多（此后越来越长）。由于加了长翅，官员们只能对面交谈，若要并排交谈，就有些不便。从此之后，大臣们很难排在一起交头接耳，保证了朝堂的严肃性。

与削弱相权同步进行的，则是在百官中推行"官职分离，互相牵制"的任官政策。宋代官制中，"官"是品级，只有据此受俸禄的作用；"职"是殿阁、馆阁学士一类的荣誉称号，没有实际权力，只有皇帝或中书省"差遣"的临时职务才是实职，即执行实际权力的职务。这种职权分离、名实混淆的任官体制，使任何官员都无法集中权力、荣誉、威望于一身，权大者并不一定职高，望重者并不一定位显，这样也就很难形成对皇权的威胁了。

皇帝临时"差遣"的实职，也是依照"分权而相互牵制"的原则安排的。如宋代有固定的尚书省兵部，但兵部尚书只是虚职，并无实际兵权；只有被差遣为枢密使，才有相当于兵部尚书的实权。不过，枢密使也只是有奉旨调兵之权而无领兵之权，领兵之权归"三衙"长官。同理，"三衙"的高级将领，虽然名为禁军的最高统帅，却也只有领兵之权而无发兵之权。

宋太祖为了扩大统治基础，改革和推进了隋唐以来的科举制度。宋初极力放宽科举考试的范围，无论家庭贫富、郡望高低，只要具有一定文化者，都可以应举。同时严格考试制度，采取锁院（考官确定后，锁于贡院，断绝与外界的联系）、弥封（考卷上的姓名、籍贯等用纸糊起来，再交考官评判）、誊录（雇请书手誊抄考卷，然后再交考官，避免考卷留有标记、暗语）制，以防权贵豪门请托舞弊。

同时，着力改变重武轻文的旧风气。宋太祖即位之初，就下令修复孔庙，开辟儒馆，任用硕学名儒，以促进劝励教化。他还亲自撰作先圣孔子、先贤颜子的赞词，令文臣分别撰写其他先贤的赞词，均写于塑像座端。针对五代时期文教不兴、学校荒废的情形，宋太祖下诏拨款增修国子监学舍，并多次亲临视察。国子监开学讲书之日，还派人送去美酒、瓜果以示祝贺。

宋太祖认为，乱世用武，治世用文。和平时期，武将也应该读书，他曾对身边臣子说，希望所有武将也读一些书，从而懂得整军治国的道理。而对这些文臣，也再不能像五代那样，只当作摆设点缀，而是要切实发挥他们的作用。

随着文教的振兴和开科取士的增多，大批文人进入统治集团。文臣受到重用，统治集团内部畸形的文武关系得到了调整。原来那些骄横跋扈、轻视文臣，甚至一言不合就要"砍杀"宰相的武将，不但见了宰相要恭恭敬敬地唱喏问候，而且本身也在皇上的劝告鼓励下，学着文臣的样子读起书来。

总之，尽管宋太祖的"重文"政策在后来曾被其子孙奉为"祖宗成规"而代代相传，以致形成"重文轻武"的风气，但在太祖时期，情况却并不如此。他"重文"并不轻武，无论文臣、武将，只要"有一材一行可取者"，都予以擢拔和使用，"天下无遗材，人思自效"，其专制统治的基础是广泛和稳固的。

这样，一方面是调整中央与地方、君主与臣下的关系，使地方的行政、财政、军事等各方面权力不断向中央集中，最后又集中到皇帝自己手中，形成了至高无上的君主集权制；另一方面又开科取士，重文用武，广罗人才，极力扩大这一专制统治的基础。

十六、宽缓待民　严格治吏

为了宋王朝的长治久安，宋太祖建宋称帝后，便致力于恢复社会经济，废除繁刑苛法，同时严肃吏治、裁撤冗官，并在官吏选拔的环节严防弊害。

建隆二年（961）正月，宋太祖下令丈量民田。后周世宗末年，曾命官吏到各州丈量田土，而使臣多不称职。至此，宋太祖对侍臣说："丈量民田本想怜惜小民，而小民的疲惫却愈发严重，如今应当精心选择官员。"随后设置常参官，分别派往各州执行丈量。不久，诏令各州县督促农民种田，州县长官春秋两季要到下边巡视，并形成制度；设置义仓，官府所收的两税，每一石中抽出一斗贮藏，以备荒年歉收。

为了节省财政开支，增加物资贮备，乾德三年（965）八月，宋太祖下令设置封桩库。所谓"封桩"，是在平定荆、湖、西蜀后，把收取的金帛，另设内库储存，号曰"封桩"。凡年终财政结余，都存入库内，作为军队或灾年的非常需用。宋太祖曾告谕近臣："石敬瑭（后晋高祖）割幽、燕地区贿赂契丹，使一方土地沦陷境外，朕甚为怜悯。想等到封桩库的积蓄满四五百万的时候，派遣使者同契丹商量，倘若契丹肯于归还土地，便用这些财物来酬谢。若不肯，我用二十匹绢购买一个胡人的人头。他们的精兵不过十万，最多费我二百万匹绢，胡虏便可全部消灭。"

五代时期，黄河决堤、改道，淹没村庄、农田，到了宋初，也不断有水灾出现。治理黄河关系国计民生，宋太祖对此非常重视。建隆三年（962），诏令黄河沿岸修堤筑坝，大量种树，以防备洪灾。每年正、二、三月，为黄河堤坝例修期，太祖下令严格巡察，防患未然。因此，在宋太祖在位的十七年中，以"黄害"

著称的黄河，只有十几次溃决的记载，而且都没有造成严重灾害。黄河之外，宋太祖对运河、汴河、蔡河等主要河流，也做了不少修整。这对农业的稳定、商业的流通，都起到了重要作用。

建隆三年二月，宋太祖下诏说："英明君主为禁止人们做坏事，便制定了法令。治理人民不能用繁刑苛法，必须哀怜百姓，乱世才用严刑矫正；人们懂得纠正自己的行为，就应该实行宽刑。盗窃的出现，并非来自大盗。前朝制定的法令，律文非常苛重，不能体现爱惜百姓的本意。自今以后，盗窃罪必须赃值超过五贯，才能处以死刑。"

宋太祖尤其注重刑罚的宽缓，他曾阅读《尚书》的《尧典》《舜典》，感叹地说："尧、舜处罚'四凶'，只是流放远方，怎么近代以来的法网如此严密！"（"尧舜之罪四凶，止从投窜，何近代法网之密耶！"《宋史·太祖本纪》）所以，他制定折杖法，宋初规定各等流刑、徒刑、杖刑、笞刑的责杖之数，并规定杖、笞的尺寸，称为"折杖法"。依次递减流、徒、杖、笞各刑。自开宝年间以来，犯大罪非情理难容者，多数允许赎死；唯有贪赃的官吏，一律弃市处死，不曾允许赎死。清乾隆帝评价说："吾于开创之君，独以唐太宗、宋太祖为不可及焉。二君者，皆以不世之才，平一天下，而以仁爱之心、宽平之政保养百姓，治功灿然，昭于千古。"（《乐善堂全集·宋太祖论》）

宋太祖十分注重官吏的选拔。乾德二年（964）正月，实行四季参选法，诏令陶穀等四十七人，各自在现任属吏的京官中，举荐能胜任郡守副佐者一人。任命时，要写上推荐人的姓名，如果推举不当，新官任职后出现过失，推荐人要一同治罪。乾德四年（966）三月，又令推举能胜任常参官职务者，失察同样治罪。

乾德元年（963）七月，宋太祖亲临武成王庙（即太公望庙，始建于唐开元年间，设于长安、洛阳两京及各州），逐一观看两厢，指着秦将白起说："白起坑杀降卒（白起曾坑杀赵国的四十万降卒），太不威武了，怎配在这里享受祭祀！"下令撤去其塑像。这一举动，昭示了宋太祖的价值观，有着一定的指导意义。

科举取士是储备官员的重要途径，科考中营私舞弊，必然影响官员的品质，因而必须严加禁止。开宝元年（968）三月，宋太祖开始复试贡士。这一科选拔进士，合格者十八人，陶毂之子陶邴名列第六。太祖对左右说："听说陶毂不能教训儿子，陶邴怎么能登第呢？"（"闻毂不能训子，邴安得登第？"《续资治通鉴·宋纪五》）命令中书省复试，并下诏说："对学而有成之士的选拔，不是让某个官员树立私恩。世代官宦人家的子弟，应该注重学习，以使学业进步。如果主考官知道是同人的子弟，不论贤愚都予以收容并私下吹捧，便是用国家公器来树立私恩。今后科举取人，凡属官宦人家，全都由中书省复试。"

开宝三年（970）七月，宋太祖下令裁减闲散官员，增减官吏俸禄，使之足以养廉。诏书中说："官吏杂滥繁多，政事难求治理；俸禄过于微薄，不可责令廉洁。与其官员闲散无事而费用太重，不如裁减官员而增加现任官员的俸禄。各州县应按照户口多少的比例，按等裁减冗员，在旧有的俸禄之上每月增给五千。"

十七、修身正己　窒欲防非

在统一大局已定的情况下，宋太祖并没有志满意得、忘乎所以，更没有因此而骄逸放纵。平定南方诸国后，各国金帛财宝源源不断地运至汴京，宋太祖将其作为战备物资，全部收贮内库，从不随意挥霍。

宋太祖原本喜欢射猎和蹴鞠，刚做皇帝那阵子，他还常常技痒难忍，不时地约手下玩上几把。这些活动对他来说，自然属于忙里偷闲，但有时玩到兴头，又难免误事。

一次，宋太祖正在后苑射鸟，忽然有大臣称有急事求见。接过奏章一看，说的并非马上应办之事，不由得有些恼火，当即训斥了几句。那位大臣却说："这些事情虽然不是很急，但总比射鸟急些吧？"太祖愈加恼怒，随手抄起一把玉斧，朝那人撞去，谁知一失手，竟撞掉了两颗牙齿。那人也不作声，跪在地上，将牙齿捡起来装在衣兜里。太祖问："你想拿这个来控告我吗？"那大臣说："不敢！不过陛下既为天子，一言一行自然会由史官记录下来的。"这话算是说到了点子上，逼得太祖不得不赶紧道歉。

通过这件事，宋太祖认识到"吾为天下主"，一言一行至关重要，"畋游"（射猎）、"蹴鞠"终究不是"正经事"，以后就逐渐把这些嗜好戒除了。左金吾卫上将军郭从义，擅长击毬，太祖曾在便殿让他击毬。郭从义换衣跨驴，驰骋于殿庭之间，盘旋拍击，尽显其妙。表演结束后，太祖给郭从义赐坐，然后告诫他："你的技艺确实精妙，但这不是将相应当做的。"（"卿技固精矣，然非将相所为。"《宋史·郭从义传》）

建隆三年（962）二月，为了鼓励群臣直言进谏，宋太祖下诏说："从今天开始，百官每隔五日要到内殿值班，依次轮换，指出时政的得失。如果事关紧迫，允许随时上呈奏章，不要担心触及忌讳。"（"自今百官每五日内殿起居，以次转对，指陈时政得失。事关急切者，许不时上章，无以触讳为惧。"《宋史纪事本末·太祖建隆以来诸政》）

宋太祖即位后，曾让后苑制作熏笼，但好几天都做不好。太祖大怒，责备左右侍臣，侍臣回答有"事下尚书省，尚书省下本部，本部下本曹，本曹下本局，覆奏又得旨，复依方下制造，乃进御"的一套流程，需要好几天时间。太祖听了，更加生气，说："谁做这般条贯来约束我？"侍臣说是宰相。太祖呼来"赵学究"（赵普），问他："我在民间时，用数十钱可买一熏笼。今为天子，乃数日不得，何也？"赵普说，这是由来已久的"条贯"（规矩），"不为陛下设，乃为陛下子孙设。使后代子孙若非理制造奢侈之物，破坏钱物，以经诸处行遣，须有台谏理会"（《元城语录》卷上）。就是说，如果后世子孙骄奢淫逸，有了这些规矩，这套流程就像层层关卡，其间台谏闻知就能及时制止。太祖听了这番解释，转怒为喜，说："此条贯极妙！"

宋初宫中所用的苇簾，全用青布镶边，皇帝、后妃、皇子、公主平时经常穿的衣服，再三洗涤后仍然穿戴。永康公主曾经穿过锦绣短衣，宋太祖说："你穿这样的衣服，大家必定争相仿效。"（"尔服此，众必相效。"《宋史纪事本末·太祖建隆以来诸政》）禁止穿用。永康公主曾劝太祖用黄金装饰肩舆，太祖说："我靠四海的财富，就是宫殿用金银装饰，也是力所能办的。但想到我是为全天下守护财富，怎么能随便乱用呢！"（"我以四海之富，宫殿饰以金银，力亦可办。但念我为天下守财耳，岂可妄用！"同上）

宋太祖器量宏大，待人宽厚，不好杀戮。对于前朝宗室和诸国降王，均能善加优待。即位之后，太祖并未对后周柴氏子孙大加诛戮，而是封柴宗训为郑王，名义上给以优待，使其得以善终。对后蜀孟昶、南唐李煜乃至荒虐无道的南汉主刘鋹，也都能以礼相待。因而王夫之曾感叹道："仁有不可施，义有不可袭，必如宋祖之优处降王，而后可曰忠厚。"（《宋论·太祖七》）与此相应，在陈桥兵变中，自己的军校王彦升，擅自杀了打算抵御的侍卫亲军副都指挥使韩通，而且包括他的家人。太祖对此非常不满，欲加王彦升擅杀之罪，群臣请求赦免，他仍余怒未息，王彦升因此而终身没能担任节度使。

宋太祖天性孝顺父母、友爱兄弟，质朴自然，不追求外表修饰，生活节俭。即位之初，宋太祖经常微服私访。有人以安全为由，劝谏减少私访，他说："帝王的兴起，自有天命安排。周世宗见诸将中有'方面大耳'的，（为杜绝王者兴起，）都一律杀掉。我整天在他身边，也没能加害嘛。"（"帝王之兴，自有天命，周世宗见诸将方面大耳者皆杀之，我终日侍侧，不能害也。"《宋史·太祖本纪》）太祖曾经坐在寝殿里，下令打开各层大门，内外视野直通，毫无遮挡，对左右说："这就像我的心，稍有邪曲不正，人们都能看见。"（"此如我心，少有邪曲，人皆见之。"同上）

虽是武将出身，宋太祖却喜爱读书，往往手不释卷。在后周从军时期，戎马之际，他也不忘收罗书籍，周世宗柴荣因而问他"武将要书有什么用"。而即位之后的建隆元年（960），他就对侍臣说："朕想让武将也都读读书，从而知晓治政理民的道理。"（"朕欲尽令武臣读书，知为治之道。"同上）正是太祖的提倡，臣民士庶都开始看重读书治学。有一次遇到一个难题，宰相赵普也答不上来，再问翰林学士窦仪，结果得到了确切答案，太祖深有体会地说："作相须读书人！"（《宋史》本纪。《通鉴》作"宰相须用读书人"。）

宋太祖对自己要求严格，以图尽可能少犯错误。有一天，他罢朝坐在便殿里，过了很久仍然郁郁不乐。左右请问缘故，他说："你们以为天子容易当吗？今天早朝图快，错误地决定了一件事情，所以心中不乐。"（"尔谓天子容易为耶？早作乘快，误决一事，故不乐耳。"《宋史·太祖本纪》）

宋太祖曾对臣下说："自古以来做君主的，很少有人没有过失。朕往往日夜警惕戒惧，防备过错，遏止欲望，或许可算以德化民的意义。像唐太宗那样虚心纳谏，臣下直指过失，却不觉得羞愧耻辱，固然不错；但不如注意防止骄奢，克制自己，不犯过失，使臣下无从谏议，岂不更好？"（"古之为君者，鲜能无过。朕常夙夜畏惧，防非窒欲，庶几以德化人之义。如唐太宗受人谏

疏，直诋其失，曾不愧耻：岂若不为之，而使天下无间言哉！"《资治通鉴·宋纪八》）

十八、继位风云　兄弟龃龉

平定南唐之后，统一大局大体形成。在这种情况下，宋太祖本来应该有较多精力"养百姓"和"致太平"。但不幸的是，皇室内部争权夺利日益激烈起来，牵扯了他的绝大部分精力。

如前所述，建隆二年（961），杜太后临终前，曾立下"金匮之盟"。"金匮之盟"订立的第二个月，皇弟赵光义出任开封尹，基本确立了其皇位继承人的地位。此时，太祖与皇弟之间的利益是一致的。弟弟是当年"陈桥兵变"的主要策划者，自然希望兄长帝位稳固，不为外姓旁族所颠覆，唯其如此，才能确保自己目前的富贵和将来的前程；而哥哥也需要弟弟这样一个"工文业，多艺能"，而且"隆准龙颜"的成年储君以壮阵势。太祖曾以炫耀的口吻对近臣说，皇弟"龙行虎步，生时有异，他日必为太平天子"（《宋史·太祖本纪》）。这种炫耀，无非是显示一下赵家帝业是如何的后继有人，以及赵宋王朝的前程是如何的远大，而这对巩固自己的统治显然也是有意义的。

正是这种共同的利益、共同的需要，使太祖兄弟之间在相当一段时间里保持着异常亲密的关系。当时，宋太祖、赵普、赵光义三人过从甚密，不但重大军政决策赵光义都要参与讨论和决定，而且太祖每次出征或外出，都让赵光义留守东京。这期间，赵光义曾生了一场重病，宋太祖亲自看护，光义艾灸疼痛，太祖也燃艾自灼其身，以"分担"弟弟的痛苦。手足情深，成为历史上的一段佳话。

不过，宋太祖与赵光义之间，也并非旧史家所美化的那样，"始终无纤芥之隙"。其实这很简单：他们之间除了弟兄关系，还有皇位继承的关系。而这种关系历来就很微妙：皇帝既然贵为天子，总希望自己"万寿无疆"，即便不能"万岁"，至少也应比普通人长寿一些；作为皇位继承者，虽然并不一定诅咒皇帝早日"殡天"，但"早获神器""速登大宝"之类的念头，却又是不可避免的，而仅此一点，也就隐然构成了与皇帝之间的对立。如果双方年龄相差不大的话，这种对立就极有可能由隐伏状态演变为公开状态。赵光义比宋太祖小十二岁，这一年龄差与一般情况下皇帝与太子之间的年龄差相比，显然是不甚理想的。宋太祖又身体健康，精力充沛，从来没有生过什么病。这些情况对赵光义都是不利的。

随着宋初局势的稳定和统一事业的逐渐完成，赵宋皇族被外姓旁人颠覆的危险越来越小，宋太祖兄弟之间原来那种为家族命运和利益同心同德、共济险难的精神慢慢消失了。而一旦有了互不相干的命运，原来掩盖在"兄友弟悌"伦理美德下的人性中的另一面，就可能显露出来。

历史上对宋太祖兄弟后期不正常关系的记载，或是闪烁其词，讳莫如深；或是断为乌有，甚至极力粉饰，其真相今天已难以还原。但一般说来，赵光义作为取代者的角色，其手脚做得可能要更主动、更多一些。从建隆二年（961）出任开封尹开始，至开宝九年（976）继位，在这十六年的时间里，他利用开封尹的地位，聚集了一大批文武幕僚，逐渐形成了自己在东京汴梁的地位。从宋初"小民传之为笑"的一则有关大将党进的趣闻中，可以影影绰绰地看出赵光义当时的威势。

党进负责京城治安，严禁市民饲养鹰鹞等猛禽。有一天，他发现有人手捉鹰鹞，招摇过市，不由大怒，伸手就夺。那人斜视着他说道："此晋王（指光义）爱物。"党进一听，马上变为笑脸，连连致歉，并掏出一大把钱要给那鹰鹞买肉吃，又讨好地说:"千万侍候好它,别让猫狗伤着。"

党进行伍出身,为人粗疏,但在这件事上,他表现得却相当精细。须知,尽管"金匮之盟"不为外人所知,但赵光义以晋王身份兼任开封尹,其储君地位几乎是明摆着的。认清这一点,并据此来决定自己待人处事的原则、态度,对党进一类已经富贵,并希望能长保富贵的官员来说,显然是十分重要的。当然,认清这一点,对那些不很富贵,却希望将来能"发迹变泰"的臣僚来说,就更为重要了。历史上常常有因早立储君而形成所谓"第二权力中心"的现象,究其原因,也正在于此。王夫之在《宋论》中说:太祖晚年,赵光义已"威势隆而羽翼成",推论可谓中的。

宋太祖对赵光义势力的发展,也并非懵然无知、毫无防范。《宋史·冯瓒传》里的有关记载就很值得注意。冯瓒任梓州知州时,有人告发他"受赇为奸"。冯瓒其人"善言谈,有吏材",是个能说能干的官员,宋太祖对他很器重,所以听到告发后,决定召他入京,亲自问明情况,然后再酌情处理。冯瓒入京后,素有成见的赵普暗中派人到潼关,检查冯瓒留在后面的行装,结果意外发现行装里有若干包捆扎停当的"金带珍玩",上面都贴着"送交刘鏊"的字样。刘鏊官职卑小,冯瓒为何要送他珍宝呢?原来,"鏊方在太宗幕府"。

这一下,问题变得严重起来。赵普主张将冯瓒处以死刑,最后宋太祖"宽大"处理,把他流放到当时环境、条件最为恶劣的沙门岛。后来,冯瓒在这座孤岛上竟一待十年;(耐人寻味的是,赵光义即位后,冯瓒很快恢复官职。)与此有干系的李美、李楫、刘鏊,也都受到罢官、流放的处罚。冯瓒事件发生在太祖即位的第七年,也就是赵光义任开封尹的第六年,这一事件,暴露了太祖兄弟之间早期存在的矛盾和斗争。

不过,这个时候,宋太祖还只是防止大臣与皇弟的交结过于密切，对其本身势力的发展重视不够。直到开宝六至七年（973—974）前后，宋太祖对皇弟势力的发展才开始感受到了威胁。但此时赵光义羽翼已成，处置起来已经不那么容易了。

赵普可能要比宋太祖更早发现问题的严重性，但事关重大，自然不便轻易开口。等宋太祖本人也对赵光义势力有所警觉后，他才试探着提出了防范的对策。因为"其事甚秘"，两人商谈的详情不得而知，但很可能讨论到了改变皇位继承人的问题。

本来订立"金匮之盟"时，主要出于三点考虑：一是母命难违；二是皇子德昭、德芳年龄尚小；三是赵宋王朝立足未稳，随时可能被外姓旁人颠覆。缘此，要在自己家族内部排出比较稳固的继位程序：先传光义，再传廷美，三传才至德昭。随着时间的推移和局势的稳定，上述几个原因显然都已不复存在。这时，赵光义即便没有表现出抢班夺权的欲望，宋太祖也可能会爽约背盟，将帝位传给自己的儿子，何况弟弟当时已经有了种种令人担忧的表现。

赵光义即位后，有一次突然说："如果赵普在中书省（即任宰相），自己也得不到皇位。"（"若赵普在中书，朕亦不得此位！"《丁晋公谈录》）这话隐约表明，赵普与宋太祖在开宝六年前后，的确议论过更换皇位继承人的问题。大概此事尚无眉目，风声就走露了出去。为避免矛盾激化，也为防止"威势隆而羽翼成"的赵光义铤而走险，宋太祖很快罢了赵普的相位。赵普罢相在开宝六年（973）八月，而九月赵光义封晋王，位居宰相之上。这应该是宋太祖出于政治掩饰的需要，对赵光义作出的"安抚"。正史将赵普罢相归因于太祖嫌其专权过甚，而王夫之却说太祖是"弗获已（不得已）而出普于河阳（赵普罢相后，出任河阳节度使）"（《宋论·太祖八》），可谓慧眼独具。

十九、斧声烛影　身死如谜

尽管赵光义当时已是势延难遏、滋蔓难图了,但宋太祖仍没有放弃这方面的努力。开宝九年(976)二月,吴越国王钱俶来朝,一般很少参与活动的皇子德昭,这次却突然被父皇委派至宋州迎宾。钱俶来朝是当时朝野瞩目的大事,宋太祖借此机会,巧妙地把默默无闻的皇子推到了臣民的面前。

这年三月,宋太祖巡视洛阳,特令赵光义随行。而以前,凡太祖出京,都是让赵光义留守的。到洛阳后,宋太祖又突然提议将国都由东京汴梁迁至洛阳或长安。他口头上说,迁都是为了避免将来辽军一旦南下,汴梁首当其冲,在军事上不利,但真正目的,则可能是要借此摆脱赵光义已经形成极大势力的东京开封府。赵光义自然不会不懂其中利害,因而强烈反对迁都。从客观条件上看,都于汴梁要比都于洛阳更为合理,所以赵光义反对迁都的理由十分充足,理直则气壮,态度颇为强硬。在这种情况下,宋太祖的迁都之议也就不了了之。

宋太祖在洛阳盘桓了一个月,一直住在自己当年出生和长大的旧居里。有一次,他指着一条小巷说:"我小时候与伙伴们玩游戏,曾埋在这里一个石马,不知还在不在。"左右的人一挖,果然找到了石马。人世沧桑,往事如烟,宋太祖心中涌动着一种莫名的悲哀。故居、石马、儿时嬉戏,所有这些旧时的回忆,不但没给他带来多少温暖,相反,倒使他更加强烈地体验到了目前的孤独和隔膜,他感到自己生活在一个越来越冷漠、越来越陌生的环境里……

忧心忡忡的宋太祖,此时似乎已经有了某种不祥的预感。告别洛阳时,他来到父亲的陵墓前大恸失声,哭着说:"此生不得再朝于此矣。"又取下弓箭,向北射去,指着箭头落下的地方说:此处就是我将来的长眠之地。关于这些事情，旧史家曾从"谶语凶音""知命当终"的角度加以渲染，使其蒙上一层荒诞的色彩，其实，细究原委，应该说这正是宋太祖当时那种忧郁心境的外露。

回到汴梁后，宋太祖一反常态，明显地加强了与另一皇弟赵光美（后改名"廷美"）的关系。其中仅七月一个月的时间，就三次"幸光美第"。赵光美是"金匮之盟"中排在赵光义之后、赵德昭之前的继位人之一，宋太祖对他如此亲近，恐怕并非毫无用意。开宝九年，皇子德昭已经二十五岁，德芳也十七岁了。德昭、德芳之母均已早逝。此时，宫中主事者为孝章皇后宋氏。

从历史记载看，宋皇后并无子女，但在德昭、德芳两位皇子中，她比较偏宠德芳。这一点，对正在考虑继位人问题的宋太祖也可能稍稍产生了一些不好的影响，使他难以果断地在长子德昭和幼子德芳中挑选出一个来，以取代赵光义的继承人位置。

开宝九年十月，宋太祖患病。十九日夜晚，天降大雪，太祖召赵光义饮酒，嘱托后事。左右其他人都在室外而不闻其言，但遥遥望见烛光影下，赵光义时而离开坐席，似乎有退避的样子。不久，宋太祖以柱斧戳地，大声对赵光义说："好自为之！"

次日凌晨，天还未亮，宋太祖在万岁殿驾崩。当时，只有宋皇后守在旁边，她命宦官王继恩速召皇子赵德芳入宫，但王继恩却径自到开封府传召赵光义。王继恩到开封府时，发现以精于医术而得到赵光义赏识的开封府吏程德玄正等候在门口。二人一起叩门入府。赵光义听完王继恩的来意，显出很惊讶的样子，没有马上答应入宫，反而回到里面去和家人商量。王继恩大声催促道："时间长了，皇位就要为别人所有了。"（"事久，将为他人有矣！"《资治通鉴·宋纪八》）

于是，赵光义领着程德玄，随王继恩，冒着大雪徒步向皇宫走去。行至宫门时，王继恩让赵光义在外面稍候，由他进宫先行通报。程德玄却说："便应直前，何待之有！"不由分说，与赵光义闯进了皇宫。宋皇后听到王继恩的声音，忙问："德芳来邪？"王继恩回答说："晋王至矣！"宋皇后见到赵光义，非常吃惊，急促地呼喊着"官家"（唐宋时宫中称皇帝为官家），说："我们母子的性命，全都托付给官家了！"晋王哭泣着说："共保富贵，不要有什么忧虑。"（"后见王，愕然，遽呼官家，曰：'吾母子之命，皆托于官家。'王泣曰：'共保富贵，勿忧也！'"同上）

过了几天，晋王赵光义即皇帝位，改名为"炅"。号宋后为开宝皇后，迁至西宫。以弟弟赵廷美为开封尹，封齐王；兄子赵德昭为永兴军节度使兼侍中，封武功郡王；兄子赵德芳为山南西道节度使，同平章事、兴元尹。太宗相继下诏书：太祖、廷美子女并称皇子、皇女，用来表示如同一体所出。

现在史学界对宋太祖死因有几种推测。一种是根据十九日夜里饮酒"烛影斧声"的记载，认为宋太祖可能死于凶杀。一种则根据二十日凌晨王继恩私传晋王入宫的记载，认为宋太祖死时赵光义并不在场，不存在谋杀问题，宋太祖当属正常死亡。只是太祖驾崩时并未遗诏由赵光义继位，而宋皇后则显然希望德芳继位。这样看来，无论平日宋太祖意向如何，在最后的关键时刻，赵光义的帝位是抢夺而来的。还有一种意见，则是将十九日晚和二十日凌晨的记载，作为一个事件的两个环节看待，认为赵光义可能在十九日晚太祖召其入宫饮酒时（或别的什么时间），在酒中偷下了毒药，已经预知太祖必死于二十日凌晨，所以二十日清晨就派程德玄等候在门口。程德玄后来在太宗朝异常得宠，推究其因，可能是在继位问题上用医术帮了赵光义的忙。

上述三种说法表明，无论宋太祖之死与赵光义的活动有无直接关系，但有一点是可以确定的，即当时皇室内部在皇位继承问题上存在的矛盾和斗争是相当激烈的。

宋太祖去世时刚满五十，仍属有为之年。就在他去世前的九个月，群臣曾连续三次上表，请求加尊号曰"广运一统太平圣文神武明道至德仁孝皇帝"，被他拒绝了。他说："如今北汉尚未平定，燕云十六州尚未收复，这'一统'二字，从何谈起！"这时的宋太祖，还是那么的清醒，那么的信心百倍，依然执着于自己的志业。

有人说，"自唐太宗之后，迄于两宋"，帝王中最杰出者当推后周世宗柴荣，如果他能长寿，则"十年开拓天下，十年养百姓，十年致太平"（《五代史·后周·世宗本纪》）的宏图是可能实现的，统一的局面也会比宋太祖所开创的局面好一些，或者好得多。

有人则说：如果不是因为当时皇室内部的矛盾和斗争过多地牵扯了精力，如果不是因为过早地与世诀别，宋太祖慎终如始、不息不懈的奋进精神，会在他的政治事业中产生相应结果，甚至当年周世宗"十年开拓天下，十年养百姓，十年致太平"的目标也并非没有可能实现。宋太祖的赍志而殁，使当时统一的局面留下了某些始终无法弥补的缺憾。

《宋史·太祖本纪》

太祖本纪一

太祖启运立极英武睿文神德圣功至明大孝皇帝讳匡胤，姓赵氏，涿郡人也。高祖朓，是为僖祖，仕唐，历永清、文安、幽都令。朓生珽，是为顺祖，历藩镇从事，累官兼御史中丞。珽生敬，是为翼祖，历营、蓟、涿三州刺史。敬生弘殷，是为宣祖。周显德中，宣祖贵，赠敬左骁骑卫上将军。宣祖少骁勇，善骑射,事赵王王镕,为镕将五百骑援唐庄宗于河上,有功。庄宗爱其勇,留典禁军。汉乾祐中,讨王景于凤翔,会蜀兵来援,战于陈仓。始合,矢集左目,气弥盛,奋击大败之,以功迁护圣都指挥使。周广顺末,改铁骑第一军都指挥使,转右厢都指挥,领岳州防御使。从征淮南,前军却,吴人来乘,宣祖邀击,败之。显德三年,督军平扬州,与世宗会寿春。寿春卖饼家饼薄小,世宗怒,执十余辈将诛之,宣祖固谏得释。累官检校司徒、天水县男。与太祖分典禁兵,一时荣之。卒,赠武清军节度使、太尉。

太祖,宣祖仲子也,母杜氏。后唐天成二年,生于洛阳夹马营,赤光绕室,异香经宿不散。体有金色,三日不变。既长,容貌雄伟,器度豁如,识者知其非常人。学骑射,辄出人上。尝试恶马,不施衔勒,马逸上城斜道,额触门楣坠地,人以为首必碎,太祖徐起,更追马腾上,一无所伤。又尝与韩令坤博土室中,雀斗户外,因竞起掩雀,而室随坏。

汉初,漫游无所遇,舍襄阳僧寺。有老僧善术数,顾曰:"吾厚赆汝,北往则有遇矣。"会周祖以枢密使征李守贞,应募居帐下。广顺初,补东西班行首,拜滑州副指挥。世宗尹京,转开封府马直军使。世宗即位,复典禁兵。北汉来寇,世宗率师御之,战于高平。将合,指挥樊爱能等先遁,军危。太祖麾同列驰马冲其锋,汉兵大溃。乘胜攻河东城,焚其门。左臂中流矢,世宗止之。还,拜殿前都虞候,领严州刺史。

三年春,从征淮南,首败万众于涡口,斩兵马都监何延锡等。南唐节度皇甫晖、姚凤众号十五万,塞清流关,击走之。追至城下,晖曰:"人各为其主,愿成列以决胜负。"太祖笑而许之。晖整阵出,太祖拥马项直入,手刃晖中脑,并姚凤擒之。宣祖率兵夜半至城下,传呼开门,太祖曰:"父子固亲,启闭,王事也。"诘旦,乃得入。韩令坤平扬州,南唐来援,令坤议退,世宗命太祖率兵二千趋六合。太祖下令曰："扬州兵敢有过六合者，断其足！"令坤始固守。太祖寻败齐王景达于六合东，斩首万余级。还，拜殿前都指挥使，寻拜定国军节度使。

四年春，从征寿春，拔连珠砦，遂下寿州。还，拜义成军节度、检校太保，仍殿前都指挥使。冬，从征濠、泗，为前锋。时南唐砦于十八里滩，世宗方议以橐驼济师，而太祖独跃马截流先渡，麾下骑随之，遂破其砦。因其战舰乘胜攻泗州，下之。南唐屯清口，太祖从世宗翼淮东下，夜追至山阳，俘唐节度使陈承昭以献，遂拔楚州。进破唐人于銮江口，直抵南岸，焚其营栅，又破之于瓜步，淮南平。唐主畏太祖威名，用间于世宗，遣使遗太祖书，馈白金三千两，太祖悉输之内府，间乃不行。五年，改忠武军节度使。

六年，世宗北征，为水陆都部署。及莫州，先至瓦桥关，降其守将姚内斌，战却数千骑，关南平。世宗在道，阅四方文书，得书囊，中有木三尺余，题云"点检做天子"，异之。时张永德为点检，世宗不豫，还京师，拜太祖检校太傅、殿前都点检，以代永德。恭帝即位，改归德军节度、检校太尉。

七年春，北汉结契丹入寇，命出师御之。次陈桥驿，军中知星者苗训引门吏楚昭辅视日下复有一日，黑光摩荡者久之。夜五鼓，军士集驿门，宣言策点检为天子，或止之，众不听。迟明，逼寝所，太宗入白，太祖起。诸校露刃列于庭，曰："诸军无主，愿策太尉为天子。"未及对，有以黄衣加太祖身，众皆罗拜，呼万岁，即掖太祖乘马。太祖揽辔谓诸将曰："我有号令，尔能从乎？"皆下马曰："唯命。"太祖曰："太后、主上，吾皆北面事之，汝辈不得惊犯；大臣皆我比肩，不得侵凌；朝廷府库、士庶之家，不得侵掠。用令有重赏，违即孥戮汝。"诸将皆载拜，肃队以入。副都指挥使韩通谋御之，王彦升遽杀通于其第。

太祖进登明德门，令甲士归营，乃退居公署。有顷，诸将拥宰相范质等至，太祖见之，呜咽流涕曰："违负天地，今至于此！"质等未及对，列校罗彦瓌按剑厉声谓质等曰："我辈无主，今日须得天子。"质等相顾，计无从出，乃降阶列拜。召文武百僚，至晡，班定。翰林承旨陶穀出周恭帝禅位制书于袖中，宣徽使引太祖就庭，北面拜受已，乃掖太祖升崇元殿，服衮冕，即皇帝位。迁恭帝及符后于西宫，易其帝号曰郑王，而尊符后为周太后。

建隆元年春正月乙巳，大赦，改元，定有天下之号曰宋。赐内外百官军士爵赏，贬降者叙复，流配者释放，父母该恩者封赠。遣使遍告郡国。丙午，诏谕诸镇将帅。戊申，赐书南唐。赠韩通中书令，命以礼收葬。己酉，遣官告祭天地社稷。复安州、华州、兖州为节度。辛亥，论翊戴功，以周义成军节度使、殿前都指挥使石守信为归德军节度使、侍卫亲军马步军副都指挥使，江宁军节度使、侍卫亲军马军都指挥使高怀德为义成军节度使、殿前副都点检，武信军节度使、侍卫亲军步军都指挥使张令铎为镇安军节度使、侍卫亲军马步军都虞候，殿前都虞候王审琦为泰宁军节度使、殿前都指挥使，虎捷右厢都虞候张光翰为江宁军节度使、侍卫亲军马军都指挥使，龙捷右厢都指挥使赵彦徽为武信军节度使，余领军者并晋爵。壬子，赐宰相、枢密、诸军校袭衣、犀玉带、鞍马有差。癸丑，放南唐降将周成等归国。乙卯，遣使分赈诸州。丁巳，命周宗正郭玘祀周陵庙，仍以时祭享。己未，宰相表请以二月十六日为长春节。癸亥，以周天雄军节度使、魏王符彦卿守太师，雄武军节度使王景守太保、太原郡王，定难军节度使、守太傅、西平王李彝殷守太尉，荆南节度使高保融守太傅，余领节镇者并晋爵。甲子，赐皇弟殿前都虞候匡义名光义。己巳，立太庙。镇州郭崇报契丹与北汉军皆遁。

二月乙亥，尊母南阳郡夫人杜氏为皇太后。以周宰相范质依前守司徒、兼侍中，王溥守司空、兼门下侍郎、同中书门下平章事，魏仁浦为尚书右仆射、兼中书侍郎、同中书门下平章事，枢密使吴廷祚同中书门下二品。丙戌，长春节，赐群臣衣各一袭。

三月乙巳，改天下郡县之犯御名、庙讳者。丙辰，南唐主李璟、吴越王钱俶遣使以御服、锦绮、金帛来贺。宿州火，遣使恤灾。壬戌，定国运以火德王，色尚赤，腊用戌。癸亥，命武胜军节度使宋延渥等率舟师巡江徼。是春，均、房、商、洛鼠食苗。

夏四月癸酉，窦俨上二舞十二乐曲名、乐章。乙酉，幸玉津园。遣使分诣京城门，赐饥民粥。丙戌，浚蔡河。癸巳，昭义军节度使李筠叛，遣归德军节度使石守信讨之。

五月己亥朔，日有食之。庚子，遣昭化军节度使慕容延钊、彰德军节度使王全斌将兵出东道，与守信会讨李筠。壬寅，窦俨上太庙舞曲名。癸卯，石守信败李筠于长平。甲辰，命诸道进讨。丙午，幸魏仁浦第视疾。己酉，西京作周六庙成，遣官奉迁。丁巳，诏亲征，以枢密使吴廷祚留守上都，都虞候光义为大内都点检，命天平军节度使韩令坤屯兵河阳。己未，发京师。丁卯，石守信、高怀德破筠众于泽州，擒伪节度范守图，杀北汉援兵之降者数千人，筠遁入泽州。戊辰，王师围之。

六月癸酉，有星赤色，出心。辛未，拔泽州，筠赴火死，命埋骼胔。释河东相卫融，禁剽掠。甲申，免泽州今年租。有星赤色，出太微垣，历上相。乙酉，伐上党。丁亥，筠子守节以城降，赦之。上如潞。辛卯，大赦，减死罪，免附潞三十里今年租，录阵殁将校子孙，丁夫给复三年。甲午，永安军节度使折德扆破北汉沙谷砦。

秋七月戊申，上至自潞。壬子，幸范质第视疾。甲子，遣工部侍郎艾颖拜嵩、庆陵。乙丑，南唐进白金，贺平泽、潞。丁卯，南唐进乘舆御服物。

八月戊辰朔，御崇元殿，行入阁仪。辛未，遣郭玘飨周庙。壬申，复贝州为永清军节度。甲戌，命宰相祷雨。辛巳，以周武胜军节度使侯章为太子太师。壬午，以光义领泰宁军节度，依前殿前都虞候。甲申，立琅琊郡夫人王氏为皇后。戊子，南唐进贺平泽潞金银器、罗绮以千计。

九月壬寅，昭义军节度使李继勋焚北汉平遥县。癸卯，三佛齐国遣使贡方物。丙午，奉玉册谥高祖曰文献皇帝，庙号僖祖，高祖妣崔氏曰文懿皇后；曾祖曰惠元皇帝，庙号顺祖，曾祖妣桑氏曰惠明皇后；祖曰简恭皇帝，庙号翼祖，祖妣刘氏曰简穆皇后；皇考曰武昭皇帝，庙号宣祖。己酉，幸宜春苑。中书舍人赵行逢坐从征避难，贬房州司户参军。己未，淮南节度李重进以扬州叛，遣石守信等讨之。甲子，归太原俘。

冬十月丁卯朔，赐内外文武官冬衣有差。壬申，定县为望、紧、上、中、下，令三年一注。壬午，河决厌次。乙酉，晋州兵马钤辖荆罕儒袭北汉汾州，死之。龙捷指挥石进二十九人坐不救弃市。丁亥，诏亲征扬州，以都虞候光义为大内都部署，枢密使吴廷祚权上都留守。戊子，诏诸道长贰有异政、众举留请立碑者，委参军验实以闻。庚寅，发京师。

十一月丁未，师至扬州城，拔之，重进尽室自焚。戊申，诛重进党，扬州平。命诸军习战舰于迎銮，南唐主惧甚，其臣杜著、薛良因诡迹来奔，帝疾其不忠，斩著下蜀市，配良庐州牙校。己酉，赈扬州城中民人米一斛，十岁以下者半之。胁隶为军者，赐衣履遣还。庚戌，给攻城役夫死者人绢三匹，复三年。乙卯，南唐主遣使来犒师。庚申，遣其子从镒来朝。

十二月己巳，驾还。丁亥，上至自扬。辛卯，泉州节度使留从效称藩。

二年春正月丙申朔，上诣太后宫门称庆。庚子，占城国王遣使来朝。壬寅，幸造船务观习水战。戊申，以扬州行宫为建隆寺。太仆少卿王承哲坐举官失实，责授殿中丞。壬子，商州鼠食苗，诏免赋。谓宰臣曰："比命使度田，多邀功弊民，当慎其选，以见朕意。"丁巳，导蔡水入颍。巳未，遣郭玘飨周庙。灵武节度使冯继业献马五百、橐驼百、野马十。甲子，泽州刺史张崇诂坐党李重进弃市。

二月丙寅，幸飞山营，阅砲车。壬申，疏五丈河。癸酉，有司奏进士合格者十一人。荆南高保勖进黄金什器。甲戌，幸城南，观修水匮。丁丑，南唐进长春节御衣、金带及金银器。己卯，赐天雄军节度符彦卿粟。禁春夏捕鱼射鸟。己丑，定窃盗律。

三月丙申，内酒坊火，酒工死者三十余人，乘火为盗者五十人，擒斩三十八人，余以宰臣谏获免。酒坊使左承规、副使田处岩以酒工为盗，坐弃市。闰月己巳，幸玉津园，谓侍臣曰："沉湎非令仪，朕宴偶醉，恒悔之。"壬辰，南唐进谢赐生辰金器、罗绮。丁丑，金、商、房三州饥，赈之。癸未，幸迎春苑宴射。

夏四月癸巳朔，日有食之。壬寅，诏郡国置前代帝王、贤臣陵冢户。己酉，无棣男子赵遇诈称皇弟，伏诛。己未，商河县令李瑶坐赃杖死，左赞善大夫申文纬坐失觉察除籍。庚申，班私炼货易盐及货造酒曲律。

五月癸亥朔，以皇太后疾，赦杂犯死罪已下。乙丑，天狗堕西南。丙寅，三佛齐国来献方物。丁丑，以安邑、解两池盐给徐、宿、郓、济。庚寅，供奉官李继昭坐盗卖官船弃市。诏诸道邮传以军卒递。

六月甲午，皇太后崩于滋德殿。己亥，群臣请听政，从之。

庚子，以太后丧，权停时享。辛丑，见百官于紫宸殿门。壬子，祈雨。庚申，释服。

秋七月壬戌，以皇太后殡，不受朝。辛未，晋州神山县谷水泛出铁，方圆二丈三尺，重七千斤。壬申，以光义为开封府尹，光美行兴元尹。已卯，陇州进黄鹦鹉。

八月壬辰朔，不视朝。壬寅，诏诸大辟送所属州军决判。甲辰，南唐主李璟死，子煜嗣，遣使请追尊帝号，从之。已酉，执易定节度使、同平章事孙行友，削官勒归私第。辛亥，幸崇夏寺，观修三门。女直国遣使来朝献。大名府永济主簿郭颙坐赃弃市。庚申，《周世宗实录》成。

九月壬戌朔，不御殿。南唐遣使来进金银、缯綵。甲子，契丹解利来降。荆南节度使高保勖遣其弟保寅来朝。戊子，遣使南唐赙祭。

冬十月癸巳，南唐遣其臣韩熙载、田霖来会皇太后葬。丙申，遣枢密承旨王仁赡赐南唐礼物。戊戌，禁边民盗塞外马。辛丑，丹州大雨、雹。丙午，葬明宪皇太后于安陵。

十一月辛酉朔，不视朝。甲子，太后祔庙。已巳，幸相国寺，遂幸国子监。癸酉，沙州节度使曹元忠、瓜州团练使曹延继等遣使来献玉鞍勒马。

十二月壬申，回鹘可汗景琼遣使献方物。乙未，李继勋败北汉军，俘辽州刺史傅廷彦、弟勋来献。辛丑，幸新修河仓。庚戌，畋于近郊。癸丑，遣使赐南唐、吴越马、羊、橐驼有差。

三年春正月庚申朔，以丧不受朝贺。已巳，淮南饥，赈之。庚午，幸迎春苑宴射。甲戌，广皇城。诏郡国长吏劝民播种。丙子，瓜沙归义节度使曹元忠献马。庚辰，女直国遣使只骨来献。诏郡国不得役道路居民。癸未，幸国子监。

二月丙辰，复幸国子监，遂如迎春苑宴从官。庚寅，诏文班官举堪为宾佐、令录者各一人，不当者比事连坐。甲午，诏自今百官朝对，须陈时政利病，无以触讳为惧。乙未，滑州节度使张建丰坐失火免官。己亥，更定窃盗律。壬午，上谓侍臣曰："朕欲武臣尽读书以通治道，何如？"左右不知所对。甲寅，北汉寇潞、晋，守将击走之。

三月戊午朔，厌次陨霜杀桑。壬戌，三佛齐国遣使来献。癸亥，祷雨。丁卯，幸太清观，遂幸开封尹后园宴射。己巳，大雨。诏申律文谕郡国，犯大辟者刑部审覆。乙亥，遣使赐南唐主生辰礼物。丁丑，女直国遣使来献。丁亥，命徙北汉降人于邢、洺。

夏四月乙未，延州大雨雪，赵、卫二州旱。丙申，宁州大雨雪，沟洫冰。戊戌，幸太清观。庚子，回鹘阿督等来献方物。壬寅，丹州雪二尺。乙巳，赠兄光济为邕王，弟光赞为夔王，追册夫人贺氏为皇后。

五月甲子，幸相国寺祷雨，遂幸迎春苑宴射。乙亥，海州火。开太行运路。癸未，命使检诸州旱。甲申，诏均户役，敢蔽占者有罪。复幸相国寺祷雨。乙酉，广大内。齐、博、德、相、霸五州自春不雨，以旱，减膳撤乐。

六月辛卯，赈宿州饥。癸巳，吴廷祚以雄武军节度使罢。乙未，赐酒国子监。丁酉，幸太清观。己亥，减京畿、河北死罪以下。壬寅，京师雨。壬子，蕃部尚波于等争采造务，以兵犯渭北，知秦州高防击走之。乙卯，幸迎春苑宴射。黄陂县有象自南来食稼。

秋七月庚申，南唐遣其臣翟如璧谢赐生辰礼，贡金银、锦绮千万。壬戌，放南唐降卒弱者数千人归国。乙丑，免舒州菰蒲新税。丁卯，潞州大雨、雹。索内外军不律者配沙门岛。己卯，北汉捉生指挥使路贵等来降。辛巳，遣从臣十人检河北旱。癸未，兖、济、德、磁、洺五州蝗。

八月癸巳，蔡河务纲官王训等四人坐以糠土杂军粮，磔于市。乙未，用知制诰高锡言，诸行赇获荐者许告讦，奴婢邻亲能告者赏。诏注诸道司法参军皆以律疏试判。诏尚书吏部举书判拔萃科。

九月庚午，吐蕃尚波于等归伏羌县地。壬申，修武成王庙。丙子，占城国来献。禁伐桑、枣。

冬十月乙酉朔，赐百官冬服有差。丙戌，幸太清观，遂幸造船务，观习水战。己亥，幸岳台，命诸军习骑射，复幸玉津园。辛丑，以枢密副使赵普为枢密使。辛亥，畋近郊。

十一月癸亥，禁奉使请托。县令考课以户口增减为黜陟。丙寅，南唐遣其臣顾彝来朝。丙子，三佛齐国遣使李丽林等来献，高丽国遣李兴祐等来朝。己卯，畋于近郊。壬午，赐南唐建隆四年历。

十二月丙戌，诏县置尉一员，理盗讼。置弓手，视县户为差。戊戌，蒲、晋、慈、隰、相、卫六州饥，赈之。庚子，班捕盗令。甲辰，衡州刺史张文表叛。

是岁，周郑王出居房州。

乾德元年春正月甲寅朔，不御殿。乙卯，发关西乡兵赴庆州。丁巳，修畿内河堤。己未，遣使赐南唐、吴越马、橐驼、羊有差。庚申，遣山南东道节度使慕容延钊率十州兵以讨张文表。乙丑，幸造船务，观造战船。甲戌，诏荆南发水卒三千应延钊于潭。己卯，女直国遣使来献。

二月壬辰，周保权将杨师璠枭文表于朗陵市。甲午，慕容延钊入荆南，高继冲请归朝，得州三、县十七。乙未，克潭州。辛亥，澶、滑、卫、魏、晋、绛、蒲、孟八州饥，命发廪赈之。

三月辛未，幸金凤园习射，七发皆中。符彦卿等进马称贺，乃遍赐从臣名马、银器有差。壬申，高继冲籍其钱帛刍粟来上。癸酉，班新定律。戊寅，慕容延钊破三江口，下岳州，克复朗州，湖南平。得州十四、监一、县六十六。

夏四月，旱。甲申，遍祷京城祠庙，夕雨。减荆南朗州、潭州管内死罪一等，掳掠者给主。乙酉，遣使祭南岳。丁亥，幸国子监，遂幸武成王庙，宴射玉津园。庚寅，出内钱募诸军子弟肄习战池。辛卯，《建隆应天历》成，御制序。壬辰，赏湖南立功将士。癸巳，幸玉津园。丙申，兵部郎中曹匪躬弃市，海陵盐城屯田副使张蔼除名，并坐不法。庚子，荆南节度使高继冲进助宴金银、罗纨、柱衣、屏风等物。癸卯，辰、锦、叙等州归顺。甲辰，诏疏凿三门。禁泾、原、邠、庆等州补蕃人为边镇将。夏西平王李彝兴献牦牛一。乙巳，幸玉津园，阅诸军骑射。丙午，免湖南茶税，禁陕州盐井。辛亥，贷澶州民种食。

五月壬子朔，祷雨京城。甲寅，遣使祷雨岳渎。乙丑，广大内。庚午，给荆南管内符印。癸酉，幸玉津园。

六月乙酉，免潭州诸县无名配敛。壬辰，暑，罢营造，赐工匠衫履。乙未，诏荆南兵愿归农者听。丙申，诏历代帝王三年一飨，立汉光武、唐太宗庙。己亥，澶、濮、曹、绛蝗，命以牢祭。庚子，百官三上表请举乐，从之。减左右仗千牛员。丙午，雨。诏蜡祀，庙、社皆用戌腊一日。己酉，命习水战于新池。

秋七月辛亥朔，定州县所置杂职、承符、厅子等名数。甲寅，以湖湘殁王事靳彦朗男承勋等三十人补殿直。丙辰，幸新池，赐役夫钱，遂幸玉津园。丁巳，安国军节度使王全斌等率兵入太原境，以俘来献，给钱米以释之。己未，诏民有疾而亲属遗去者罪之。癸亥，湖南疫，赐行营将校药。丁卯，幸武成王庙，遂幸新池，观习水战。己巳，朗州贼将汪端寇州城，都监尹重睿击走之。诏免荆南管内夏税之半。甲戌，释周保权罪。乙亥，诏缮朗州城，免其管内夏税。丁丑，分命近臣祷雨。己卯，班《重定刑统》等书。

八月壬午，殿前都虞候张琼以陵侮军校史珪、石汉卿等，为所诬谮，下吏，琼自杀。丙戌，遣给事中刘载朝拜安陵。丁亥，王全斌攻北汉乐平县，降之。辛卯，以乐平县为平晋军，降卒千八百人为效顺军，人赐钱帛。壬辰，诏九经举人下第者再试。癸巳，女直国遣使献名马。蠲登州沙门岛民税，令专治船渡马。丙申，北汉静阳十八砦首领来降。泉州陈洪进遣使来朝贡。齐州河决。京师雨。己亥，契丹幽州岐沟关使柴廷翰等来降。癸卯，宰相质率百官上尊号，不允。

九月甲寅，三上表请，从之。丙寅，宴广政殿，始用乐。丁卯，责宣徽南院使兼枢密副使李处耘为淄州刺史。戊辰，女直国遣使献海东青名鹰。丙子，禁朝臣公荐贡举人。赐南唐羊万口。磔汪端于朗州。戊寅，北汉引契丹兵攻平晋，遣洺州防御使郭进等救之。

冬十月庚辰，诏州县征科置簿籍。己亥，畋近郊。丁未，吴越国王进郊祀礼金银、珠器、犀象、香药皆万计。

十一月乙卯，荆南节度使高继冲进郊祀银万两。甲子，有事南郊，大赦，改元乾德。百官奉玉册上尊号曰应天广运仁圣文武至德皇帝。丙寅，南唐进贺南郊尊号、银绢万计。丁卯，赐近臣袭衣、金带、器币、鞍马有差。乙亥，畋近郊。

十二月庚辰，殿前祗候李璘以父仇杀员僚陈友，璘自首，义而释之。辛巳，开封府尹光义、兴元尹光美各益食邑，赐功臣号；宰相质、溥、仁浦并特进，易封，益食邑；枢密使普加光禄大夫，易功臣号；文武臣僚各进阶、勋、爵、邑。甲申，皇后王氏崩。辛卯，罢登州都督。己亥，泉州陈洪进遣使贡白金千两，乳香、茶药皆万计。己巳，南唐主上表乞呼名，诏不允。

闰月己酉朔，校医官，黜其艺不精者二十二人。甲寅，命近臣祈雪。丁卯，复试拔萃科，田可封、宋白、谭利用等称旨，赐与有差。辛未，卜安陵于巩县。乙亥，折德扆败北汉军于府州城下，擒其将杨璘。以太常议，奉赤帝为感生帝。

二年春正月辛巳，谕郡国长吏劝农耕作。有象入南阳，虞人杀之，以齿、革来献。京师雨雪、雷。癸未，幸迎春苑宴射。甲申，诏著四时听选式。回鹘遣使献方物。戊子，质以太子太傅、溥以太子太保、仁浦仍尚书左仆射罢。庚寅，以赵普为门下侍郎、同中书门下平章事，李崇矩枢密使。壬辰，诏亲试制举三科，不限官庶，许直诣阁门进状。甲辰，诏诸道狱词令大理、刑部检详，或淹留差失致中书门下改正者，重其罪。乙巳，幸玉津园宴射。丁未，诏县令、簿、尉非公事毋至村落。令、录、簿、尉诸职官有耄耋笃疾者举劾之。

二月戊申朔，北汉辽州刺史杜延韬以城来降。癸丑，遣使赈陕州饥。导溪水入京。丁巳，治安陵，隧坏，役兵压死者二百人，命有司瘗恤。庚午，府州俘北汉卫州刺史杨璘来献。甲戌，南唐进改葬安陵银绫绢各万计。浚汴河。

三月辛巳，幸教船池，赐水军将士衣有差，还，幸玉津园宴射。乙未，北汉耀州团练使周审玉等来降。丁酉，遣使祈雨于五岳。禁臣僚往来假官军部送。辛丑，遣摄太尉光义奉册宝上明宪皇太后谥曰昭宪，皇后贺氏谥曰孝惠，王氏谥曰孝明。

夏四月丁未朔，策贤良方正直言极谏科，博州判官颖赟中第。戊申，赈河中饥。己酉，免诸道今年夏税之无苗者。乙卯，葬昭宪皇太后、孝明皇后于安陵。乙丑，始置参知政事，以兵部侍郎薛居正、吕馀庆为之。己巳，灵武饥，转泾粟以饷。壬申，祔二后于别庙。徙永州诸县民之畜蛊者三百二十六家于县之僻处，不得复齿于乡。

五月己卯，知制诰高锡坐受藩镇赂，贬莱州司马。辛巳，宗正卿赵砺坐赃杖、除籍。癸未，幸玉津园宴射。

六月己酉，以光义为中书令，光美同中书门下平章事，子德昭贵州防御使。庚申，幸相国寺，遂幸教船池、玉津园。辛未，河南、北及秦诸州蝗，惟赵州不食稼。

七月乙亥，春州暴水溺民。庚辰，邵阳雨雹。辛巳，幸玉津园。还，幸新池，观习水战。辛卯，诏翰林学士陶穀、窦仪举堪为藩郡通判者各一人，不当者连坐。

九月甲戌朔，《周易》博士奚屿责乾州司户，库部员外王贻孙责左赞善大夫，并坐试任子不公。戊子，延州雨雹。乙未，幸北郊观稼。辛丑，太子太傅质薨。壬寅，潘美等克郴州。

冬十月戊申，周纪王熙谨薨，辍视朝。

十一月甲戌，命忠武军节度使王全斌为西川行营前军兵马都部署，武信军节度崔彦进副之，将步骑三万出凤州道；江宁军节度使刘光义为西川行营前军兵马副都部署，枢密承旨曹彬副之，将步骑二万出归州道以伐蜀。乙亥，宴西川行营将校于崇德殿，示川峡地图，授攻取方略，赐金玉带、衣物各有差。壬辰，畋近郊。

十二月乙巳，释广南郴州都监陈珝等二百人。戊申，刘光义拔夔州，蜀节度使高彦俦自焚。丁巳，蠲归、峡秋税。辛酉，王全斌克万仞、燕子二砦，下兴州，连拔石圌等二十余砦。甲子，光义拔巫山等砦，斩蜀将南光海等八千级，擒其战棹都指挥袁德宏等千二百人。全斌先锋史延德败蜀人于三泉砦，擒其节度使韩保正、李进等。南唐进银二万两、金银器皿数百事。庚午，诏招复山林聚匿。辛未，畋北郊。

太祖本纪二

三年春正月癸酉朔，以出师，不御殿。甲戌，王全斌克剑门，斩首万余级，擒蜀枢密使王昭远、泽州节度赵崇韬。乙亥，诏瘗征蜀战死士卒，被伤者给缯帛。壬午，全斌取利州。乙酉，蜀主孟昶降。得州四十五、县一百九十八、户五十三万四千三十有九。高句丽国王遣使来朝献。戊子，吏部郎中邓守中坐试吏不当，责本曹员外郎。癸巳，刘光义取万、施、开、忠四州，遂州守臣陈愈降。乙未，诏抚西川将吏百姓。丙申，赦蜀，归俘获，除管内逋赋，免夏税及沿征物色之半。

二月癸卯，南唐、吴越进长春节御衣、金银器、锦绮以千计。甲辰，遣皇城使窦思俨迎劳孟昶。丁未，全州大水。庚申，王全斌杀蜀降兵二万七千人于成都。

三月癸酉，诏置义仓。是月，两川贼群起，先锋都指挥使高彦晖死之，诏所在攻讨。

夏四月乙巳，回鹘遣使献方物。癸丑，职方员外郎李岳坐赃弃市。南唐进贺收蜀银绢以万计。戊午，遣中使给蜀臣鞍马、车乘于江陵。癸亥，募诸军子弟导五丈河，通皇城为池。

五月辛未朔，诏还诸道幕职、令录经引对者，以涉途远近，差减其选。壬申，幸迎春苑宴射。乙亥，遣开封尹光义劳孟昶于玉津园。丙戌，见孟昶于崇元殿，宴昶等于大明殿。丁亥，赐将士衣服钱帛。戊子，大赦，减死罪一等。壬辰，宴孟昶及其子弟于大明殿。

六月甲辰，以孟昶为中书令、秦国公，昶子弟诸臣锡爵有差。庚戌，孟昶薨。

秋七月，珍州刺史田景迁内附。壬辰，追封孟昶为楚王。丁酉，幸教船池，遂幸玉津园宴射。

八月戊戌朔，诏籍郡国骁勇兵送阙下。癸卯，河决阳武县。庚戌，诏王全斌等廪蜀亡命兵士家。乙卯，河溢河阳，坏民居。戊午，殿直成德钧坐赃弃市。己未，郓州河水溢，没田。辛酉，寿星见。

九月己巳，阅诸道兵，以骑军为骁雄，步军为雄武，并隶亲军。壬申，诏蜀诸郡各置克宁军五百人。辛巳，河决澶州。戊子，幸西水砲。

十月丁酉朔，大雾。己未，太子中舍王治坐受赃杀人，弃市。丙寅，济水溢邹平。

十一月丙子，甘州回鹘可汗遣僧献佛牙、宝器。乙未，剑州刺史张仁谦坐杀降，贬宋州教练。

十二月丁酉朔，诏妇为舅姑丧者齐、斩。己亥，诏西川管内监军、巡检毋预州县事。戊午，甘州回鹘可汗、于阗国王等遣使来朝，进马千匹、橐驼五百头、玉五百围、琥珀五百斤。

四年春正月丙子，遣使分诣江陵、凤翔，赐蜀君臣家钱帛。丁亥，命丁德裕等率兵巡抚西川。己丑，幸迎春苑宴射。

二月癸卯，视皇城役。丙辰，于阗国王遣其子德从来献。安国军节度使罗彦瓌等败北汉于静阳，擒其将鹿英。辛酉，试下第举人。甲子，免西川今年夏税及诸征之半，田不得耕者尽除之。岳州火。

三月癸酉，罢义仓。甲戌，占城国遣使来献。癸未，僧行勤等一百五十七人各赐钱三万，游西域。

夏四月丁酉，占城遣使来献。丙午，潭州火。壬子，罢光州贡鹰鹞。丁巳，契丹天德军节度使于延超与其子来降。进士李蔼坐毁释氏，辞不逊，黥杖，配沙门岛。庚申，幸燕国长公主第视疾。

五月，南唐贺文明殿成，进银万两。甲戌，光禄少卿郭玘坐赃弃市。乙亥，阅蜀法物、图书。丁丑，诏蜀郡敢有不省父母疾者罪之。辛巳，潭州火。壬午，澶州进麦两歧至六歧者百六十五本。辛卯，荧惑犯轩辕。

六月甲午，东阿河溢。甲辰，河决观城。月犯心前星。丙午，澧州刺史白全绍坐纵纪纲规财部内，免官。诏人臣家不得私养宦者，内侍年三十以上方许养一子，士庶敢有阉童男者不赦。己酉，果州贡禾，一茎十三穗。

秋七月丙寅，诏蜀官将吏及姻属疾者，所在给医药、钱帛。戊辰，西南夷首领董暠等内附。己巳，幸造船务，又幸开封尹北园宴射。癸酉，赐西川行营将士钱帛有差。庚辰，罢剑南蜀米麦征。华州旱，免今年租。给州县官奉户。

八月丁酉，诏除蜀倍息。庚子，水坏高苑县城。壬寅，诏宪臣及吏、刑部官三周岁满日，即转授加恩。庚戌，枢密直学士冯瓒、绫锦副使李美、殿中侍御史李楑为宰相赵普陷，以赃论死，会赦，流沙门岛，逢恩不还。辛亥，幸玉津园宴射。京兆府贡野蚕茧。壬子，衡州火。乙卯，录囚。丙辰，河决滑州，坏灵河大堤。普州兔食稼。闰月乙丑，河溢入南华县。己巳，衡州火。乙亥，诏民能树艺、开垦者不加征，令、佐能劝来者受赏。

九月壬辰朔，水。虎捷指挥使孙进、龙卫指挥使吴瑰等二十七人，坐党吕翰乱伏诛，夷进族。庚子，占城献驯象。乙巳，幸教船池，遂幸玉津园观卫士骑射。丙午，诏吴越立禹庙于会稽。

冬十月辛酉朔，命太常复二舞。癸亥，诏诸郡立古帝王陵庙，置户有差。己巳，禁吏卒以巡察扰民。

十二月庚辰，妖人张龙儿等二十四人伏诛，夷龙儿、李土、杨密、聂赟族。

五年春正月戊戌，治河堤。丁未，合州汉初县上青樛木中有文曰"大连宋"。甲寅，王全斌等坐伐蜀黩货杀降，全斌责崇义军节度使，崔彦进责昭化军节度使，王仁赡责右卫大将军。丙辰，诏伐蜀将校有受蜀人钱物者，并即还主。丁巳，赏伐蜀功，曹彬、刘光义等晋爵有差。

二月庚申朔，幸造船务，遂幸城西观卫士骑射。甲子，薛居正、吕馀庆并为吏部侍郎、依前参知政事。己丑，幸教船池。

三月甲辰，诏翰林学士、常参官于幕职、州县及京官内各举堪任常参官者一人，不当者连坐。乙巳，诏诸道举部内官吏才德优异者。丙午，以普为尚书左仆射兼门下侍郎、同中书门下平章事，崇矩检校太傅。是日，幸教船池，又幸玉津园宴射。丙辰，北汉石盆砦招收指挥使阎章以砦来降。五星聚奎。

夏五月乙巳，赐京城贫民衣。北汉鸿唐砦招收指挥使樊晖以砦来降。甲寅，王溥为太子太傅。

六月戊午朔，日有食之。辛巳，幸建隆观，遂幸飞龙院。丁亥，牂牁顺化王子等来献方物。

七月丁酉，禁毁铜佛像。己酉，免水旱灾户今年租。

八月甲申，河溢入卫州城，民溺死者数百。

九月壬辰，仓部员外郎陈郾坐赃弃市。甲午，西南蕃顺化王子部才等遣使献方物。己酉，畋近郊。

十一月乙酉朔，工部侍郎毋守素坐居丧娶妾免。供奉武仁海坐枉杀人弃市。

十二月丙辰，禁新小铁镴等钱、疏恶布帛入粉药者。癸酉，升麟州为建宁军节度。赵普以母忧去位，丙子，起复。

开宝元年春正月甲午，增治京城。陕之集津、绛之垣曲、怀之武陟饥，赈之。己亥，北汉偏城砦招收指挥使任恩等来降。

三月庚寅，班县令、尉捕盗令。癸巳，幸玉津园。乙巳，有驯象自至京师。

夏四月乙卯，幸节度使赵彦徽第视疾。

五月丁未，赐南唐米麦十万斛。

六月癸丑朔，诏民田为霖雨、河水坏者，免今年夏税及沿征物。癸亥，诏荆蜀民祖父母、父母在者，子孙不得别财异居。丁丑，太白昼见。戊寅，复见。辛巳，龙出单父民家井中，大风雨，漂民舍四百区，死者数十人。

秋七月丙申，幸铁骑营，赐军钱羊酒有差。北汉颍州砦主胡遇等来降。丙午，幸铁骑营，遂幸玉津园。戊申，坊州刺史李怀节坐强市部民物，责左卫率府率。北汉主刘钧卒，养子继恩立。

八月乙卯，按鹘于近郊，还，幸相国寺。戊午，又按鹘于北郊，还，幸飞龙院。丙寅，遣客省使卢怀忠等二十二人率禁军会潞州。戊辰，命昭义军节度使李继勋等征北汉。

九月辛巳朔，禁钱出塞。癸未，监察御史杨士达坐鞫狱滥杀弃市。庚子，李继勋败北汉于铜温河。己酉，北汉供奉官侯霸荣弑其主继恩，继元立。

冬十月己未，畋近郊，还，幸飞龙院。丙子，吴越王遣其子惟浚来朝贡。

十一月癸卯，日南至，有事南郊，改元开宝。大赦，十恶、杀人、官吏受赃者不原。宰相普等奉玉册宝，上尊号曰应天广运大圣神武明道至德仁孝皇帝。

十二月甲子，行庆，自开封兴元尹、宰相、枢密使及诸道蕃侯，并加勋爵有差。乙丑，大食国遣使献方物。

二年春正月己卯朔，以出师，不御殿。

二月乙卯，命昭义军节度使李继勋为河东行营前军都部署，侍卫步军指挥使党进副之，宣徽南院使曹彬为都监，棣州防御使何继筠为石岭关部署，建雄军节度使赵赞为汾州路部署，以伐北汉。宴长春殿。命彰德军节度使韩重赟为北面都部署，彰义军节度使郭延义副之，以防契丹。戊午，诏亲征。己酉，以开封尹光义为上都留守，枢密副使沈义伦为大内部署、判留司三司事。甲子，发京师。乙亥，雨，驻潞州。

三月壬辰，发潞州。乙未，李继勋败北汉军于太原城下。戊戌，驾傅城下。庚子，观兵城南，筑长连城。辛丑，幸汾河，作新桥。发太原诸县丁数万集城下。癸卯，北汉史昭文以宪州来降，乙巳，临城南，谓汾水可以灌其城，命筑长堤壅之，决晋祠水注之。遂砦城四面，继勋军于南，赞军于西，彬军于北，进军于东，乃北引汾水灌城。辛亥，遣海州刺史孙方进率兵围汾州。

四月戊申，幸城东观筑堤。壬子，复幸城东。己未，何继筠败契丹于阳曲，斩首数千级，俘武州刺史王彦符以献，命陈示所获首级、铠甲于城下。壬戌，幸汾河观造船。戊辰，幸城西上生院。丙子，复幸城西。

五月癸未，韩重赟败契丹于定州北。自戊子至庚寅，命水军载弩环攻，横州团练使王廷义、殿前都虞候石汉卿死之。甲午，北汉赵文度以岚州来降。甲辰，都虞候赵廷翰奏，诸军欲登城以死攻，上愍之，不允。闰月戊申，雉圮，水注城中，上遽登堤观。己酉，右仆射魏仁浦薨。壬子，以太常博士李光赞言，议班师。己未，命兵士迁河东民万户于山东。庚申，分命使臣率兵赴镇、潞。壬戌，驾还。戊辰，驻跸于镇州。

六月丙子朔，发镇州。癸巳，至自太原。曲赦京城囚。

秋七月丁巳，幸封禅寺。诏镇、深、赵、邢、洺五州管内镇、砦、县悉城之。甲子，大宴，赐宰相、枢密使、翰林学士、节度、观察使袭衣、金带。戊辰，西南夷顺化王子武才等来献方物。癸酉，幸新水硙。汴决下邑。乙亥，寿星见。

八月丁亥，诏川峡诸州察民有父母在而别籍异财者，论死。

九月乙巳朔，幸武成王庙。壬戌，幸玉津园宴射。

冬十月戊子，畋近郊。庚寅，散指挥都知杜延进等谋反伏诛，夷其族。诏相、深、赵三州丁夫死太原城下者，复其家。庚子，以王溥为太子太师，武衡德为太子太傅。癸卯，西川兵马都监张延通、内臣张屿、引进副使王珏为丁德裕所谮，延通坐不逊诛，屿、珏并杖配。

十一月丙午，幸镇宁军节度使张令铎第视疾。甲寅，畋近郊，还，幸金凤园。庚申，回鹘、于阗遣使来献方物。

十二月癸未，幸中书视宰相赵普疾。己亥，右赞善大夫王昭坐监大盈仓，其子与仓吏为奸赃，夺两任、配隶汝州。丁德裕诬奏西川转运使李铉指斥，事既直，犹坐酒失，责授右赞善大夫。

三年春正月癸卯朔，雨雪，不御殿。癸丑，增河堤。辛酉，诏民五千户举孝弟彰闻、德行纯茂者一人，奇才异行不拘此限，里间郡国递审连署以闻，仍为治装诣阙。

二月庚寅，幸西茶库，遂幸建隆观。

三月庚戌，诏阅进士十五举以上司马浦等百六人，并赐本科出身。辛亥，赐处士王昭素国子博士致仕。丙辰，殿中丞张颙坐先知颍州政不平，免官。己未，幸宰相赵普第视疾。

夏四月辛未朔，日有食之。丁亥，幸寺观祷雨。辛卯，雨。甲午，幸教船池。己亥，罢河北诸州盐禁。诏郡国非其土产者勿贡。

五月丁未，禁京城民畜兵器。癸丑，幸城北观水硙。癸亥，赐诸班营舍为雨坏者钱有差。

六月乙未，禁诸州长吏亲随人掌厢镇局务。

秋七月乙巳，立报水旱期式。壬子，诏蜀州县官以户口差第省员加禄，寻诏诸路亦如之。戊辰，幸教船池，又幸玉津园宴射。

八月戊子，幸教船池，又幸玉津园。

九月己亥朔，命潭州防御使潘美为贵州道兵马行营都部署，朗州团练使尹崇珂副之。遣使发十州兵会贺州，以伐南汉。甲辰，诏：西京、凤翔、雄、耀等州，周文、成、康三王，秦始皇，汉高、文、景、武、元、成、哀七帝，后魏孝文，西魏文帝，后周太祖，唐高祖、太宗、中宗、肃宗、代宗、德、顺、文、武、宣、懿、僖、昭诸帝，凡二十七陵，尝被盗发者，有司备法服、常服各一袭，具棺椁重葬，所在长吏致祭。己酉，幸开宝寺观新钟。丙辰，女直国遣使赍定安国王烈万华表，献方物。丁卯，潘美等败南汉军万众于富州，下之。

十月庚辰，克贺州。

十一月壬寅，下昭、桂二州。乙巳，减桂阳岁贡白金额。癸丑，右领军卫将军石延祚坐监仓与吏为奸赃，弃市。癸亥，定州驻泊都监田钦祚败契丹于遂城。丙寅，以曹州举德行孔蟾为章丘主簿。

十二月壬申，潘美等下连州。辛卯，大败南汉军万余于韶州，下之。癸巳，增河堤。

四年春正月戊戌朔，以出师，不视朝。丙午，罢诸道州县摄官。丁未，右千牛卫大将军桑进兴坐赃弃市。癸丑，潘美等取英州、雄州。

二月丁亥，南汉刘鋹遣其左仆射萧潅等以表来上。己丑，潘美克广州，俘刘鋹，广南平。得州六十、县二百十四、户十七万二百六十三。辛卯，大赦广南，免二税，伪署官仍旧。

三月乙未，幸飞龙院，赐从臣马。丙申，诏：广南有卖人男女为奴婢转佣利者，并放免；伪政有害于民者具以闻，除之。增前代帝王守陵户二。

夏四月丙寅朔，前左监门卫将军赵玼诉宰相赵普，坐诬毁大臣，汝州安置。丁卯，三佛齐国遣使献方物。己巳，诏禁岭南商税、盐、曲，如荆湖法。辛未，幸永兴军节度使吴廷祚第视疾。癸未，幸开宝寺。辛卯，南唐遣其弟从谏来朝贡。发厢军千人修前代陵寝之在秦者。壬辰，监察御史间丘舜卿坐前任盗用官钱，弃市。

五月乙未朔，御明德门受刘鋹俘，释之；斩其柄臣龚澄枢、李托、薛崇誉。大宴于大明殿，鋹预焉。丁酉，赏伐广南功，潘美、尹崇珂等晋爵有差。

六月癸酉，遣使祀南海。丁丑，命翰林试南汉官，取书判稍优者，授令、录、簿、尉。壬午，以孝子罗居通为延州主簿。封刘鋹为恩赦侯。乙酉，罢贺州银场。赐刘鋹月俸外钱五万、米麦五千斛。河决原武，汴决谷熟。

秋七月戊戌，赐开封尹光义门戟十四。庚子，幸新修水砀，赐役人钱帛有差。戊午，复著内侍养子令。癸亥，幸建武军节度使何继筠第视疾。汴决宋城。

八月壬申，文武百官上尊号，不允。辛卯，景星见。

冬十月癸亥朔，日有食之。己巳，诏伪作黄金者弃市。庚午，太子洗马王元吉坐赃弃市。辛巳，除广南旧无名配敛。甲申，诏十月后犯强窃盗者，郊赦不原。丙戌，放广南民驱充军者。

十一月癸巳朔，南唐遣其弟从善，吴越国王遣其子惟浚，以郊祀来朝贡。南唐主煜表乞去国号呼名，从之。庚戌，诏诸道所罢摄官三任无遗阙者以闻。河决澶州，通判姚恕坐不即上闻，弃市。己未，日南至，有事南郊，大赦，十恶、故劫杀、官吏受赃者不原。诏置诸州幕职官奉户。壬戌，蜀班内殿直四十人，援御马直例乞赏，遂挝登闻鼓，命各杖二十，翌日，悉斩于营，都指挥单斌等皆杖、降。

十二月癸亥朔，赐南郊执事官器币有差。丁卯，行庆，开封尹光义、兴元尹光美、贵州防御使德昭、宰相赵普并益食邑。己巳，内外文武官递进勋爵。辛未，赐《九经》李符本科出身。壬午，畋近郊。

太祖本纪三

五年春正月壬辰朔，雨雪，不御殿。禁铁铸浮屠及佛像。庚子，前卢氏县尉鄢陵许永年七十有五，自言父琼年九十九，两兄皆八十余，乞一官以便养。因召琼厚赐之，授永鄢陵令。壬寅，省州县小吏及直力人。乙巳，罢襄州岁贡鱼。

二月丙子，诏沿河十七州各置河堤判官一员。庚辰，以凤州七房银冶为开宝监。庚寅，以兵部侍郎刘熙古参知政事。

闰月壬辰，礼部试进士安守亮等诸科共三十八人，召对讲武殿，始放榜。庚戌，升密州为安化军节度。

三月庚午，赐颍州龙骑指挥使仇兴及兵士钱。辛未，占城国王波美税遣使来献方物。壬申，幸教船池习战。乙酉，殿中侍御史张穆坐赃弃市。

夏四月庚寅朔，三佛齐国主释利乌耶遣使来献方物。丙午，遣使检视水灾田。丙寅，遣使诸州捕虎。

五月庚申，赐恩赦侯刘鋹钱一百五十万。乙丑，命近臣祈晴。并广南州十三、县三十九。丙寅，罢岭南采珠媚川都卒为静江军。辛未，河决濮阳，命颍州团练使曹翰往塞之。甲戌，以霖雨，出后宫五十余人，赐予以遣之。丁亥，河南、北淫雨，澶、滑、济、郓、曹、濮六州大水。

六月己丑,河决阳武,汴决谷熟。丁酉,诏:淫雨河决,沿河民田有为水害者,有司具闻除租。戊申,修阳武堤。

秋七月己未,右拾遗张恂坐赃弃市。癸未,邕、容等州獠人作乱。

八月庚寅,高句丽国王王昭遣使献方物。己亥,广州行营都监朱宪大破獠贼于容州。癸卯,升宿州为保静军节度,罢密州仍为防御。

九月丁巳朔,日有食之。癸酉,李崇矩以镇国军节度使罢。

冬十月庚子,幸河阳节度使张仁超第视疾。甲辰,试道流,不才者勒归俗。

十一月己未,李继明、药继清大破獠贼于英州。癸亥,禁僧道习天文地理。己巳,禁举人寄应。庚辰,命参知政事薛居正、吕馀庆兼淮、湖、岭、蜀转运使。

十二月乙酉朔,祈雪。己亥,畋近郊。开封尹光义暴疾,遂如其第视之。甲寅,内班董延谔坐监务盗刍粟,杖杀之。诏合入令、录者引见后方注。乙卯,大雨雪。

是岁,大饥。

六年春正月丙辰朔,不御殿。置蜀水陆转运计度使。癸酉,修魏县河。

二月丙戌朔,棣州兵马监押、殿直傅延翰谋反,伏诛。丙申,曹州饥,漕太仓米二万石赈之。己亥,吴越国进银装花舫、金香师子。

三月乙卯朔,周郑王殂于房州,上素服发哀,辍朝十日,谥曰恭帝,命还葬庆陵之侧,陵曰顺陵。己未,复密州为安化军节度。庚申,复试进士于讲武殿,赐宋准及下第徐士廉等诸科百二十七人及第。乙亥，赐宋准等宴钱二十万。大食国遣使来献。翰林学士、知贡举李昉坐试人失当，责授太常少卿。试朝臣死王事者子陆坦等，赐进士出身。丙子，幸相国寺观新修塔。

夏四月丁亥，召开封尹光义、天平军节度使石守信等赏花、习射于苑中。辛丑，遣卢多逊为江南国信使。甲辰，占城国王悉利陀盘印茶遣使来献方物。丙午，黎州保塞蛮来归。戊申，诏修《五代史》。

五月庚申，刘熙古以户部尚书致仕。诏：中书吏擅权多奸赃，兼用流内州县官。己巳，交州丁琏遣使贡方物。幸玉津园，观刈麦。辛巳，杀右拾遗马适。

六月辛卯，阅在京百司吏，黜为农者四百人。癸巳，占城国遣使献方物。隰州巡检使李谦溥拔北汉七砦。癸卯，雷有邻告宰相赵普党堂吏胡赞等不法，赞及李可度并抵籍没。庚戌，诏参知政事与宰相赵普分知印押班奏事。

秋七月壬子朔，诏诸州府置司寇参军，以进士、明经者为之。丙辰，减广南无名率钱。

八月乙酉，罢成都府伪蜀嫁装税。辛卯，赐布衣王泽方同学究出身。丁酉，泗州推官侯济坐试判假手，杖、除名。甲辰，赵普罢为河阳三城节度使、同平章事。辛酉，幸都亭驿。

九月丁卯，馀庆以尚书左丞罢。己巳，封光义为晋王、兼侍中，德昭同中书门下平章事，薛居正为门下侍郎、同平章政事，户部侍郎、枢密副使沈义伦为中书侍郎、同平章事，石守信兼侍中，卢多逊中书舍人、参知政事。壬申，诏晋王光义班宰相上。

冬十月甲申，葬周恭帝，不视朝。丁亥，幸玉津园观稼。戊子，流星出文昌、北斗。甲辰，特赦诸官吏奸赃。

十一月癸丑，诏常参官进士及第者各举文学一人。

十二月壬午，命近臣祈雪。丙午，前中书舍人、参知政事多逊起复视事。行《开宝通礼》。限度僧法，诸州僧帐及百人，岁许度一人。

七年春正月庚戌，不御殿。庚申，占城国王波美税遣使献方物。齐州野蚕成茧。癸亥，左拾遗秦夋、太子中允吕鹄并坐赃，宥死，杖、除名。

二月庚辰朔，日有食之。丙戌，日有二黑子。癸卯，命近臣祈雨。诏：《诗》《书》《易》三经学究，依三经、三传资叙入官。乙巳，太子中舍胡德冲坐隐官钱，弃市。

三月乙丑，三佛齐国王遣使献方物。

夏四月丙午，遣使检岭南民田。

五月戊申朔，殿中侍御史李莹坐受南唐馈遗，责授右赞善大夫。甲寅，以布衣齐得一为章丘主簿。乙丑，诏市二价者以枉法论。丙寅，幸讲武池，观习水战。丙子，又幸讲武池，遂幸玉津园。

六月丙申，河中府饥，发粟三万石赈之。己亥，淮溢入泗州城。壬寅，安阳河溢，皆坏民居。

秋七月壬子，幸讲武池，观习水战，遂幸玉津园。丙辰，南丹州溪洞酋帅莫洪燕内附。诏减成都府盐钱。庚午，太子中允李仁友坐不法，弃市。

八月戊寅，吴越国王遣使来朝贡。丁亥，谕吴越伐江南。戊子，陈州贡芝草，一本四十九茎。己丑，幸讲武池，赐习水战军士钱。戊戌，殿中丞赵象坐擅税，除名。甲辰，幸讲武池，观习水战，遂幸玉津园。

九月癸亥，命宣徽南院使、义成军节度使曹彬为西南路行营马步军战棹都部署，山南东道节度使潘美为都监，颍州团练使曹翰为先锋都指挥使，将兵十万出荆南，以伐江南。将行，召曹彬、潘美，戒之曰："城陷之日，慎无杀戮。设若困斗，则李煜一门，不可加害。"丁卯，以知制诰李穆为江南国信使。

冬十月甲申，幸迎春苑，登汴堤观战舰东下。丙戌，又幸迎春苑，登汴堤观诸军习战，遂幸东水门，发战棹东下。江南进绢数万，御衣、金带、器用数百事。壬辰，曹彬等将舟师、步骑发江陵，水陆并进。丁酉，命吴越王钱俶为升州东南行营招抚制置使。己亥，曹彬收下峡口，获指挥使王仁震、王宴、钱兴。

闰月己酉，克池州。丁巳，败江南军于铜陵。庚申，命宰相、参知政事更知日历。壬戌，彬等拔芜湖、当涂两县，驻军采石。癸亥，诏减湖南新制茶。甲子，薛居正等上新编《五代史》，赐器币有差。丁卯，彬败江南军于采石，擒兵马部署杨收、都监蔡震等千人，为浮梁以济。

十一月癸未，黥李从善部下及江南水军一千三百九十人为归化军。甲申，诏省剑南、山南等道属县主簿。丁亥，秦、晋旱，免蒲、陕、晋、绛、同、解六州逋赋，关西诸州免其半。己丑，知汉阳军李恕败江南水军于鄂。甲午，曹彬败江南军于新林砦。辛丑，命知雄州孙全兴答涿州修好书。壬寅，大食国遣使献方物。

十二月己酉，彬败江南军于白鹭洲。辛亥，命近臣祈雪。甲子，吴越王帅兵围常州，获其人马，寻拔利城砦。丙寅，彬败江南军于新林港。己巳，左拾遗刘祺坐受赂，黥面、杖配沙门岛。庚午，北汉寇晋州，守臣武守琦败之于洪洞。壬申，吴越王败江南军于常州北界。

八年春正月甲戌朔，以出师，不御殿。丙子，知池州樊若水败江南军于州界，田钦祚败江南军于溧水，斩其都统使李雄。乙酉，御长春殿，谓宰相曰："朕观为臣者比多不能有终，岂忠孝薄而无以享厚福耶?"宰相居正等顿首谢。庚寅,曹彬拔升州城南水砦。

二月癸丑,彬败江南军于白鹭洲。乙卯,拔升州关城。丁巳,太子中允徐昭文坐抑人售物,除籍。甲子,知扬州侯陟败江南军于宣化镇。戊辰,复试进士于讲武殿,赐王嗣宗等三十一人、诸科纪自成等三十四人及第。

三月乙酉,赐王嗣宗等宴钱二十万。己丑,命祈雨。庚寅,彬败江南军于江北。己亥,契丹遣使克沙骨慎思以书来讲和。知潞州药继能拔北汉鹰涧堡。辛丑,召契丹使于讲武殿观习射。壬寅,遣内侍王继恩领兵赴升州。大食国遣使来朝献。

夏四月乙巳,幸东水砦。癸丑,幸都亭驿,阅新战船。丁巳,吴越王拔常州。壬戌,彬等败江南军于秦淮北。戊辰,幸玉津园,观种稻,遂幸讲武池,观习水战。庚午,诏岭南盗赃满十贯以上者死。幸西水砦。

五月壬申朔,以吴越国王钱俶守太师、尚书令,益食邑。知桂阳监张侃发前官隐没羡银,追罪兵部郎中董枢、右赞善大夫孔璘,杀之,太子洗马赵瑜杖配海岛;侃受赏,迁屯田员外郎。辛巳,祈晴。甲申,江南宁远军及沿江砦并降。乙酉,诏武冈、长沙等十县民为贼卤掠者,蠲其逋租,仍给复一年。甲午,安南都护丁琏遣使来贡。辛丑,河决澶州。

六月壬寅,曹彬等遣使言,败江南军于其城下。辛丑,河决濮州。丁未,宋州观察判官崔绚、录事参军马德休并坐赃弃市。辛亥,河决澶州顿丘。甲子,彗出柳,长四丈,辰见东方。

秋七月辛未朔,日有食之。庚辰,遣阁门使郝崇信、太常丞吕端使契丹。癸未,西天东印土王子穰结说啰来朝献。甲申,诏吴越王班师。己亥,山后两林鬼主、怀化将军勿尼等来朝献。八月乙卯,幸东水砦观鱼,遂幸北园。辛酉,诏权停今年贡举。壬戌，契丹遣左卫大将军耶律霸德等致御衣、玉带、名马。西南蕃顺化王子若废等来献名马。癸亥，丁德裕败润州兵于城下。

九月壬申，狩近郊，逐兔，马蹶坠地，因引佩刀刺马杀之。既而悔之，曰："吾为天下主，轻事畋猎，又何罪马哉！"自是遂不复猎。戊寅，润州降。

冬十月己亥朔，江南主遣徐铉、周惟简来乞缓师。辛亥，诏郡国令佐察民有孝悌力田、奇才异行或文武可用者，遣诣阙。丁巳，修西京宫阙。江南主贡银五万两、绢五万匹，乞缓师。戊午，改润州镇海军节度为镇江军节度。幸晋王北园。己未，曹彬遣都虞候刘遇破江南军于皖口，擒其将朱令赟、王晖。

十一月辛未，江南主遣徐铉等再奉表乞缓师，不报。甲申，曹彬夜败江南军于城下。丙戌，以校书郎宋准、殿直邢文庆充贺契丹正旦使。乙未，曹彬克升州，俘其国主煜，江南平，凡得州十九、军三、县一百八十、户六十五万五千六十。临视新龙兴寺。

十二月庚子，幸惠民河，观筑堰。辛丑，赦江南，复一岁；兵戈所经，二岁。戊申，三佛齐遣使来献方物。己酉，幸龙兴寺。辛亥，免开封府诸县今年秋租十之三。己未，以恩赦侯刘鋹为彭城郡公。甲子，契丹遣使耶律乌正来贺正旦。丁卯，吴越国王乞以长春节朝觐，从之。

九年春正月辛未，御明德门，见李煜于楼下，不用献俘仪。壬申，大赦，减死罪一等。乙亥，封李煜为违命侯，子弟臣僚班爵有差。己卯，江南昭武军节度使留后卢绛焚掠州县。庚辰，诏郊西京。癸巳，晋王率文武上尊号，不允。

二月癸卯，三上表，不允。庚戌，以曹彬为枢密使。辛亥，命德昭迎劳吴越国王钱俶于宋州。契丹遣使耶律延预以御衣、玉带、名马、散马、白鹘来贺长春节。乙卯，吴越王奏内客省使丁德裕贪狠，贬房州刺史。丁巳，观礼贤宅。戊午，以卢多逊为吏部侍郎，仍参知政事。己未，吴越国王钱俶偕子惟濬等朝于崇德殿，进银绢以万计。赐俶衣带鞍马，遂以礼贤宅居之，宴于长安殿。壬戌，钱俶进贺平升州银绢、乳香、吴绫、紬绵、钱茶、犀象、香药，皆亿万计。甲子，召晋王、吴越国王并其子等射于苑中，俶进御衣、寿星通犀带及金器。丁卯，幸礼贤宅，赐俶金器及银绢倍万。

三月己巳，俶进助南郊银绢、乳香以万计。庚午，赐俶剑履上殿，诏书不名。癸酉，以皇子德芳为检校太保、贵州防御使，中书侍郎、同平章事沈义伦为大内都部署，右卫大将军王仁赡权判留司、三司兼知开封府事。丙子，幸西京。己卯，次巩县，拜安陵，号恸陨绝者久之。庚辰，赐河南府民今年田租之半，奉陵户复一年。辛巳，至洛阳。庚寅，大雨，分命近臣诣诸祠庙祈晴。辛卯，幸广化寺，开无畏三藏塔。

夏四月己亥，雨雹。庚子，有事圜丘，回御五凤楼，大赦，十恶、故杀者不原，贬降责免者量移叙用，诸流配及逋欠悉放，诸官未赠恩者悉覃赏。壬寅，大宴，赐亲王、近臣、列校袭衣、金带、鞍马、器币有差。丙午，驾还。辛亥，上至自洛。丁巳，曹翰拔江州，屠之，擒牙校宋德明、胡则等。诏益晋王食邑，光美、德昭并加开府仪同三司，德芳益食邑，薛居正、沈义伦加光禄大夫，枢密使曹彬、宣徽北院使潘美加特进，吴越国王钱俶益食邑，内外文武臣僚咸进阶封。己未，著令旬假为休沐。丙寅，大食国王珂黎拂遣使蒲希密来献方物。

五月己巳，幸东水磑，遂幸飞龙院，观渔金水河。甲戌，遣司勋员外郎和岘往江南路采访。杀卢绛。庚辰，幸讲武池，遂幸玉津园观稼。宋州大风，坏城楼、官民舍几五千间。甲申，以阁门副使田守奇等充贺契丹生辰使。晋州以北汉岚、石、宪三州巡检使王洪武等来献。

六月庚子，步至晋王邸，命作机轮，輓金水河注邸中为池。癸卯，吴越王进银、绢、绵以倍万计。乙卯，荧惑入南斗。秋七月戊辰，幸晋王第观新池。丙子，幸京兆尹光美第视疾。戊寅，再幸光美第。泉州节度使陈洪进乞朝觐。丙戌，命近臣祈晴。丁亥，命修先代帝王及五岳、四渎祠庙。庚寅，幸光美第。

八月乙未朔，吴越国王进射火箭军士。己亥，幸新龙兴寺。辛丑，太子中允郭思齐坐赃弃市。乙巳，幸等觉院，遂幸东染院，赐工人钱。又幸控鹤营观习射，赐帛有差。又幸开宝寺观藏经。丁未，遣侍卫马军都指挥使党进、宣徽北院使潘美伐北汉。丙辰，遣使率兵分五道入太原。

九月甲子，幸绫锦院。庚午，权高句丽国事王伷遣使来朝献。党进败北汉军于太原城北。辛巳，命忻、代行营都监郭进迁山后诸州民。庚寅，幸城南池亭，遂幸礼贤宅，又幸晋王第。

冬十月甲午朔旦，赐文武百官衣有差。丁酉，兵马监押马继恩率兵入河东界，焚荡四十余砦。己亥，幸西教场。庚子，镇州巡检郭进焚寿阳县，俘九千人。辛丑，晋、隰巡检穆彦璋入河东，俘二千余人。党进败北汉军于太原城北。己酉，吴越王献驯象。癸丑夕，帝崩于万岁殿，年五十。殡于殿西阶，谥曰英武圣文神德皇帝，庙号太祖。太平兴国二年四月乙卯，葬永昌陵。大中祥符元年，加上尊谥曰启运立极英武睿文神德圣功至明大孝皇帝。

帝性孝友节俭，质任自然，不事矫饰。受禅之初，颇好微行，或谏其轻出。曰："帝王之兴，自有天命，周世宗见诸将方面大耳者皆杀之，我终日侍侧，不能害也。"既而微行愈数，有谏，辄语之曰："有天命者任自为之，不汝禁也。"一日，罢朝，坐便殿，不乐者久之。左右请其故。曰："尔谓为天子容易耶？早作乘快误决一事，故不乐耳。"汴京新宫成，御正殿坐，令洞开诸门，谓左右曰："此如我心，少有邪曲，人皆见之。"吴越钱俶来朝，自宰相以下咸请留俶而取其地，帝不听，遣俶归国。及辞，取群臣留俶章疏数十轴，封识遗俶，戒以途中密观，俶届途启视，皆留己不遣之章也。俶自是感惧，江南平，遂乞纳土。南汉刘鋹在其国，好置鸩以毒臣下。既归朝，从幸讲武池，帝酌卮酒赐。鋹疑有毒，捧杯泣曰："臣罪在不赦，陛下既待臣以不死，愿为大梁布衣，观太平之盛，未敢饮此酒。"帝笑而谓之曰："朕推赤心于人腹中，宁肯尔耶？"即取酒自饮，别酌以赐鋹。

王彦升擅杀韩通，虽预佐命，终身不与节钺。王全斌入蜀，贪恣杀降，虽有大功，即加贬黜。

宫中苇帘，缘用青布；常服之衣，浣濯至再。魏国长公主襦饰翠羽，戒勿复用，又教之曰："汝生长富贵，当念惜福。"见孟昶宝装溺器，掊而碎之，曰："汝以七宝饰此，当以何器贮食？所为如是，不亡何待！"

晚好读书，尝读二《典》，叹曰："尧、舜之罪四凶，止从投窜，何近代法网之密乎！"谓宰相曰："五代诸侯跋扈，有枉法杀人者，朝廷置而不问。人命至重，姑息藩镇，当若是耶？自今诸州决大辟，录案闻奏，付刑部覆视之。"遂著为令。

乾德改元，先谕宰相曰："年号须择前代所未有者。"三年，蜀平，蜀宫人入内，帝见其镜背有志"乾德四年铸"者，召窦仪等诘之。仪对曰："此必蜀物，蜀主尝有此号。"乃大喜曰："作相须读书人。"由是大重儒者。

受命杜太后，传位太宗。太宗尝病亟，帝往视之，亲为灼艾，太宗觉痛，帝亦取艾自灸。每对近臣言："太宗龙行虎步，生时有异，他日必为太平天子，福德吾所不及云。"

赞曰：昔者尧、舜以禅代，汤、武以征伐，皆南面而有天下。四圣人者往，世道升降，否泰推移。当斯民涂炭之秋，皇天眷求民主，亦惟责其济斯世而已。使其必得四圣人之才，而后以其行事畀之，则生民平治之期，殆无日也。

五季乱极，宋太祖起介胄之中，践九五之位，原其得国，视晋、汉、周亦岂甚相绝哉？及其发号施令，名藩大将，俯首听命，四方列国，次第削平，此非人力所易致也。建隆以来，释藩镇兵权，绳赃吏重法，以塞浊乱之源。州郡司牧，下至令录、幕职，躬自引对。务农兴学，慎罚薄敛，与世休息，迄于丕平。治定功成，制礼作乐。在位十有七年之间，而三百余载之基，传之子孙，世有典则。遂使三代而降，考论声明文物之治，道德仁义之风，宋于汉、唐，盖无让焉。呜呼，创业垂统之君，规模若是，亦可谓远也已矣！

古今名家评说

先帝（宋太祖）以勤劳定天下，凡军国机务、边防制置，咸得之矣。但遵守旧规，不得辄易。

——（宋）赵光义，《宋史·太宗本纪》

陛下（宋太祖）生而知之，国主（李煜）学而知之。虽学知与生知不同，然其知一也。

——（宋）张洎，见田况《儒林公议》

我太祖皇帝应天顺人，受禅于周，广南、江南、荆湖、西川，一举而下，罢诸侯之兵，革五代之暴，垂八十年，天下无祸乱之忧。

祖、宗以来，未尝轻杀一臣下，此盛德之事。

——（宋）范仲淹，《范仲淹年谱·庆历三年》

艺祖临轩之初，一岁之内，下泽潞，平扬州，威令之行，如破竹之势，则其余藩镇，自是束手而听命矣。又于樽酒之间，酬对之际，折其气，伏其心，罢节旄，授环卫，馨欸之易。其故何哉？御得其道故也。后周世宗号为英武之君，而藩臣来朝，喜见于色。推此，则知五代纲纪之不立也。太祖、太宗圣圣相承，修明宪度，肃清寰宇。

太祖之爱民深矣。王师平一方而不为喜，盖念民无定主，当乱世，则为强者所胁。及中国之盛，反以兵取之，致有横遭锋刃者，遂至于感泣也。推是仁心而临天下，宜乎致太平之速。

——（宋）富弼，见《宋史全义》卷二

太祖天表神伟，紫面丰颐，见者不敢正视。李煜据江南，有写御容至伪国者，煜见之，日益忧惧，知真人之在御也。

太祖少在兵戎间，累著战功，以至得天下。然以兴隆学校为心，京师建国子监，每舆驾亲临，以观其役。识者知太平之有渐矣。

——（宋）田况：《儒林公议》

唐得天下一百有三十年，明皇恃其承平，荒于酒色，养其疽囊，以为子孙不治之疾，于是渔阳窃发，而四海横流矣；肃、代以降，方镇跋扈，号令不从，朝贡不至，名为君臣，实为雠敌。

陵夷衰微，至于五代，三纲颓绝，五常殄灭；怀玺未暖，处官未安，朝成夕败，有如逆旅；祸乱相寻，战争不息，血流成川泽，聚骸成丘陵，生民之类，其不尽者无几矣。于是太祖皇帝受命于上帝，起而拯之，躬擐甲胄，栉风沐雨，东征西伐，扫除海内。当是之时，食不暇饱，寝不遑安，以为子孙建太平之基。

——（宋）司马光：《进五规状·保业》

太祖皇帝受天明命，抚有大宝，当是之时，战士不过数万，北御契丹，西捍河东；以其余威，开荆楚，包湖湘，卷五岭，吞巴蜀，扫江南，服吴越。

——（宋）司马光：《传家集·言拣兵上殿劄子》

帝王尊异后族，恩宠戚里，优厚亲幸，以金帛富之可也，赏赐厚之可也，惟不使求官爵、亲政事、挠刑法。我太祖不许卫德仁领郡，则曰："用伶人为刺史，此乱世之事。"不与王继恩枢密使，则曰："内官不可使居权要职。"……斯可谓存天下之公，抑亲幸之私，非聪明圣智之主，孰能行之？三圣之德，于是超禹汤而齐尧舜也。

——（宋）吕夷简：《三朝宝训》，见《宋史全文》卷二

太祖之有天下，救五代之乱，不戮一人，自古无之，非汉、唐可比，固知赵氏之祀安于泰山。

——（宋）程颐：《二程集》

予观孟子以来，自汉高祖及光武，及唐太宗，及我太祖皇帝，能一天下者四君，皆以不嗜杀人者致之，其余杀人愈多，而天下愈乱。秦、晋及隋，力能合之，而好杀不已，故或合而复

分，或遂以亡国。

——（宋）苏辙，见朱熹《四书章句集注·梁惠王章句上》

伏惟太祖躬上智独见之明，而周知人物之情伪，指挥付托必尽其材，变置施设必当其务。故能驾驭将帅、训齐士卒，外以捍夷狄，内以平中国。于是除苛赋、止虐刑，废强横之藩镇，诛贪残之官吏，躬以简俭为天下先。其于出政发令之间，一以安利元元为事。

——（宋）王安石：《临川集》卷四十二

天宝之后，将之废置出于军，则军之骄可知也；五代之际，国之兴亡出于军，则军之骄又可知也。及周世宗奋然独见，诛败挠之将，而军之约束始修。太祖之为将也，每有临阵逗挠不用命者，必斫其皮笠以志之，明日悉斩以徇。自是人皆死战。及太祖受天命，谓征蜀诸将曰："所破郡县，当倾帑藏，为朕赏战士。国家所取，惟土疆尔。"故人皆用命，所至成功，如席卷之易。……

（后周）世宗、（宋）太祖之驭军赏罚如此，故世宗取淮南、关南之地，太祖平五强国，如拾地芥。由是观之，军无骄否，惟所驭之术何如。

——（宋）曾巩：《元丰类稿·本朝要策·驭军赏罚》

太祖皇帝得天下，破上党，取李筠，征维扬，诛李重进，皆一举荡灭，知兵力可用、僭伪可平矣。

——（宋）魏泰：《东轩笔录》卷一

自唐季接五代，或三四年，或五六年，乱离涂炭，冤号天地。金血之气，铄尽冲和；愁苦之声，求息不暇。天祸既悔，至圣勃兴。故太祖皇帝以神武大略定天下，有反掌之易。

——（宋）鲁宗道，见《宋史·鲁宗道传》

太祖以神武独断，太宗以圣文诞敷，平江表，破蜀都，下南越，来东吴，北定并、汾，南取荆、湖。是故七国之雄军，诸侯之陪臣，随其王公，与其士民，小者十郡之众，大者百州之人，莫不去其乡党，率彼宗亲，尽徙家于上国。

——（宋）杨侃：《皇畿赋》

观艺祖皇帝为天下除大残，致民更生，兵不血刃而天下归戴。

——（宋）卫泾：《后乐集》

太祖英武大度，初取僭伪诸国，皆无甚难之意。将伐蜀，命建第五百间于右掖门之前，下临汴水，曰："吾闻孟昶族属多，无使有不足。"昶既俘，即以赐之。召李煜入朝，复命作礼贤宅于州南，略与昶等。尝亲幸视役，以煜江南嘉山水，令大作园池，导惠民河水注之。会煜称疾，钱俶先请觐，即以赐俶。二居壮丽，制度略侔宫室。是时，诸国皆如在掌握间矣。

——（宋）叶梦得：《石林燕语》卷一

我太祖之于汉祖，度量如出一人；太宗之于唐宗，言行如出一身。不嗜杀人，能一天下，我太祖有焉，宜乎守天下之规模远过于汉唐也。

——（宋）刘炎：《迩言》卷六

我太祖之有天下也，谈笑间，去节度数百年之患；严阶级，销武夫悍卒凌铄之态。出征之日，誓不杀人，而天下平；不戮降王，而诸国附。凡历代所谓权强、阉寺等患，一切无之，气骨端严，规模正大，是所谓"有道之长"也。

——（宋）刘炎：《迩言》卷八

太祖皇帝不为文字言语之学，而其方寸之地正大光明，直与尧舜之心如合符节。此其所以肇造区夏而垂裕无疆也。

——（宋）朱熹：《戊申封事》

汉高祖、本朝太祖，有圣人之材。（必大）

（答"太祖受命，尽除五代弊法，用能易乱为治"之问）不然。只是去其甚者，其他法令条目多仍其旧。大凡做事底人，多是先其大纲，其他节目可因则因，此方是英雄手段。（儒用）

（答"艺祖平定天下如破竹，而河东独难取，何耶"之问）这却本是他家底。郭威乘其主幼而夺之，刘氏遂据有并州。若使柴氏得天下，则刘氏必不服，所以太祖以书喻之，谓本与他无雠隙；渠答云："不忍刘氏之不血食也。"此其意可见矣。被他辞直理顺了，所以难取。（榦）

国初时事甚简径，无许多虚文。尝见太祖时，枢密院一卷公案，行遣得简径。毕竟英雄底人做事自别，甚样索性！（雉）

——（宋）朱熹：《朱子语类·本朝一》

一举而平荆湖，再举而平蜀汉，三举而平刘鋹，四举而平李煜。兵锋所向，如雷如霆，如摧枯，如破竹，无不陨灭者，盖艺祖阅习之功，有以先之也。呜呼！艺祖阅之于殿陛之间，而收功于千里之外；阅之于践阼之初，而收功于历年之远，所以启佑列圣，开炎宋丕丕之基者，阅武之功居其多焉。大矣哉！圣人创始之沉几也。

——（宋）吕祖谦：《东莱集·太祖皇帝阅武便殿颂》

唐自肃、代以后，上失其柄，藩镇自相雄长，擅其土地人民，用其甲兵财赋，官爵惟其所命，而人才亦各尽心于其所事，卒以成君弱臣强、正统数易之祸。艺祖皇帝一兴，而四方次第平定，藩镇拱手以趋约束，使列郡各得自达于京师。

——（宋）陈亮：《上孝宗皇帝第一书》

太祖皇帝聪明齐圣，由揖逊而有天下，如尧与舜。至于天禄之传，不归之子而归之弟，则贤于禹远矣，况汤武乎？呜呼！得天下以仁，弃天下如脱屣，数千百载之间，继尧舜之正者，唯太祖为不可及也已。

——王偁：《东都事略》卷二

天下之事，千条万绪，而皆经纶于人主之一心。人主之心正，则天下之事无一不出于正；人主之心不正，则天下之事无一得由于正。是以人主以眇然之身，居深宫之中，其心之邪正，若不可窥，而其著见于外者，常若手指目视而不可掩也。此尧、舜相授，所以有"惟精惟一"之戒。以我太祖立国之初，规模广大如汉高帝，谋深虑远如汉光武，而正心符印，密契三圣之传于数千载之上。

——（宋）吕中：《宋大事记讲义》卷一

人言汉高帝善将将者，以不吝爵赏故也。然当天下未定，而（韩）信、（彭）越诸人爵已王矣。一旦固陵之会不至，则不免裂数千里以封之，此高帝有杀诸将之心矣。国初平江南之功至大，然宁赐以数十万钱而靳一使相，盖品位已极，则他日有功，何以处之？此终太祖之世而无叛将也。

——（宋）吕中：《宋大事记讲义》卷二

孟子曰："以天下与人易，为天下得人难。"我太祖金戈铁马，间关以有天下，不付之璇源衍庆之诸王，而乃受之太平福德之天子，是不以天下自私，而欲为天下得人之仁也。元城先生（刘安世）曰："太祖用心，尧舜之心也。"

——（宋）何俌：《龟鉴》；又见《宋史全文》卷二

惟宋太祖皇帝顺天应人，统一海宇，祚延三百，天下文明。皆有君天下之德而安万世之功者也。

——（明）朱元璋，见《明太祖实录》卷九十二

愚观宋祖之大略有五：知人，一也；善任，二也；推诚，三也；厚抚，四也；至于筦（筅）榷之利悉委诸将，恣其贸易，皆得便宜，五也。

——（明）邵经邦：《弘道录》卷十五

或谓宋之弱，由削节镇之权故。夫节镇之强，非宋强也。强干弱枝，自是立国大体。二百年弊穴，（赵匡胤）谈笑革之。终宋世无强臣之患，岂非转天移日手段？

——（明）冯梦龙：《智囊全集·上智部·宋太祖》

自三代以下，治极生乱、乱极思治者有之矣，然未有如前五代、后五代之分崩离析，而乱若彼其久者也。故吾于开创之君，

独以唐太宗、宋太祖为不可及焉。二君者，皆以不世之才，平一天下，而以仁爱之心、宽平之政保养百姓，治功灿然，昭于千古。然家门之政，兄弟之友，则唐弗及也。

太祖继周世宗之后，据有河洛，即位之初，首以安内为本，兴学校、褒忠良、度民田、开言路，惩节镇之祸，命文臣知州，又以常参官知县事。国内既定，然后兴师出兵，伐南汉、克西蜀，无不望风披靡、稽首来廷。偏师北指，刘钧丧胆；舟师南下，李煜归命。虽诸将效力之功，亦由太祖处之有道也

夫五代之君既得天下，外则猜忌诸镇，内则溺于声色。太祖退藩镇之兵，只在杯酒片言之间，君臣之分，情义兼隆。而俭约是务，治定功成，制礼作乐，传之来裔，为万世法。其成功致治之盛，几乎唐太宗。而规模之正，则又过之矣。

——（清）弘历（乾隆帝）：《乐善堂全集·宋太祖论》

陈桥兵变，论者疑宋主实与其谋。盖彼时匡义以手足之亲、赵普以腹心之寄，毅然部分，复入帐中密白，使非微窥宋祖隐微，岂至若此？且其受命而出，因变而返，遽行禅代，绝无愧辞，更足启后人訾议。虽当时朝不易位，市不易肆，其后布武修文，拨乱反正，而其得国之不以道，又岂能曲为原谅哉！

——（清）弘历（乾隆帝），见《评鉴阐要·五季》

艺祖平时常言帝王自有天命，且笑周世宗杀方面大耳之非，居然豁达大度者，乃芥蒂未忘，疑黄袍之复加，恐剧镇之难制。且不以正道消祸于未然，徒以杯酒诡辞释兵权、罢藩镇，岂笃于信天而明于为政者耶！

——（清）弘历（乾隆帝），见《评鉴阐要·五季》

五季国镇割据，域内几如瓜剖豆分。宋太祖有浑一海宇之志，南唐不能如吴越纳土以保其宗祀，而又庸暗寡识，不早为备，其败亡固有以自取。宋祖"不容鼾睡"之语，其豁达大度，竟有与汉高并驾齐驱之概。

　　——（清）弘历（乾隆帝），见《评鉴阐要·太祖》

　　节用爱民，人君治平要道无过于是。至云为天下守财，何其见之小哉！此与俗所谓"看财奴"何以异乎？无识者或以为格言，然二《典》三《谟》中又岂闻有此等语句耶？

　　——（清）弘历（乾隆帝），见《评鉴阐要·太祖》

　　自唐中叶以来，藩镇日强，据土地、专生杀，甲兵财赋唯其所擅，盖百余年。宋主渐削其权，以次易文臣布列州县，朝廷命令始行于天下，改弦更张而无纷扰之迹，可谓善于图治矣。

　　——（清）弘历（乾隆帝）：《乾隆御批纲鉴》

　　宋祖龙兴，仁厚建国。笃尊圣道，式著君德。慎狱恤民，惩奢塞源。身端化本，大哉王言！

　　——（清）孙承恩：《文简集》卷四十一

　　夫宋祖受非常之命，而终以一统天下，底于大定，垂及百年，世称盛治者，何也？唯其惧也。惧者，恻悱不容自宁之心，勃然而猝兴，怵然而不昧，乃上天不测之神震动于幽隐，莫之喻而不可解者也。

　　……惧以生慎，慎以生俭，俭以生慈，慈以生和，和以生文。而自唐光启以来，百年嚣陵噬搏之气，寖衰寖微，以消释于无形。盛矣哉！天之以可惧惧宋，而日夕迫动其不康之情者，

"震惊百里，不丧匕鬯"。帝之所出而天之所以首物者，此而已矣。……

虽然，彼亦有以胜之矣，无赫奕之功而能不自废也，无积累之仁而能不自暴也；故承天之佑，战战栗栗，持志于中而不自溢。则当世无商、周、汉、唐之主，而天可行其郑重仁民之德以眷命之，其宜为天下之君也，抑必然矣。

——（清）王夫之：《宋论·太祖一》

宋祖之起，非有移山徙海之势，蕴崇已久而不可回。（韩）通与分掌禁兵，互相忘而不相忌。故一旦变起，奋臂以呼而莫之应。非若刘裕之于刘毅，萧道成之于沈攸之，一彼一此，睨神器而争先获，各有徒众，以待决于一朝者也。无其势者无其志，无其志者不料其终，何得重诬之曰：通怀代周之谋而忌宋祖乎？

——（清）王夫之：《宋论·太祖二》

太祖勒石，锁置殿中，使嗣君即位，入而跪读。其戒有三：一、保全柴氏子孙；二、不杀士大夫；三、不加农田之赋。呜呼！若此三者，不谓之盛德也不能。

宋有求己之道三焉，轶汉、唐而几于商、周，传世百年，历五帝而天下以安，太祖之心为之也。逮庆历而议论始兴，逮熙宁而法制始密，舍己以求人，而后太祖之德意渐以泯。

——（清）王夫之：《宋论·太祖三》

自太祖勒不杀士大夫之誓以诏子孙，终宋之世，文臣无欧刀之辟。张邦昌躬篡，而止于自裁；蔡京、贾似道陷国危亡，皆保首领于贬所。语曰"周之士贵"，士自贵也。宋之初兴，岂有自贵之士使太祖不得而贱者感其护惜之情乎？

夫太祖，亦犹是武人之雄也。其为之赞理者，非有伊、傅之志学，睥睨士气之淫邪而不生傲慢，庶几乎天之贮空霄以翔鸢，渊之涵止水以游鱼者矣。可不谓天启其聪，与道合揆者乎！而宋之士大夫高过于汉、唐者，且倍蓰而无算，诚有以致之也。

——（清）王夫之：《宋论·太祖四》

太祖数微行，或以不虞为戒，而曰："有天命者，任自为之。"英雄欺人，为大言耳。

——（清）王夫之：《宋论·太祖六》

太祖之任（赵）普也亦过矣。不仁者，不可与托国。则他日之慭害其子弟以固宠禄，亦何不可忍也！

——（清）王夫之：《宋论·太祖八》

宋太祖惩柴氏之托神器于冲人而传之太宗，可也。乃欲使再传廷美，三传德昭，卒使相戕，而大伦灭裂，岂不愚乎？我以授之太宗，我所知也。太宗之授廷美，廷美之授德昭，非我所能知也。臣民之不输心于太宗之子，而奉廷美、德昭，非我所能知也。尧、舜不能必之于舜、禹，而己欲恃赵普之一人，以必之于再传之后乎？

——（清）王夫之：《宋论·太祖一四》

三代以下称治者三：文、景之治，再传而止；贞观之治，及子而乱；宋自建隆息五季之凶危，登民于衽席，迨熙宁（宋神宗年号，北宋至此已历五朝）而后，法以斁，民以不康。繇此言之，宋其裕矣。夫非其子孙之克绍、多士之赞襄也，即其子孙之令，抑家法为之檠括；即其多士之忠，抑其政教为之熏陶也。呜呼！自汉光武以外，爰求令德，非宋太祖其谁为迥出者乎？

——（清）王夫之：《宋论·太祖一五》

民之恃上以休养者，慈也、俭也、简也；三者于道贵矣，而刻意以为之者，其美不终。……

宋祖则二者之患（机深而事必诡，德薄而道必穷）亡矣，起行间，陟大位，儒术尚浅，异学不乱其心。怵于天命之不恒，感于民劳之已极，其所为厚柴氏、礼降王、行赈贷、禁淫刑、增俸禄、尚儒素者，一监于［夷狄盗贼］毒民侮士之习，行其心之所不安，渐损渐除，而苏其喘息。抑未尝汲汲然求利以兴、求病以去，贸愚氓之愉快于一朝，以不恤其久远。无机也，无袭也，视力之可行者，从容利导，而不尸自尧自舜之名，以矜其美而刻责于人。故察其言，无唐太宗之喋喋于仁义也；考其事，无文、景之忍人之所不能忍、容人之所不能容也。而天下丝纷之情，优游而就绪；瓦解之势，渐次以即安。无他，其有善也，皆因心者也。惟心之绪，引之而愈长；惟心之忱，出之而不妄。是以垂及百年，而余芳未歇。无他，心之所居者本无纷歧，而行之自简也。简以行慈，则慈不为沽恩之惠；简以行俭，则俭不为贪吝之媒。无所师，故小疵不损其大醇；无所仿，故达情而不求详于文具。子曰："善人为邦百年，可以胜残去杀。"或以文、景当之者，非也；老氏之支流，非君子之所愿见也。太祖其庶几矣！

——（清）王夫之：《宋论·太祖一五》

宋太祖以忠厚开国，未尝戮一大将，然正当兴王之运，所至成功，固无事诛杀。

——（清）赵翼：《廿二史札记》卷二十四

汉光武、宋太祖之待功臣，优之厚秩，解其兵柄；汉高祖、明太祖之待功臣，摭其疑似，夷其家族，虽用法宽忍不同，而削权自固之道则一也。

——梁启超：《李鸿章传》

至太祖事周以后，所立功绩，莫如高平、清流关二役，……为山九仞，基于一篑，此即宋太祖肇基之始，表而出之，所以昭实迹也。

——蔡东藩：《宋史演义》第二回
"遇异僧幸示迷途　扫强敌连擒渠帅"

宋太祖之婉谢窦仪，器重赵普，皆具有知人之明，而引为己用。至激责韩令坤数语，亦无一非用人之法。盖驾驭文士，当以软术牢笼之；驾驭武夫，当以威权驱使之。能刚能柔，而天下无难驭之材矣。若斫皮笠而诛惰军，作士气以挫强敌，皆驾驭武人之良策，要之不外刚柔相济而已。

——蔡东藩：《宋史演义》第三回
"忱父病重托赵则平　肃军威大败李景达"

周世宗为五季英主，而拓疆略地之功，多出匡胤之力，史家记载特详。虽未免有溢美之辞，而后此受禅以后，除韩通诸人外，未闻与抗。是必其平日威望，足以制人，故取周祚如反掌耳。

——蔡东藩：《宋史演义》第四回
"紫金山唐营尽覆　瓦桥关辽将出降"

陈桥兵变，黄袍加身，史家俱言非宋祖意，吾谓是皆为宋祖所欺耳。北汉既结辽为寇，何以不闻深入，其可疑一；都下甫事发兵，"点检做天子"之谣，自何而来？其可疑二；诸将谋立新主，而匡义、赵普何以未曾入白，即部署诸将，诘朝行事？其可疑三；奉点检为天子，而当局尚未承认，何来黄袍即可加身？其可疑四；韩通为王彦升所杀，并且戮及妻孥，而宋祖入都以后，何不加彦升以擅杀之罪？其可疑五；既登大位，于尊祖崇母诸典，尚未举行，何以首赏功臣，叠加宠命？其可疑六。种种疑窦，足见宋祖之处心积虑，固已有年，不过因周世宗在日，威武过人，惮不敢发耳。世宗殂而妇寡儿孤，取之正如拾芥，第借北征事瞒人耳目而已。吾谁欺？欺天乎？

——蔡东藩：《宋史演义》第五回
"陈桥驿定策立新君　崇元殿受禅登大位"

赵普惩前毖后，力劝宋祖裁抑武夫，百年积弊，一旦革除，读史者多艳称之。顾亦由宋祖智勇，素出诸将右，石守信辈惮其雄威，不敢立异，乃能由彼操纵耳。不然，区区杯酒，寥寥数言，宁能使若辈帖服耶？然后世子孙，庸弱不振，卒受制于夷狄，未始非由此成之。内宁即有外忧，此方正学之所以作《深虑论》也。

——蔡东藩：《宋史演义》第七回
"李重进阖家投火窟　宋太祖杯酒释兵权"

宋祖鉴于五代之弊，重用儒臣，一时若有文武分途之观念，然儒臣报国，不下于武臣。而武臣修养，亦无逊于文臣。中国文化传统之精义，赖以重光。至文天祥，亦以文人给军符，其《正气歌》，尤足以感天地而泣鬼神。国社虽覆，而民族精神，则不坠益张。

——钱穆：《国史新论·中国历史上之名将》

中国列朝尚士之风，最著者，前有东汉，继为北宋。光武帝以太学生复兴汉业，一时同学多相从开国。北宋则承五代后，君臣跋扈，宋太祖亦以一军人黄袍加身。及登天子位，即罢免军权，而竭意提倡尊士之风。

——钱穆：《国史新论·中国历史上的传统政治》

华夏民族之文化，历数千年之演进，造极于赵宋之世。
——陈寅恪：《隋唐制度渊源略论稿》

宋太祖的才略，亦和周世宗不相上下，或者还要稳健些。
——吕思勉：《吕著中国通史》第四十一章

宋太祖自963年出兵荆湖至976年病死，前后用了十三年的时间，消灭了南方各地的长期割据。这并非只是由于他个人的军事才能，而是决定于人心的向背，决定于历史发展的客观要求。后蜀灭亡前，宰相李昊对蜀主孟昶说："我看宋朝立国，不像后汉、后周。天厌乱久矣，一统海内，就在此朝吧！"南汉灭亡前，内常侍邵廷琄对南汉主刘鋹说："天下乱久矣！乱久必治。现在宋朝已出，看形势非统一天下不可！"后蜀与南汉相隔数千里，但人们都已敏感地觉察到，结束战乱，统一全国，已是人心所向，大势所趋。所谓"厌乱久矣"的"天"，实际就是当时的社会潮流，主要是广大群众的意志。唐末五代以来，各地封建军阀之间无休止地展开争夺权利的战争。广大群众早已厌弃这种封建割据的内战，厌弃这种战争带来的破坏和灾害。南方和中原地区经济联系的发展，也要求消除成为障碍的割据政权。结束封建割据的战乱，已是广大群众的共同要求，历史发展的客观趋势。宋朝的统一事业，因而较为顺利地取得了成功。

——范文澜：《中国通史》

北宋政府……不许他们（州郡长官）兼任一个州郡以上的职务。州郡的财权和兵权也都收归中央政府。又规定州郡长官改由文人充任，长官之外另设通判（副长官）……后来又把全国州都划分为十五路，每路设转运使和提点刑狱等官，统称为监司，等于是中央政府的特派员，总管所辖州郡的财赋司法等事。……宋太祖和宰相赵普等人……取消殿前都点检（殿前都点检：禁军首领，赵匡胤曾任此职）和副都点检，次一级的军官则用一些资望较浅、容易驾驭的人物充任，且时常加以易置和更调……北宋政府……在宰相之下添设参知政事，并以枢密使分取宰相的军政大权，以三司使分取宰相的财政大权。枢密使的设置还可以和统兵的高级将领互相牵制：高级将领虽统领军队，但发号施令之权则归枢密院；枢密院虽有制令之权，但枢密使并不统领军队。

——翦伯赞：《中国史纲要》

宋太祖用全力集权中央，罢诸将军权，地方守令都以文士充任，直隶中枢，文士治国，武士作战，成为国家用人的金科玉律。由之文士地位日高，武士地位日低，一味重文的结果，使宋朝成为历史上最不武的时代。

——吴晗：《说士》

北宋政权是紧接在五个短命朝代之后而出现的，而那五个朝代之所以短命，除了后梁是被长期与之对立斗争的另一军事实力派（在太原的李克用、李存勖父子）所推翻、后晋是被契丹入侵者所颠覆的以外，其余各朝则都是被统治集团内部的军人所篡夺的。因此，在赵匡胤既已把政权夺取到手之后，便把如何防止政权转移问题认作最首要的问题。因此，赵匡胤和他的亲信辅佐人物如赵普和赵光义等人，便把注意力集中在如何驾驭那些操持军事实权的人物，如何削弱州郡长吏的事权和实力，以及诸如此类的一些纯属于政治权术和浮现在统治阶级上层人物中的种种问题上去。

……

总括来说，赵匡胤为使其政权不至很快地再转移到别姓手中，在开国之初，对于中央以及地方政府中各种机构的设置和各种官员的安排，是在充分利用互相牵制的作用，几乎完全是以防弊之政作为立国之法的。在这样原则之下的一些措施，到后来虽也生出了种种重大的流弊，但赵姓的统治却确实因此得以持续下去，北宋没有再蹈五代之覆辙而成为第六个短命的朝代。

——邓广铭：《论赵匡胤》

北宋建立后，宋太祖君臣总结唐末五代君弱臣强、政权屡更的教训，认为"惟稍夺其权，制其钱谷，收其精兵，则天下自安矣"。于是，在权、兵、钱、法等几个方面逐步加强中央集权。

宋初的中央政权在形式上大致沿袭唐朝制度，但实际上省、台、寺、监官无定员，无专职，除少数部门外，多为闲散机构，有名无实。宰相也不再由三省长官充当，而是另以同中书门下平章事为宰相。又增设参知政事为副相，通常称为"执政"，与宰相合称"宰执"。宰执办公地点称"中书门下"（政事堂）。但宋朝宰相仅负责行政，最高军事首脑则是枢密院长官枢密使（亦称"执政"）。中书门下与枢密院合称"二府"，共掌文武大权；另外，又设三司，下辖盐铁、户部、度支三部，是最高的财政机构，号称"计省"，其长官为三司使，亦称"计相"，地位略次于执政。于是，"中书主民，枢密院主兵，三司主财，各不相知"，分别对皇帝直接负责。这样，原来集政权、财权、军权于一身的宰相的权力被一分为三，宰执、枢密使、三司使互相牵制，从而削弱了相权,加强了皇帝对政权的直接控制。宋朝还在御史台之外,增设谏院,置谏官。谏官不仅任谏职,而是常常与台官一道,弹劾宰执、大臣,使相权进一步受到牵制。在地方上,宋初将全国分为十道,太宗时,又改为十五路,以后路的数目还有增加。各路大体有四司:安抚使司,掌一路兵民之事,简称"帅司";转运使司,掌一路财赋,简称"漕司";提点刑狱司,掌一路刑狱,简称"宪司";提举常平司,掌一路常平仓、义仓、赈灾事,简称"仓司"。因其长官安抚使、转运使、提点刑狱、提举常平兼有监督地方官吏之责,所以此四司亦合称"监司",还是中央的派出机构,不是一级地方政府。宋朝的地方行政机构是州、县两级。与州平行的还有府、军、监。府一般设于要地,如东京开封府、西京河南府等;军设于军事要冲;监设于坑冶、铸钱、牧马、产盐地区。州、府、军、监的长官分别称知州、知府、知军、知监。又设立州通判一职,用以监视知州,所发文书要知州与通判同时签署才生效。县的长官称知县或县令,还有管户口钱粮的主簿和管军事、治安的尉。

这样,宋朝中央通过监司控制地方上的行政、军政、财政、司法,督责地方官吏;又通过通判限制、分割知州的权力,从而加强了对地方上的控制。另外,宋朝改变了唐末五代以来的节度使兼管其他州、军(称为支郡)的做法,一般节度使除管所在的大藩府外,不再兼领支郡。并规定州的长官必须用文臣。这就大大减少了地方武装割据的可能。宋朝还实行官衔与实际职务分离的官吏任用制度,即"官、职、差遣"制度。官即官名,如尚书、侍郎之类,只是一种虚衔,作为叙级、定薪俸之用;职亦称贴职,是授予一部分文官的荣誉衔,并无实际职掌,如学士、直阁之类;差遣才是官员所担任的实际职务,故亦称职事官,枢密使、三司使等,属于此类。一般官员则在所担任的职务之前,冠以"判、知、权、管勾、提举"等字眼，如判寺事、知州、提举常平等，以示差遣。这样做的目的也是为了中央集权。靠军队起家的赵匡胤深知军权的重要，因此，他首先解决这一问题。

建隆二年（961）三月，宋太祖去掉殿前都点检这个重要的禁军职位。不久，又在一次酒会上迫使原禁军高级将领交出兵权，并顺势取消了殿前副都点检一职。禁军的领导机构改为殿前司和侍卫司，分别由殿前都指挥使、侍卫步军都指挥使和侍卫马军都指挥使（三帅）统领，而总领禁军的权力集中到皇帝手中。

……

总之，宋朝初年，通过上述各种措施，达到了"以大系小，丝牵绳联，总合于上"，加强了中央集权，基本消除了唐末五代以来藩镇割据、军阀混战的弊端，有利于社会经济的恢复和发展。

但从另一方面看，北宋过分集权，也带来了严重的恶果：政权过分集中，使机构重叠，官员冗滥，职责不清，互相掣肘、推诿，唯唯诺诺，无所作为。军权过分集中，使兵不知将、将不知兵，指挥不灵，战斗力下降；地方上武装力量薄弱，不堪一击。财权过分集中，造成地方上财政拮据，物质基础薄弱。凡此种种，为北宋种下了积贫积弱的祸根。

——张传玺：《简明中国古代史》

难得的是有宋一代，善待士大夫与敢提意见的言事者。有这样的祖宗之法和国策，才有苏东坡等人的大难不死。现在，有些文化人说 TA 最愿意生活的朝代是宋朝，应该是有道理的。

——鄢烈山：《宋太祖的私房话》

殿前护从司令（殿前都点检）赵匡胤，跟他的家属和部下，秘密布置向这位七岁孩子夺取政权。一切都像演戏一样的配合十分密切，九六〇年正月初一日，当中央政府正在庆贺元旦的时候，北方边报告警说，契丹兵团向边境移动。宰相范质仓促间派遣赵匡胤前往抵御。大军走到开封（河南开封）东北十公里的陈桥驿，安营扎寨，黎明时，部下将领把早已准备好、只有皇帝才可以穿的黄龙袍，披到赵匡胤身上。于是契丹兵团也不知何处去了，赵匡胤以皇帝身分返回开封。郭宗训（即柴宗训）退位，后周帝国立国只短短十年。

——柏杨：《中国人史纲》第二十三章之
"宋帝国统一中国本部"

中国历史上有名的"杯酒释兵权"故事，是一种最高的政治艺术的运用。一席酒宴解决了不断兵变和不断改朝换代的祸根。赵匡胤把将领们派到各地担任地方首长，但只有尊荣，没有实权。由中央政府另派一位副首长或秘书长（通判），负责实际责任。军事财政，都由中央收回。自从八世纪中叶以来炙手可热的"节度使"官称，从此退出政治舞台。

——柏杨：《中国人史纲》第二十三章之
"宋帝国统一中国本部"

赵匡胤是后周皇帝郭荣（即柴荣）的亲信，被认为绝对不会叛变的将领，然而他终于叛变。他自己的故事使他警觉到部下的所谓忠心，并不可靠。要想根绝叛变，不能单纯地寄托在部下的忠心上，唯一的办法是不要为别人累积叛变的资本。所以他定下原则：不让大臣有权，万不得已时，也不让大臣有权过久。假如有权的人所掌握的权都只是暂时性的，就无法作大规模行动。

——柏杨：《中国人史纲》第二十四章之"宋帝国立国精神"

如果能回到过去，我愿意生活在中国的宋朝。

——［英］约瑟·汤因比：《历史研究》

宋太祖赵匡胤以军功起家，即创立朝廷之日，仍是现役的高级将领，这与北宋之注重技术，企图在中国历史里打开出路，不因袭前朝作用的趋向有很大的关系。在各代帝王之中可算是最能说实话的一位。

宋太祖赵匡胤没有一般帝王的毒辣，也还不是完人。他饮酒常醉，有一次他所乘马蹶坠地，他站起来就解佩刀刺马杀之。还有一次他举行露天宴会的时候下雨，他就盛怒，弄得很多臣下惶竦，可见他也有粗蛮性格，他也会冲动而有时不能掌握自己。只是赵宋一朝不以恐怖作为它帝业的基础，由来已久。虽然这不能与赵匡胤的个人性格无关，却也仍是历史时势使然。在这三百多年里，中国有了一定的国家之目标，朝廷成为一个带竞争性的机构。在这些条件之下，态势显然，用不着多番矫揉造作，所以其朝政也较其他各代为开明。

——［美］黄仁宇《赫逊河畔谈中国历史》

经过太祖赵匡胤的创业，宋朝的历史留下了不少似是而非的现象：一个以军人为首脑而组成的国家，自始注重国防，偏在军事上的作为，不及其他任何主要的朝代。它的民间经济，也有突出的现象，它却不能掌握这种优势。

——［美］黄仁宇：《宋太祖赵匡胤》

我们从《宋史》的本纪里，看到赵匡胤幸造船务、观制造战舰、观水砜、阅炮车、视察练习水战、亲授医官黜其艺之不精者，前后不绝。他自己也武艺高强，骑马射箭均是第一流能手，未做皇帝前曾以大将的身分亲自参加战斗,所以宋朝人也称之为"艺祖"。既作皇帝,则他不能搬出智力德行均高人一筹的表现。可是赵匡胤不以抽象的观念笼罩事务。他作圣贤之君的观念,能拿出来对真人实事发挥,在各代帝王之中可算是最能说实话的一位……赵匡胤在公元976年去世之日即按照传统"盖棺论定"的立场看来,也算得是一位非常成功的人物。而注意事业上的成功,也是宋太祖赵匡胤自己的一生宗旨。

——[美]黄仁宇:《赫德逊河畔谈中国历史》

承前启后诸君主

宋太祖赵匡胤的皇位，得自后周君主的"禅让"，而宋初的国势也端赖后周的家底。后周世宗柴荣征战南北，战果丰硕，奠定了较为稳定的局面；恭帝柴宗训年幼继位，则成为宋太祖兵变称帝的跳板。宋太宗赵光义兄终弟及，继承乃兄之志，完成统一大业，促进经济社会全面繁荣；毁盟传子，戕害弟侄，却很不地道。两位皇帝的父亲，赵弘殷自然也须一表。

后周世宗柴荣

柴荣（921—959），后周第二位皇帝，太祖郭威妻侄、养子。本姓"柴"，曾从养父姓"郭"，邢州尧山（今河北隆尧）人。早年曾贩茶，出仕后，无论在军中、地方，均有成绩，深受倚重。郭威去世后继位，在位五年，励精图治，政治清明，百姓富庶；致力统一，却赍志而没。他的文治武功，为宋初的兴盛打下了基础。

一、少年英豪　异姓继位

柴荣出生于邢州柴家庄园。柴家是邢州望族，柴荣祖父柴翁（名不详）、父亲柴守礼，都是当地有名的富豪。后因家道中落，年少的柴荣投奔了姑母柴氏。

姑母柴氏的丈夫，是同乡人郭威，也就是后来的后周太祖，姑母则成了皇后（圣穆皇后）。因姑母夫妇无子，柴荣被他们收为养子。郭威对这个妻侄很是喜欢，视同己出。

柴荣小时候聪明伶俐，且为人谨慎。起初，姑父家里并不富裕，经济相当拮据，柴荣就经常帮助姑母料理家务。郭威在外做"马铺卒使"的小差使，有时也出外经商，很是劳累。柴荣年纪稍长，就跟随姑父出外做生意，尽量获得一些额外收入，以贴补家用。

柴荣曾跟随大商人颉跌氏远走江陵，做茶叶生意。由于行商走贩，跑过许多地方，接触了下层社会的各色人物，所以既懂得民间疾苦，也曾目睹官吏的腐败与残暴，深知当时社会的积弊。

尽管年龄尚小，也不曾做什么大事，但在操持家务中，柴荣的才能还是得到了体现。姑父郭威在外当差很忙，就把家中产业和事务交给柴荣打理。柴荣很会当家，原本拮据的家计逐渐能维持收支平衡，家道也逐渐好了起来。这使郭威十分高兴，对他更是倍加信任了。

郭威长期担任军职，柴荣也跟着姑父学会了武艺，尤其擅长骑射，而且精通史书，逐步培养起了军事和政治才能。

后晋开运四年（947），郭威帮助当朝镇将刘知远建立后汉，因功升任代理枢密副使，成了后汉王朝的统兵大将。柴荣也因跟随姑父立功，获得了左监门卫将军的头衔。

后汉乾祐三年（950），郭威领重兵坐镇河北，任邺都（今河北大名）留守、枢密使、天雄军节度使。柴荣亦随之改任天雄军牙内都指挥使，协助姑父掌管军务，同时兼领贵州刺史、检校右仆射。

乾祐三年（950）冬天，后汉隐帝刘承祐猜忌郭威，把他和柴荣留居京都开封的亲属全部诛杀，并企图派人杀死郭威。于是，郭威以"清君侧"为名杀向开封，柴荣受命留守邺都，主持邺都事务。第二年，郭威攻下开封，刘承祐被部下所杀，将士拥戴郭威为帝，改国号曰"周"，史称"后周"。柴荣则以"皇子"身份担任澶州（今河南濮阳）刺史、镇宁军节度使、检校太保，封太原郡侯。

柴荣坐镇澶州，主管一州军政事务，得以初步施展政治抱负。在他管内，"为政清肃，盗不犯境"。多年以来，州内捐税苛重，又有差役调拨，百姓不堪其苦。柴荣奏请放免，百姓负担有所减轻。柴荣的治绩，赢得了官民的信任和赞誉。

柴荣的治政才能和声誉，深得郭威欣赏欢喜，却遭到权臣王峻的妒忌。王峻曾帮助郭威称帝，时任总掌全国兵马的枢密使，颇有政治野心。柴荣坐镇外藩，多次上表请求入朝，王峻担心兵权为柴荣所夺，便从中作梗，极力阻挠。

郭威信任柴荣，虽然没有把他留在朝中，但一直寄予厚望。广顺二年（952），泰宁军节度使慕容彦超叛乱，郭威率军亲征，在战事不利之际，曾对宰臣说："如果我不行的话，应当让澶州我儿子（指柴荣）出征攻击敌人，才能办好我的事情。"（"如朕不可行，当使澶州儿子击贼，方办吾事。"（《旧五代史·周书·世宗纪一》）柴荣屡次请求率军征讨，但因王峻阻扰，只好作罢。十二月，柴荣加授为检校太傅、同中书门下平章事。

广顺三年（953）正月，柴荣入朝觐见，但因王峻进谗，旋即返回镇所。不久后，王峻获罪被贬往外地，柴荣才得以回京，加封为晋王，改官为开封尹、兼功德使。

开封尹主掌首都政务，是个很重要的职位。柴荣担任开封尹的时间虽然不长，但仍然做了不少好事。此时的柴荣已经逐渐成熟，朝中大臣都喜欢与他论事，希望他主政统军。柴荣更加得人心了。

周太祖郭威皇后柴氏无子，后来所娶姬妾生有二子，也被后汉隐帝刘承祐杀害。郭威去世，皇位很自然地落到了柴荣身上。此时柴荣三十四岁，年富力强，充满活力。

二、武略出众　消弭寇盗

后周显德元年（954）二月，世宗柴荣继位不久，潞州（今山西长治）传来敌情，北汉主刘崇趁后周国丧，领兵前来报仇。

刘崇是突厥沙陀部人，后汉高祖刘知远的弟弟，一直坐镇河东，任太原留守。郭威起兵攻灭刘承祐后，一度曾假意立刘崇之子刘赟为帝，后来又把他杀了。郭威夺了刘姓天下，又杀了刘崇的儿子，国恨家仇可谓深重。此后，刘崇认契丹主为叔父，依附契丹，长年与后周作对。他占据河东一隅之地自称皇帝，继承后汉国统,并时刻不忘复仇南侵。郭威去世,他认为机会来了,立即禀报契丹主,契丹派杨衮率一万多骑兵,刘崇自己点起三万大军,合军一处,向南进发。

消息传来,后周朝臣一片慌乱。柴荣召群臣商讨对策,并提出要亲征。以宰相冯道为首的一批老臣,大力反对亲征。柴荣对此不屑一顾,果敢地作出了部署。

三月三日,柴荣命天雄军节度使符彦卿领兵,袭击北汉军后路;命河中节度使王彦超自晋州(今山西临汾)东下,夹击刘崇。最后,又命禁军都指挥使樊爱能、步军都指挥使何徽、宣徽使向训等,率军从正面往泽州(今山西晋城)迎击敌军。到三月十一日,柴荣亲自率军出发,亲征北汉、契丹军。

刘崇自太原出兵后,一路上很顺利。他先在邢州打败了后周昭义军节度使李筠的军队,李筠逃到潞州,婴城固守。为了争取时间,刘崇引兵绕道南下,直抵高平。柴荣从开封出发后,亦兼程疾进,十八日至泽州。吃过饭后,柴荣即身着戎服,往东北郊高地观察敌情,当夜住在州城十五里外的村舍。到第二天,即在高平与敌军接战。

两军先在高平城南发生前哨战,周军获小胜。柴荣命侍卫马步军都虞候李重进、滑州节度使白重赞,居阵西厢为左军;侍卫马军都指挥使樊爱能、步军都指挥使何徽,居阵东厢为右军;宣徽使向训、郑州防御使史彦超,以精骑居中为中军。这时,刘崇亦在高平城南列阵:契丹杨衮居西为右军,先锋张元徽居东为左军,刘崇亲率大军三万为中军,其阵势亦十分严整。

战幕拉开,柴荣由殿前都指挥使张永德所率禁卫军护驾,坐在马上督战。当时,由于后周河阳节度使刘词所率后路大军尚未到达,军队较少,因此有些将领胆怯起来。而刘崇见后周兵少,却先骄傲起来。杨衮劝刘崇不要轻敌,他不加理睬,反而叫契丹骑兵不必出战，把杨衮撇在一边，想让后汉军收取全功，而不是集中力量一决雌雄。刘崇自觉胜券在握，为了表示镇静，竟张乐饮起酒来。

两军交锋不久，后周右军樊爱能、何徽，在敌军的挑战面前首先怯阵，扔下部队，率少数骑从逃离阵地。于是，东厢骑兵大乱，步军数千人逃之不及，都丢下兵杖向敌军投降。樊爱能、何徽没命地逃窜，边跑边造谣，说后周已经战败投降，并阻止后军刘词的部队向前进发，扰乱军心。溃军还一路抢劫，柴荣派使者下令停止逃跑，他们反而杀了使者，不停遁逃。

在这种情况下，稳定军心特别重要。这时，柴荣表现得极为镇定，为了给将士作表率，他果敢地跃马入阵，亲自投入战斗，率五十骑兵直赴刘崇牙帐。周军将士见皇帝亲自冲锋陷阵，也都个个争先，奋勇冲杀，一时杀声震天、号角动地。周军虽然右军溃散，但中军和左军仍然完整；禁卫军将领张永德和赵匡胤，又率禁军分左右两翼直赴敌阵。北汉军没有料到周军来势如此凶猛，而杨衮因刘崇不予重视，见周军冲杀过来，便带着契丹骑兵先溜走了。北汉的左军阵势先乱，主将张元徽被乱军杀死。刘崇大败，仓皇收兵。

刘崇收集残兵，仍有一万多人，于是临涧水结阵，企图阻止周军前进。入夜，后周刘词的后军赶到，柴荣大喜，立即组织生力军冲杀敌阵，不给刘崇喘息机会。北汉军经受不起接二连三的打击，再次溃退，枢密使王延嗣又在混乱中被周军斩首。于是，柴荣命令诸将分路穷追，北汉军被彻底打垮，士卒伤亡惨重，尸体填满了山谷。周军获辎重、兵器、驼马、舆服不可胜记。刘崇仅带了一百余骑逃回太原。

次日，柴荣进驻高平县城，开始对军队进行整顿。他与大将张永德商量后，把临阵逃跑的樊爱能、何徽以及裨将七十余人，统统按军法处斩；临阵投敌的士兵，亦皆就戮。这是以前从未有过的事，从而使军队风气大变，悍将知有戒惧，军威更加振奋。

五月三日，柴荣亲率大军，将太原城团团围住。周军声势甚壮，但准备不足，城池久攻不下，粮饷发生了问题。当时连日大雨，到六月初，军士已劳苦疲惫而不堪战阵。柴荣只得下令班师，所获州县全部放弃。但这次战役沉重打击了北汉政权，也煞了契丹贵族的气焰。自此，北汉再也无力来争夺中原了。

通过这次出征，柴荣认识到军纪的重要，回都后大刀阔斧进行整顿。对于作战有功者，皆加官行赏，如赵匡胤因作战得力，升为禁军统帅殿前都点检。对于怯敌逃阵者，则予以惩罚。他严明军纪，凡有犯法，不论何人，一概处罚。

柴荣又特别对禁卫军进行了整顿，命诸将逐个点选中央军中的步兵和骑兵，强壮者留，老弱胆小者尽行裁汰。他又招募天下壮士，将山林亡命之徒有勇力者，招来充当禁卫军。这既增加了朝廷的兵力，又消弭了寇盗。

三、全面改革　国富民强

通过整军，后周中央武装力量得到加强，皇权也因而得以巩固，军队战斗力大大提高。这为以后的征战打下了良好基础，柴荣自己本身也萌发了统一全国的雄心。

柴荣继承郭威，进一步推行了全方位的改革。首先是网罗了一批富有进取心的人才。柴荣思贤若渴，刚继位就下诏求贤求谏。他效法唐太宗，让各级官员上封事，凡有所见，都可以写成表章呈上；若对政事有所陈述，也可请求引见面商，使君臣上下沟通，并从中发现和选拔经国之才。史称柴荣"好拔奇取俊，有自布衣上书、下位言事者，多不次进用"（《旧五代史·周书·世宗纪三》）。只要有才能，不管名位资历，柴荣都设法网罗，加以录用。如魏仁浦并非科举正途出身，柴荣不顾众人反对，破格任为宰相。

柴荣还对选拔人才的科举作了整顿。显德二年（955）进士考试，礼部主考因循苟且，不作选择，柴荣命令重考，结果原取进士十六人只有四人及第。柴荣还恢复了久不举行的制科考试，广泛搜罗有用的人才。就这样，朝廷很快就有了一批干练的人才。

其次，着手澄清吏治，大力反对贪污腐化。柴荣自小艰苦朴素，称帝后依然保持俭朴的作风，生活上力戒奢华。他不贪游宴，宫内浮浪无用之人一律裁减，摒绝珠宝珍玩，禁止地方官进贡甘鲜食品。要求各级政府，不急之务也一律停办，以减轻百姓负担。

要加强国家实力，发展农业是大事。柴荣继位当月就下诏：凡军队中老弱伤痛情愿回家种田者，统统可退伍放免。这使五代以来农民长年束缚在军队里的现象有了改变。同月又下令招抚各地流民，把无主荒地分配给流民耕种，让他们安居乐业。柴荣还下诏减免租税，实行新税法。

为了获得更多的劳动人手，柴荣把目光投向了佛教寺院。显德二年（955）五月，柴荣下令毁佛，凡后周境内佛教寺庙，除有皇帝敕额者可以保留外，其余一律拆毁，每县只留寺庙一所，官僚贵族自后不得奏请建造寺院和剃度僧尼。

显德四年（957）九月，柴荣又准备推行均定田租的改革。第二年，柴荣下令进行大规模查田，实行均租。结果单在开封一地，就查出隐漏之田四万两千多顷。查田沉重打击了地主豪强，减轻了普通农民的租税负担，又增加了国家的税收，为后周乃至北宋统一中国奠定了物质基础。

柴荣对京城开封进行了扩建。开封在唐以前从未做过首都，本是节度使的军镇，朱温篡唐后，逐渐成为五代各朝的政治中心。显德二年（955）四月，柴荣下令扩建京城，加宽巷道，加筑外城。发动十万民工前后进行了三年，终于使开封规模宏伟，堪称都会。到北宋，开封成为全国性的首都。

在文化方面，诸如整理历法、刑律、音乐等，柴荣也做了有益的工作。柴荣曾请精通历数的王朴修订历法，制成《显德钦天历》，取代了以前各种混乱不堪的历法。柴荣还命群臣编订《大周刑统》，颁布施行。又请窦俨考正雅乐。王朴也通音乐，柴荣时常和他讨论有关问题，使失传多年的唐代音乐得以恢复，并流传到宋代。

显德三年（956），柴荣开设史馆，命史臣张昭等修编太祖郭威实录，并修编了后梁末帝朱友贞、后唐闵帝李从厚及末帝李从珂的实录，填补了多项空白。柴荣还下诏搜求遗书，使散落民间的典籍保存于史馆；组织文士校勘唐代陆德明所著《经典释文》，雕版印行。

柴荣在位时间并不长，在日理万机、戎马倥偬之际，尚能注意文化事业，这在五代皇帝中是极为罕见的。

四、南征北讨　统一全国

经过几年持续不断的改革，后周国富民强，于是，柴荣统兵南征北讨，开始了统一中国的征程。

关于统一战略，柴荣采纳了先攻江淮及南唐的主张。在进攻南唐之前，先遣将从后蜀手中收回了秦、凤、成、阶（均在今甘肃境内）四州。

秦、凤等四州，是后晋时没入后蜀的。后蜀后主孟昶为政苛暴，蜀人怨愤，四州更是民不聊生。百姓痛恨后蜀政权，先后多次派人到开封，要求后周收复旧地。显德二年（955）四月，柴荣调兵遣将，进攻后蜀，至五月，节度使王景率军由陕西大环关出击，攻下了秦州以东的黄牛寨等地。到十一月，周军最后攻克凤州，俘虏后蜀节度使王环，收复了四州之地。柴荣下令四州百姓除两税以外，其他杂税一律免征，废除后蜀暴政，使当地百姓欢天喜地。

安定西部边境后，柴荣因蜀道艰难，没有乘胜入川推翻孟昶政权，而是把兵锋转向了占领江淮地区的南唐。

显德二年（955）十一月，柴荣任命李谷为淮南道行军都部署，王彦超为副部署，统率禁军进攻寿州（今安徽寿县）。显德三年（956）正月，柴荣决定亲自出马，指挥这一重大战役。赶到正阳（今安徽颍上西南）后，他察看了战场，认为不应给敌人喘息的机会，于是率大军再次包围寿州。

此时，南唐江北州县皆处于周军兵锋之下，处境十分艰难。但寿州守将刘仁赡是南唐名将，坚守不降。周军久攻不下，柴荣便留下部分军队围城，其余分兵略地，攻取南唐江淮之间各州县。二月，柴荣命赵匡胤进攻滁州南唐皇甫晖军，赵匡胤率军奇袭清流关，一举擒获皇甫晖，歼灭了南唐一支劲旅。柴荣又命韩令坤率兵直取扬州和泰州，一直攻到长江边。到三月，周军已攻取了南唐江北大部分城镇，寿州陷于孤立境地。

虽然周军实际上已占有江淮广大土地，但寿州始终未能攻下，加之暑雨天气，柴荣决定留向训（向拱）坐镇扬州，李重进继续围攻寿州，自己于五月十日起程回京，以图再作部署。

柴荣回到开封后，开始编练水军。他从南唐降兵中挑选了数百水手，教习水战。严格训练几个月之后，建成了一支精锐水师，从而使南唐的水上优势受到了挑战。

淮南节度使向训（向拱）感到难以持久，建议撤回扬州周军，全力攻取寿州。于是，江淮之间的周军齐集寿州城周围，全力进攻，却仍然未能攻下。在这关键时刻，柴荣没有允许前线军队后退，而是第二次奔赴前线，亲自督战。

显德四年（957）二月，柴荣统军南下，并派右骁卫大将军王环率新建成的水军，沿颍水进入淮河，直赴敌阵。三月，柴荣披甲执锐，来到寿州前线，亲自指挥作战。柴荣命水军鼓足风帆直追，骑兵亦夹河穷追猛打，南唐援助寿州的外围军队遭到全歼，共消灭和俘虏了四万多人，缴获战船、兵器不计其数。这时，寿州城内的南唐军如热锅上的蚂蚁，不知如何办才好，守将刘仁赡急出一场大病，不能理军，部下便开城投降。后周终于占领了寿州这一战略要地。

柴荣命令部队稍作休整，又下令寿州城五十里内地方免交两税，并开仓赈济，实行大赦，稳定了新占领区的统治。

经过几个月的休整，显德四年十月，柴荣第三次亲征南唐，目标是全部夺取江淮土地。这一次，柴荣不仅带了马、步、水军，还从北方带来一队骆驼，其时一般人并不知其用场。南唐在濠州阻淮水设防，十一月，周军进抵濠州，柴荣命士兵骑骆驼渡淮河，南军从未见过这种战法，以为天兵天将，个个吓得面如土色，弃杖而逃。

柴荣水陆大军进抵长江，直接威胁南唐的江南地区，南唐政权几乎无力抵抗，面临崩溃。李璟不得不再次派使臣向柴荣请和，尽献江北之地，表示愿将庐、舒、蕲、黄四州送给后周，划长江为界。周军已在江淮作战经年，若再下江南，恐怕契丹在后方乘虚来攻，于是接受了南唐的投降，与之签订了城下之盟。

五、病于征途　中年而逝

在夺取南唐江北十四州一年之后，柴荣又踏上了新的征途。显德六年（959）三月，柴荣亲自统军北伐。四月，到达沧州，挥师直趋边关，契丹宁州刺史王洪首先举城投降。不战而得城，士气大为振奋。十六州的汉族百姓长年受契丹贵族的奴役和侮辱，早就希望中原军队到来，于是前来欢迎、投归者如流。后周军队纪律严明，受到百姓的欢迎。柴荣命周军加快进军速度，大军神速地进抵益津关（今河北霸县），契丹守将终延辉又开关投降。周军兵不血刃，又夺得了一个重要关口。这时，水路渐绝，柴荣命令周军舍舟步行，继续前进。

不久，大将赵匡胤率领大部队赶到瓦桥关（在今河北雄县），契丹守将姚内斌又举城投降。接着，又克复了淤口关。三个关口的收复，使后周处于极为有利的战略地位。不久，契丹莫州刺史刘楚信、瀛洲刺史高彦晖等，又接连举城归降。后周出兵四十多天，兵不血刃，已收复三关，共得三州十七县之地，户口一万八千三百六十人。柴荣部将定州节度使孙行友也攻下了易州，俘敌刺史李在钦；另一部将都指挥使张藏英，也夺取了固安县。

正当攻势凌厉、进军顺利的关头，柴荣突然患病，攻势不得不停下来。

显德六年五月二日，柴荣大宴诸将，词气豪迈地号召大家努力奋战，继续前进，以收复十六州全部失地。到了晚上，柴荣就病倒了，只得回师。柴荣对已经收复的三关作了一些部署，命将把守，自己启程返回开封，北伐就此停止。

五月三十日，柴荣车驾回到开封，抱病处理了一些政务。他立符氏为皇后，封年幼的皇长子柴宗训为梁王，特进、左卫上将军；次子宗让封燕国公，任左骁卫大将军。又提拔和任命了一些官吏和将领。

柴荣还念叨着出师北伐，希望病好之后再上征途。但病情越来越重，六月十八日竟病逝卧榻，年仅三十九岁。谥号"睿武孝文皇帝"，庙号"世宗"，葬庆陵。

临终之前,柴荣留下遗诏,立长子梁王柴宗训为帝,而当时宗训年仅七岁。

后周恭帝柴宗训

柴宗训(953—973),后周第三位皇帝,世宗柴荣第四子,母不详。七岁继位,在位不到一年。他幼年继位,缺乏治国能力,给赵匡胤代周建宋以机会;入宋后,先移居西宫、后出居房州,二十一岁时无故去世。

一、童年继位 老将谋篡

显德六年(959)六月,后周世宗柴荣病逝。临终之前,封年仅六岁的儿子柴宗训为梁王,任特进、左卫上将军;并立下遗制:"梁王于柩前即皇帝位。"就在柴荣病逝的当日,后周众臣奉柴宗训即帝位。

柴宗训生于广顺三年(953),母亲是谁,无人知晓,总归不是柴荣正妻所生。这年八月四日,柴荣侍妾临盆,生下一个男孩,柴荣万分高兴。柴荣原有三个儿子,但都在乾祐三年(950)被后汉隐帝刘承祐杀害。三年后重新得子,怎能不高兴?此后,柴荣又得了三个儿子,但柴宗训是长子,因而得以继承后周皇位。

柴宗训继位后,因年仅七岁,由符太后临朝听政,范质、王溥等主持军国大政。百官加官晋爵,以李重进兼淮南(扬州)节度使,防备南唐;以韩通兼天平军(郓州)节度使,戍守开封东北面;以赵匡胤兼归德军(宋州)节度使,戍守开封东面;以向训(向拱)为西京留守,戍守开封西面。

当时,北境征伐契丹的战事尚未停息,北面兵马都部署韩令坤奏称，在霸州之北打败契丹五百骑兵。于是，以宰相范质为首的文武百僚，把柴宗训请到朝堂听政。大臣们表请以柴宗训的生日八月四日为天寿节，柴宗训什么也不懂，不过胡乱点头称是而已。

太后符氏，既非柴宗训亲生之母，又是世宗柴荣临终时才立为皇后，所以地位并不稳固。孤儿寡母充当王朝之主，政局不稳，人心浮动，谣言四起。忠于后周的官员，意识到动乱最可能出在赵匡胤那里，提出不应让他再掌禁军，甚至有的人主张先发制人。但朝廷只是改任他为归德军节度使，检校太尉、殿前都点检照旧。七岁的少儿皇帝哪里知道，一场政变正在暗中策划、部署，就连老臣范质也蒙在鼓里。

二、老臣兵变　幼帝禅位

新的一年来到，群臣建议沿用先帝年号，称为显德七年（960）。元旦大朝会，文武百官都进名奉贺，希望新的一年里能一扫昔日愁绪，一展新朝宏姿。柴宗训长了一岁，他坐在殿廷上，接受群臣拜贺新年，隆重的朝会在他心里不过是一场游戏。

朝礼还在进行，突然，北面边关传来敌情，称契丹大举入寇，河东北汉政权也派兵自土门东下，二敌合势，进攻中原。后周君臣闻讯，一时惊慌失措，朝礼匆匆收场。宰相范质率文武大臣，在紫宸殿柴宗训位前商讨对策，决定命殿前都点检赵匡胤率大军北伐，迎击二寇。

正月初二，赵匡胤率军出城，随行还有他的弟弟赵匡义和亲信谋士赵普。当天下午，到达开封几十里外的陈桥驿。傍晚，赵匡胤命令将士就地扎营休息，自己大醉而睡。晚上，众将商定起事，告诉了赵匡义和赵普，并派人秘密返回京城，通知留守京城的石守信等管好京城内外大门。

正月初三早晨，众将士一拥而入，赵匡胤黄袍加身。接着，大军开回开封，占据首都，让翰林学士陶毅把早已草拟好的以柴宗训名义写的"禅位诏书"，向众臣宣读一遍，便到崇元殿升了御座。后周王朝就这样被颠覆了。

即位之后，赵匡胤封柴宗训为郑王，太后符氏为周太后，居住在西宫，以奉大周神位。

建隆三年（962），柴宗训母子离开开封，出居房州。

开宝六年（973），柴宗训逝世，时年二十一岁，死因不明。宋太祖赵匡胤将柴宗训葬于其父世宗柴荣的庆陵之侧，谥曰"恭皇帝"，陵曰"顺陵"。

赵匡胤曾在一块石碑上留下三条遗训，其中有一条是：柴氏子孙有罪，不得加刑；纵犯谋逆，止于狱中赐尽，不得市曹刑戮，亦不得连坐支属。宋朝的皇帝，基本上都遵守了誓碑遗训。

宋宣祖赵弘殷

赵弘殷（899—956），宋太祖赵匡胤、太宗赵光义之父。涿郡（今河北涿州）人。历仕后唐、后汉、后周，官至检校司徒，封天水县男。后周时期，与儿子赵匡义"分典禁兵，一时荣之"。后周显得年间病逝，未及亲见儿子"黄袍加身"。宋初追尊为帝，庙号"宣祖"。

一、出身世家　婚娶杜氏

赵弘殷出身于官宦世家，自称西汉京兆尹赵广汉之后。曾祖赵朓，唐朝官员，历任永清、文安、幽都三个县的县令。祖父赵珽，历任幽州节度从事，累官兼御史中丞。父亲赵敬，历任营州、蓟州、涿州三州刺史；后周显德年间，因子、孙显贵，追赠左骁骑卫上将军。

少年时代，赵弘殷以骁勇闻名，善于骑射。("宣祖少骁勇，善骑射。"《宋史·太祖本纪》) 五代后梁时，因为父亲赵敬因罪被杀，赵弘殷为躲避灾祸，不得已四处流浪。

后梁贞明年间的一个冬天，赵弘殷途经定州安喜（今河北新乐）杜固村，正逢天降大雪，便请求在当地大户杜爽家避雪。杜爽见来客相貌英俊，言语庄谨，手脚勤快，谈话间又知是官宦之后，有心结纳，当下便把女儿许配给他。

结婚之后，赵弘殷投靠镇州（今河北正定）节度使赵王王镕，在其帐下做亲吏。后唐与后梁交战，后唐庄宗李存勖向王镕求援，王镕命赵弘殷率领五百骁骑增援。赵弘殷破敌立功，李存勖爱其勇猛善战，将他留在洛阳，任命为飞捷指挥使，掌管禁军（"飞捷"为禁军的番号之一）。

后唐天成二年（927），在洛阳城中的夹马营里，赵弘殷的次子诞生，取名赵匡胤。此时，已是他结婚的第十个年头，此前的一子、一女，都因环境恶劣而早夭。

赵弘殷共育有五子二女。长子赵匡济（赵光济）、幼子赵光赞，均早薨，后分别追赠太师、尚书令，匡济追封曹王，光赞追封岐王。次子赵匡胤，三子赵匡义（赵光义、赵炅），即宋太祖、太宗。四子赵廷美（赵光美），封秦王，追赠太师、尚书令、魏王。长女亦早薨，追封陈国长公主。次女初嫁米福德，宋初封燕国长公主，其时米福德已去世，改嫁忠武军节度使高怀德，累封燕国大长公主、秦国大长公主、恭懿大长帝姬。

二、分典禁兵　一时荣之

五代十国是中国历史上社会大动荡的时期，藩镇悍将争权夺利，征战不已，朝代频繁更迭。后晋取代后唐，又被后汉所灭。后汉仅仅存在了五年，便又为郭威所夺。

后汉乾祐年间，陕西割据势力王景联合后蜀，在凤翔城起兵造反。后汉大军西征，与蜀军在陈仓交战，赵弘殷随征。刚刚交战，赵弘殷就被敌箭射中左眼，但他气势旺盛，奋勇攻击，取得敌将首级，蜀军最终大败，溃散南逃。凭借这次战功，赵弘殷升任护圣都指挥使。

在此期间，赵弘殷得到后汉权臣郭威的赏识，仕途日趋顺利，官职也逐渐高升。郭威以周代汉，赵弘殷从中也出了力，因而更受信用。

后周广顺三年（953），赵弘殷任铁骑第一军都指挥使，后改任右厢都指挥，遥领岳州防御使。其后，他跟随周世宗柴荣征讨淮南（南唐）。战斗中，后周前军后退，南唐军乘机进攻，赵弘殷率军拦腰攻击，打败了敌军。此次战役驻军寿春时，当地饼店卖的饼既薄又小，世宗柴荣大怒，捉拿了十几个卖饼人，准备处死。赵弘殷坚持进谏，才获得释放。（"寿春卖饼家饼薄小，世宗怒，执十余辈将诛之，宣祖固谏得释。"《宋史·太祖本纪》）

后周显德三年（956），赵弘殷被任命为监军。攻占扬州后不久，赵弘殷不幸染病，在滁州城疗养。后随军北撤，在回开封途中病情恶化，不久去世。追赠太尉、武清军（潭州）节度使。

在后周，赵弘殷官至检校司徒，封天水县男，与儿子赵匡胤一起执掌禁军，时人以为荣耀。（"累官检校司徒、天水县男。与太祖分典禁兵，一时荣之。"同上）遗憾的是，他没有等到儿子"黄袍加身"的那一天。

赵匡胤建立宋朝后，追谥父亲为"武昭皇帝"，庙号"宣祖"，葬永安陵。

宋太宗赵光义

赵光义（939—997），宋朝第二位皇帝。初名匡义，后避太祖讳改"光义"，即位二年又改"炅"。太祖赵匡胤胞弟，秦王赵廷美次兄，母昭宪皇后杜氏。早年跟随父兄，并促成长兄黄袍加身、代周建宋。兄殁继位，在位二十二年，继承太祖的志业和方略，南征北讨，勤于理政，结束五代十国的分裂局面，促进了经济发展、社会繁荣。但不遵盟约，戕害弟侄，身后訾议不断。

一、拥兄自立　兄殁继位

赵匡义是宋宣祖赵弘殷和昭宪太后杜氏的第三个儿子，后晋天福四年十月初七出生在开封府浚仪县崇德北坊护圣营官舍。据说，杜氏梦见神仙捧着太阳给她，从而有孕；而赵匡义出生那天晚上，红光升腾似火，街巷充满异香。

赵匡义自幼聪颖，与别的孩子游戏，同伴都畏服他，尤其深得母亲杜氏的钟爱。

出身武将之家，父、兄均为大将，赵匡义也从小习熟弓马，还参加过一些战事。十六岁那年，赵匡义曾跟随父亲南征，屯驻扬、泰等州。他多次与敌军交锋，敌将往往被他射落马下。赵匡胤当时驻兵六合，听说弟弟如此骁勇，非常高兴。十八岁的时候，赵匡义跟随后周世宗柴荣和兄长赵匡胤，攻下了瓦桥关和瀛洲、莫州。

经过多年的闯荡，赵匡胤在后周功业显赫，地位日高。比他小十二岁的赵匡义，只担任供奉官都知，还是个名不见经传的小人物。

其后，当时二十二岁的赵匡义，为其兄代周自立起了重要作用。作为当事人的胞弟，赵匡义最适于出面沟通内外，结交军士，抚定众心。赵匡义与赵普部署诸将，列队"包围"赵匡胤寝所，"逼"他黄袍加身。由于赵匡义充当了前台主角，才使蓄谋夺位的赵匡胤可以扮演较为超脱的角色，以此迷惑人心。

赵匡胤一当上皇帝，就任命赵匡义为殿前都虞候，领睦州防御使。建隆元年（960）五月，宋太祖亲征泽、潞，讨伐李筠，让赵匡义临时担任大内都点检，留守汴京。八月，赵匡义领泰宁军节度使。十月，太祖南征扬州，讨伐李重进，赵匡义为大内都部署，仍留守京师。建隆二年（961）七月，宋太祖任命匡义为开封尹、同平章事。这时，为了避讳，赵匡义改名为"光义"，赵匡美也改名为"光美"。

北宋定都汴梁（开封），与赵光义也有关系。宋太祖即位之初，仍沿后周旧制，以开封（汴梁）为东京，以河南府（洛阳）为西京。勘定江南后，太祖西往河洛祭告天地，并有意迁都洛阳。群臣相率谏阻，太祖不从。当时身为开封府尹的赵光义，亲自向太祖陈说都汴之利。太祖说："汴梁地居四塞，无险可守。我想徙都关中，倚山带河，可以裁去冗兵，为长治久安的根本。"赵光义说："为政在德，不在地势险要，何必定要迁都？"太祖于是不再坚持迁都之议，北宋九朝遂以汴梁为都城。

建隆二年（961）六月，杜太后病危，遗命帝位先传光义，光义传光美，光美传德昭。太祖跪拜受教。太后又命赵普将遗命写为誓书，收藏于金匮之中，作为传国成规。这就是所谓"金匮之盟"。关于此事的真实性，历来有争议，现在已很难弄清真相。但杜太后目睹不久前亡国的后周，为避免幼主当政为人所乘，有这种想法是合乎情理的。从宋太祖对其弟弟的安排上，也可见其用心。他不仅封光义为晋王，且授予开封府尹的实权。五代以来，似已形成一种不成文的默契：凡属皇族担任开封府尹，就预示着将来可能继承皇位。太祖后来又加光义为中书令，位列宰相之上；任光美为兴元府尹，加同中书门下平章事。这都可以看出忠厚孝顺的赵匡胤要遵从杜太后遗言的态度。

杜太后对次子光义格外疼爱，但要求也比较严格。赵光义每次外出，太后总是要他与"赵书记"（赵普）在一起，并刻画日影约定归来的时间，赵光义从来不敢违背母命。杜太后要光义多与赵普接触，一是为了让他向赵普学习处事之道，二是因为赵普乃太祖甚为倚任的重臣，结交他可以巩固和提高光义的地位。这些也是杜太后的深远用心。

担任开封府尹，对于赵光义来说具有十分重要的实际意义。作为首都的最高长官，开封府尹对军政要务起着上承下达的作用。从建隆元年（960）到开宝九年（976），赵光义当了十六年的开封府尹，锻炼了处理政务的才能。他利用府尹的有利位置，在开封府中广延豪俊，聚集了一批幕僚、军校，文武皆备。通过广置党羽，内外交通，赵光义势力大盛，威望日高，羽翼渐丰，为他日后争夺帝位及治国安邦打下了牢固的基础。

宋太祖为人较为厚道，对赵光义兄弟情义甚重。有一次光义生病，太祖身为皇帝，仍亲手为他灼艾。赵光义失声叫痛，太祖大概是要为其弟弟分担病痛，也取艾自灸。遇有军国大事，也多与之商议。

不过，二人并非亲密无间。赵光义在开封府时，有个青州人到京城来，带着个十几岁的小女子，光义见她秀美出众，想买下，那人不答应。光义手下有个叫安习的，自告奋勇，要手段将那女子偷偷买进了开封府。后来太祖得知此事，下令追捕安习，安习只好藏于晋王宫中，直到光义做了皇帝，他才出来。太祖严捕安习，分明是对光义的一种警告。

开宝九年（976）十月十九，一个雪天的夜晚，赵匡胤突然召见皇弟晋王赵光义，在卧榻边嘱托后事，左右离得较远，听不到说些什么，只见烛影下晋王有时离席，如同谦逊退避之状。随后赵匡胤以柱斧戳地，大声对他说："好为之！"

第二天凌晨，赵匡胤睡梦中在万岁殿驾崩。宋皇后派宦官王继恩，召皇四子赵德芳入宫。谁知这家伙却去了开封府衙，并和同时赶来的程德玄，要晋王入宫。赵光义大感震惊，说要与家人商议，回到内室很久都不出来。王继恩催促道："事久，将为他人有矣！"随后，赵光义偕王继恩等入宫。到了宫里，王继恩让晋王在直庐稍候，自己先进去通报，程德玄则表示："便应直前，何待之有！"坚持要晋王直接进去。

赵光义进入寝殿，宋皇后见来的是他，大吃一惊，随即只好承认现状，叫他"官家"，并说把母子性命托付于他。赵光义哭泣着说："共保富贵，勿忧也！"二十一日，赵光义即皇帝位，但不按翌年改元的惯例，宣布开宝九年（976）十二月为太平兴国元年。翌年二月初九，改名为"炅"。

二、伐汉收功　攻辽败绩

不管杜太后遗诏是否真有其事，赵光义以皇弟身份继承皇位，在封建世袭制的正统观念看来，并非名正言顺。而且在太祖平定割据政权的统一战争中，他没有任何建树。他感到要想巩固帝位、帖服人心，必须树立自己的威望。

宋太宗继位后，南唐清源军节度使陈洪进亲自到开封朝贡，太宗封他为检校太师。吴越国主钱俶于是决意上表，献出所管十三州、一军，共六十八县，五十五万六千零八户，兵士十一万五千余人，削去"吴越"国号。太宗封钱俶为淮海国王，其子弟多人予以官职。吴越旧地反对纳土的官吏，受到太宗的坚决镇压。

至此，宋朝完全统一了南方各地，太宗于是把主要兵力转向北方的北汉和辽朝。

太平兴国四年（979）正月，宋太宗下令再次进攻北汉。任潘美为北路都招讨使，率领勇将崔彦进、李汉琼、刘遇、曹翰、米信、田重进等，四路出兵，分攻太原，把太原城围得水泄不通。他吸取以往失败的教训，特派刑州判官郭进为太原、石岭关都部署，阻截契丹辽援军。

北汉主刘继元见宋军来攻，急忙遣使向契丹求救。开宝八年（975），辽朝曾与宋廷订有和约。因为当时宋朝忙于统一南方，故对辽采取和好态度，以免两面受敌，契丹也忙于内部事务，双方都乐意保持通好关系。此时，太宗料定契丹将出兵助汉，故于四月间下诏亲征，率领赵廷美等到太原督战，在太原城外筑起长围，断绝城内的一切供应。双方苦战至五月，北汉指挥使郭万超潜行出城，投奔宋营，刘继元帐下诸卫士也多出降。北汉亡，至此，所谓"五代十国"的割据局面全部结束。

当年六月，宋太宗乘灭北汉的余威，率大军于进抵易州。辽刺史刘宇本是汉人，献城投归宋营。太宗留兵千人协守易州，又进攻涿州，辽涿州判官刘厚德亦为汉人，复开城纳降。宋太宗见连下二城，旗开得胜，非常高兴，乘胜率兵进抵辽朝的南京（今北京）城南，命宋偓、崔彦进、刘遇、孟玄喆四将各率军兵四面攻城。守将耶律学古拼命抵御，太宗亲自督战。然而宋军围攻太原已颇疲敝，如今又攻城不下，更加懈怠。

这时，辽朝已派援军来救。探卒入报，辽前锋军已至高梁河。太宗命大军拔营齐起，前往高梁河迎敌。快到河边时，只见辽军数万人越河而来，双方摆开阵势，金鼓齐鸣，旌旗飞舞。宋军奋力激战，辽兵伤亡惨重，渐往后退。太宗见辽军支持不住，遂命宋军猛攻。正在这时，又有两队辽军，分左右冲杀而来。左翼为辽将耶律斜轸，右翼为辽将耶律休哥，二人都是辽朝良将，善于用兵。宋军抵挡不住，纷纷败退。耶律休哥趁机直取太宗，太宗急命左右护驾，但诸将被辽军分割散乱，难以顾及。太宗惊慌失措，幸亏辅超、呼延赞等人赶到，奋力遮护，保卫太宗南奔至涿州。

雍熙三年（986）正月，太宗诏议亲征，企图扭转高梁河惨败后频频挨打的被动局面，挽回自己的面子。但前次亲征的惨败，特别是高梁河之战险被辽军所擒的遭遇，使他余悸未消。这时参知政事李至乘机上言，说京师是天下之根本，皇上不离辇毂而命将出征，才显得从容。太宗顺水推舟，决定不再亲自出马，而出动三十万大军分东、中、西三路北上攻辽：曹彬、米信出雄州，田重进出飞狐，潘美、杨业出雁门。

初期作战，宋军进展顺利，接连小胜。但由于指挥不当，各路军缺少合作，纷纷败绩。杨业父子率领残兵在陈家谷奋力死战，不见援兵，命其子杨延昭杀出一条血路，飞马乞援。辽军漫山遍野而来，杨业部下大部分战死。杨业本人身负几十处创伤，最后为辽军俘获，不顾辽军的威胁利诱，绝食三日而死。

杨业失援败死，边境大震。云、应、朔诸州将吏都弃城而逃，三州复为辽军占领。辽军又乘胜进入宋境，深入深（今河北深县）、德（今山东德州）、邢（今河北邢台）等州，抢掠一空，使宋朝边民蒙受重大损失。败报传至宋廷，太宗痛失良将，下诏旌表杨业，赠为太尉、大同军节度使，赐其家布帛千匹。大将军潘美坐失战将，监军王侁贻误战机，分别给予降官三级和除名的处分。

在战事方面，宋太宗远不及太祖。赵匡胤出身行伍，身历百战，有着丰富的实战经验。而赵光义则基本上没有经历过重大战役，缺乏这方面的锻炼。但他又自诩高明，刚愎自用，再加上为了控制军将,每次作战前都亲自拟定阵图,结果严重束缚了前线将帅的手脚。

端拱元年(988)八月,北部边境接连三次报警,涿州、祁州、新乐相继失守。太宗满面愁容,对群臣说:"契丹不肯收兵,经常骚扰河朔,看来不得不大举北伐了。"但他心里却对出师没有一点把握,已经完全失去当初北伐时踌躇满志的信心和决心。朝中大臣有的主和,有的主战。主和派要求太宗屈己求和。宰相李昉等相率上疏,引证汉唐故事,说明对外讲和的重要。但对于明显要求屈辱求和的主张,太宗在感情上接受不了。他对赵普等人说:"恢复旧疆,不是别人的主张,是朕的一贯志向。伐辽失败,只是将帅指挥失误所致。"右正言、户部郎中张洎等主战派则相继上御戎策,建议加强边地武将的兵权,任贤修政,省官蓄民,选励将士,再次北上伐辽,收复失地。太宗虽然赞赏这些主张,但却不打算实行。

宋太宗晚年,守内虚外政策的指导思想已经形成,因此对辽由攻到守,准备和解。而辽朝的萧太后,对宋朝多次北伐却耿耿于怀,摆开进攻阵势进行威胁,并帮助李继迁继续削弱宋朝的力量。宋太宗为了防守,在河北沿边的平原上疏浚、开拓边地河道,西起保州(今河北保定)西北,东至塘沽海口,利用河渠塘泊,筑堤储水,深十余尺,作为屏障,东西九百里。沿塘设置二十八寨,一百二十五军铺,士兵三千余人,部署兵船百余艘,往来巡警,以防辽朝骑兵的奔突。对于辽军的入侵,"但令坚壁清野,不许出兵,即不得已出兵,只许披城布阵,又临阵不许相杀"(《资治通鉴·宋纪十四》),结果束缚了军队将士的手脚。守边将领只好得过且过,"始受命则无不以攻坚陷阵为壮图,及遇敌则惟以闭垒塞门为上计"(《宋史·李宗谔传》)。真正能对辽军作战的将领屈指可数,从此,宋朝军队的作战能力越来越弱了。

三、借鉴前车　以文治国

宋太宗是自五代以来第一位非武人坐天下的皇帝。他继位之初重武，是当时形势需要他继承太祖的统一大业。在多次伐辽失败后，太宗失去了往日的锐气。武运不昌，所以转而重文。

在文治方面，宋太宗的确有很多独到之处。他开创、修补、完善了宋朝的各项典章制度，使之在自己在位期间基本成为定制，奠定了政治、军事、文化、经济各方面制度的基础。两宋之人所言"祖宗之法"，就是指宋太祖、太宗而言，其中太祖法度主要在于军事、政治方面，而太宗除对太祖法度进一步完善外，又着重在文化、经济等方面建立了一整套法度规范。

科举制度虽始于隋、唐，但真正完善是在北宋。到宋初，门阀制度不复存在，科举向文人知识分子广泛开放，"家不尚谱牒，身不重乡贯"，只要文章、诗赋合格，都可录取。宋太宗扩大了取士的规模，每次科考录取的进士数额都远远超过唐代及太祖之时。太宗还促进科举取士日趋严密、完整。开宝六年（973）以后，殿试成为定制。太宗进一步规定，殿试后在殿前"唱名"，由皇帝分别赐予"进士及第""进士出身""同进士出身"的功名。实行考卷糊名弥封法，有效防止了考官利用试卷作弊。

宋太宗十分重视发展文化。五代以来，昭文馆、史馆、集贤院为三馆，在右长庆门东北，仅有小屋数十间，而且"湫隘卑庳，仅庇风雨，周庐徼道，出于其旁，卫士驺卒，朝夕喧杂"（《文献通考·经籍考一》），条件很差，三馆每逢受诏撰述，都是移到其他地方。太祖时期，也没有什么变化。太宗继位的第二年，亲至三馆视察，看到这种寒酸状况，对左右侍从慨叹道："是岂足以蓄天下图书，待天下之贤俊邪？"（《宋会要·职官》）当即下令另选左升龙门东北车府地为三馆新址。命中使督促工匠，晨夜兼作。三馆的栋宇殿阁，都是太宗亲自规划的，其精美壮观，可与皇宫建筑媲美。一年后工程竣工，定名为"崇文院"。到太宗晚年，崇文院及秘阁的藏书已经十分丰富。太宗颇为自负地对大臣们说："丧乱以来，经籍散失，周孔之教，将堕于地，朕即位之后，多方收拾，抄写购募，今方及数万卷。千古治乱之道，并在其中矣。"（《麟台故事》卷一"储藏"）

在广泛搜求图书的同时，宋太宗还先后组织一批文人，编纂了几部大型类书。太平兴国二年（977）三月，刚刚继位几个月，太宗就命翰林学士李昉、扈蒙等十多人编纂《太平广记》与《太平御览》等书。由于年代久远和朝代更替，太宗时期收集的绝大部分图书，今已佚失，但当时编纂的《太平广记》《太平御览》和《文苑英华》这三部大书却流传下来，因而许多古代典籍的内容赖以保存，成为后人研究中国古代历史、文化等方面的宝贵资料。

太宗好读书，这是唐五代以来帝王中少有的，这与其父赵弘殷有关。赵弘殷和长子赵匡胤都是介胄武人，但这个军人家庭却希望日后有个读书知礼的人。赵弘殷当年总兵淮南时，攻破州县，总是设法搜求古书，交给匡义，并不断督促他学习。赵匡义因此精于文业，而且多有艺能：会作诗，通音律，擅书法，喜对弈。

太宗到崇文院读书，常让亲王和宰相一同翻阅，并亲自解答疑难问题。有时还召降王李煜等前来参观，曾指着汗牛充栋的图书对南唐后主李煜说："听说你在江南好读书，这里的简策，有许多是你的旧物。近来还读书吗？"李煜满怀亡国之痛，唯有顿首逊谢而已。淳化三年（992）九月，太宗想让武将见识一下文儒之盛，召马步军都虞候傅潜、殿前都指挥使戴兴等人到秘阁纵观群书。

四、吸取教训　宽松敦厚

宋代皇帝多注意从历史上吸取经验教训，这可以说是从宋太宗开始的。太平兴国八年（983）十一月，太宗对大臣说："朕历览前代书籍，发现君臣之间，大抵情意相通则道义相合，所以事情没有隐匿，言论都可采用。朕励精求治，卿等作为朕的股肱耳目，如果施政有缺失，应当悉心上言说明。朕每做一件事觉得不妥，总要久久思考追寻，只会归咎于己、自我责备，根本不会自恃居处尊位，使别人不敢说话。"（"朕历览前书，大抵君臣之际，情通则道合，故事皆无隐，言必可用。朕厉精求治，卿等为朕股肱耳目，设有阙政，宜悉心言之。朕每行一事未当，久之寻绎，惟自咎责耳，固不以居尊自恃，使人不敢言也。"《续资治通鉴·宋纪十二》）

宋太宗执政较为勤劳谨慎。为了巩固宋王朝的统治基础，他亲自挑选人才，甚至于废寝忘食。他通过召见临问，来观察人们才能，优秀者提拔重用，以求野无遗贤而朝多君子。他对近臣说："朕每次见到平民出身的官吏，其中有端正娴雅被众人推奖赞誉的，朕就替他们的父母高兴。"（"朕每见布衣搢绅，间有端雅为众所推誉者，朕代其父母喜。"《续资治通鉴·宋纪十一》）太宗每天一早就到长春殿受朝，听完百官的政务汇报，就到崇政殿去处理政事。等到中午，还来不及吃饭。

太宗于书法旧有根底，又经名家指点，勤加练习，故有较深的功力，并非单凭地位高而到处题字。有人荐举赵州隆平主簿王著在书法方面颇有家传，太宗乃召为卫尉寺丞、史馆祗候，令他详定《篇》《韵》（《玉篇》《广韵》），后又迁为著作郎，充翰林侍书。

太宗自言不喜游猎，确属事实。端拱元年（988）九月，他对侍臣说:"朕常常思考古人关于'禽荒'(沉迷于畋猎)的儆戒,从今以后,有关部门除了按规定依时节行礼,不要再在都城近郊游猎。"("朕每念古人禽荒之戒,自今除有司顺时行礼之外,更不于近甸游猎。"《续资治通鉴·宋纪十四》)下令把五坊(皇家饲养猎鹰猎犬的官署)中所饲养的鹰犬全数放生,并诏令天下不再进献。

太宗对宗教的态度基本上是宽容的。北宋开国后,为了争取南方各阶层的支持,对佛教采取保护政策,因为佛教在吴越、南唐、后蜀等南方割据小邦非常流行。太宗认为佛教"有裨政治",因而有意提倡,在五台山、峨眉山、天台山等处修建寺庙,并在首都开封设译经院翻译佛经。从太祖开宝年间开始,在益州雕印大藏经,到太宗时雕版完成,印行了我国第一部佛经总集。宋朝建国时,各地僧徒不过六万多人,太宗时增加到二十四万人。但太宗本人的态度是重道教、轻佛教。

太宗执政总的方针是宽松敦厚,但为有效维护社会安定,在刑狱方面也亲自处理了一些案件。他下令在禁中设立审刑院,各地上奏案件,先由审刑院交付大理寺,刑部断复,再交审刑院详议裁决。审刑院不归宰相统领,直属于皇帝。

太平兴国六年(981)四月,宋太宗下诏:"各州大案件,长官不亲自处理,胥吏就会乘机作奸谋利,各个环节一拖再拖,跨年累月不能结案。从今以后,长官每五天处理一次案件,查证确实的当下就可作出决断。"("诸州大狱,长吏不亲决,胥吏旁缘为奸,逮捕证佐,滋蔓逾年而狱未具。自今长吏每五日一虑囚,情得者即决之。"《宋史·刑法志一》)

太宗想不让全国有拖延不决的案子,规定了办案的三种时限,大案四十天,中案三十天,小案十天,不须追捕而容易处理的不能超过三天。并规定,囚犯如应讯问,则应当聚集官属一同参与，不能委托胥吏拷掠。

淳化四年（993），东京城郊有个农民到官府击登闻鼓，为的是丢失了一只猥猪。太宗听说，让人赐给那农民钱一千，偿还其猪价。太宗对宰相说："小事情也听审判决，未免太可笑了。但把这种用心推而广之，用来治理天下，就不会有冤枉的百姓。"（"细事亦为听决，大可笑也。然推此心以临天下，可以无冤民。"）（《续资治通鉴·宋纪十七》）

宋太宗接受唐五代以来宦官专权的教训，对宦官驾驭较严，不许他们干政。宦官王继恩曾任剑南两川招安使，领兵平定王小波、李顺起义，中书省建议让他担任宣徽使。太宗不许，说："朕读前代传留的史书，（知道宦官干政是国家的大忌，）所以不想让宦官干预政事。宣徽使是参与执政的开端，只能授予他别的职衔。"（"朕读前代史书，不欲令宦官预政事；宣徽使执政之渐也，止可授以他官。"《宋史·宦者传一》）宰相力言王继恩立有大功，非宣徽使不足以赏酬。太宗动怒，深责宰相，让讨论别的官名，最后创了个"宣政使"的名目，授给王继恩。

太宗任用的几位宰相也比较正直。寇准生性刚直，有一次奏事，太宗不高兴，站起身要走，寇准拉住皇上的衣袖，让他再坐下，等到事情议决以后才罢休。太宗感叹地说："这才是真宰相呀！"

五、贬抑祖系　确立宗嗣

宋太宗得以登上皇位，经过了十几年的苦心经营；继位之后，又用很大一部分精力来确保其位，防范变乱。其中，一面是防范武将专权，另一面则是对付他的自家人。

在高梁河之战中，太祖之子武功郡王赵德昭从征。宋军溃败之际，太宗与主力部队失散，军将们怀疑皇上遇难，觉得国不可无主，商量着要立赵德昭为帝。后来知道太宗还在，这事自然作罢。事情虽然未成，但太宗得知，触到了忌讳，心里很不高兴。回朝后不久，太宗借机怒斥了赵德昭一顿。赵德昭一时想不开，便自刎而死。德昭死后，太宗下令厚葬，并颁诏追赠中书令，追封魏王。赵德昭身后留下五个儿子。

太宗即位之初，赵廷美的子女也和两个哥哥一样，儿子称"皇子"，女儿称"公主"。太平兴国四年（979），赵廷美封齐王，后封秦王。赵廷美也和赵光义当年一样，当了开封府尹，并兼中书令，位在宰相上。外界的舆论都说，帝位将依次相传。等到赵德昭自杀，一年后二十三岁的赵德芳也不明不白地夭亡，赵廷美才开始感到不安。

有一天，太宗当年为晋王时的旧僚柴禹锡、赵熔、杨守一等进宫密奏，说秦王赵廷美骄恣不法，谋以自立；卢多逊与之关系密切，可能有沟通情事。这话正触到太宗的疑忌，于是召赵普密商。赵普奏请愿备位枢轴，静察奸变，他说："臣算开国旧臣，曾与闻昭宪太后遗命，备受朝廷恩遇，然因臣性格直率，反被权幸所谗。"原来太宗未登极时，曾有人告发赵普讪谤晋王光义，赵普曾上疏自辩。太祖将奏疏藏于金匮，但太宗不知，故对赵普一直耿耿于怀。如今听赵普一说，即命近侍找到赵普以前的上疏，并见到金匮誓书，大为感悟，召赵普入宫，对他说："人谁没有过错？朕不到五十岁，就全知道四十九岁的过错了。"（"人谁无过，朕不待五十，已尽知四十九年非矣。"《宋史·宗室传一》）于是授赵普为司徒兼侍中，封梁国公，并命密查廷美事。

赵普与赵廷美本无夙怨，不过，一来为报复卢多逊，二来为得太宗欢心，只得从廷美下手。不久，查得卢多逊私遣堂吏交通廷美之事上奏，说卢多逊盼望太宗晏驾，廷美继位，廷美还私赠卢多逊弓箭等物。太宗大怒，当即下诏降卢多逊为兵部尚书，下御史狱，捕系参与其事的中书堂吏赵白及秦王府孔目官阎密等，命翰林学士承旨李昉等讯鞫，卢多逊及赵白等一一服罪。

宋太宗下令降三弟廷美为涪陵县公，赵廷美独对孤灯，凄凉难耐，默颂曹植的七步诗，他同样想不通："既是同根生，相煎何太急！"由于气郁成疾，日渐消瘦，不到一年就病死在贬地房州了。

讣音奏达朝廷，太宗呜咽流涕，对宰相说："廷美自少刚愎，长大后越发凶恶，朕因他是至亲，不忍置之于法，让他暂时徙置房州，反思过错。正想恢复旧有职位，谁料他这么快就去世了，能不痛心！"下诏追封为涪陵王，赐谥曰"悼"。此后，宋太宗为了政治需要，不惜歪曲事实，硬说赵廷美和自己并非一母同胞。当时，太宗兄弟五人已死其四，杜太后亦已不在，太宗之语无人敢驳。

宋太宗的长子赵德崇（后改名"元佐"），为李妃所生，自幼聪慧，长得也像父亲，太宗一直很喜欢他。赵德崇年长后，有武艺，擅骑射，曾跟随太宗北征太原、幽蓟，回京后拜检校太傅，加职太尉，晋封楚王。叔父赵廷美触犯了父皇，德崇曾大力营救，再三请免其罪，屡受太宗的呵斥。后来听说叔父的死讯，悲愤不已，酿成狂疾。左右有小错，也要手操刀剑砍杀；仆吏从庭前经过，往往弯弓射之。太宗亲自严加训诲，依然如故，而且越来越厉害。太宗很是忧愁，请太医延治，稍有好转。太宗听说后颇感欣慰，特意大赦天下。

雍熙二年（985）重阳节，太宗兴致很好，赐近臣到李昉家中宴饮，并召请诸王宴射苑中。因为赵德崇病还没有全好，就没让他参加。到了晚上，诸王宴罢归去，路过德崇府前，恰好他在门外，得知这事，大为恼怒，索性在院里放起火来，殿阁亭台，漫延烧去，一时间烟雾滚滚，火光冲天，等到众人去救，已经烧了大半，直烧到天明，还没救灭。

太宗听说楚王宫失火，猜想可能是赵德崇所纵，命押赴中书，派御史按问，德崇具实以对。太宗怒不可遏，派王仁睿传话说："你身为亲王，富贵已极，为何如此凶悖？国家典宪，不可私违，父子之情，从此断绝！"德崇的弟弟陈王赵德明（后改名"元佑""元僖"）及宰相、近臣，都号泣营救，太宗挥泪道："朕每读书，见前代帝王子孙不遵家教者，未尝不扼腕愤恨，没想到我家也有这种事！"命将德崇削去封号，废为庶人，安置前往均州。宋琪等率百官伏阙拜表，请太宗恕其病狂，仍留京师。太宗余怒未消，不许。宋琪等再三奏请，方下诏召还。当时赵德崇已行至黄山，召还汴京后置于南宫，使人监护，不通外事。楚王府中的官僚都上表请罪，太宗说："这孩子朕教训他都不悔改，你们怎能诤谏引导呢？"（"是子朕教之犹不悛，汝等安能辅导耶？"《宋史·宗室传二》）

至道元年（995），开宝皇后即宋太祖之妻宋氏病逝，太宗不成服，连群臣亦不命临丧。立赵元侃为太子，改名"赵恒"。诏命颁下，太子行告庙礼，还宫路上，京师士民争相观看，齐声欢呼"少年天子"（一说"真社稷主"）。太宗听说，心里很不高兴，召寇准入见，对他说："人心都归太子，把我放在什么地位上？"寇准拜贺道："陛下选定可以托付神器者，今太子果然得到民心拥戴，这正是社稷之福啊！"太宗这才转忧为喜。入宫之后，后嫔六宫都来庆贺，太宗颇觉兴奋，破例召寇准一起饮酒，直喝得大醉方罢。

自继位以来的皇位继承问题，至此才算得到解决。其后，自真宗赵恒至高宗赵构，六代八个皇帝都是太宗一系子孙。高宗赵构无子，过继太祖七世孙，即秦王赵德芳六世孙立为太子，即孝宗，以后的八个皇帝又转入太祖一系。北宋、南宋各九个皇帝，赵匡胤、赵光义兄弟并称"祖宗",他们的后代各有八人做了皇帝。兄弟二人轮流当皇帝,其后代也轮流往复,一个也不多、一个也不少,而且北宋亡于太宗一系,南宋亡于太祖一系,真可谓"平分秋色"了。

在高梁河之战中,宋太宗大腿中了两箭,"岁岁必发",御医无能为力,则求及江湖郎中及僧、道之流,但箭伤终究未能痊愈。至道三年(997)正月初二,太宗病情加剧,无法上朝,只得改在便殿决事。三月二十九日,驾崩于万岁殿,终年五十九岁。群臣上谥号"神功圣德文武皇帝",庙号"太宗"。十月十八日,葬永熙陵。

太后·皇后·公主

宋太祖之母杜氏，治家严谨，讲究礼法，太祖比较节俭、勤于政事，与此不无关系。她订立"金匮之盟"，"别样"地解决了皇位继承问题。同整个封建史一样，受到帝王影响的女性总是更多，宋太祖的几位后妃就是如此，她们或因太祖而荣华富贵，或因太祖而凄凉后宫，甚至死于非命。至于公主，则无论婚姻还是日常生活，无不受到太祖的莫大影响。

昭宪太后杜氏

杜氏（902—961），宋太祖赵匡胤之母。定州安喜（今河北定县）人。父杜爽，母范氏。赵匡胤登基后，尊为皇太后，卒谥"昭宪"。杜氏治家严谨，讲究礼法，教子有方。他对儿子代周自立、皇位兄终弟及，以及太祖时的朝政等，均有一定甚至是决定性影响。

一、相夫教子　治家严谨

杜氏祖籍定州，名失考。定州杜氏，先世为京兆杜氏。北宋时期，杜氏成为世家大族，根由就在于杜氏做了皇太后。

杜氏的父亲杜爽，育有五男三女，杜氏为其长女。大约十五岁左右，杜氏嫁予赵弘殷。据载，后梁贞明年间的一个冬天，大雪纷飞，四处流浪的赵弘殷途经杜氏家乡，来到她家请求避雪。杜爽见他相貌不凡、言语庄谨，谈话间又知是官宦之后，有心结纳，当下便把女儿许配于他。赵匡胤称帝后，追赠杜爽为太师。

结婚之后，丈夫赵弘殷投入赵王王镕麾下，因替王镕率军援助后唐庄宗李存勖有功，得到李存勖的赏识，成为其军中的一员裨校。从那时起，杜氏开始了随夫东征西讨的军旅生涯。

随军生活迁徙无常，杜氏饱尝颠沛流离之苦。开始时，丈夫官职较低，加之兵荒马乱、灾荒严重，后唐朝廷发不出军粮，许多军士没有饭吃，家属们只好成群结队到野外挖野菜充饥，往往冻饿而死。杜氏日子的艰难可想而知，她的长子赵光济和长女（后来追封陈国长公主），出生不久就夭折了。直到婚后第十年，才在洛阳夹马营生下了次子赵匡胤，十二年后又在浚仪（今开封）

官舍生下三子赵光义。后来又接连生了两个儿子、一个女儿。

杜氏娘家家境殷实，好佛向善，在安喜一带名声颇好。她家位于从幽涿通往汴洛的官道附近，南来北往的官员、商贾络绎不绝，常有人来打尖歇憩，使她有机会接触三教九流各种人物。因此，杜氏虽然没有接受过诗礼闺范，但待人处世的见识远非名门闺秀所能及。随着婚后生活经历的复杂，以及丈夫、儿子政治上的发展，她的见识也在逐步增长。

杜氏性格坚毅，治家极有礼法，夫妇相敬如宾，对孩子的训导也很严格。匡胤、匡义幼时顽皮好动，但长大后都能谨慎持重、敢作敢为。杜氏教子虽严，但也不像一般的母亲那样总是把孩子拴在身边，而是让他们循着自己的天性发展。

赵匡胤好舞刀弄枪，学习骑射。有一次，赵匡胤骑一匹未勒缰绳的烈马，顺着城墙斜道向上驰突，头颅猛然撞在门楣上，摔落地下，旁观者以为脑袋必碎无疑，哪知他慢慢爬起，又追上烈马纵身腾上。对这种冒险举动，做母亲的哪会不担心？但杜氏并未因此限制儿子习武，只是督促他在习武之余多读些书，不要只有匹夫之勇。等到十几岁时，她就放手让他四处闯荡。

赵匡义嗜好读书，杜氏和丈夫就尽力为他创造学习条件。赵弘殷领兵征伐淮南，每破州县，金银财宝一概不问，只搜求各类书籍捎给儿子，因此，赵匡义学识渊博，精于谋略。

二、参与政变　辅佐朝政

郭威取代后汉、建立后周，赵弘殷曾出过力，职位得到提升；已经成年的赵匡胤也开始步入仕途。青年时期的赵匡胤很受周太祖郭威的赏识，补为东西班行首。周世宗柴荣继位，赵匡胤因屡建功勋，职位提升很快。

后周显德三年（956），赵匡胤被任命为定国军节度使兼殿前都指挥使，成为后周最高将领之一。杜氏也被封为南阳郡太夫人。此时杜氏已经五十四岁。同年，丈夫赵弘殷去世，杜氏跟随儿子赵匡胤，生活在军旅之中。几年后，赵匡胤准备发动兵变时，杜氏不仅是儿子最坚定的支持者，而且参与了政变的决策。

后周显德七年（960），世宗柴荣病逝，七岁的太子柴宗训继位。赵匡胤重兵在握，准备利用离京御敌之机发动政变。率军出城之前，为防意外，赵匡胤把杜氏与夫人王氏等家眷老小，全都秘密安置到僧寺定力院里，杜氏在定力院焚香拜佛，祈祷儿子成功。

赵匡胤在陈桥驿黄袍加身，有人跑来报告："点检已经做了皇帝。"闻听消息，王氏不免有些紧张，而杜氏则神态自若，说道："我儿子平素胸怀大志，如今来看，确实如此。"（"吾儿素有大志，今果然。"《宋史·后妃传上》）

赵匡胤登上皇位，尊母杜氏为皇太后。建隆元年（960）二月，杜氏高坐朝堂，赵匡胤率百官行朝贺礼，杜氏却显得闷闷不乐。有大臣连忙趋前问道："为臣听说'母以子贵'，现在儿子贵为天子，您为何闷闷不乐？"杜氏说："我听说'为君难'，天子位于万民之上，如果治国正确得当，位置自然尊贵无比；一旦出现失误，想做普通百姓也不能。这就是我担忧的缘故。"（"吾闻'为君难'，天子置身兆庶之上，若治得其道，则此位可尊；苟或失驭，求为匹夫不可得，是吾所以忧也。"同上）侍立一旁的赵匡胤听了这番话，向太后拜谢说："我一定听从母亲的教诲。"

杜太后经常和儿子讨论国事，参与一些重大决策。她经常对赵普说："赵书记（赵普曾在赵匡胤手下担任掌书记），我儿子阅历还很少，以后你还要多费心啊！"赵普对杜太后的信任非常感激。赵普本来赵匡胤的心腹，母训使赵匡胤对赵普更加信任，长期用为宰相。

杜氏疼爱三儿赵光义，要求也很严格。赵光义每次出门，她总是请赵普伴随，甚至还要计算归来时间，光义从来不敢违命。杜太后对赵普的信任，密切了宋初的君臣关系，使宋初的政治平稳安定。

三、金匮之盟　真假莫辨

建隆二年（961），杜太后身染重病，赵匡胤为她煎药侍汤不离左右。后来病情加重，太后便召赵普进宫，安排后事。

杜太后问儿子："你知道自己得天下原因何在？"赵匡胤呜咽着说不出话来。太后再问，赵匡胤说："我能得到天下，完全是祖宗和母亲积德所致。"太后说："不对，只是由于周世宗让小孩子主宰天下的缘故。假如周家有年长的君主，天下哪能到了你的手上？你百年之后，应当传位给你的弟弟。天下太大，头绪太多，能有年长的君主，才是国家的福分。"（"不然，正由周世宗使幼儿主天下耳。使周氏有长君，天下岂为汝有乎？汝百岁后，当传位于汝弟。四海至广，万几至众，能立长君，社稷之福也。"《宋史·后妃传上》）赵匡胤哭着叩头说："儿怎敢不遵从母亲的教诲。"

接着，杜太后又对赵普说："你一起记住我的话，不可违背。"赵普当着太后的面，在床榻前写下誓书，在末尾写上"臣普书"，然后放进金匮里，交给谨慎老成的宫人掌管。史上称之为"金匮之盟"。

建隆二年（961）六月，杜氏在滋德殿去世，终年六十岁，谥曰"明宪皇后"，葬安陵。乾德二年（964）三月，改谥曰"昭宪皇后"。

近世史家认为，"金匮之盟"根本不存在。赵匡胤生前从未公开太后遗命，也没有明确继承人。"金匮之盟"是在赵光义继位已经七年，赵匡胤长子德昭自杀、次子德芳暴病而死之后，才由赵普公之于世。这只能是赵普为保住相位，与赵光义为篡位寻找合法借口，共谋杜撰的。

孝惠皇后贺氏

贺氏（930—959），宋太祖原配。开封人。后周时与赵匡胤成婚，封琅邪郡夫人。生前丈夫尚未称帝，宋建隆三年追册为皇后，谥"孝惠"，史称"孝惠王皇后"。她性情温顺，谨守礼法。所育二女一子，均长大成人。

贺氏出身名门，据说祖上是唐代名臣贺知章。（"铸，字方回，卫州人，孝惠皇后之族孙……尝自言唐谏议大夫知章之后。"《宋史·贺铸传》）她的父亲贺景思曾任军校，与赵匡胤的父亲赵弘殷，同在后汉护圣营共事，两人关系很好，时常走动。贺景思官至右千牛卫率府率，赵匡胤称帝后追封广平郡王。

贺氏是贺景思的长女，性情温柔恭顺，举止依照礼法，（"性温柔恭顺，动以礼法。"《宋史·后妃传上》）深得父亲喜爱。

后晋开运元年（944），贺氏与赵匡胤都已长成，到了谈婚论嫁的年龄。贺景思与赵弘殷商量，决定结为儿女亲家，于是，赵匡胤便娶了贺氏为妻。新婚燕尔，二人情深意笃。

贺氏孝敬公婆，爱护弟妹，与赵家人关系融洽。她全力支持丈夫，使其安心在外征战，没有后顾之忧。赵匡胤没有辜负贺氏的厚望，屡次建立军功。后周显德三年（956），赵匡胤任定国军节度使，贺氏被封为会稽郡夫人。

贺氏生育了两个女儿、一个儿子，即昭庆、延庆两公主和魏王赵德昭。贺氏相夫教子，可谓贤妻良母。但她体弱多病，未能长寿。显德五年（958），贺氏一病不起，年仅三十岁。作为结发之妻，贺氏离世，让赵匡胤深感悲痛。

赵匡胤称帝的第三年，建隆三年（962）四月，下诏追册贺氏为皇后，太常少卿冯吉拟谥曰"孝惠"。乾德二年（964）三月，赵匡胤派开封尹赵光义为上孝惠皇后谥册，同时亦派赵普为过世不久的孝明皇后上谥册。四月，重新将贺氏葬于安陵西北，并设立别庙，其神主与孝明皇后的神主以"同殿异室"的形式安放。赵匡胤听从太常博士和岘的建议，将孝惠皇后的神主置于孝明皇后之下。

宋神宗时，贺氏与孝章宋皇后一起升祔太庙。

孝明皇后王氏

王氏（942—963），宋太祖继室。邠州新平（今陕西彬县）人。后周时成婚，宋建隆元年册为皇后，卒谥"孝明"，史称"孝明王皇后"。王氏才貌双全，虽贵为皇后，但不事奢华，为人仁慈，体贴丈夫，孝顺婆婆。因体弱及丧子之痛而病逝。

王氏的父亲王饶，在后周时，官至侍中、彰德军节度使。王饶治政有方，所到的藩镇，百姓都能安居乐业，因而在社会上有很高的声誉。而且他为人宽厚，举止文雅，有儒者的风范。

王氏是王饶的第三个女儿，不仅相貌出众，而且有着较高的文化素养，不仅熟读诗书，还擅长弹筝鼓瑟。后周显德五年（958），即原配贺氏病逝的当年，赵匡胤聘王氏为继室。当时，赵匡胤任殿前都点检。

婚后不久，周世宗柴荣赐王氏冠帔，并封为琅邪郡夫人。建隆元年（960），赵匡胤登上皇位，奉母命立王氏为皇后，但没有举行册礼。

王氏出身官宦之家，但没有大小姐的脾气。尽管做了皇后，她仍然勤俭朴素，后宫杂事经常亲力亲为，对下人也非常仁慈。（"后恭勤不懈，仁慈御下。"《宋史·后妃传上》）

王氏对丈夫体贴入微，经常穿着宽大的衣服，亲自下御厨，为太祖操办、调理膳食。每天清晨，王氏都先诵读佛经，然后到杜太后宫中问安侍候，十分孝顺。杜太后常常为自己有如此勤俭、孝顺的儿媳而喜不自胜。（"常服宽衣，佐御膳，善弹筝鼓琴。晨起，诵佛书。事杜太后得骊心。"同上）

宋太祖对王氏恩宠有加，王家也因此而受到特别对待。王氏的弟弟王继勋，仗势横行无忌，凶残至极。他杀害了众多婢女，所作所为令人发指。照理说，这样的人是定要法办的，可宋太祖竟然没有追究其罪责。

王氏十六岁嫁给宋太祖，在六年的婚姻里，生了三个儿女。她素来体质纤弱，接二连三怀孕生育，摧残了健康。但不幸的是，所生二男一女均不幸早夭，这对她是巨大的打击。

乾德元年（963），王氏病重，百般医治，不见好转。十一月，宋太祖为王氏大赦天下，祈福祷告。谁知不久，王氏就在十二月初去世，年仅二十二岁。次年三月，赐谥曰"孝明"，史称"孝明王皇后"；同年四月，葬安陵之北。

在宋太祖的几位皇后中，王氏地位突出。她在丈夫登基当年（建隆元年）就被册立她为皇后，而太祖的原配贺氏，是建隆三年才追册为皇后的。她与孝惠皇后同时上谥册，又同时下葬。她的神主与孝惠皇后圣主以"同殿异室"的形式安放，但却置于孝惠皇后神主之上。

太平兴国二年，孝明皇后神主升祔太庙太祖室。

孝章皇后宋氏

宋氏（952—995），宋太祖第三位皇后。河南洛阳人。父宋偓，官至左卫上将军；母刘氏，后汉高祖刘知远之女。她出自名门，婉约动人，举止端庄。十七岁时做了宋太祖的皇后，深受喜爱。太祖英年遽逝，皇位旁落，她眼睁睁看着太祖之子离奇去世而无能为力，自己也清寂凄冷地在宫中结束了一生。

宋氏出身名门，祖上历任高官。父亲宋偓，在后汉、后晋、后周以及宋初，都备受信用，曾任左卫上将军、忠武军节度使；母亲永宁公主，为后汉高祖刘知远之女。宋偓是后唐庄宗的外孙，生母为后唐义宁公主。宋家可谓三朝国戚，所谓"近代贵盛，鲜有其比"（《宋史·宋偓传》）

后周乾德元年（963），宋氏随母亲进宫拜贺长春节，曾与赵匡胤有一面之缘。当时宋氏只有十二岁，正是爱玩爱动的年纪。她随母亲拜过杜太后，就忍不住在宫中游玩起来。在回廊里，她遇到了赵匡胤。赵匡胤见她娇小可爱，忍不住攀谈几句，宋氏活泼可爱的性格给他留下了深刻印象。

孝明皇后王氏去世后，中宫虚位数年，宋太祖打算再立皇后。开宝元年（968）二月，便将宋氏迎入宫中，立为皇后。这年宋氏十七岁，太祖四十二岁。尽管年龄差距不小，但夫妻恩爱非常。

宋氏受过很好的教育，礼仪周全，太祖每次退朝回宫，她总是穿戴整齐迎接。所有御膳，她均要过问，而且经常亲自操作。（"常具冠帔候接，佐御馔。"《宋史·后妃传上》）宋氏一直没有生育，因此对太祖的两个成年儿子德昭和德芳十分关心，视为己出，常常过问他们的饮食起居，尽显母爱之心。

开宝九年（976）十月二十凌晨，宋太祖暴卒。噩耗传来，宋氏急忙赶到太祖寝宫，扶榻大哭。正在宋氏悲痛欲绝之时，晋王赵光义入宫，喜形于色，宣布由他继位。宋氏听后，更加哀伤。晋王手握大权，自己孤儿寡妇无力相争，宋氏只有哭泣着对新皇帝恳请道："我母子的性命，全都托付给官家啦！"（"吾母子之命，皆托于官家。"）赵光义哭泣着说："咱们共保富贵，你不必担忧。"（"共保富贵，无忧也。"《资治通鉴·宋纪八》）

第二天，赵光义正式继位，封宋氏为"开宝皇后"。第二年（开宝十年），命宋氏移居西宫。雍熙四年（987），又命移居东宫。其间，宋氏眼看着太祖的儿子一个个不是自杀，就是不明不白地暴病而亡，无能为力，暗自垂泪。

至道元年（995）四月二十八日，宋氏去世，终年四十四岁。有司上谥曰"孝章"，史称"孝章宋皇后"。然而，宋太宗却不为皇嫂成服，也不令群臣临丧。针对这种完全不合礼仪的行为，翰林学士王禹偁对宾客说："后尝母仪天下，当遵用旧礼。"（《宋史·王禹偁传》）结果竟以坐讪谤遭贬，出知滁州。

宋皇后的梓宫，迁于已故燕国长公主（宋太祖妹）府第，权殡于普济佛舍，既不与太祖合葬，神主亦不祔庙。直到至道三年（997）正月，才祔葬太祖永昌陵之北，命吏部侍郎李至撰哀册文，神主享于别庙。到太宗的玄孙神宗时，方才升祔太庙。

宋氏在皇室生活中，见惯了赵家兄弟、叔侄的同室操戈，而自己则兄弟多富贵、妹妹嫁名门。因此病重时，她曾对晋国长公主说："我死了之后，不愁别的，只担心娘家人起内讧，给别人留下笑话！"（"我瞑目无他忧，惟虑族属不敦睦，贻笑于人。"《宋史·宋偓传》）真宗景德年间，幼弟宋元翰果真来到开封，要求分家析财，由此可见宋后的先知。

燕国长公主

燕国长公主（？—973），宋太祖同母妹。宋初封燕国长公主。初嫁米福德，再嫁冀国公高怀德。卒谥"恭懿"。

宋太祖赵匡胤一母同胞中，有一姐一妹。姐姐是父亲赵弘殷的长女，未到笄礼之年就夭折了。宋建隆三年（962），宋太祖追封姐姐为陈国长公主。宋哲宗元符年间，改封荆国大长公主。宋徽宗政和年间，改封恭献大长帝姬。

宋太祖的妹妹，与兄长一起长大，兄妹感情很好。到了谈婚论嫁的年龄，按父母之命、媒妁之言，他嫁给了米福德。婚后，夫妻相敬如宾，感情甚好。但没过几年，米福德却突然病逝。

兄长赵匡胤登上帝位后，建隆元年（960），封妹妹为燕国长公主。公主韶年守寡，生活寂寞，整日郁郁寡欢。宋太祖见此情形，格外怜惜。正逢殿前副点检高怀德壮年丧妻，太祖遂想玉成二人。他把想法告诉了母亲，杜太后听了迟疑不决。太祖极力说服母亲："妹妹正值华年，怎忍心让她长守空闺，终身抱恨？"杜太后也怜惜女儿，只得说："让我先问问她的意思再说。"

杜太后立即前往燕国长公主府第，把事情告诉了她。燕国长公主听后，低头无语。杜太后说："哥哥怜惜你郁郁寡欢，所以想了这个办法。"燕国长公主支支吾吾地说："哥哥贵为天子，宫廷内外，都应遵守他的命令，我怎敢有违？"原来高怀德入宫时，燕国长公主曾经见过，见他仪表堂堂，早已心生爱慕。如今承母亲、兄长意旨，要与他结为夫妇，自然是喜出望外。

宋太祖得知妹妹同意，就让宰相赵普做媒，与高怀德面商。高怀德也曾见过长公主，姿色很是可人，况且又是皇亲，当下满口答应。赵普立即回复,宋太祖十分高兴,命太史择定吉日,让妹妹与高怀德成亲,又把位于兴宁坊的府第赐给妹妹。

成婚这一天,高怀德府第备了全副仪仗,拥着凤舆,高怀德骑马亲迎。到了宫门,高怀德下马而入。司礼官把他引入,这时有诏书颁下,特拜他为驸马都尉,高怀德叩头谢恩。燕国长公主由宫娥簇拥出来,登上凤舆。高怀德在司礼官导引下,出了宫门,骑马先回到府第,下马恭候公主。等凤舆到来,高怀德向凤舆作了一揖,公主下舆,登堂入室。当时,文武百官全部前来恭贺,大张盛筵,鼓乐齐鸣,极其热闹。

婚后,燕国长公主与高怀德情深意笃,分外恩爱。宋太祖见妹妹婚姻美满,也大感安慰。

高怀德作为将领,经常出征,燕国长公主每每为之担忧,生怕丈夫出意外。所幸高怀德有勇有谋,虽然屡经战阵,但都有惊无险。因为公主之故,高怀德对太祖更加忠心耿耿。

元明清的迂腐学者,往往对宋太祖力主妹妹再嫁一事加以非议,认为有失名节。但在今天看来,宋太祖此举相当开明,没有什么不当之处。

开宝六年(973)十月,燕国长公主去世,宋太祖亲临府第哭吊,并辍朝五日,赐谥曰"恭懿"。宋真宗时追封大长公主。哲宗元符三年(1100),改封秦国大长公主。徽宗政和四年(1114),又改封恭懿大长帝姬。

昭庆、延庆二公主

昭庆公主(?—1008),宋太祖嫡长女;延庆公主(?—1009),宋太祖嫡次女。母均为孝惠皇后贺氏。

宋太祖赵匡胤共育有六个女儿，中国、成国、永国三位公主早亡，没有什么事迹。另外三个女儿，其中两个为孝惠皇后贺氏所出，地位较为尊崇。开宝三年（972），她们分别被封为昭庆公主、延庆公主。

受封之后，昭庆公主下嫁左卫将军王承衍，赐宅第于景龙门外；延庆公主下嫁左卫将军石保吉。宋太宗即位后，分别进封郑国公主、许国公主。淳化元年（990），分别改封秦国公主、晋国公主。

宋真宗继位后，至道三年（997）五月，两位公主分别进封为秦国长公主、晋国长公主。

大中祥符元年（1008），秦国长公主去世，赐谥"贤肃"。元符三年（1100）三月，宋徽宗即位，改封魏国大长公主。政和四年（1114）十二月，改封贤肃大长帝姬。

大中祥符二年（1009）正月，晋国长公主进为晋国大长公主。同年十一月病逝，赐谥"贤靖"。元符三年（1100）三月，改封鲁国大长公主。政和四年（1114）十二月，改封贤靖大长帝姬。

永庆公主

永庆公主（？—999），宋太祖之女，生母不详。初封永庆公主，嫁右卫将军魏咸信。卒谥"贞惠"。

不同于两位姐姐，永庆公主的生母不详，大概是宋太祖的某个妃嫔。尽管生来地位不如两个姐姐高，但在生活上，作为帝王之女，却也是条件优越，锦衣玉食，仆从成群。加上她既聪慧、又美丽，因此颇得父皇疼爱。

在两位姐姐受封公主之后，开宝五年（972），她被封为永庆公主，下嫁右卫将军魏咸信。

魏咸信是开国宰相魏仁浦的儿子，字国宝，初授朝散大夫、太子右坊通事舍人，后改供奉官。

早在赵匡胤称帝之前，母亲杜氏就曾去过魏仁浦的府第，当时，魏咸信尚在幼年，侍立母亲身边，神色从容不迫，如同成年之人。杜氏深感奇异，认为这孩子将来肯定会有出息，便有意结为姻亲。

永庆公主受封后，为了成全母后杜氏之意，担任开封尹的皇弟赵光义，在便殿召见魏咸信，命他与党进等人比赛射箭，结果魏咸信胜出。这一来，结亲的主意更加坚定，遂将永庆公主许配给他。

成婚之后，永庆公主从不摆架子，孝敬公婆，与丈夫举案齐眉，十分恩爱。宋太祖对此很高兴，对女婿也分外满意，准备加以重用。一年后，宋太祖便任命魏咸信为吉州刺史。魏咸信前往吉州上任，永庆公主自然随行。

宋太宗赵光义继位后，永庆公主晋封虢国公主。淳化元年（990），又改封齐国公主。宋真宗初年，升许国长公主。

宋真宗咸平二年（999），永庆公主去世，谥曰"贞惠"，后改为"恭惠"。仁宗景祐三年（1036），追封为大长公主。哲宗元符三年（1100），改封陈国大长公主。

宗室亲王与外戚

　　皇亲国戚,向来是史家关注的重点,一则因其地位特殊,一则缘于故事不少。尤其是皇室宗亲,虽然均属皇帝至亲,但因了皇位——当下的、将来的,却也是明争暗斗、血雨腥风,以至于很少寿终正寝者,宋王朝亦不例外。至于外戚,宋初祖、宗固然厚待,却未畀以执政大权,也便无缘干预朝政;且母舅、岳丈等大多循谨守礼,而"食人"妻弟则令人发指……

魏悼王赵廷美

赵廷美（946—984），宋太祖赵匡胤之弟，母杜太后（宋太宗谓"廷美，朕乳母陈国夫人耿氏所生"）。原名匡美，字文化，因避讳先后改"光美""廷美"。历任兴元尹、永兴军节度使、开封尹等职，先后封齐王、秦王，追封魏王。按照"金匮之盟"，他应在宋太宗之后继承皇位。但太宗打算传位于子，一意打击皇弟，赵廷美被一贬再贬，最后郁闷病逝。

一、备位储君　获罪贬迁

宋太祖赵匡胤兄弟共五人。兄长赵光济早亡，宋朝建国后，追封邕王；三个弟弟分别为赵光义（即宋太宗）、赵廷美、赵光赞（幼亡，追封岐王）。

宋王朝建立后，赵匡美避兄讳改名"赵光美"，授任嘉州防御使。第二年，调任兴元尹、山南西道节度使，封天水郡侯，不久进封郡公。乾德二年（964），加同中书门下平章。开宝六年（973），改任京兆尹、永兴军节度使，加封检校太保、侍中。等职。

宋太宗赵光义继位后，赵光美改名"赵廷美"，任开封尹、兼中书令，封齐王。如此安排，在于沿用太祖时皇弟尹开封的旧制；同时规定，太祖与廷美的子女，与太宗自己的子女一样，都称皇子、皇女。

太平兴国四年（979），宋太宗征伐北汉，想让赵廷美留守京师。开封府判官吕端对赵廷美说："主上栉风沐雨，以申吊伐。王地处亲贤，当表率扈从，若掌留务，非所宜也。"（《续资治通鉴·宋纪九》）赵廷美请求从征，太宗安排宰相沈伦留守京师。

事后，赵廷美晋封秦王。

早在建隆二年（961），宋太祖的母亲杜太后病重，多次劝说太祖传帝位给赵光义。有一天，太祖终于把此事决定下来，太后十分欢喜，命赵普取来纸笔，写下约誓之书，赵普在约誓书的结尾写上"臣普书"三字，然后收藏在一个金匮子里，命亲信、严谨的宫人收管。

有人认为，昭宪太后和太祖的本意，是兄终弟及，即太宗再传位给廷美，然后由廷美传位太祖的长子赵德昭。所以太宗继位后，立刻下令让廷美做开封府尹，德昭兄弟称"皇子"。而德昭不得其死，其弟德芳后又夭逝，赵廷美心里便不安起来。

太平兴国七年（982）三月，有人告发赵廷美，说他日益骄恣无理，经常口出狂言，而且还勾结朝中要人，准备谋反。太宗赵光义得知后，犹豫再三，因为他不想把事情张扬出去，（"不忍暴其事"，《宋史·宗室传一》）那样的话，于己于弟都不利。他赶忙叫来赵普，商议对策。赵普把昭宪太后所言详细告诉了皇上，太宗听后大惊，赶紧派人到宫中打开金匮取出誓书，读过之后完全明白过来。不久，他让赵普任司徒兼侍中。

有一天，太宗又和赵普谈论起将来帝位传给谁的事情来。他想征求赵普的意见，赵普在其一再追问之下，回答说："太祖已经错了，陛下怎能再犯同样的错误呢？"（"太祖已误，陛下岂容再误邪？"同上）于是，宋太宗下定传位于子的决心，赵廷美也就很快受到"特别"对待。太宗下令：罢免赵廷美的开封尹职务，调任西京（洛阳）留守，赏给裘衣、通犀带等尊贵的皇室之物，赐予缗钱千万、绢綵一万匹、白银一万两，同时还把当地最好的地区专门留给他随意支配。

赵廷美正式启程的那天，宋太宗不忍与之话别，便把枢密使曹彬召进宫中，让他在琼林苑为赵廷美饯行。那天，天气阴暗惨淡，席间赵廷美无话可说，只是泪水难禁。曹彬见状，也不敢多说什么，只是一再劝他不要过于伤心，皇上只是一时生气，不久便会再调他回来。两人草草寒暄一阵，便起身辞别。

这件事牵扯到许多人，在赵廷美获罪的同时，平时与他来往密切、经常密谈且时常受他赏赐的人，也纷纷被降职，诸如左卫将军、枢密承旨陈从龙降为左卫将军，皇城使刘知信任为右卫将军，弓箭库使惠延真成了商州长史，禁军列校皇甫继明调任汝州马步军都指挥使，王荣为濮州教练使。其中王荣接到降职令尚未动身，又有人报告太宗，说他不久前曾和赵廷美的亲信喝酒论政，席间王荣口出狂言："我不久之后便会成为节帅。"太宗闻听，更加生气，于是下令废除官籍，流放到遥远的海岛。

与此相应，告发赵廷美谋反的那些人，都得到了太宗的奖赏，诸如太常博士王遹判河南府事，开封府判官阎矩判留守事。如京使柴禹锡任宣徽北院使兼枢密副使，杨守一任为东上阁门使、充枢密都承旨。这些人在阴谋陷害、告发赵廷美一事上，都立下了"功劳"。

二、再次获罪　勒归私第

此时，恰逢赵普再度出任宰相，他从别人口中得知，卢多逊一度曾与赵廷美交往密切，便赶紧奏明皇上。太宗闻知，特别恼怒，立即下令将卢多逊免职，收捕入狱，同时还把与之相关的中书守当官赵白、秦府孔目官阎密，以及小吏王继勋、樊德明、赵怀禄等人，也捉拿归案。接着下令，让翰林学士承旨李昉、学士扈蒙、卫尉卿崔仁冀、膳部郎中兼御使知杂事滕中正等，来查究此事。

最初，卢多逊矢口否认与赵廷美有私交，后因有证据难以辩白，且经不住狱中酷刑的折磨，最终只好坦白交代，请求从宽处理。卢多逊自己交代，从前，他经常派遣心腹之人赵白去赵廷美家里，秘密告知自己知晓的中枢机要大事。在前一年的九月中旬，还让赵白到赵廷美家，对他说："真希望当今皇上快点儿去世，我好尽心尽力为您效忠。"赵廷美闻听，心中欢喜，也派遣心腹樊德明去回复说："您所言正合我意，我也希望皇上早些归天。"从那以后，赵廷美经常派人赠送卢多逊金银财宝，还私下赠给他弓箭等物，卢多逊都接受下来，秘密收藏。

阎密最初在赵廷美手下做事，太宗即位后，让他补殿直之位，但仍隶属秦王赵廷美之府。他平时非常放肆，不守规矩，好议论政事，而且经常酒后狂言，对朝廷有不满之意。王继勋更是赵廷美的亲信，曾被赵廷美派出去搜罗歌妓，而且平时依仗权势骄横无理，投机钻营，牟取暴利，贪污受贿之物不计其数。樊德明和赵白最为要好，经常一起谈话，卢多逊借助他而与赵廷美结交。赵怀禄和赵廷美关系很不平常，赵廷美曾派他秘密召见军器库副使赵廷俊（一说为廷美同母弟），让他来和自己密谈要事。阎怀忠被捕，则是因不久前赵廷美派他去拜见淮海王钱俶，索要犀玉带、金酒器等物，而钱俶又私下赠送他百两白金，还有金器、绢扇等物。后来阎怀忠又奉赵廷美之命，到其岳父御前忠佐马军都军头、开封潘璘营中宴请军校。事情查明之后，这些人一概获罪。

查清这一干人的罪行之后，宋太宗召集文武常参官入朝，商议如何处置。太子太师王溥等七十四人启奏说："卢多逊和赵廷美互相勾结，图谋不轨，大逆不道，应当实施诛灭之法，以明王法。赵白等人立即斩首。"太宗听了众臣的建议，作出决定：削夺卢多逊官爵，连同家属一起流放崖州；赵廷美勒归私第；赵白、阎密、王继勋、樊德明、赵怀禄、阎怀忠等人，推出都门外立即斩首，并抄没家产。同时又下令：秦王赵廷美子女应正其名称：贵州防御使赵德恭仍为皇侄；皇侄女嫁到韩家的去掉"云阳公主"之号，其夫右监门将军韩宗业降职为右千牛卫率府卫率，并发遣西京到赵廷美现所在处。五月，又贬西京留守判官阎矩为涪州司户参军，前开封推官孙屿为融州司户参军，他们也都是因赵廷美之事而受到牵连的。

三、忧郁病逝　身后荣封

赵普认为，将赵廷美问罪谪居西京，仍然不够妥当。为了赶尽杀绝，他又秘密派心腹去开封府去见李符，让他继续向皇上进呈赵廷美的不法之言。李符派人入朝面见太宗，说："现在赵廷美并无丝毫反悔自责之意，还经常当众口出怨言，对皇上深表愤恨。这样下去，恐怕他还要勾结旧党势力，再次谋叛。为预防不测再次发生，还是趁早把他贬到更为边远的地方为好。"太宗听了，略现迟疑之色。旁边的赵普赶紧上前进言，希望皇上果断发落，不要迟疑。于是太宗当即下令，再次给赵廷美降职，让他做涪陵县（今四川涪陵）公，安置房州（今河北北部），妻子张氏也被削去"楚国夫人"的封号。随后，太宗又命崇仪使阎彦进掌管房州之事，监察御史袁廓总领全州诸吏，二人各得朝中赏赐白金三百两。

雍熙元年（984），赵廷美到达房州，因屡遭贬斥，心中郁结的忧愤无以发泄，又兼近日事多烦扰，操心过度，所以到房州后便病倒在床。太宗闻知消息，派人去看望，送了许多贵重药物。但因忧郁成疾，如何医治也不见成效，赵廷美最终病逝在房州，年仅三十八岁。

宋太宗闻知赵廷美去世的消息，先是大吃一惊，继而呜咽流涕，泣不成声。他对宰相说："廷美从小就刚愎自用，长大成人后愈发凶恶。朕因他是自家兄弟，不忍心将他依法问罪，让迁居房州，希望他好好反思、改过自新。正想施恩召回恢复旧职，他却突然病逝，真是叫朕悲痛欲绝。"（"廷美自少刚愎，长益凶恶，朕以同气至亲，不忍置之于法，俾居房陵，冀其思过。方欲推恩复旧，遽兹殒逝，痛伤奈何！"《宋史·宗室传一》。《宋太宗实录》卷二十八"冀其思过"下有"中心悯之，未尝暂忘"二句。）太宗边说边哭，泪流满面，左右众人都受到感动，纷纷落泪叹惜。随后，太宗下令追封赵廷美为涪王，赐谥曰"悼"，辍朝五日，发丧安葬，并派人去安抚家属老小。

等到事情安顿完毕，朝中渐渐平静下来，太宗选一悠闲之所，宴请宰相李昉等人。为了表明自己并非无情无义，他不惜歪曲事实，说赵廷美与自己并非一母所生，说："廷美的母亲陈国夫人耿氏，是朕的乳母，后来嫁给我父，生下廷美和廷俊。朕因为廷美的缘故，让廷俊跟随左右，而廷俊则泄露禁中大事给廷美。最近一段时间，朕准备乘船去他那里看一看，廷美与左右心腹加紧谋划，想趁此时机叛乱，结果没有成功，于是就假装生病，卧床不起，想在我亲自问候之时，出其不意发动政变。恰好此时有人来告发，因而才没有发生什么意外。如果针对此事，朕派有司深加追究，那么廷美即使被判斩刑也仍有余辜。朕考虑再三，终究不愿把他的恶行张扬出去。到了卢多逊和他私下交往、想要谋乱之事暴露出来，朕便借机让他居守西京。谁知他仍然不思悔过，反而更加怨恨于朕，竟口出无礼之言。于是朕把他迁到房州，让他完全在朕的掌握之中。至于其弟廷俊，也不对他深加怪罪，只是贬到外地，不让他再有机会图谋不轨而已。因此朕对廷美，并没有什么对不起的地方啊！"话未讲完，他已泪流不止。李昉听了，也很是惊叹，赶紧对他说："廷美图谋叛朝，这是天下共知的。至于您刚才所讲的宫中那些事，如果不是陛下对我讲，我们众臣哪里能够知道呢？既然廷美不肯尽力为国，他的去世也无须再让您过度忧心了。"于是接着饮酒，议论一些朝中之事，直至半夜方才辞别。

至道初年（995），太宗命司门员外郎孙蠙为皇侄、诸孙传授文化知识，赵廷美诸子在京的也跟从一起学习。宋真宗继位后，恢复皇叔赵廷美西京留守、检校太师兼中书令、河南尹、秦王的职位和封号；同时恢复其妻张氏楚国夫人之号，咸平二年（999）闰三月，改葬赵廷美到汝州梁县新丰乡（今河南汝州西北部）。徽宗继位后，改封魏王。

燕懿王赵德昭

赵德昭（950—979），字日新，宋太祖次子，母孝惠皇后贺氏。太祖时，因年幼一直未封王；太宗时，封武功郡王，任同中书门下平章事等。后因给将士请赏，受到太宗斥责而激愤自刎。

宋太祖赵匡胤共有四个儿子。长子赵德秀，早夭，追封滕王。三子亦早亡，其名字"赵德林"，宋徽宗追赐，并追封舒王。四子赵德芳，年仅二十三岁病逝，追赠齐王。

由于宋太祖长子早逝，因而太宗时期，赵德昭就成了太祖在世二子中的"长子"。缘此，按照"金匮之盟"，兄终弟及之后，再传位太祖之子，他就应该是皇位继承人。也缘此，才受到太宗的猜忌，进而不幸离世。

乾德二年（964），赵德昭出阁（皇子出就封国）。按当时宫中的惯例，皇子出阁即封王。但太祖因德昭年纪尚小，想让他逐渐升职，就暂时未封他为王，只是授给贵州防御使的职位。开宝六年（973），又任他为兴元尹、山南西道节度使、检校太傅、同中书门下平章事。一直到太祖去世，赵德昭始终未得到王爵之封。

宋太宗赵光义继位后，在太平兴国元年（976），改任赵德昭为京兆尹，移镇永兴，兼侍中，才开始封他为武功郡王，并诏令他与齐王赵廷美朝会班列宰相之前。

太平兴国三年（978）二月，赵德昭娶太子太傅王溥之女为妻，封为韩国夫人。这年冬天郊祀，加封检校太尉。

太平兴国四年（979），赵德昭跟随太宗出征幽州。一天夜里，因军营受到敌方袭击，军士大乱，众将士一时惊慌，找不到太宗在哪里。大家都以为皇上出了意外，有些人便商议要临时拥立德昭为帝，以安定军心。在击退敌军平定下来后，有人报告了此事，惹得太宗十分不悦。

以往作战，回师后都要按功劳大小颁发奖赏。这次还京多日，也不见颁赏，军中议论纷纷，诸将不免多怀怨望。赵德昭心直口快，恐怕军心浮动，就入宫拜见太宗，请给军将叙功行赏。太宗不等他说完，就怒气冲冲地说："战败回来，还有什么功劳？还行什么赏赐？"赵德昭分辩道："征辽虽然失利，但平定了北汉。再说各军也不可一概而论，陛下应该分别考核，量功行赏。"太宗大怒，吼道："等你自己当了皇帝，再赏赐也不晚！"赵德昭非常惶恐，低头垂泪，默然出宫。

赵德昭所处地位，本来就很微妙，听了叔父的话，分明是猜疑自己有夺位的野心。回到自己的住处，赵德昭默念父母早逝，没有依靠，虽有继母宋氏和弟弟德芳，但宋氏被迁往西宫，出入行动都不自由；弟弟年纪尚小，不懂事理。他觉得自己满腹忧愁，无可倾诉，顿生短念，问左右侍者："你们谁带着刀？"左右连忙回答，宫中不敢带刀。赵德昭走出房门，四处寻觅，见茶酒阁上有切水果的刀子，趁人不备，拿了刀关上门，自己往颈上刺去。等别人开门来救，他已倒在血泊中气绝身亡。

宫中急忙报知太宗，太宗亦觉事出意外，前往探视，见其惨状，抱尸大哭道："傻孩子，（我不过说你几句，）何至于这样呢！"（"痴儿何至此邪！"同上）于是安排厚葬，并亲自主持安葬仪式，一直泣不成声。事后，太宗追赠赵德昭中书令，追封魏王，赐谥曰"懿"。宋真宗继位后，又加赠太傅。仁宗时追赠太师，改封吴王；英宗时改封越王，哲宗时改封燕王。

秦康惠王赵德芳

赵德芳（959—981），宋太祖第四子，母孝明皇后王氏。生前未封王，去世后先后追封岐王、楚王、秦王。二十三岁"寝疾薨"。

赵德芳是宋太祖赵匡胤的第四个儿子，也是他两个成年儿子里的一个。

关于赵德芳的母亲，文献多谓孝明皇后王氏，也就是宋太祖的第二任妻子。如《文献通考》云："宋太祖皇帝四子：贺皇后生留哥（德秀）、魏王德昭、显哥（德林）。王皇后生岐王德芳。"《荣王从式墓志》亦云"太祖孝明皇后生楚康惠王德芳"。"荣王从式"即赵从式，是赵德芳的孙子。而《宋史》则谓王皇后"生子女三人，皆夭"（《后妃传上》），而赵德芳享年二十三岁，不应该算"早夭"。而南宋大内府藏玉牒《宗藩庆系录》等，谓德芳乃德昭胞弟，母孝惠贺皇后。未详孰是。

开宝八年（975）八月，赵德芳出阁。与兄长德昭一样，他也没有按照惯例出阁封王。

开宝九年（976）三月，赵德芳受任为检校太保、贵州防御使。同年四月，曹翰攻克江州，太祖下诏增加德芳的食邑户数。

开宝九年（太平兴国元年）十月，晋王赵光义继位，授任赵德芳为兴元尹、山南西道节度使、同平章事。太平天国三年（978），加检校太尉。

太平兴国六年（981），赵德芳病逝，年仅二十三岁。宋太宗亲临哭祭，废朝五日，（"车驾临哭，废朝五日。"《宋史·宗室传一》）追赠中书令、岐王，谥曰"康惠"。后加赠太师，改封楚王。宋徽宗时，又改封秦王。

《宋史·宗室传》对赵德芳之死的表述为"寝疾薨"，即因病而死。但后人以为其中不无疑窦。

赵德芳的后代，有三个成了皇帝：六世孙为宋孝宗赵昚，七世孙为宋光宗赵惇，八世孙为宋宁宗赵扩。

在后来的戏曲、演义作品中，赵德芳被虚构为"八贤王"，他手持金锏，上打昏君，下打谗臣，正气凛然。戏曲《贺后骂殿》及历史演义《杨家将》《三侠五义》等，均有"八贤王"的形象。

母舅杜氏诸昆仲

宋太祖母杜氏，有兄弟五人：杜审琦、杜审玉、杜审琼、杜审肇、杜审进。杜家世居定州安喜（今河北定县），以积善著名。赵匡胤称帝后，尊杜氏为皇太后，其兄弟也都成为权贵。宋朝法律对待外戚比较优厚，具备文武才智的，都加以擢升任用；仗势犯法者则施以重刑，丝毫不假宽免。

一、两舅早逝　三舅淳朴

杜审琦是宋太祖的大舅，曾在后唐做官，后唐天成二年（927）英年早逝，年仅三十五岁。宋太祖建立宋朝，追赠杜审琦为左神武军大将军，以他的儿子杜彦超为西京作坊使。杜彦超去世后，追赠左领军卫大将军。而太祖的二舅杜审玉，早兄长一年去世，年仅三十二岁。

杜审琼（897—966）是宋太祖的三舅，杜太后的哥哥。建隆初年（960），他被授检校国子祭酒。第二年，授左领军卫将军。建隆三年（962），与弟弟审肇、审进都奉召来朝。杜审琼改授左龙武军大将军，迁右卫大将军。

乾德初年（963），杜审琼领富州刺史。乾德三年（965），以本官权判右金吾街仗事。乾德四年（966）春，步兵统师王继勋因事获罪，诏令杜审琼兼点检侍卫步军司事。当年秋天，杜审琼去世，享年七十岁。宋太祖停止朝会三天，为他穿丧服加以祭吊，并追赠太保、宁国军节度使，谥曰"恭僖"。

杜审琼性情淳厚质朴，在公事上小心慎重。在宿卫时，他勤恳谨慎，经常巡察京城，使里巷清静安定，人们都称赞他。（"审琼性醇质，在公畏慎，宿卫勤谨，徼巡京邑，里闬清肃，人皆称之。"《宋史·外戚传上》）景德三年（1006）春，加赠杜审琼为太傅，妻吴氏为陈留郡太夫人。当年秋天，又赠杜审琼太师、中书令。杜审琼作为外戚并不张扬跋扈，因此生前享尽荣华富贵，死后也尊荣无比。

二、四舅审肇　在任退休

杜审肇（904—974），宋太祖四舅，杜太后之弟。建隆三年（962），杜审肇以左武卫上将军、检校左仆射之职退休，在京都赐宅第。乾德初年（963），领潍州刺史。开宝二年（969），入授左卫上将军，仍然退休在家。

开宝三年（970），宋太祖起用杜审肇，让他担任右骁卫上将军，不久又出知澶州（治今河南濮阳）。太祖因杜审肇不曾处理州政，命令司封郎中姚恕通判州事，来辅助他。不久，黄河大决口，向东流入数州，百姓遭受洪水灾害。杜审肇、姚恕对此事未引起重视，没有及时奏报。宋太祖对此大为愤怒，派使臣审查核实，处死姚恕，杜审肇免官回家。但太祖终究怜惜舅舅，不久恢复了杜审肇的旧官，让他退休，特以潍州刺史的月俸优待他。

开宝七年（974），杜审肇去世，享年七十一岁，太祖停止朝会两天，素服发哀，追赠太保、昭信军节度使，谥曰"温肃"，派宦官协助办理丧事。景德三年（1006），加赠太傅，妻刘氏为东海郡太夫人。杜审肇的儿子名杜彦遵，官至南作坊使。

三、五舅审进　颇著政绩

杜审进（910—988），宋太祖五舅，杜太后之弟。建隆三年（962），初授右神武大将军，改授右羽林大将军。乾德元年（963），领贺州刺史；二年（964），出知陕州（治今河南三门峡西）；三年（965），就地改保义军观察留后。乾德五年（967），加本军节度使。宋太祖在西洛举行郊祀时，杜审进前来朝见，太祖对舅舅的赏赐非常丰厚。终太祖一朝，杜审进官运亨通，地位尊宠。

宋太宗继位，加授杜审进检校太傅。太平兴国二年（977），许昌裔任虢州（治今河南灵宝）知州，收集州中政事阙失上告，宋太宗下诏右拾遗李干审查此事。李干进谏，请求支州不再隶属藩镇，都由朝廷直接控制，太宗听从了他的建议。因此，杜审进不再管辖虢州，权力范围有所缩小。

太平兴国三年（978）秋，杜审进的妻子去世，宋太宗停止朝会。十一月郊礼完毕，加授杜审进为检校太尉。太平兴国四年（979），太宗征河东，杜审进与岚州团练使周承晋、德州刺史孙方进、成州刺史慕容福起都进言，希望率领部下攻打太原（北汉）。太宗因五舅年老，没有同意。

太平兴国五年（980），杜审进来京朝见。这一年，契丹侵犯边境，宋朝出兵防御。宋太宗到大名（今属河北）慰劳军队，留五舅警戒巡察都城。杜审进不负重托，尽心尽力维护治安，都城十分安定。太平兴国六年（981），杜审进重回陕州，亲王设宴为他饯行，供给非常丰盛。一年后，就地加检校太师。太平兴国九年（984）夏，太宗因五舅年老，不愿再让他为政务操劳，授右卫上将军，俸禄供给如故。

雍熙四年（987），重新授杜审进为静江军节度使。端拱元年（988），宋太宗亲耕耤田，杜审进参加了典礼，恩赐更加丰厚，加授开府仪同三司。这一年，杜审进去世，享年七十九岁。宋太宗立即乘车亲临祭奠，哭得十分悲痛，停止朝会三天，安排百官穿不同级别的丧服、亲王公主以下一律到其府第哀悼。追赠中书令，谥曰"恭惠"。

杜审进在陕州任职二十余年，大力鼓励农民进行耕作，发展农业，百姓因此逐渐殷实。他虽然位居节度使，又是国舅，却没有骄傲自负之色，人们推崇他为人淳厚。（"审进镇陕二十余年，劝农敦本，民庶便之。虽居位节制，无骄矜之色，人推其醇厚。"《宋史·外戚传上》）景德三年（1006），追封他为京兆郡王（后又追赠尚书令），其妻赵氏封南阳郡太夫人。

岳丈宋偓

宋偓（926—989），宋朝外戚，宋太祖岳父。本名宋延渥，字仲俭，河南洛阳人。与后唐、后汉及宋三朝，均有姻亲关系：母为后唐庄宗之女，妻为后汉高祖之女，长女为宋太祖孝章皇后。他为人谦恭有礼，慈老爱幼；智勇双全，箭术高超。后汉、后晋、后周时，均有功劳，且受宠用。入宋亦多有战功，尤擅水战，受到太祖和太宗信用，官至使相。

一、出身名门　才能出众

宋偓出身名门望族。祖父宋瑶，在后唐任天德军节度使兼中书令。其父宋延浩，后唐时任石、原、房三州刺史及氾水关使。同时，宋偓还是后唐庄宗李存勖的外孙，后汉高祖刘知远的女婿。

后晋天福元年（936），后晋派军抗击契丹入侵，中书令范延光勾结诸军都虞候张从斌叛乱。宋延浩时任氾水关使，在平叛战场上身先士卒，奋勇杀敌，战死沙场。当时宋偓只有十一岁，后晋高祖石敬瑭念及其父的功勋，任命他为殿直。宋偓虽然年幼，但才能令人刮目相看，因而后来又升任供奉官。

后晋本来是代后唐建立的，但改朝换代之后，母亲身为后唐公主的宋偓，仍然受到后晋高祖石敬瑭的特别关爱。石敬瑭当年曾受到后唐庄宗李存勖宠用，而且还是后唐明宗李嗣源的女婿，对后唐皇族自然颇为照顾。宋偓的母亲每次入朝参见，石敬瑭都不让她行拜礼。

有一次，宋偓的母亲向石敬瑭提起了家中的困难，石敬瑭面带愧色，对她说："在前朝时，公主一直待我不薄，如今公主生活有困难，实在该由我担此罪责。我对公主不会吝惜，但朝廷事务繁多，国库也有所空竭，这也是公主所能看到的。"他思索片刻，又接着说："公主居住在京城，您贵为前朝公主，居然要为柴米而担忧。您不如去西洛居住，那里的生活要富足一些，我保证您生活富足安宁。"于是，石敬瑭祖让宋偓把母亲安顿在西洛居住，并命当地官吏提供生活所需，公主家所食用的醋和肉酱都要提高等级。

宋偓成年后，待人谦恭有礼。后汉高祖刘知远很欣赏他，曾派儿子刘承训送信给宋偓母亲，想与她家联姻。宋家求之不得，宋偓母亲一口答应。于是，宋偓娶了后汉高祖刘知远的长女——永宁公主。

后晋出帝石重贵即位后，宋偓出任北京（唐五代都以发祥地太原府为"北京"，即今山西太原西南的晋源镇）皇城使。开运元年（944），获授检校刑部尚书、轻车都尉。开运三年（946），再加检校尚书右仆射、上轻车都尉衔。

天福十二年（947）四月，在河东称帝反辽的刘知远，因宋偓参与起兵之功，擢升为驸马都尉、金紫光禄大夫、检校司徒、守（代理）右金吾卫大将军兼御史大夫、上柱国，封广平县开国男，赐食邑三百户。九月，宋偓出任街使，加光禄大夫、检校太傅、行（代理）右金吾卫大将军，进封广平县开国伯，增加食邑四百户，并赐号"开国奉圣功臣"。

后汉乾祐元年（948），宋偓被加授特进，进封广平县开国侯，增加食邑三百户。同年，后汉隐帝刘承祐继位后，任命他为昭武军节度使，镇守滑州（治今河南滑县东）。次年，改任义成军节度使，并增食邑五百户、实封食邑二百户

二、献城郭威　搭救柴荣

宋偓机智过人，颇会审时度势。后汉末年，大将郭威发兵反抗后汉，宋偓看到后汉王朝已经日暮途穷，而郭威来势汹汹，大有一统天下之势，于是决定归附郭威。在郭威发兵回朝的途中，当时镇守藩镇的宋偓，打开城门迎接、拜见，郭威暗中感激。

宋偓率军随从郭威到达刘子陂，后汉众多士兵都投奔郭威的帐下，众多将领也暗中拜见郭威。但郭威逐一遣返他们回营，对宋偓说："天子正处在危难之中，您是天子的近亲，应该带领卫

兵前往保卫天子，并请附带启奏陛下，希望有空早日光临臣下军营。"言外之意，他已胜券在握。宋偓还没到隐帝的营帐，就被乱兵挡住了，他不敢前进，退了回来。后来，隐帝为乱兵所杀。

郭威建周称帝后，为了奖励宋偓献城之功，特意任命他为左监门卫上将军，改赐号为"推诚奉义翊戴功臣"。

宋偓智勇双全，有着卓越的军事才能。显德三年（956），后周世宗柴荣征伐南唐，命宋偓与左武统军赵赞、右神武统军张彦超、前景州刺史刘建，在寿州巡察军情。寿州一战中，宋偓舍生忘死，奋勇杀敌，战后因功任为右神武统军、充行营右厢都排阵使，又任卢州城下副部署。

显德五年（958），南唐大规模派出水师，切断了通往苏、杭的道路。周世宗派宋偓率领数百艘战舰攻打他们，又派大将慕容延钊率领步、骑与之呼应。出身陆军的宋偓率军在水上作战，也同样毫不逊色。他们二人水陆夹击，紧密配合，大获全胜。

宋偓武艺高强，箭术精湛，艺高胆大。有一次，他随周世宗夜宿野外，睡至半夜，世宗听见一阵窸窣声，点燃火把仔细一看，当即吓出一身冷汗。只见二三十丈开外，一只猛虎慢慢逼近，杀气腾腾。这时，宋偓轻轻示意世宗莫要惊慌，只见他一跃而起，弯弓搭箭，说时迟、那时快，只听"嗖"的一声，便见猛虎应声倒地毙命。（"世宗尝次于野，有虎逼乘舆，偓引弓射之，一发而毙。"《宋史·宋偓传》）宋偓救驾有功，因此得到世宗更多的恩宠与信任。

后周恭帝柴宗训继位后，十分欣赏宋偓的才能，加封他为开府仪同三司。

三、皇帝宠信　女为皇后

宋朝建立后，宋偓的才能得到更加充分的展现。宋初，他任检校太师，率领水师巡视、安抚长江边界，舒州团练使司超任他的副手。在任职期间，他严肃认真，凡事亲力亲为，明察秋毫。当时，后周淮南节度使李重进，图谋凭借扬州进行叛乱，派出很多奸细在扬州一带活动。宋偓察知这一情况，迅速上表报告。宋太祖赵匡胤命他严密监视李重进的一举一动。

不久，李重进果然发动叛乱。宋偓随从宋太祖征伐扬州，任行营排阵使。扬州叛乱平定后，他因功改任为保信军节度使。

宋偓擅长水上作战，所率水兵个个武艺高强，杀敌勇敢。建隆四年（963）夏天，宋偓入朝觐见，改任镇国军节度使。适逢宋太祖在汴梁城南凿池，命宋偓率水师数千练习，赵匡胤曾数次前来观看，大为赞赏。这一年，宋偓的食邑又有所增加，改号"推忠宣力保义功臣"。

乾德五年（967），宋太祖升任宋偓为忠武军节度使。

开宝初年（968），宋偓长女嫁与宋太祖为皇后（章惠皇后），并受到宠爱。外戚的身份，使宋偓得到皇上更多的宠信。这一年，他的食邑又有增加，改赐号为"推诚宣力同德保义功臣"。因父亲宋廷浩之名"浩"字有"氵"旁，与自己名字里的"渥"冲突，请求改名为"宋偓"。（"偓本名延渥，以父名下字从'水'，开宝初，上言改为偓。"《宋史·宋偓传》）

开宝三年（970），宋偓在镇所中买卖邸店，赵匡胤听闻后不悦，将其调为静难军节度使兼押蕃落等使。

太平兴国元年（976），宋太宗为宋偓加官同平章事，成为使相。（宋代，亲王、留守、节度使等加侍中、中书令、同平章事者，均称"使相"。但只是名义上的，不参与朝政，不行使宰相的权力。）太平兴国二年（977）冬天，改任定国军节度使。

太平兴国四年（979），宋偓随从宋太宗征伐北汉，后来又随从征伐幽州（治今北京）。当时，他与尚食使侯昭愿率军一万余人，受命进攻城南，顺利攻破。战后返回镇所。

为了嘉奖宋偓的战绩，太平兴国六年（981），宋太宗封他为邢国公。不久，迁任同州节度使。太平兴国九年（984），宋偓入朝任右卫上将军。

雍熙三年（986年）冬，在北伐失利后，宋太宗起用一批宿将，以稳定边境局势。其中宋偓以本职，被起用为知霸州（今河北霸州）。旋即还朝，仍任原职，兼判左右金吾街仗事。

宋偓戎马一生，征战南北，直至端拱二年（989）去世，享年六十四岁。宋太宗为之辍朝一日。追赠侍中，谥曰"庄惠"，命中使护葬。

妻弟王继勋

王继勋（生卒年不详），宋朝外戚，宋太祖妻弟。邠州新平（今陕西彬州）人。他因姐姐为皇后而入仕做官，目无法纪，生性残忍，犯下了令人发指的罪行。宋太祖看在亡妻的面上，屡次饶恕，他却怙恶不悛，变本加厉。恶贯满盈，终被斩首示众。

一、因姐入仕　为所欲为

王建勋的父亲王饶，是宋朝彰德军节度使；姐姐王氏，是宋太祖赵匡胤的发妻，即孝明皇后。

相传王继勋出生时，母亲看见一个红发人，形貌怪异，进入室内，随即生下了他。

长大成人后，王继勋仪容俊美，风度翩翩，但秉性凶恶，为人轻浮，简直就是个无赖。王继勋不学无术，无德无能，只是因为姐姐做了皇后，才得以入仕做官。

起初,王继勋被任命为内殿供奉官、都知、溪州刺史。建隆二年(961),升任恩州团练使,后改任龙捷右厢都指挥使,不久任永州防御使。

建隆四年(963),朝廷收复湖南后,王继勋任彭州防御使。当年秋天,宋太祖即将讨伐后蜀,命王继勋负责战前的阅兵准备。不久,他又升任保宁军节度使观察留后,领虎捷左右厢都虞候,权侍卫步军司事。

王继勋是一个阴险狡诈的小人,喜欢打击报复异己,多有不法行为。他与将领马仁瑀不和,总想找机会陷害,话里话外带着刺。宋太祖知道他的想法后,把马仁瑀调到了外地。

王继勋目无法纪,随心所欲。有一次,他为雄武军招募了一千多名新兵,宋太祖要派他们出征,而新兵中多数人尚未成家,父母不愿意让儿子当兵。太祖听说后,对王继勋说:"这些新兵里,一定有想结婚的人。如果有中意的人家,就让他们在出征前把婚礼办了,尽量简单一些,不需要准备聘礼,办一桌酒席就可以了。"

王继勋曲解了太祖的旨意,下令让新兵强抢民女。一时之间,京城骚动不安。有适龄女子的人家,为了躲过此劫,或是把女儿远送亲戚家,或是藏在家中隐秘之处。宋太祖听说后,非常震惊,派人捕杀了一百多个强抢民女的士兵,人心才安定下来。

随后,太祖把王继勋招来,怒不可遏地说:"难道你就这样传达朕的旨意吗?朕的士兵都是强盗吗?朕的子民还怎么信任、拥戴朕呢!"宋太祖双眼圆睁,愤怒地盯着他。王继勋吓得浑身颤抖,痛哭流涕地求饶,太祖攒眉长叹,念及已经去世的孝明皇后,挥手说声"罢了",饶过了他。

二、割婢为乐　食人被诛

王继勋生性残忍，所作所为令人发指。乾德四年（966），王继勋因为勒索部下遭到投诉。宋太祖诏令中书审讯后，解除了他的兵权，降职为彰国军留后。

降职后的王继勋怨气满腹，专以残害奴婢来发泄心中怨气。他把奴婢关押在府内，禁止出府半步，还动不动就鞭打，或用刀子扎她们的脸。奴婢们浑身是伤，疼痛难忍，却只能在夜深人静的时候暗自垂泪，祈求上天帮助她们逃离魔鬼。

也许是奴婢们的祈求感动了上天，老天爷给她们带来了一线生机。在一个漆黑的夜晚，倾盆大雨冲塌了王继勋府宅的院墙，奴婢们趁机跑出来，在皇宫外喊冤。宋太祖闻听大惊，命中使询问，获悉了王继勋的所作所为。这一次，无论王继勋怎样求饶，太祖也不为所动，下诏剥夺了他的官爵，软禁在官宅里，不久又发配登州。还没有到达登州，朝中就有人替他求情，于是宋太祖再一次饶了他，任为右监门率府副率。

谁知王继勋怙恶不悛，反而变本加厉，更加丧尽天良。开宝年间，分司西京洛阳的王继勋经常强买民家女子，做婢女侍候他。稍不如意，他就会杀死"惹祸"的婢女，吃掉她的肉，把骨头装在棺材里扔到野外。人贩子和卖棺材的人，走马灯似的出入他的府宅。百姓深受其苦，但都畏惧他的权势，不敢上告。

宋太宗继位后，有一名小吏，将王继勋的恶行上告朝廷。太宗继位之前，就对其行为略有耳闻，这一次决心把事情查个水落石出，命令户部员外郎雷德骧速去调查。经过审讯，王继勋供认，从开宝六年（973）四月到太平兴国二年（977）二月，大约五年的时间，他亲手杀死婢女一百多人。

王继勋的罪恶行径，让满朝文武为之震惊，人们纷纷上表，请求将他处于极刑。这一次，没有人再为他开脱罪行。最终，王继勋被斩首示众，十个为他强买民女的人贩子也一同被杀。长寿寺的广惠和尚经常同王继勋一起吃人肉，此次也被折断胫骨后斩首。王继勋问斩时，前来观看的百姓成百上千，随着他人头落地，人们无不拍手称快。

姨表弟刘知信

刘知信（943—1005），宋初外戚，宋太祖姨表弟，杜太后外甥。字至诚，邢州（今河北邢台）人。在宋初两朝任供奉官、皇城使、大内留守及刺史、知府、驾前都部署等。因亲属关系受到宠用，身历内外之官，以安分守己、小心谨慎闻名一时。

一、从小受宠　身历两朝

刘知信的父亲刘迁，后晋天福末年任凤翔帐前军使，改授滑州奉国军校。刘迁跟随骁将皇甫晖防守边境多年，作战有功，但英年早逝。

刘知信的母亲，是宋太祖赵匡胤之母杜太后的妹妹。乾德初年（963），封京兆郡太君；乾德六年（968），封本州太夫人。开宝三年（970）十月去世，宋太祖停止朝会为她发哀，追封刘国太夫人，陪葬安陵，追赠刘迁为太保。

父亲去世时，刘知信年仅三岁。当时，赵匡胤之父赵弘殷，见他聪明过人，十分喜欢。（"知信三岁而孤，宣祖怜其敏慧。"《宋史·外戚传上》）

建隆三年（962），刘知信已经成年，被授任供奉官。开宝三年（970），转任六宅副使。开宝五年（972），升任军器库使，掌管武德司。开宝六年（973），领锦州刺史。宋太祖对这位表弟十分信任，委以要职。刘知信也不辜负太祖的信任，总是把公事完成得非常出色，为此多次受到太祖嘉奖。

后来，刘知信跟随宋太祖去西洛郊祀，任行宫使；太祖驻洛中，他行西京武德、皇城、宫苑等使；太祖出宫郊祭，他充任大内留守。

宋太祖去世后，太宗继位，刘知信进领本州团练使，任武德使。随从太宗出征河东，又任行宫使。

太平兴国五年（980），刘知信派亲信到秦、陇购买竹木，假传皇帝制令，免除所过之处的赋税，运到京城后转卖牟利。事情被告发，他因此获罪，降授军器库使，领锦州刺史。但他毕竟是皇亲国戚，不久便重任武德使。适逢改武德司为皇城司，他又就任皇城使。

二、颇有功劳　安分谨慎

太平兴国七年（982），因受秦王赵廷美之事株连，刘知信获罪，改授右卫将军。当年秋天，出任靖难军节度行军司马。太平兴国九年（984），起任左卫将军，领营州刺史。

雍熙初年，刘知信改任左神武军将军，不久领澶州团练使，在镇州卫护屯兵。适逢宋太宗大举北伐，刘知信与六宅使符昭寿任押阵都监。军队回朝时，众将迷路失道，唯独刘知信没有，整顿所属军兵顺利归来。

不久之后，刘知信出任定州知州兼兵马钤辖，押大阵右偏。一天，他正设宴犒劳将士，契丹骑兵趁宋军防守不严，突然来到。刘知信没有披甲就率军出战，追击数十里，斩杀、俘获的人非常多，因功就地授邕州观察使。

雍熙四年（987），刘知信被召回朝廷，改授并州路副都部署。端拱年间，由人代换回来，出知杭州。淳化四年（993），刘知信又出知天雄军府。宋太宗去世，他充任修奉永熙陵（太宗陵）部署。

真宗咸平初年（998），刘知信任建武军节度观察留后，出知永平军府。这时，契丹入犯边境，他重知天雄军。宋真宗北巡，刘知信充任驾前副都部署，历知河阳、升州。景德元年（1004），宋真宗为了亲征契丹，前往澶州，任命刘知信为东京都巡检使，又知定州。

景德二年（1005），刘知信因病要求回京，到镇州时去世，享年六十三岁。宋真宗停止朝会，追赠太尉、天平军节度使。

刘知信因是外戚而致显贵，得到宋初三位皇帝的亲近和信任，内外的事情都亲身经历，资格最老。虽然没有显赫的名声，也能以安分守己、小心谨慎闻名一时。（"知信以戚里致贵，尤被亲任，中外践历，最为旧故。虽无显赫称，亦以循谨闻于时。"《宋史·外戚传上》）

义社十兄弟

赵匡胤之所以能够发动兵变代周建宋,缘于有自己业已发展成熟的强大实力,而"义社十兄弟"就是最基本力量之一。这个结义团体以赵匡胤为首,其余九人为杨光义、石守信、李继勋、王审琦、刘庆义、刘守忠、刘廷让、韩重赟、王政忠,起初都是平起平坐的弟兄,后来则各有沉浮。他们均为武将,南征北战中开疆拓土,赵家江山坐稳后解甲归田、优游卒岁……

天平军节度使石守信

石守信（928—984），宋初名将，"义社十兄弟"之一。开封浚仪（今河南开封）人。后周时，历任亲卫都虞候、嘉州防御使、都指挥使等。入宋，历任归德军节度使、同平章事、行营都部署、侍卫亲军马步军都指挥使、天平节度使等职。在陈桥兵变中，他积极拥护赵匡胤，是首功之臣。后又南征北战，平叛开疆，战功显赫。杯酒释兵权后离京外居，得享天年。

一、建功后周　策应兵变

后汉时期，石守信在枢密使郭威帐下效力。郭威建立后周，广顺年间，石守信任亲卫都虞候。

后周太祖郭威没有子嗣，传位于妻兄柴守礼之子柴荣，即后周世宗。这时，北汉王刘崇听说太祖去世、世宗新立，想趁后周大丧之机将其灭掉，亲自率健卒三万余人，联合北方的契丹辽，入侵后周领地高平（今山西晋城东北）。世宗柴荣亲率禁军迎敌，石守信随从出战。到达高平时，北汉大军兵已到，敌势如潮。世宗挥军向前，石守信等将拼力死战，大败北汉军，追敌于河东城下，后攻城不下，方才退兵还军。高平战后，石守信因功升为亲卫左第一军都校。

后周显德年间，世宗柴荣下令亲征淮南。当时淮南为李氏所据，国号"南唐"。世宗命石守信为先锋，后周军先攻克六合，复入涡口，占领了扬州，南唐割淮南求和。石守信战功显赫，升任洪州防御使，并充铁骑、控鹤四厢都指挥使。

显德六年（959年）三月，后周攻辽，石守信任陆路副都部署，成为后周的主要将领，以功迁殿前都虞候，转都指挥使、领洪州防御使。同年六月，赵匡胤接替张永德任殿前都点检，石守信接替赵匡胤任殿前都指挥使。

就在这一年，周世宗柴荣病逝，继位的恭帝柴宗训只有七岁。石守信被任命为义成军节度使，仍兼任殿前都指挥使。石守信是以赵匡胤为首的"义社十兄弟"中，继李继勋及赵匡胤本人之后第三个建节的，而且长期与赵匡胤同在殿前司共事，是其部属、亲信。作为赵匡胤的副手，与之关系最为密切。

显德七年（960年）正月，赵匡胤指使人谎报军情，得以率军北上。石守信是殿前司留京的最高长官，陈桥兵变当天晚上，赵匡胤派心腹小校郭延赟驰回京城向石守信报告，石守信当即部署"将士环列待旦"，等待策应赵匡胤回京。缘此，赵匡胤的兵变部队得以顺利进城。

二、两平叛乱　战功显赫

赵匡胤登上帝位后，以石守信位列开国功臣之首，任命他为侍卫马步军副都指挥使，改领归德军节度使

宋朝刚建立不久，便发生了昭义节度使李筠在潞州的叛乱。警报传至宋廷，宋太祖诏命石守信为统帅，高怀德为副帅，出师北讨。不久，又令慕容延钊、王全斌等将出兵东路，夹击李筠。石守信率宋军到达长平（今山西高平西北），遇到李筠军以及赶来支援的北汉军。李筠在阵前高声责骂石守信、高怀德背主负义，石守信回答说："李筠，你本是唐、晋旧臣，你今日指责我，那你当初背唐、背晋而事周，又是为何？"李筠被问得哑口无言。石守信挥军上前，李筠率军迎接。正交战时，慕容延钊忽然率军杀来，李筠的军队大乱，战败而逃。

李筠退守大会寨，倚山扼险而守。石守信令宋军攻打山

寨，李筠令士兵坚守，只命弓箭手放箭抵挡。宋军屡攻不下，石守信见力攻难以破寨，于是与诸将商议，决定用激将佯败设伏之法破之。

第二天，慕容延钊先出阵挑战，引诱李筠出寨，接着高怀德出战李筠，二将都假作战败而逃。李筠紧追不舍，追有五六里路时，石守信率伏兵突然从旁杀来，李筠大惊。慕容延钊、高怀德率兵杀回，李筠全军溃败。这时，宋将王全斌又趁机攻占了山寨，李筠回寨不得，只好驰马奔西北，逃往泽州（今山西晋城）。

石守信率军追至泽州，在城下与李筠军再战。这时，北汉军将领卢赞战死，李筠部下河阳节度使范守图也被擒。随后泽州城被宋军攻破，李筠计穷，自焚而死。另一汉将卫融降宋。李筠叛乱平定后。石守信因功加同平章事。

不久，淮南节度使李重进又在扬州起兵反宋。起初，李重进听说李筠起兵反宋，遂欲呼应，曾派亲吏翟守珣，带书信至潞州与李筠联络。不料翟守珣未去潞州，竟直奔开封，向宋太祖告密。宋太祖设法稳住李重进，平定李筠叛乱后，便决定出兵征讨。他先遣石守信、王审琦等四将带兵先行，并授石守信为行营都部署兼知扬州行府事之职，自己随后统军亲讨。

石守信率领宋军直奔扬州。李重进派向美、湛敬二将迎战，宋军气盛，个个奋勇向前，湛敬战死，向美逃入城中。李重进见大势已去，又知宋太祖将率大兵亲来，遂举火烧薪，合家自焚。

当时，宋太祖兵至大仪镇（在今江苏扬州西北），石守信派人快马送去奏报："城破在旦夕之间，如果陛下大驾亲临，将士们就会士气高涨，可以一鼓作气将叛军扫平。"宋太祖见奏，即刻率军赶来，扬州城果然很快攻陷。至此，李重进叛乱遂平。

三、解除兵权　自晦保身

建隆二年（961），石守信移镇郓州（治今山东郓城），兼侍卫亲军马步军都指挥使，为宋初"三衙"中两衙的首脑人物，除管辖中央及全国的大部分禁军外，还管辖全国的大部分厢军（亦是宋朝的正式军兵，等级待遇上差禁军一等）。

当年，宋太祖赵匡胤正是手握重兵，才得以发动陈桥兵变，夺取后周政权，进而称帝的。而整个五代的更迭，亦无不如此。对于这一点，宋太祖讳莫如深，只因兵事方息，不好骤作安排。等到平定李筠、李重进叛乱，太祖开始着手处理这一问题。

一日晚朝，宋太祖命人在便殿设宴，召石守信、王审琦等人饮酒。酒至半酣，太祖屏退左右，对他们说："我如果没有你们，不会有今天的地位。但我做了天子，却不如做节度使逍遥自在，就不曾睡过一整夜安稳觉。"（"我非尔曹不及此，然吾为天子，殊不若为节度使之乐，吾终夕未尝安枕而卧。"）石守信等人不解其意，只是说："如今天命已定，天下太平，没人敢有异心，陛下何出此言呢？"太祖回答说："人谁不贪图富贵？假如某天有人把黄袍加在你们身上，即使你们不愿意，那还可能吗？"（"人孰不欲富贵，一旦有以黄袍加汝之身，虽欲不为，其可得乎。"《宋史·太祖本纪》）

听到这里，石守信等人才明白了皇上的意思，不由得一身冷汗，急忙离座跪倒在地说："臣等愚不及此，希望陛下哀矜，指示生路。"宋太祖命众将起来，对他们说："人生如白驹过隙，生老病死，瞬息之间，莫如多积金银，购得田宅，既厚自娱乐，又遗留子孙，歌儿舞女，以享天年。这样你我君臣之间，各得其乐，无所猜忌，不是很好吗？"（"人生驹过隙尔，不如多积金、市田宅以遗子孙，歌儿舞女以终天年。君臣之间无所猜嫌，不亦善乎？"同上）石守信等万分感激，说："陛下为臣等之福虑念如此深远，真可谓起死回生、恩重如山！"

第二天，石守信等上朝，都称身体有病，难当军中重职，请求朝廷解其兵权。宋太祖一一允准，并令他们以散官离京外居。石守信授任天平军节度使，出镇郓州（今山东东平），虽仍保留侍卫马步军都指挥使之职，但实际上"兵权不在也"。临行，宋太祖召见了他，所给赏赐甚厚。

建隆三年（962）九月，石守信又上表，请求免去侍卫马步军都指挥使之职，专任天平军节度使。太祖准允。

开宝五年（972），石守信之子石保吉，娶宋太祖第二女延庆公主为妻。

太平兴国二年（977），宋太宗拜石守信为中书令，行河南府尹，充西京留守。次年，加检校太师。

太平兴国四年（979），宋太宗亲征，灭北汉。之后，移军进攻辽朝南京幽都府，起用石守信督前军。高梁河（今北京西直门外）之战，宋军大败，宋太宗狼狈逃回。战后，石守信因"督前军失律"，"责授崇信军节度使"。但不久，朝廷又进封他为卫国公。

太平兴国七年（982），徙镇镇安军（驻陈州，今河南淮阳）节度使，复守中书令。

石守信累任节度使和镇守，专务聚敛，积财巨万。他特别信奉佛教，在西京洛阳建崇德寺，募民夫修筑，催逼甚急，却不付给任何钱物，民夫多苦不堪言。《宋史》指出，石守信等如此作为，意在自晦（自我隐晦，甚至是自我埋汰）保身。（"然守信之货殖钜万，怀德之驰逐败度，岂非亦因以自晦者邪？"《宋史·石守信传》）

太平兴国九年（984）六月，石守信去世，终年五十七岁。追封威武郡王，赐谥"武烈"。

昭义军节度使李继勋

李继勋（915—976），宋初名将，"义社十兄弟"之一。大名元城（今河北元氏）人。他作战勇猛，颇有威名，后周时期，位在赵匡胤之上。入宋，任昭义军节度使等，在进攻北汉、辽朝中立下战功，先后加官同平章事、侍中，可谓位极人臣。

一、继勋升职　匡胤继任

后汉末年，枢密使郭威任军镇长官时，李继勋隶属其部下。后周广顺初年（951），任禁军列校，逐渐升任殿前司散员都指挥使。

显德元年（954）三月，李继勋参与高平之战，以功升殿前都虞候。不久，改任虎捷左厢都指挥使，领永州（今湖南零陵，时在湖南割据政权境内）防御使；而此时，赵匡胤才接替他继任殿前都虞候。同年十月，升任侍卫亲军步军都指挥使，领昭武军（驻利州，今四川广元，时在后蜀境内）节度使；而此时，赵匡胤才接替他领永州防御使。

后周世宗柴荣亲征南唐时，命李继勋率军驻于寿州城南，制造攻城器具洞屋、云梯，用以攻打城池。李继勋疏于守御，致使南唐军乘机进攻，后周军大败，死者数万，云梯、洞屋都被烧毁。

李继勋被召回朝廷，众臣纷纷指责，认为其死有余辜。但世宗没有处死，反而派他出朝出任河阳三城节度使。众臣对此很不满意，纷纷议论，认为世宗的决定失去了责罚将帅的意义。迫于舆论的压力，世宗只得将李继勋降为右武卫大将军，其掌书记陈南金也因辅助无方，一并贬黜。

这件事过后，李继勋认真反省，端正了态度，加紧研习军事战略。在以后的战役中，逐步显示了自己的威名。显德四年（957）冬，他随世宗再次南征。世宗命他率领三十艘黑龙船，在江口滩与南唐水军作战。在这次战役中，李继勋认真分析敌我双方的情况，运用战术打败吴军数百，缴获战船两艘。战后，因功升任左领军卫上将军。七月，改任右羽林统军。

显德六年（959）春天，世宗柴荣亲征契丹辽，任命李继勋为战棹左厢都部署，前任泽州刺史刘洪为副。不久，又让李继勋改任邢州长官。

后周恭帝柴宗训继位后，授李继勋为安国军节度使，加官检校太傅。

二、战功卓著　特受宠遇

宋朝建立后，李继勋加官为检校太尉。宋太祖赵匡胤平定泽、潞两地，李继勋到其驻地朝见，向宋太祖表示了自己的忠心，并述说了自己渴望杀敌报国的雄心壮志。宋太祖对他表示赞赏，任命为昭义军节度使，并让他率军攻打北汉。

李继勋率军进入河东，火烧平遥县城，俘获很多。建隆二年（961）冬，李继勋又打败北汉军队一千多人，斩首一百多级，俘虏北汉的辽州刺史傅延彦和其弟傅延勋，进献朝廷。

乾德二年（964），宋太祖诏令李继勋与康延沼、尹训，率领步、骑一万多人攻打辽州。北汉将领郝贵超率军前来援救，双方在城下展开恶战。北汉军内外呼应、杀气腾腾，但李继勋根本没把敌人放在眼里，指挥军士英勇杀敌，大败敌人。辽州守将杜延韬迫于危急，与拱卫都指挥使冀进、兵马都监供奉官侯美，率部下士兵三千人投降。

宋太祖听到胜利的消息，非常高兴，立即下诏褒奖李继勋。不久，北汉军联合契丹步兵六万人来夺取辽州，朝廷又派遣李继勋与罗彦瓌、郭进、曹彬等，率领六万人马赶赴那里，在城下大败契丹和北汉军队。乾德五年（967），李继勋加官同平章事。

开宝初年（968），宋太祖准备征伐河东，命李继勋率先出兵，在涡河打败北汉军。开宝二年（969），宋太祖亲征河东，任命李继勋为行营前军都部署。宋太祖来到并州城下，让军队分驻四面，李继勋在城南建立营栅。开宝三年（970）春，李继勋移镇大名。

太平兴国初年（976），李继勋加官兼侍中。不久，因病请求返回洛阳，宋太宗许可，赏赐钱千万、白银万两。当年秋天，李继勋上表请求辞官，宋太宗授以太子太师致仕，准许每逢朝会挨着中书门下（宰相）班站立。

致仕不久，李继勋去世，享年六十二岁。追赠中书令，追封陇西郡王，谥曰"庄武"。

史称："继勋累历藩镇，所至无善政，然以质直称。信奉释氏。与太祖有旧，故特承宠遇。"（《宋史·李继勋传》）说他历任藩镇，所到之处没有善政，但人很质朴耿直，还信仰佛教。因为和赵匡胤是旧交，所以受到特别的宠遇。

忠正军节度使王审琦

王审琦（924—974），宋初名将，"义社十兄弟"之一。字仲宝，祖籍辽西，后徙家洛阳。历仕后汉、后周，先后任铁骑指挥使、铁骑都虞候、殿前都虞候等。入宋，任殿前都指挥使、泰宁军节度使，从征李筠、李重进；"杯酒释兵权"后，出京任忠正军节度使等,加官同平章事。擅长骑射,又有才略,为政宽简,深受好评。

一、善于骑射 多有战功

后汉乾祐初年(948),王审琦在郭威帐下效命。由于性情淳厚严谨,很受郭威重视。后随郭威讨平李守贞,以功署厅直左番副将。郭威登上皇帝之位后,他历官东西班行首、铁骑指挥使等职。

后周世宗柴荣继位,王审琦随世宗征讨北汉主刘崇,力战有功,得以升任东西班都虞候,改铁骑都虞候,又改任本军右第二军都校。

王审琦善骑射,一天,周世宗设宴,并召禁军诸将校献射艺于宫苑中。王审琦一展射技,连连中的,众将校都很佩服他,世宗也对其高超射技给予嘉奖。不久,世宗让王审琦兼任勤州刺史。

显德年间,周世宗征讨淮南。世宗率大军至舒州城下,舒州城高壁坚,一时难以攻破。世宗命王审琦及司超率精兵再次攻城,王审琦身先士卒,冒矢登城,后周兵个个拼死力战,舒州城终被攻克,前后仅用了一天的时间。城破时,擒其刺史,获铠甲、军储数十万计。

世宗命郭令图领刺史,镇守舒州,复令王审琦率兵援救黄州(今湖北黄冈)。王审琦刚走数日,郭令图却被舒州人驱逐出城。王审琦得知,又选派轻骑衔枚夜间出发,清晨赶至城下,大败舒州人,郭令图方得复治舒州。世宗得知,嘉奖王审琦,升授散员都指挥使。

后来,王审琦又随世宗出征南唐。在紫金山之战中,王审琦率先登城,身中敌军箭矢,幸亏伤势不重。后周军又围攻濠州,王审琦率敢死士数千冲锋在前，力拔其水寨，攻夺月城，濠州遂降。后周军又攻围楚州（今江苏淮安），城将攻陷，王审琦估计南唐军必从南门逃遁，遂设下伏兵等候。不久，城中兵果然争夺南门而逃。王审琦令伏兵袭击，斩首数千级，俘获五千余人，押解到世宗所在之地。世宗赐名马、玉带等物犒赏。淮南平，加封王审琦为铁骑右厢都校。

后周恭帝柴宗训继位，将王审琦提升为殿前都虞候，领睦州（今属浙江）防御使。

二、胸怀宽大　才略过人

宋初，王审琦升任殿前都指挥使，领泰宁军节度使。宋军征讨李筠时，王审琦随往，为李筠军飞石所伤。宋太祖赵匡胤后至，听说他受了伤，亲自视问病情。讨伐李重进时，王审琦又以副帅从征。

建隆二年（961），王审琦亦被解除兵权，出为忠正军节度使，镇守寿春。在镇八年，为政宽简。其时，在他所管辖的一个县邑中，县令未向他报请，就自行罢免了一个有罪的录事吏员。王审琦的幕僚知道后，认为该县令不事先请示镇府，是犯律之举，请求追究罪责。王审琦说："五代以来，诸侯擅权强横，县令不能独自决断县里的事务。如今战乱结束，天下太平，我作为镇守，只要做好守镇之事就行了。所部县邑中，有县令能量罪清除狡诈的官吏，实在令人高兴，为什么还要治他的罪呢？"（"五代以来，诸侯强横，令宰不得专县事。今天下治平，我忝守藩维，而部内宰能斥去黠吏，诚可嘉尔，何按之有？"《宋史·王审琦传》）听说此事的人，都叹服王审琦的胸怀和见识。

王审琦为人稳重宽厚，又有才略。镇守寿春时，每年所得租税量入为出，不曾有所私求，受到百姓的称赞。他一向不能饮酒，却得经常陪宴。一次宴饮，宋太祖赵匡胤酒酣，举杯向他祝酒时说："酒，是天赐的美物；审琦，是朕的布衣之交。今日得天下，方与朕共享富贵，你却为何滴酒不沾呢？"祝酒罢，又回头对王审琦说："上天必定赐卿以酒量，你试饮之，不要害怕。"王审琦"受诏"饮酒，结果连饮十杯也没有觉得不舒服。自此以后，每有宴集，王审琦总是满杯而饮，但一归私宅则不能饮，有时勉强饮酒则无不生病。

开宝二年（969），王审琦随太祖征讨太原。开宝三年（970），改镇许州，赐甲第，留京师。宋太祖曾召王审琦宴射宫苑中，王审琦宝刀不老，又连连中的。太祖赏赐他御马、黄金鞍勒。

开宝六年（973），王审琦与高怀德一同加同平章事。

开宝七年（974），王审琦暴病去世，终年五十一岁。王审琦刚病倒时，不能说话，宋太祖亲去探视。王审琦去世后，太祖又亲至其宅，哀悼痛哭。追赐中书令，追封琅琊郡王，加倍赐钱办理丧事。到下葬那天，又为其辍朝致哀。后又追封秦王，谥曰"正懿"。

镇宁军节度使刘廷让

刘廷让（929—987），宋初将领，"义社十兄弟"之一。字光义，涿州范阳（今河北涿县）人。他才能突出，善于治军，委以重任，多有战功。在征辽的"君子馆之战"失利后，因不满主上责罚不公，无视朝命而被贬，途中绝食而死。

一、才能凸显 战无不胜

刘廷让的曾祖刘仁恭，为唐朝的卢龙军节度使。祖父刘守文，袭击沧州卢彦威，打败卢彦威，占据沧州，唐昭宗授予节钺以加重权力。后来，刘守文之子刘守光囚禁祖父刘仁恭，刘守文发兵讨伐，兵败后被刘守光所杀。年幼的刘廷让与父亲刘延进避难南逃。

刘廷让少有膂力，精力过人。后汉时，郭威镇守邺都，把他收为部下。后周广顺初年（951）补任为内殿直押班，其能力得到后周太祖郭威肯定，逐渐提升为龙捷都校。随从周世宗柴荣征伐淮南，因功授为雷州刺史。后来又升为涪州团练使、领铁骑右厢。

宋朝建立后，刘廷让转任江州防御使、领龙捷右厢。昭义军节度使李筠勾结北汉叛乱时，刘廷让随大军征伐，任行营先锋使。在与叛军的数次交战中，刘廷让总是冲锋在前，英勇杀敌。建隆二年（961），改任侍卫马军都指挥使、领宁江军节度使。

乾德二年（964）春天，刘廷让受诏率军奔赴潞州，以防备北汉军入侵。当年冬天，宋太祖发兵征伐后蜀，刘廷让担任西川行营前军兵马副都部署，率领禁军步骑一万、各州兵一万，从归州进军。刘廷让率军进入对方境内，以迅雷不及掩耳之势连续攻破松木、三会、巫山等营寨，擒获蜀将南光海等五千余人，俘虏战棹都指挥使元德宏等一千二百人，夺得战舰二百余艘，又俘获水军三千人。其余敌军落荒而逃，刘廷让指挥士卒围攻，犹如囊中取物，将他们全部俘获，并乘势渡过南岸，斩首三千余级。

紧接着，刘廷让与大将曹彬率军攻克夔州。当初，夔州有锁江浮桥，上面设置三层敌楼，夹江排列炮具。宋军出师之前，宋太祖出示地图，指示锁江浮桥说："我军逆流到此，千万不要以水师与敌军争胜，应当先用步骑由陆路前进，出其不意袭击敌人。等待敌军势焰低落，然后水陆夹攻，必能攻取。"

宋军行至夔州，距锁江浮桥三十里，便舍舟登陆，从陆路前进，先夺得浮桥，然后在岸上拉船逆流而上。

后蜀宁江制置使高彦俦对监军武守谦说："宋军远道而来，利在速战，不如坚守营垒，等待敌人来攻。"武守谦不听，独自率所部与刘廷让的骑将张廷翰交战，结果大败而逃。张廷翰乘胜登上城墙，高彦俦奋力死战，身受十多处创伤，左右都已逃散。高彦俦见大势已去，便投火自焚而死。数日后，刘廷让从灰烬中得到高彦俦的尸骨，依礼安葬。刘廷让与曹彬率军乘胜追击，连续攻克蜀地万、施、开、忠四州，陕州郡县全部平定。

第二年正月，刘廷让率军到达遂州，后蜀守将陈愈率领官民投降。刚发兵时，太祖命令刘廷让："夺得州县，应当拿出全部官库财物，为我赏赐战士，国家所取的只是疆土。"刘廷让拿出官库中的全部金帛赏赐将士，士气大振，将士们无不拼命杀敌，所到之处战无不胜。

后蜀平定后，王全斌等人违法乱纪，都被定罪降职，唯独刘廷让洁身自好。王全斌等人的行为，导致蜀地文州刺史全师雄叛乱，各州县贼寇与之呼应，纷纷起兵。刘廷让与曹彬率军平定了这场叛乱，因功改领镇安军节度使。接着，刘廷让又跟随宋太祖征伐北汉。

刘廷让凭借卓越的军事才能，不断受到朝廷重用。开宝六年（973），刘廷让出朝任镇宁军节度使。太平兴国二年（977），入朝任右骁卫上将军。

二、抗击契丹　全军覆没

雍熙三年（986），契丹辽大举侵扰宋朝边境。当时朝中许多大将吃了败仗，相继被罢官，没有合适的人率军去抗击契丹。宋太宗想到了已免去节度使之职的刘廷让，其赫赫战绩让太宗记忆犹新，便任命为雄州（今河北雄县）知州，后又调任瀛洲（今河北河间）兵马都部署。

当年冬天，刘廷让与数万契丹骑兵在君子馆展开殊死决战。契丹将领耶律休哥得知刘廷让前来抵御，便先发兵扼住险要，然后协同主力合围宋军。当时天气严寒，宋军衣着单薄，手足麻木，不能控弓弩，形势十分不利。后来，契丹军又截获了宋军辎重，焚烧了粮草。接着，契丹军主力败宋军于莫州，并在君子馆一带将宋军合围，而后发起猛烈进攻。

此战之前，宋军先锋、雄州刺史贺令图，曾收到过耶律休哥传话说："我获罪契丹，愿归南朝。"当时，贺令图未能识破诈降之计，轻信其言，并私赠金银。此时，宋军已被包围，耶律休哥又让人传言："愿得见雄州贺使君。"贺令图竟然不辨真伪，以为耶律休哥正按先前说好的前来投降，喜出望外。他想独吞这份"大功"，遂不与诸将商议，亲自带领数十骑大摇大摆地"造访"敌营。此举无异于送羊入虎口，耶律休哥见鱼已上钩，当即下令左右杀其从骑，擒住了贺令图。

刘廷让未雨绸缪，事先曾分出精兵，让李继隆率领作为殿后，以备危急时援救。在宋军被契丹军重重包围时，李继隆的援兵却没有如期而至，而是引兵退保乐寿。面对契丹军的猛烈攻势，刘廷让孤立无援。宋将桑赞率所部力战，从早晨杀到下午，前来增援的契丹军源源不断，桑赞最终不敌，率部逃走，宋军随即全军覆没。刘廷让骑着部下的马逃得一命，而宋军武州防御使、高阳关部署杨重进战死沙场。此战宋军伤亡惨重，多达数万人。

契丹军虽然取胜，却也损失不小，国舅详稳挞烈哥、宫使萧达里两员大将战死，足见战事的惨烈。不过，契丹军仍能乘胜扩大战果。君子馆之战，使河北宋军完全丧失了斗志，竟然用未习战斗的乡民守御。契丹军分兵略地，如入无人之境，先后攻陷邢、深、祁等州，最远的甚至攻破了德州。

博州监军马知节听说刘廷让战败，料定契丹军定会深入，于是加固城垒，集合丁壮，准备器械粮草，十五日就绪。当时官民对他兴役很不高兴，等到契丹军真的来到博州城下，见城中有备，便放弃攻打，众人才叹服马知节的先见之明。到了次年正月初，契丹军又攻破东城、文安，纵兵杀掠，然后才班师而去。

三、藐视皇命　被贬绝食

侥幸生还的刘廷让，狼狈地回到京城，等待朝廷的发落。宋太宗认为导致宋军失败的主要责任人是李继隆，所以没有责罚刘廷让。但让刘廷让大失所望的是，李继隆回朝并未受到任何责罚，反被无罪赦免。

宋太宗的做法引起了刘廷让的强烈不满，他怨气满腹，终于做出了无视皇命的举动。

雍熙四年（987），宋太宗任命刘廷让接替张永德，出任雄州知州兼兵马部署。当年秋天，他向朝廷上奏说自己患病，上言请求返回京城，但不等答复就擅自离开了驻地。宋太宗大为恼火，将他交付御史审问，定案下狱。宋太宗下诏说："右骁卫上将军刘廷让，我因为他是老臣，多次委以重任，让他管理军政，交付给他一方军队，让他控制边关，防御侵犯掠夺。他竟然因病解职，不等答复命令，便丢弃军事重任，整装上路。这分明是藐视朝廷，目中无人。况且万军所集，实际由朝廷中枢所控制；烽火相望，是为了抵御外来侵侮。作为主帅，擅自离营，御敌时机一旦失去，罪责应归于谁？刑部议定刑罚，应当处死。念他平日的贡献，所以特别从宽处理，只削夺本身官爵，发配商州。"又贬降其子如京使刘永德为濠州团练副使，崇仪副使刘永和为唐州刺史。

被贬之后,刘廷让终日郁郁寡欢,竟以绝食来发泄心中愤懑,发配途中在华州去世,享年五十八岁。宋太宗鉴于其功勋,追赠他为太师。

彰德军节度使韩重赟

韩重赟(?—970),宋初将领,"义社十兄弟"之一。磁州武安(今河北武安)人。他武艺高强,骁勇善战,拥戴赵匡胤称帝,忠心为国,平定叛乱,出击契丹,乃至堵塞黄河决口等,均有勋绩。但他佞佛建庙,欺压百姓,也为后人所不齿。

一、骁勇善战 修城建宫

韩重赟年轻时从军,隶属于后汉邺城留守郭威帐下。他武艺高强,作战勇猛,在军中颇负盛名。

后周广顺元年(951),韩重赟任左班殿直副都知。显德元年(954),随从世宗柴荣征北汉,在高平之战中,他奋力拼杀,歼敌数千,众将士受到他的鼓舞,无不英勇作战。战后,因功升任殿前司铁骑指挥使。

在世宗征伐南唐时,韩重赟率先登城,被乱箭射中,改任都虞候。虽然身负重伤,但他的心思还在战场上,经常派手下打听战事。世宗对他的忠心极为赞赏。不久,他又升任控鹤军都指挥使、领虔州刺史。

后周显德末年(960),宋太祖赵匡胤"黄袍加身",登上皇位。韩重赟积极拥戴赵匡胤,因功任为龙捷左厢都校、领永州防御使。后周昭义军节度使李筠叛乱,宋太祖率军征讨,韩重赟英勇杀敌,又一次立下战功。大军回朝后,韩重赟接替张光翰,任侍卫马步军都指挥使、领江宁军节度使。后周检校太尉、淮南节度使李重进，勾结李筠起兵叛乱，韩重赟奉命讨伐，平定叛乱后，任行营马步军都虞候。

宋建隆二年（961），韩重赟担任殿前都指挥使、领义成军节度使。

建隆三年（962），朝廷大兴土木，征发京城地区青壮民夫数千人，修筑皇城东北角，并命令有司绘制洛阳宫殿图样，按图进行修建，韩重赟受命监督管理。在这项工作中，韩重赟同样显得精明能干。他对民夫进行了有效管理，监督施工人员，对工程费用也是精打细算，坚决杜绝偷工减料现象。洛阳宫殿建成后，韩重赟的地位也随之升高。

乾德三年（965）秋天，黄河在澶州决口，宋太祖不知派谁去好。有人推荐韩重赟，宋太祖便命他前往。韩重赟受任后，立即出发，晓行夜宿，马不停蹄，很快赶到澶州。下马之后，他来不及稍事休息，就发布公文招募民夫。很快召集到数十万民夫，他亲自督率堵塞决口。经过十几个日夜的奋战，决口终于堵住。

二、奇袭契丹　欺压百姓

乾德四年（966），宋太祖在郊外举行祭祀，任命韩重赟为仪仗都署。当时，有人诬陷韩重赟私下选取亲兵，作为自己的亲信随从，宋太祖非常生气，打算处死他。韩重赟闻讯，心中委屈，无处申辩。

宰相赵普劝谏宋太祖说："陛下不可能亲自统率亲兵，必然选择合适的人来统率。如果韩重赟因为谗言被处死，就会人人担心获罪，谁敢再为陛下统率亲兵呢？该被处死的人，是那些诬陷他的小人。"太祖听信赵普之言，下令调查事情真伪，果然是有人栽赃陷害，韩重赟得以幸免。后来听说是赵普救了自己，他就到赵普那里去道谢,但赵普却拒而不见。韩重赟心中非常疑惑,但也没有深究。

乾德五年(967)二月,韩重赟出京任彰德军节度使,驻守安阳。开宝二年(969),宋太祖征伐北汉,出兵太原,路过所辖州郡,韩重赟前往迎候拜见。当时,北汉与契丹辽勾结,互相声援。宋太祖招韩重赟参加宴会,对他说:"契丹知道我这次出征,必定会率人马前来援救,他们料想镇州、定州没有准备,一定会从这条路进来。你领兵打仗的本领,朕是知道的,朕想派你率军快速行进,出其不意,肯定会打败他们。"于是任命韩重赟为北面都部署,率军攻打契丹军。

契丹军得知宋军要来攻打,自然十分警惕,可他们白天行军的时候,连宋军的影子都看不到。契丹主帅哈哈大笑说:"赵匡胤害怕了!"到了晚上,契丹军放松了警惕,士兵们也都非常疲乏。殊不知,他们的厄运已悄然降临。

韩重赟率部晓宿夜行,白天隐藏起来休息,晚上悄无声息地进发。到达定州时,与契丹军遭遇。契丹军突然看到宋军的旗帜,非常惊骇,想要撤退。韩重赟乘敌军慌乱之机,亲自率军冲上阵去,大败敌军,缴获战马数百匹。宋太祖得知韩重赟获胜,大喜,特别下诏褒奖称赞。

韩重赟虽然骁勇善战,忠心为朝,但他也做了一些欺压百姓的事。

韩重赟信佛,每天闲暇时都要烧香诵经。在安阳任彰德军节度使的六七年时间里,他强迫百姓采伐木料建造寺庙,各家各户都要出劳力做民夫,因而荒废了自家的农耕。百姓深受其害,但都敢怒不敢言,只能在心中暗骂韩重赟。

开宝七年(974),韩重赟去世,追赠侍中。

史传失载四兄弟

"义社十兄弟"中，赵匡胤自不必说，另外五人——石守信、李继勋、王审琦、韩重赟、刘廷让，《宋史》和《东都事略》都有专门的传记；其余四人——杨光义、刘庆义、刘守忠、王政忠，则史书记载不详。

"义社十兄弟"，后汉时投入枢密使郭威帐下，当时都是低级军官，地位大体相当。杨光义、刘庆义、刘守忠、王政忠的情况，也应与赵匡胤等六人相似，而且结成"义社兄弟"的时间，可能就在这个时候。因为到了后周世宗初年，各人的发展情况已有很大差异，地位已经相当悬殊。此时，"义社十兄弟"中地位最高的，不是赵匡胤，而是李继勋。赵匡胤主要是在周世宗柴荣后期得到迅速提拔，成为殿前司正职的。

赵匡胤与义社诸兄弟的关系，显然有着亲疏远近的差异。石守信、王审琦、韩重赟三人，与赵匡胤的关系应该最为密切，他们参与陈桥兵变，成为开国功臣。而杨光义、刘庆义、刘守忠、王政忠，升迁最慢，与赵匡胤的关系可能较为疏远；史传失载的原因，应该也正在于此。

两宋之际李攸的《宋朝事实》记载："太祖义社兄弟，保静军节度使杨光义，天平军节度使、同平章事兼侍中石守信，昭义军节度使兼侍中李继勋，忠武军节度使、同平章事、中书令、秦王王审琦，忠远军节度使、观察留后刘庆义，左骁卫上将军刘守忠，右骁卫上将军刘廷让，彰德军节度使韩重斌（赟），解州刺史王政忠。"这个排列顺序，也许就是"十兄弟"最初的排行顺序。

杨光义等四人中，相对来说，刘守忠、王政忠的记载尚有只鳞片羽。

王政忠，据李焘《续资治通鉴长编》记载："世言太祖义社十兄弟，政忠盖其一人也"，还说"并当检讨"，可见南宋初叶所存史料已经极少。开宝八年（975）五月，王政忠以解州刺史权知晋州（今山西临汾）兼兵马钤辖。次年八月，宋太祖以党进、潘美为帅进攻北汉，又派兵分路进兵，其中一路由郝崇信与解州刺史王政忠率领，出汾州（今汾阳）进攻太原。九月，宋军在太原城下击败北汉军。十月，当宋军继续攻打太原之际，宋太祖驾崩，"是月，太宗即位，召诸将还"。其后，王政忠事迹不再有记载。

刘守忠，相州（今河南安阳）人。史载其父刘万国任河中府（治今山西永济西）马步军都指挥使，时间或许是在后周。刘守忠之子刘用是宋太宗晋王府旧人，太宗末年任至高阳关副都部署，真宗时历任州部署、副都部署、知州等职。

陈桥兵变关系人

陈桥兵变，赵匡义、赵普都是主谋；二人之外，则首推"翊戴六功臣"——石守信、高怀德、张令铎、王审琦、张光翰、赵彦徽。二赵、石、王，或继位皇帝，或宰辅代表，或义社兄弟，各归本题。"六功臣"其余四位，另立此题。此外，预言的苗训、定议的李处耘、送信的楚昭辅、震慑老臣的罗彦瓌、首先入城的王彦升，也按着事件发展的轨迹，一一道来……

归德军节度使高怀德

高怀德（926—982），宋初名将，宋太祖妹夫。字藏用，真定常山人。后晋时，任罗州刺史；后周时，历任铁骑都指挥使、北面行营马军都指挥使等。他是"翊戴六功臣"之一，排名第二。入宋，历任殿前副都点检、忠武军节度使、太尉、归德军节度等。他顺应时势，助赵匡胤建国，是开国功臣；他作战勇猛，平叛剿敌，是沙场骁将。

一、少年英雄　受信晋周

高怀德出身将门。其父高行周，后周时为天平节度使，封齐王。

高怀德为人忠厚，外貌英俊倜傥，年轻时即刚健英勇，为人称道。二十岁之前，曾在父亲军府中充任小校，随父亲走遍黄河南北。

后晋开运初年（944），辽军南下侵犯后晋边境，后晋帝以高行周为北面前军都部署。当时，高怀德刚满二十岁，向父亲请求随军北征。高行周既感到惊奇，又感到骄傲，很欣赏儿子的勇敢，便允许他随军而行。

后晋军兵至戚城（今河南濮阳北），与辽军相遇。辽兵甚多，里外数重，包围了后晋先锋军，而后晋援军迟迟不到，形势十分危险。此时，高行周有点后悔带儿子随军，怕他有闪失，但高怀德却让父亲大感惊异，只见他弯弓搭箭，左右开弓，辽兵中箭者甚多。高怀德又纵横驰突，枪刺辽兵，辽兵见此无不畏惧后退。这时，高怀德驰马奔突到父亲前面，带着父亲冲出敌阵。就这样，父子终于突围而出。后晋少帝石重贵闻知其事，赐珍裘、宝带、名马，对高怀德十分宠爱，并让他以功领罗州刺史。

高行周镇守郓州时，高怀德改任集州刺史，仍领低级武官。不久，升任信州刺史，跟随父亲镇守宋州。

后晋末年，辽军再次引兵南下。少帝石重贵以高行周为邢赵路都部署，率领晋军抗辽，留高怀德守睢阳（今河南商丘南）。这时，后晋大将杜重威投靠契丹辽，开封东西诸州县群盗大起。辽军趁势围城，高怀德坚壁清野，使其不能破城。恰逢高行周带兵归镇，敌军遂解围而去。

后周时，太祖郭威征讨不肯归附的慕容彦超，回师途中，特意拜会了高行周父子。郭威对高行周父子十分欣赏，并赏赐高怀德以衣带、鞍马之物。高行周去世后，高怀德任东西班都指挥使，领吉州刺史，改任铁骑都指挥使。

后周世宗柴荣继位后，高怀德随世宗南征北讨。先战北汉刘崇于高平，高怀德得胜，攻克了高平，因功升任铁骑右厢都指挥使，领杲州团练使。继而又从征南唐，知庐州（今安徽合肥）行府事，充任招安使。在庐州城下，高怀德与敌军大战，斩首七百余级。不久，高怀德升任龙捷左厢都指挥使、领岳州防御使，赏赐骏马七匹。

当时，南唐将领刘仁赡占据寿春（今安徽寿县），舒元占据紫金山，设置连珠营寨相为支援，以抵抗后周军队。世宗柴荣命高怀德率帐下数十名亲信骑兵接近敌寨，侦察对方的营垒。高怀德率骑兵夜渡淮河而窥视其营。直到天明，唐军才发觉，派兵来战。高怀德与部下以寡敌众，边战边退，擒其裨将而还。此行侦察到了唐营内的情况，世宗大喜，赐以金带、银鞍等物。

一天，周世宗柴荣骑马在淮河边观察敌军形势，看到一员将领追击敌军，夺得敌人手中的槊回营，忙令身边的人去问问，正是高怀德。世宗将高怀德召到自己行宫加以慰劳，许诺给他节钺，以加重其权力。

平定南唐后，世宗柴荣又挥军北征，命高怀德与韩通率军先到沧州。高怀德率军进攻瓦桥关，刚取得关南，世宗又命他出任雄州兵马都部署。不久，高怀德率兵攻克瓦桥关，收降敌将姚内斌返回。

二、陈桥倡变　平叛擒敌

后周恭帝柴宗训继承帝位，提升高怀德为侍卫兵军都指挥使、领江宁军节度使，又任北面行营马军都指挥使。

周恭帝继位时，年方七岁，世宗的宏图大业，恭帝显然无法完成；大将赵匡胤才干出众，人心所归，后周的事业应由他来完成。高怀德认清了形势，并顺时势而动。虽然两代人受后周之恩甚厚，但在陈桥兵变时，高怀德仍毅然支持拥戴赵匡胤。

陈桥兵变前一天的晚上，将士们聚在一起商量说："主上（后周恭帝柴宗训）幼小柔弱，我们舍生忘死奋力杀敌，谁又知道呢？不如先立点检（赵匡胤）做了天子，然后再北征也不迟。"（"将士相与谋曰：'主上幼弱，我辈出死力破敌，谁则知之！不如先立点检为天子，然后北征。'"《资治通鉴·宋纪一》）有的文献，则说是众军尚在犹疑，高怀德首先倡议，这番话也便安到了他的头上。

赵匡胤称帝后，拜高怀德为殿前副都点检，统率禁军。当时高怀德之妻病逝，但他时在壮年，理应续弦。恰逢宋太祖之妹燕国长公主丈夫去世。公主韶年守寡，经常暗自叹息，众人也为她着急。赵匡胤灵机一动，遂与母亲杜太后商议，打算成就高怀德与燕国长公主的百年之好。杜太后为女儿一生着想，也顾不得什么名节，遂表示赞同。

随后，杜太后询问女儿的意见，燕国长公主虽嘴上支吾，心中早对高怀德产生敬意。原来太祖登殿、高怀德入廷时，公主曾见过其仪表：高怀德生有一副好身材，虎臂猿躯，且容貌英武。这边高怀德也见过公主，有才华，相貌出众，随即答应了这门婚事。不久，太史择定吉日，行合婚礼，二人成夫妻。太祖赐宅第兴宁坊。再过几日，诏书颁下，特拜高怀德为驸马都尉。自此，高怀德与宋太祖又多了一层亲戚关系。

　　高怀德续弦未久，宋太祖便诏命他与石守信征讨在潞州叛乱的李筠。于是高怀德依依不舍地辞别新婚燕尔的妻子，率军而去。宋军先与李筠军战于长平，大败李筠军。继而又攻占大会寨，进逼泽州。李筠军再败于泽州城下，李筠计穷，自焚而死。宋军此次出兵，三战三捷。每次作战，高怀德虽身为统帅，却仍身先士卒，挺枪杀敌。在进攻李筠的大会寨时，因几次进攻均被李筠军打退，高怀德气愤不已，竟要亲冒矢石，引兵攻寨，被部将慕容延钊劝住。泽州城下之战，高怀德迎战投依李筠的河阳节度使范守图，生擒而归。

　　李筠叛乱平定后，高怀德以功迁忠武军节度、检校太尉。后又随宋太祖出征，平定了扬州李重进之乱。

　　建隆二年（961），赵匡胤杯酒解除诸将兵权，高怀德也在其内，改授归德军（治今河南商丘）节度使。

　　高怀德是将门之子，热衷习练武事，不喜读书，性情简率，不拘小节。但他善音律，并能自为新声，其所创制的曲子极为优美动听。这对常年征战的武将来说，实在并非易事。他还爱好狩猎，经常三五天露宿野外不归。每次出猎，均能猎得狐、兔数百只。有时客人来访，他对客人不打招呼就走，另由别门而出，引数十骑兵竟至野外而去。

　　开宝六年（973）秋，加高怀德为同平章事。同年冬，燕国长公主去世，高怀德的驸马都尉之号被取消。宋太宗继位，加兼侍中，检校太师。

太平兴国三年（978），高怀德染病。宋太宗得知，诏令太医王元佑与道士马志，去其宅第为他治疗。

太平兴国四年（979），高怀德跟随宋太宗灭北汉，移镇曹州，受封冀国公。

太平兴国七年（982），高怀德改任武胜军节度。同年七月，高怀德去世，时年五十七岁。追赠中书令，追封渤海郡王，谥曰"武穆"。

高怀德也算传统戏曲钟情的宋初人物，在《斩黄袍》《三打陶三春》里，都是主角之一。

镇宁军节度使张令铎

张令铎（911—970），宋初将领，"翊戴六功臣"之一。原名张铎，后周赐改"令铎"，棣州厌次（今山东阳信）人。历仕后唐、后晋、后汉、后周，参与陈桥兵变，宋初任马步军都虞候、镇宁节度使。

张令铎少年勇猛，因而投身行伍。后唐清泰年间，补任宁卫小校。后晋初年，改到奉国军（蔡州）服役。后汉乾祐年间，跟随枢密使郭威，平定河中节度使李守贞的叛乱，因功升任奉国军指挥使。后汉广顺初年，升任控鹤指挥使。此后多次升迁，出任本军左厢都指挥使、领虔州团练使。

后周时期，张令铎跟随周世宗柴荣征伐南唐，改领虎捷左厢，加常州防御使。后周两次征讨寿春，世宗命他和龙捷右厢柴贵，分别担任京城左右厢巡检。世宗北征，命张令铎与韩通、高怀德，先率兵前往沧州；又让张令铎作为韩令坤的副手，担任霸州部署，率兵镇守城池。后周恭帝柴宗训即位后，张令铎任侍卫亲军步军都指挥使、领武信军节度使。

在"翊戴六功臣"中，张令铎排名第三。具体事迹，未见更多记载，拥戴主将应属无疑。其时，他与高怀德，分别任侍卫亲军的步军、马军都指挥使，地位之重要，很能说明问题。

北宋建立，张令铎升任马步军都虞候、领陈州节制。宋太祖讨伐李筠叛乱，任命张令铎为东京卓城内都巡检。

建隆二年（961），宋太祖"杯酒释兵权"，张令铎出任镇宁军节度使。同时，太祖又为皇弟赵光美，娶张令铎第三女为妻。

开宝二年（969），张令铎入京朝见时得病，宋太祖亲自前往问疾，赐帛五千匹、银五千两，并给其家人丰厚赏赐。第二年春天，张令铎在京师去世，终年六十岁。太祖极为悲痛悼惜，追赠侍中。

张令铎性格仁慈宽厚，曾对人说："我从军三十年，经历大小四十多场战斗，多次摧毁敌军的精锐、攻陷敌人的阵地，但从来没有胡乱杀过一个人。"（"我从军三十年，大小四十余战，多摧坚陷敌，未尝妄杀一人。"《宋史·张令铎传》）等到张令铎去世，人们都很惋惜。

永清军节度使张光翰

张光翰（？—967），宋初将领，"翊戴六功臣"之一（排名第五）。辽州榆社（今山西榆社）人。

张光翰是后唐山南节度使张虔钊之子。后周末年，张光翰因颇有功勋，出任虎捷右厢都指挥使，是侍卫亲军步军都指挥使张令铎的部属。虎捷右厢，属侍卫亲军司步军主力之一。

在陈桥驿，殿前都指挥使石守信、侍卫亲军马军都指挥使高怀德、侍卫亲军步军都指挥使张令铎、殿前都虞候王审琦、虎捷右厢都虞候张光翰、龙捷右厢都指挥使赵彦徽六人为首，拥立赵匡胤黄袍加身。

宋朝建立后，张光翰因拥戴之功，任侍卫马军都指挥使、领宁江军（夔州）节度使。《宋史》谓："（韩）重赟与张光翰、赵彦徽分领诸军节度，嘉其翊戴功也。"（《宋史·韩重赟传》）

在参与陈桥兵变的翊戴功臣中，张光翰与宋太祖关系较为疏远。因而赵匡胤登基的同年（960）五月，他的侍卫马军都指挥使及宁江军节度使衔，都被太祖"义社十兄弟"之一的韩重赟所接替，《宋史》云："宋初，（韩重赟）以翊戴功，拟为龙捷左厢都校、领永州防御使。从征泽、潞还，命代张光翰为侍卫马步军都指挥使、领江宁军节度。"

张光翰可能此时即被罢免禁军军职，出为永清军（贝州）节度使。其间，他曾入朝觐见。此后事迹不详。

乾德五年（967）正月，张光翰在永清军节度使任所去世。追赠侍中。

建雄军节度使赵彦徽

赵彦徽（？—968），宋初将领，"翊戴六功臣"之一（排名第六）。真定安喜（今河北定州）人。

后周时期，赵彦徽跟随周世宗柴荣征战，授虎捷右厢都指挥使。《宋史》谓："与太祖同事世宗，太祖兄事之。"（《宋史·韩重赟传》）

大约和张光翰一样，赵彦徽与赵匡胤亦非亲近关系。他们二人，《宋史》无传，都是在《韩重赟传》里顺带叙及，且三言两语而已。而所谓"太祖兄事"，也不过指他较为年长而已。

宋朝建立后，赵彦徽因拥戴之功，任侍卫步军都指挥使、领武信军节度。但与张光翰一样，当年（建隆元年，960）五月，他的职衔就被太祖亲信罗彦瓌取代，《宋史》所谓"从平泽、潞还，命（罗彦瓌）代赵彦徽为侍卫步军都指挥使、领武信军节度"（《宋史·罗彦瓌传》）。

张光翰、赵彦徽很快被解除禁军军职，说明宋太祖急于直接掌握侍卫亲军司的兵权，所以把它们交予亲信掌管。另外，在李筠叛乱的时候，后周侍卫马步军都指挥使、淮南节度使李重进，其反宋图谋也已显露，而他曾是张光翰、赵彦徽原来的上司。因而平定李筠之后，两人的禁军军权随即解除。

赵彦徽罢军职后，改任建雄军（晋州，今山西临汾）节度使。其间，乾德元年（963）十二月，宋太祖"遣内客省使曹彬、通事舍人王继筠分诣晋、潞州，与节度使赵彦徽、李继勋会兵入北汉境，攻其边邑及辽（治今山西左权）、石州"（《续资治通鉴·宋纪三》）。即赵彦徽参与过对北汉的攻伐，而这当与其节镇所在地域有关。

赵彦徽在镇"不恤民事，专务聚敛，私帑所藏钜万"。宋太祖虽知其事，"薄其为人"，却又对他"崇顾甚厚"，并未有所惩戒。宋太祖的这种态度，当与其翊戴之功不无关系。

后来，赵彦徽自镇入都朝见，太祖设宴款待，他因饮酒过度而生病。其间，太祖曾"幸节度使赵彦徽第视疾"（《宋史·太祖本纪》）。随后遣送回镇。

开宝元年（968）五月，赵彦徽在建雄军节度使任所病逝，追赠侍中。

翰林天文苗训

苗训（925—997），宋初大臣。河中（今山西永济）人。后周时，即"私与"赵匡胤友善。擅长天文占候术，曾在军中预言赵匡胤受六军拥戴、代周为天子，制造舆论。宋初任翰林天文，加银青光禄大夫、检校工部尚书。

《宋史》记载，苗训"性聪慧，善天文占候之术"（《方技传上》）。而有关地方志的记载，说他年轻时很有抱负，西上华山，拜陈抟老祖为师。由于聪颖好学、才智过人，深得师傅喜爱，格外倾心教诲。经过数年刻苦努力，苗训学有所成，文韬武略，无不精通。陈抟老祖曾说："我一生弟子众多，将来成大器者，唯光义（苗训字）也。"

《宋史》又云，苗训"仕周为殿前散员右第一直散指挥使，私与太祖友善"。就是说，后周时，苗训在殿前司担任中级军官，曾与赵匡胤同事，而且私交很好。

后周显德七年（宋建隆元年，960），赵匡胤率军北征，苗训亦在军中。在陈桥兵变中，苗训利用自己的"专长"，出色地营造了朝代因革、新主诞降的神秘氛围。在进军陈桥驿那天，苗训看见天空中太阳上面还有一个太阳，两个太阳摩荡了很久。他把这种奇异的天象指给赵匡胤的心腹楚昭辅看，并说："这是上天的命令。"（"训视日上复有一日，久相摩荡，指谓楚昭辅曰：'此天命也。'"《宋史·方技传上》）《宋史·太祖本纪》所记略有不同，谓"日下复有一日"，"摩荡"作"摩汤"，前缀"黑光"二字。孔颖达《周易正义》疏"刚柔相摩，八卦相汤"之"摩汤"曰"共相切摩更递变化也"，移释《宋史》"摩荡"，可谓精准。

赵匡胤率大军出征，朝野已经传言纷纷，所谓"时主少国疑，中外密有推戴匡胤之意，都下讙（喧哗）言：'将以出军之日，册点校为天子。'"（《宋史纪事本末·太祖代周》）。《宋人轶事汇编》小异："周恭帝幼冲，太祖英武有度量，将士归心。将北征，京师喧言：'出军之日，当立点检为天子。'"无论"讙言"还是"喧言"，已经纷纷扬扬，不再私密了。苗训的这番"作弄"，则在于坚定军中将士的"信心"，并为之披上一层神秘色彩。

不仅如此，史书还进一步说："夕次陈桥，太祖为六师推戴，训皆预白其事。"这是说，苗训对赵匡胤受六军拥戴、黄袍加身，不仅有过预言，还曾有过明白表达。只是这一切，是预言，或者根本就是事先的安排设计，很难说得清，又心照不宣。

宋朝建立后，苗训被提拔为翰林天文，不久加官银青光禄大夫、检校工部尚书。宋代翰林院设天文局，掌观测天象、占候卜筮，对苗训而言，这也可谓"用其所长"了。

苗训活到七十多岁才去世。《宋史·艺文志》著录其《太平乾元历》九卷。

苗训的儿子苗守信，"少习父业，补司天历算。寻授江安县主簿，改司天台主簿，知算造"（《宋史·方技传上》），成了天文历算方面的专门人才。后来，苗守信曾代理司天监的负责人。

枢密副使李处耘

李处耘（920—966），宋初将领。字元正，潞州上党（今山西长治）人。陈桥兵变时，李处耘观察到军中将士"谋欲推戴，遽白太宗"，并与王彦升等谋划定议，拥戴之功颇巨。宋初历任宣徽院使、枢密副使、淄州刺史等。他机智勇猛，在宋初消除割据、平定叛乱中多有建树；但生性耿直，仕途因此受阻，贬官后抑郁而终。

一、艺高心细　拥立有功

李处耘的父亲李肇，在后唐历任军校，官至检校司徒，后来战死在讨伐契丹的战场上。李处耘自幼随父亲学习武艺及骑射，练就了一身好本领，勇猛过人。

后晋末年（947），李处耘跟随兄长李处畴来到京城。正值后晋大将张彦泽勾结契丹反叛，叛军攻入京城，张彦泽放纵士兵烧杀抢掠。一时间，京城百姓四处逃窜，哭声四起。看到这些情景，李处耘怒火中烧，立即背上弓箭与兄长一起奋力抵抗叛军。

当时，李处耘独自挡住里门，以精湛射术射死叛军十几人，没有一个叛军敢于正面抵挡。天黑之后，战斗暂时停止。第二天早晨，双方继续进行战斗，李处耘又杀死许多叛军。战斗持续了很久。李处耘有个亲友掌握着军队，听到李处耘危难的消息，此时前来救助，于是把叛军赶出京城，百姓得以平安。

后汉初期，折从阮任府州统帅，把李处耘安置在部下，委托他处理军务。李处耘做事认真负责，深得折从阮信任。折从阮出任邓、滑、陕、邠四节度使时，李处耘都跟随着他。

后周显德年间，折从阮去世，遗表称李处耘有能力，可委以重任。正逢大将李继勋镇守河阳，朝廷下诏让他安排李处耘任要职。李继勋起初不以为然，对李处耘毫不礼待，但随着相处日久，逐渐刮目相看。有一次李继勋举行宴射，李处耘连续四次无不中的，无人能比。李继勋觉得他很不寻常，把他引见给自己的母亲，越来越加信任，逐渐把州中事务委托给他，让他掌管黄河渡口。

李处耘掌管黄河渡口后，工作认真负责。他敏锐地发现渡口有可疑的人来往，告诉李继勋说："这个渡口来往的人当中，恐怕有奸细，不能不查。"过了几个月，李处耘果然捉到契丹的间谍，经过搜查，他们身上藏有给西川、江南的蜡封书信，李继勋当即派李处耘将他们押送朝廷。

李处耘到达朝廷后，周世宗柴荣仔细询问有关情况，李处耘对答得体，世宗对他大为赞赏，想委以重任。赵匡胤当时领殿前亲军，李继勋被免除节度使时，周世宗便让李处耘隶属赵匡胤帐下，任都押衙。

显德七年（960），赵匡胤奉命率军北征契丹军。驻军陈桥驿时，李处耘察觉军中众将谋划推戴赵匡胤称帝，急忙告诉了赵匡胤之弟赵匡义。接着，他们与王彦升合谋，又召集马仁瑀、李汉超等将领，大家一起做出决定后，才进去告诉赵匡胤，但赵匡胤一口拒绝。（"会太祖出征，驻军陈桥，处耘见军中谋欲推戴，遽白太宗，与王彦升谋，召马仁瑀、李汉超等定议，始入白太祖，太祖拒之。"《宋史·李处耘传》）

不久，诸军大声呼喊，进入驿馆，将士们拔出利刃列于庭前，高声说："各位将领没有主上，愿册命太尉为天子。"赵匡胤还没来得及回答，事先预备好的黄袍已经加在他的身上。众人罗列下拜，欢呼"万岁"。李处耘当机立断，计谋合宜，因拥戴有功，被授予客省使兼枢密承旨、右卫将军。

建隆元年（960），昭义军节度使李筠在潞州叛乱，李处耘随从宋太祖亲征，平定叛乱后，升任羽林大将军、宣徽北院使。不久，淮南节度使李重进又在扬州起兵反宋。在宋军大举讨伐李重进时，李处耘任行营兵马都监。平定李重进叛乱后，宋太祖任命李处耘为扬州知州。

战争之后，扬州境内一片衰败景象，李处耘体察到百姓的痛苦，极力安抚，奏请减免城中居民房屋税，请军医为病重的百姓免费医治。他鼓励百姓兴农建商，派士兵帮老百姓重建家园。百姓甚为感激，无不服从政令。李处耘的善政，为当地百姓广为传颂，人们都很敬佩、爱戴他。当建隆三年（962）李处耘奉诏离开扬州要回京城时，百姓纷纷拦路哭泣，不愿让他离去。李处耘万不得已，只好又滞留了几天才离开扬州。

回京之后，李处耘因功被任命为宣徽南院使兼枢密副使，赏赐甲等住宅一处。

二、足智多谋　胜利平荆

李处耘足智多谋，在平定荆、湘军队叛乱的一系列战斗中，这一点得到了充分显示。

建隆三年（962），武平军节度使周行逢去世，其子周保权继任，手下张文表叛乱，占据潭州（今湖南长沙），准备攻取朗陵（今湖南常德）消灭周保权。周保权一面派军队还击，一面派使者向朝廷求助。

宋太祖想借出兵湖南之机，借道荆州，顺便平定占据荆州的高继冲，攻取长沙，遂答应派军援助。李处耘受命任都监，率军前往荆南平定叛乱。临行时，宋太祖召见他，面授机宜，命他在汉水岸边与都部署慕容延钊会师。

李处耘到达襄州（今湖北襄樊），先派遣阁门使丁德裕，对敌帅高继冲说明借路之意，请他为军队供应粮草。高继冲与僚佐商量后，以大军过境黎民百姓恐惧为托辞，希望在百里之外提供粮草。李处耘对此很不满意，再次派遣丁德裕前往。

高继冲部属孙光宪和梁延嗣，都劝长官同意借路。兵马副使李景威却说："朝廷军队虽说是借路收回湖南，但恐怕会乘机袭击我们。希望给我三千士兵，在荆门险要狭隘处设下伏兵。等宋军夜间行进时，派出伏兵攻击其主将，宋军必定自己退却。我们再调转军队抓捕张文表，献给朝廷，您的功劳就大了。不然的话，难免摇尾乞食、受制于人之患。"高继冲不听，说："我家多年事奉朝廷，肯定不会有此等事情。"

孙光宪说："李景威只是一介小民罢了，哪里懂得胜败。况且中原在后周世宗时候，就已经有统一天下的志向；宋朝兴立，所有措置，规模越加宏大深远。如今朝廷军队讨伐张文表，犹如大山压卵，势不可当。湖南平定以后，岂有再借路离去之理呢？不如及早将疆土奉归朝廷，荆楚就会免去祸患，您也不会失去富贵。"高继冲赞同孙光宪的意见。李景威知道自己的计划不能实行，叹息说："大事完了，还活着干什么？"回家便自杀而死。

高继冲派梁延嗣和叔父高保寅送上牛肉、酒，犒劳朝廷军队，并察看所作所为。李处耘率军到达荆门时，前往会见梁延嗣等人，接待礼遇超出常规。梁延嗣心中欢喜，派使者骑马飞报高继冲"没有危险"。荆门距离江陵一百多里。当晚，慕容延钊召见梁延嗣等人，在自己帐中饮酒，李处耘秘密派轻骑数千兼程前进。

高继冲正在等待高保寅、梁延嗣回来，突然听说李处耘已经指挥军队到达，马上惶恐不安地出城迎接，在江陵城北十五里遇到李处耘。李处耘向高继冲作揖行礼，让他等待慕容延钊，自己率领身边亲兵先入城中，登上北门城楼。等到高继冲和慕容延钊一起回城，宋军已经分别占据路口要道、布列大街小巷了。高继冲大为恐惧，便全部登录其三州、十七县、十四万二千三百户，奉表前来归降。

慕容延钊进军攻克潭州，杀了张文表，即将进军朗陵。周保权的牙将张从富等，见张文表已经被杀，而宋军继续前进不止，惧怕被宋军袭击，共同拒守城池。慕容延钊兵临城下，未能攻入。宋太祖得知此事，派遣使臣晓谕张从富等人，张从富不听。李处耘选了数十名身体肥胖的俘虏，令左右煮其肉而食；又在健壮俘房面颊上刺字，令他们先入朗陵。被刺面的俘虏入城，说俘虏全被宋兵煮着吃了，闻听此言，人们都十分恐惧，争相逃亡，溃不成军。慕容延钊因此长驱直入，攻克了朗陵，捉住张从富杀掉。周保权的大将汪端劫持周保全及其家属，逃亡并躲藏在澧江南岸的寺庙里。李处耘派部将田守奇率军渡过澧江，将周保权俘获。

三、生性耿直　贬官忧死

李处耘生性耿直，严格执法，但也因此而得罪老将，招致祸事。

起初，平荆大军到达襄州后，街市上卖饼的人全都减少分量、提高价钱，卖给军人。李处耘逮捕了其中最严重的两个，送到慕容延钊那里。慕容延钊认为他过于小题大作，发怒不接受。如此来回三次，慕容延钊都不予理睬。于是，李处耘命手下将那两人斩首示众。从此之后，李处耘与慕容延钊结下了梁子。

慕容延钊的部下小校司义，住在荆州客将（地方上负责接待四方来使的官员）王氏家中，纵酒行凶，肆意闹事。王氏向李处耘控告，李处耘招来司义，予以斥责。司义怀恨在心，到慕容延钊那里添油加醋，说李处耘看不起他，大为光火。

平荆部队到达白湖时，李处耘远远望见有一名军人进了百姓住宅，过了好一会儿，房子里的人大声呼喊求救，李处耘派人逮捕那名军人。经过审问，那人声称自己是慕容延钊的马夫，李处耘非常气愤，命人鞭打其后背。慕容延钊知道后，有心偏袒马夫，李处耘见此，愤怒中将马夫斩首。两人的关系急剧恶化，互相上奏。因慕容延钊是老将，朝廷商议后决定宽恕其过失，李处耘却被贬为淄州（治今山东淄博南）刺史。李处耘满腹委屈，但也无可奈何，又不敢为自己分辩。

李处耘在淄州待了几年，终日郁郁寡欢。乾德四年（966），抑郁而终，时年四十七岁。朝廷为此停朝致哀，追赠宣德军节度使、检校太傅，在洛阳偏桥村赐地安葬。

李处耘去世后，宋太祖常常悼念。开宝年间，宋太祖为弟弟晋王赵光义（即宋太宗）聘娶李处耘次女李氏为晋王妃，以示褒奖，李氏即后来的明德皇后。

枢密使楚昭辅

楚昭辅（914—983），宋初将领。字拱辰，宋州宋城（今河南睢阳）人。早年投到赵匡胤麾下，颇受信用。陈桥兵变后，奉宋太祖之命"入安母后"，可见信用程度。后官至左骁卫大将军、枢密使。为人勤劳耿介，又颇为吝啬，喜好书画收藏。

一、委质贵人　遣问太后

楚昭辅年轻的时候，在后周永兴军节度使刘词帐下任职。后周显德元年（955年）七月，刘词去世，转而成为赵匡胤的部下。

据记载，楚昭辅投到赵匡胤麾下，曾经作过占卜。刘词去世后，楚昭辅来到京师开封，向盲卜师刘悟问卦。刘悟给他占了一卦，说："你即将遇到贵人，见到仪表非凡、下颔丰满的，就是你的主子，小心侍奉他，你就能显贵了。"等见到赵匡胤，相貌正如刘悟所说，楚昭辅便"委质"（归附）麾下。（"初，词卒，昭辅来京师，问卜于瞽者刘悟。悟为筮卜，曰：'汝遇贵人，见奇表丰下者即汝主也，宜谨事之，汝当贵矣。'及见太祖，状貌如悟言，遂委质焉。"《宋史·楚昭辅传》）在赵匡胤的麾下，楚昭辅以才干著称，很受信任。

在陈桥兵变过程中，楚昭辅两度"在场"，一是苗训指给他看两日相摩荡的天象，一是奉命探望杜氏。陈桥兵变时，赵匡胤母亲杜氏（昭宪太后）尚在京师开封城中。出征之前，朝野已经传闻纷纭，因而兵变之后，赵匡胤很是担心，便派楚昭辅赶回城里，探问杜氏的日常起居。见到杜氏，楚昭辅详细介绍了将士推戴的情况，杜氏才安心下来。（"太祖忧之，遣昭辅问起居，昭辅具言士众推戴之状，太后乃安。"）《宋史》说"太祖遣之入安母后，亦必可托以事者"，"必可托以事"，很能说明问题。而《太平治迹统类》称楚昭辅的身份是"太祖亲吏"，说明关系非同一般。而"时石守信严兵守左掖门，昭辅至，纳之"，这又与赵匡义、赵普派人送信给石守信、王审琦关联了起来。

宋朝建立后，楚昭辅历任军器库使。宋太祖亲征泽潞及出征淮扬时，都命楚昭辅任京城巡检。

建隆四年（963），楚昭辅权知扬州，出使南唐。回朝之后，宋太祖命他钩校左藏库的金帛，结果几天内就完成了。在逐条回答皇上问询时，他的回答都很符合旨意。

开宝四年（971），因楚昭辅擅长"心计"（即计算），宋太祖拜他为左骁卫大将军、权判三司。权判三司，即暂时代理三司的职务。唐五代以来，以盐铁、度支、户部为"三司"，主理财赋。《资治通鉴·唐纪八十一》："（三月）戊寅，以朱全忠为盐铁、度支、户部三司都制置使。三司之名始于此。"《续通志·职官四》："三司起于唐末，五代特重其职，至宋而专掌财赋，皆以重臣领之。""以重臣领之"，可见太祖对楚昭辅的信任、重用。

实际上，同样派遣入京城的，还有郭延赟，而且先于楚昭辅——在陈桥兵变之前。众将商妥兵变后，"（赵）匡义、（赵）普部分诸将，环列待旦，遣牙队军使郭延赟驰骑入京，报殿前都指挥使石守信、都虞候王审琦"（《宋史纪事本末·太祖代周》）。石守信、王审琦均"义社十兄弟"中人，都是赵匡胤的心腹，其时掌管京师禁军，二赵派人报信，是要他们把守好京城内外门户。郭延赟"驰骑入京"，可见事情紧急、干系重大。大概是缘于郭延赟虽属"点检"的亲兵，但职位不高，或者有其他原因，史籍极少记载而已。

除郭延赟、楚昭辅之外，还有一人奉命先回京城，此人即潘美，时任客省使。（"先遣客省使大名潘美，见执政谕意。"《太平治迹统类·太祖受禅》）客省使是"客省"的主官，掌管信使的朝见赐宴等事，新天子晓谕旧执政，大概正属于客省使的职责。《宋史》谓"及受禅，命（潘）美先往见执政，谕旨中外"，而揆之诸情形，其时尚未举行禅让之礼；而谓之"受禅"，大略以为"黄袍加身"既成事实，礼文不在话下了。

二、官高谥美　勤介吝啬

开宝六年（973）九月，楚昭辅拜枢密副使。九年（976），与右卫大将军、判三司王仁赡权管宣徽南、北院事。同年十月，升任枢密使，成了全国的最高军事长官。

太平兴国三年（978），楚昭辅加官检校太傅。太平兴国四年（979），宋太宗亲征北汉，楚昭辅随军出征。同年五月，北汉灭亡。十月，赵光义论功行赏，再加楚昭辅为检校太尉。

不久之后，楚昭辅因足疾请求告假，宋太宗亲往慰问。因其住居低下狭小，命有关部门扩建。考虑到此举会侵占百姓土地，楚昭辅坚决推辞，不希望兴造。太宗表示赞许，赏赐白金万两，让他另买一处住宅。

楚昭辅患病家居，将近一年之后，太宗才命石熙载接替了他的职务。之前，楚昭辅不曾请求解职，太宗也不忍心罢免。适逢郊祀结束，太宗便将楚昭辅罢职为左骁卫上将军。

太平兴国七年（983）十二月，楚昭辅去世，享年六十九岁，宋太宗为其辍朝，追赠侍中（宋仁宗时又加赠中书令），谥曰"景襄"，命中使护送灵柩归葬乡里。因楚昭辅无子，朝廷录其侄楚吉为供奉官、楚敏为殿直。

楚昭辅为人勤劳谨慎，性格耿介正直。在三司及枢密院任职时，他不徇私情，人们都不可能从他那里谋求到好处。

然而，楚昭辅颇为吝啬，他前后所获赏赐数以万计，不肯接济别人，都积聚了起来。他曾经带宾客和旧交，到库藏之处恣意观看，并说："我没有汗马功劳，只不过是凭借际遇得到这些。我这是替国家保管，以后要进献给皇上。"（"吾无汗马劳，徒以际会得此，吾为国家守尔，后当献于上。"《宋史·楚昭辅传》）等到不再担任枢密使，他却用这些财物购置了上好的田宅。因此，当时的舆论都鄙视他虚伪做作。

楚昭辅与宰相王溥等，都是北宋初年的书画鉴藏家。《图画见闻志》卷六"枢密楚公"条云："江表用师之际，故枢密使楚公（即楚昭辅）适典维扬，于是调发军饷，供济甚广，上录其功，将议进拜。公自陈愿寝爵赏，闻李煜内库所藏书画甚富，辄祈恩赐。上嘉其志，遂以名笔仅百卷赐之，往往有李后主图篆暨唐贤跋尾。"

楚昭辅去世后，他收藏的书画大多散佚。泰熙年间，其族孙楚泰官太常寺卿，再次购求，其家藏有江都王李绪所画马、韩滉所画牛以及王维《辋川图》等名作。

唐州团练使王彦升

王彦升（917—974），宋初将领。字光烈，原本蜀人，后迁至洛阳。历仕后唐、后晋、后周，均有军功。陈桥兵变后，他率所部最先入城，路遇韩通反抗，将其追杀。因生性凶残、贪得无厌，而留恶名于后世。

一、曾与定议　追杀韩通

王彦升善于击剑，绰号"王剑儿"。起初，王彦升事奉后唐宦官、骠骑大将军孟汉琼，孟汉琼见他矫健勇敢，就向后唐明宗李嗣源进言，补任他为东班承旨。

后晋天福年间，王彦升改任内殿直。开运初年（944），契丹围攻大名，后晋出帝石重贵驾幸澶州，调度军队前来支援。为安定大名城内的军心，出帝准备派使臣前往，需要招募勇士随行。当时，王彦升和罗彦瓌两人交情很好，都有一身武艺，便前往应召。他们保护使臣趁夜色巧妙突破包围进城，顺利完成了使命。因功升任护圣指挥使。

后周广顺年间，北汉大军入侵，王彦升跟随向拱打败北汉军队，在战阵中杀死敌军统帅王璋，因功升任龙捷右第九军都虞候。后来，王彦升又出任铁骑右第二军都校、领合州（属于后蜀）刺史。

显德三年（956），后周世宗柴荣征伐淮南（南唐），王彦升随刘崇进、宋偓攻克金牛水寨，俘获唐军军校阎承旺、范横。接着，王彦升跟随大将李重进抵御吴兵，斩首两千余级。又跟随张永德攻打瀛州，夺取束城，改任散员都指挥使。

显德七年（960），陈桥兵变前夜，王彦升曾与赵匡义、李处耘等定议，然后告诉赵匡胤。赵匡胤"黄袍加身"，消息传到京城开封，忠于周室的侍卫马步军副都指挥使韩通，从宫里仓皇急奔回家，打算率众抵抗。王彦升所部最先回到都城，路上遇到韩通，快马加鞭追逐，冲进其住宅，杀了韩通及其妻子儿女。（"彦升以所部先入京，遇韩通于路，逐至第杀之。"《宋史·王彦升传》。《韩通传》则云:"通在殿阁,闻有变,惶遽而归。军校王彦升遇通于路,策马逐之,通驰入其第,未及阖门,为彦升所害,妻、子皆死。")

起初,赵匡胤告诫军队进入京城,不能有秋毫之犯。听说韩通被杀,心里很不高兴,对王彦升的行径极为不满,但因是建国之初,不宜诛杀拥立有功之人,便没有追究其擅杀之罪。("太祖闻通死,怒彦升专杀,以开国初,隐忍不及罪。"《宋史·韩通传》)在大封功臣时,王彦升被任命为恩州团练使、领铁骑左厢都指挥使。

二、生性凶残　贪得无厌

乾德初年(963),王彦升改任申州团练使。开宝二年(969),升任防州防御使,这年冬天,又调往原州(今甘肃镇原及宁夏固原东部)。镇守原州时,王彦升对待犯法的党项人"刑罚"特别,非常残酷。他召集僚属饮宴,当众用手扯断犯人的耳朵,以此佐酒。犯人流血满地,一动也不敢动。王彦升前后食人耳数百,党项畏惧,不敢再骚扰边塞。("西人有犯汉法者,彦升不加刑,召僚属饮宴,引所犯以手捽断其耳,大嚼,卮酒下之。其人流血被体,股栗不敢动。前后啖者数百人。西人畏之,不敢犯塞。"《宋史·王彦升传》)这虽然是为了维护边塞的治安,但其行为令人发指,朝中群臣闻之无不厌恶。

王彦升不仅生性凶残,而且贪得无厌。在任铁骑左厢都指挥使时,他曾兼任京城巡检。一天半夜,他突然闯进宰相王溥的私宅,王溥惊恐而出。坐定之后,王彦升说:"我巡逻警戒困乏得很,暂且到府上一醉而已。"其实他意在索求财货。王溥佯装不知,只是置酒款待,饮酒数巡而罢。("后为京城巡检,中夜诣王溥第,溥惊悸而出,既坐,乃曰:'此夕巡警甚困,聊就公一醉耳.'彦升意在求贿,溥佯不悟,置酒数行而罢。"同上)第二天,王溥将此事密奏皇上,太祖益发厌恶王彦升,过了几天,便诏令王彦升调出京城,任唐州团练使。唐州原本是刺史州,从此开始改为团练使州。

开宝七年(974),王彦升因病替换回京,途经乾州时去世,终年五十八岁。太祖因他擅自杀死韩通,终身没有授给他节钺。

安国军节度使罗彦瓌

罗彦瓌(923—969),宋初将领。并州太原人。陈桥兵变后,赵匡胤等回城入朝,他挺剑震慑后周老臣,作用独特,深受信用。宋初接替赵彦徽任侍卫步军都指挥使、领武信军节度使,后任安国军节度使等。他戎马一生,屡立战功,但英年早逝,令人惋惜。

一、夜行出使 送马投汉

罗彦瓌的父亲罗全德,五代后晋时任泌州(治今河南唐河)刺史,罗彦瓌受父荫而补内殿直(皇帝亲卫)。

开运初年(944),后晋出帝石重贵亲征契丹,来到澶州,想派遣使臣到大名府抚慰百姓。当时河北到处都是契丹骑兵,使臣上路定会遭到袭击。为保障使臣的安全,出帝招募骁勇将士十人随行,罗彦瓌被选中。

罗彦瓌足智多谋,在军中小有名气。使臣原本打算在白天出发,罗彦瓌认为不妥,他说:"契丹骑兵个个凶残,我们如果白天出发,目标太大,虽有十名将士随行,但使臣毕竟手无缚鸡之力,况且还带着许多抚慰百姓的物品,队伍必定行进缓慢,很容易被契丹骑兵发现。"

使臣采纳了罗彦瓌的意见,在黑夜悄悄出发。路上,罗彦瓌带领将士保护使臣,快马加鞭,急速前进。为了不被敌人发现,他们没有点火把。就这样,罗彦瓌一行顺利进入大名城,完成了使命,又按照日程计划安全返回,得到了出帝的赞赏,罗彦瓌因功任为兴顺指挥使。

开运末年(947),契丹主到达汴梁,后晋出帝被降为负义侯,迁往契丹境内,后晋就此灭亡。契丹主派罗彦瓌将厩马一千匹送往幽州。罗彦瓌不愿臣属契丹,在前往幽州途中,听说刘知远在太原称帝,心想:"后晋王朝大势已去,不如顺势投靠刘知远,或许能保我荣华富贵。"于是,罗彦瓌把马送给了新建立的后汉。这些马匹个个矫健,正是后汉所急需,刘知远大喜,下诏嘉奖了他。后汉高祖刘知远进入汴梁后,提拔罗彦瓌为护圣指挥使。

乾祐元年(948),刘知远病逝,其子刘承祐继位,是为后汉隐帝。在隐帝执政时期,罗彦瓌未受到重用。

乾祐三年(950),手握兵权的后晋大将郭威取代后晋,建立后周,罗彦瓌又归后周。

二、受人牵连 宦海沉浮

在后周时期,罗彦瓌升任散员都虞候。他与枢密使、平卢节度使、同平章事王峻交情很好,来往密切。但王峻性情狂妄急躁,他奏请任用端明殿学士颜衍、枢密直学士陈观取代范质、李谷为宰相,后周太祖郭威说:"调换宰相,不可仓促行事,待朕再考虑一番。"王峻极力陈述己见,言语愈来愈不恭敬。时至中午,太祖还未进食,王峻争个没完,太祖无可奈何地说:"如今正是寒食节,等待休假结束,就照爱卿所奏办理。"王峻这才退下。

次日,周太祖郭威紧急召见宰相、枢密使入朝,将王峻软禁起来。太祖见到冯道等人，流着眼泪说："王峻欺朕太甚，想将大臣全部驱逐，蓟除朕的左膀右臂。朕只有一子，王峻却专门设置障碍，朕临时让他进京入朝，王峻得知便已满腔怨恨。况且岂有一身既主持枢密院，又兼任宰相，还要求遥领重要藩镇的道理！朕发现他的权力欲永无满足。目中无君如此，谁能忍受！"于是，贬谪王峻为商州司马，制书之词大略说："视群臣如案板上之肉，待朕身似几岁孩童。"

罗彦瓌是王峻的同党，因而受到牵连，被贬出京城，担任邓州教练使。

后周世宗柴荣继位后，召罗彦瓌入朝，改任马步军都军头。后来，罗彦瓌跟随向拱出征秦、凤两地，在战斗中奋勇拼杀，虽身负重伤，但仍然顽强作战。他想立下战功，以此来改变自己的命运。果然，周世宗念及他随向拱收复秦、凤有功，擢升为散指挥都虞候。

三、拥立有功　戎马一生

后周显德末年（960），宋太祖赵匡胤发动政变，夺权称帝。赵匡胤进入皇宫明德门时，将士们簇拥着宰相范质等后周老臣前来，不等范质开口，罗彦瓌就挺着利剑上前说："我们这些人没有主上，今天必须得到天子！"范质等因此只好俯首听命。（"太祖自陈桥入归公署，见宰相范质等，未及言，彦瓌挺剑而前曰：'我辈无主，今日须天子。'质等由是降阶听命。"《宋史·范质传》）

有的文献则谓"（范）质不肯拜"，罗彦瓌才挺剑而前，"太祖叱之，不退"。随后范质等建议受禅，并提出受禅后"事太后当如母，养少主当如子，勿负先帝旧恩"的要求，"上（赵匡胤）许诺，质等降阶列"（《太平治迹统类·太祖受禅》），颇多了些周折。

在"黄袍加身"这场好戏中，罗彦瓌扮演了一个重要的角色。《宋史》称：罗彦瓌"于革命之日，首挺剑以语范质，于宋则未必功在众先，于周则其过不在人后矣"，表明了罗彦瓌在兵变过程中的独特作用。他审时度势，极力拥护赵匡胤为帝，因此立下大功，升任控鹤左厢都指挥使，改任内外马军都军头，兼任眉州防御使。

罗彦瓌随从宋太祖平定泽潞，回京以后，受命接替赵彦徽任侍卫步军都指挥使、领武信军节度使。建隆二年（961），出任彰德军节度使。乾德二年（964），改任安国军节度使，与昭义军节度使李继勋，共同率军大败契丹。乾德四年（966）春，又与阁门使田钦祚在静阳砦（在今山西昔阳）消灭北汉入侵军队一千多人，俘虏对方将领鹿英等，缴获战马三百匹。第二年，改任节镇华州的长官。

开宝二年（969），罗彦瓌去世，享年四十七岁。罗彦瓌英年早逝，宋太祖为之惋惜不已。

礼部尚书陶穀

陶穀（903—970），宋初文臣。本姓唐，字秀实，邠州新平（今陕西彬县）人。陈桥兵变后，赵匡胤将受后周恭帝禅位，临时未备禅文，陶穀竟"出诸怀中"。入宋，任礼部尚书等。他聪慧过人，博学多才，下笔成篇；但为人虚伪狡诈，争名夺利，恩将仇报，留下一世骂名。

一、知遇李崧　恩将仇报

陶穀出身名门望族，其祖父唐彦谦，在唐朝历任慈、绛、澧三州刺史，擅长作诗，自号"鹿门先生"。其父唐涣，为唐朝夷州刺史，死于唐末战乱。后晋时，因避高祖石敬瑭名讳，才改姓为"陶"。

唐末父亲战死时，陶穀尚在幼年，跟随母亲柳氏，在远亲家中长大。

陶穀聪慧过人，自幼学习勤奋，十几岁就下笔成篇，文学造诣甚高，被任命为校书郎、单州军事判官。在任校书郎时，他曾写信求官，宰相李崧很欣赏他的文章。当时和凝也是宰相，他与李崧共同上奏，推荐陶穀任著作佐郎、集贤校理。

后来，陶穀改任监察御史，分司西京，由于表现良好，不久升任虞部员外郎、知制诰。适逢后晋高祖要废除翰林学士一职，陶穀负责内外文书的起草。文书名目繁多，陶穀的措辞大多委婉恰当，因而受到朝廷的嘉奖，名声大振。

后晋出帝石重贵继位后，对陶穀的才能也很赞赏，赐予绯袍、皮靴、笏、黑银带等物，并在后晋天福九年（944），任命他为仓部郎中。

李崧对陶穀有知遇之恩，可他反而恩将仇报，趁李崧有难落井下石。后晋末年，契丹大举入侵中原，李崧被胁迫随从契丹军到了北方。石敬瑭进入京城后，把李崧的住宅赐给了宰相苏逢吉。李崧在西京还另有房产，苏逢吉贪得无厌，全部占为己有。从契丹回来后，李崧为了保全自己，把房契献给苏逢吉。李崧的子弟多次为此口出怨言，苏逢吉闻知大为恼火，伺机报复。后来，他唆使别人告发李崧及其两个弟弟，他们因此一度入狱。出狱后，李崧非常害怕，为避免受迫害，就称病不出来做官。

李崧的同族兄弟之子李昉，当时在朝中做秘书郎，曾经去问候李崧。李崧问他："近来朝中对我有何议论？"李昉说："没有听到别的，只有陶给事（陶穀）总在众人面前诬陷叔父。"李崧老泪纵横，叹息道："陶穀原本只是个小小判官，如果没有老夫举荐,他何以得居高位,我有什么对不起他的?"

李崧遇祸之后,李昉有一次因公事遇到陶穀,陶穀问他:"你认识李侍中吗?"李昉提起衣襟恭敬地回答道:"他是我的远房堂叔。"陶穀脸上露出阴险的笑容,盯着李昉一字一句地说道:"李氏遇祸,我可是出了力啊。"("李氏之祸,穀出力焉。"《宋史·陶穀传》)说完哈哈大笑。李昉听了这话,当即浑身战栗,汗流满面。

二、能力出众　官运亨通

陶穀德行败坏,但才能出众,所以官运亨通。

后晋时期,他曾上言出帝石重贵:"最近在西台常见审断案件过于仔细,很少当场定案。甚至民间夫妇争吵的案件,也要拖延很久;老百姓的丧葬,要等台官判决后才能进行;奴婢生病死亡,也须官府查验。小吏因此乘机勒索,提出各种贪婪的要求,有的死尸过了十天也不能获准埋葬。希望陛下下令除去这些弊端。"

陶穀的意见被采纳,因此升为中书舍人。此外,他提出的训练乐工、停止设舞郎,以及禁止老百姓砍伐桑树、枣树当柴烧等建议,均被采纳而受到嘉奖。

后晋末年,契丹再次侵犯中原,陶穀被契丹军胁迫跟着去北方。途中,他趁契丹人不备,逃到寺庙里躲藏起来。他身着粗布短衣,打扮成庙中杂役,搜查的契丹兵见他可疑,持刀威胁审问,他极力掩饰,契丹兵抓不到任何漏洞,只好不再追究。

随后,陶穀回到后汉,向后汉高祖刘知远毛遂自荐。刘知远熟知其才能,任用他为给事中。乾祐年间,朝中常参官须轮流对答政事。陶穀进言说:"百官依照时间表奏,等轮到时间,也许已经延误时机;陛下即使听了,也是浪费时间。臣请停止轮流应对制度,在朝大臣有什么听到或看到的,允许随时奏知。"他的建议得到采纳。

后周时期，陶穀任右散骑常侍。柴荣继位后，连续为他加官，先任户部侍郎，继而任翰林学士，陶穀也尽职尽责。世宗希望大臣们借鉴历史，研究救国济民的方略，各自提出对策。以此，世宗命十个官员，各自撰写《为君难为臣不易论》及《平边策》进献。结果，其他官员的文章多数以文化德教、招引远人为主要内容，只有陶穀、窦仪、杨昭检及王朴等，认为疆界靠近江、淮一带，要想巩固边界，首先要出兵攻取南唐。世宗有志统一天下，平素讲习武事，这几人所言，与自己的想法不谋而合。

周世宗一向重视农业，他命工匠用木头雕刻耕夫、织妇、蚕女的模样，放在皇宫里，每天看着这些木雕，思索鼓励百姓发展农业和考核官吏的办法。陶穀趁机进献赞颂文章，世宗看后颇为赞赏，显德六年（959），为陶穀加官吏部侍郎。

三、博学多能　一世骂名

陶穀聪慧过人，下笔成篇，但为人虚伪狡诈，善于钻营。这使他在陈桥兵变中，起到了救急的作用，却也受到了新主子的鄙视。

原来，兵变之后，后周恭帝无奈禅位，赵匡胤受禅，将要行礼时，却发现没有准备禅位文。这时，陶穀从怀里取出禅位文进呈，说："已经写好了。"这自然是救了一时之急，但赵匡胤很看不起他这种不忠故主、迎合上意的行为。（"初，太祖将受禅，未有禅文，穀在旁，出诸怀中而进之曰：'已成矣。'太祖甚薄之。"《宋史·陶穀传》）

宋朝建立后，陶穀因其博学多才，精通礼仪典章，仕途还是一帆风顺的。宋初，他转任礼部尚书，照旧任翰林承旨。乾德二年（964），任判吏部铨，兼任科举考试的主考官。后来他又任南郊礼仪使，其时仪仗器物制度，大多由他制定。

当时范质为大礼使,因献礼仪仗士兵应如何装备的问题,去请教陶穀。陶穀依据后梁贞明年间的仪典,详细讲述各种具体的仪仗、服饰、装饰等。范质命令有司按陶穀描绘的样子,重新将这些装备制作出来,以备使用。另外,礼仪所用乘舆大辇,其制作方法亦无人知晓,由陶穀重新设计,制造出来备用。陶穀这方面的才能,得到了宋太祖的赞赏。

陶穀通晓经学、史学,博览诸子百家著作及有关佛、道典籍;他喜欢绘画与书法,擅长隶书,收藏了许多名家书法作品及名画。

陶穀虽然博学多才,但却一心争名夺利。他曾对人说:"我的头骨和相貌非同一般,应当戴貂蝉冠啊!"("吾头骨法相非常,当戴貂蝉冠尔。"《宋史·陶穀传》)貂蝉冠是高级官员的礼冠。陶穀极力抬高自己的行为,受到众人的耻笑。

陶穀为人虚伪狡诈,道德败坏。看到后进学者谁有文采,他必定极力排挤;听到达官显贵中谁有名望,他就用巧言诋毁。后周时,他曾谗言陷害大将鱼崇谅。宋初时,他与窦仪不和,窦仪很有声望,他嫉妒其名望,便与宰相赵普、赵逢、高锡等人一起排挤,致使窦仪与相位无缘。儿子陶邴才疏学浅,他贪缘请托,竟以优异成绩录用为官,结果受到宋太祖的指斥:"闻穀不能训子,邴安得登第?"(《续资治通鉴·宋纪五》)

开宝三年(970),陶穀去世,享年六十八岁,追赠右仆射。

宋人江少虞云:"陶穀,自五代至国初,文翰为一时之冠。然其为人,倾险狠媚,自汉初始得用,即致李崧赤族之祸,由是缙绅莫不畏而忌之。太祖虽不喜,然藉其词笔足用,故尚置于翰苑。"(《宋朝事实类苑》)大概正因"词笔足用",陶穀流传下来不少轶事,并为元杂剧搬演(戴善夫《陶学士醉写春光好》),本人亦有笔记《清异录》传世。

宰相半《论》治天下

宋承唐制，以"同平章事"为宰相，以"参知政事"为副相。同平章事无常员，以丞、郎以上至三公、三师出任，与副相合称"宰执"。宋太祖一朝的宰相，有的原来是后周的宰相，如范质、王溥等；有的是宋太祖一手拔擢起来的，如赵普、卢多逊等。他们或辅佐有功，或擅权不法，是是非非，不一而足……而赵普的"半部《论语》治天下"，则成了千古美谈。

侍中范质

范质（911—964），宋初宰相。字文素，大名府宗城（今河北威县）人。范质历经后梁、后唐、后晋、后汉、后周、北宋六朝，五朝为官，两朝为相，一生坎坷，充满传奇。范质精明敏锐，博闻强记，严守法律制度，在成为宰相后，保忠臣，举贤能，劝谏君王，改革弊政，有清廉戒奢之名，宋太祖谓之"真宰相"。

一、乱世贤才　妙笔文章

范质生于五代后梁乾化元年（911）。父亲范守遇，曾任郑州防御判官。

范质出生的当晚，母亲梦见神仙送她一支五色笔。也许是得了仙人的灵气，范质从小酷爱读书，九岁的时候就写得一手好文章，十三岁研究《尚书》，并教授学生。

范质天性聪慧，领悟力强，学习勤奋，过目不忘。后唐长兴四年（933），二十三岁的范质参加科举。当时，翰林学士和凝为主考，他看了范质的文章，大加赞赏，很是器重。因为和凝自己在后唐参加进士考试，发榜名列十三，他便以第十三名取了范质。事后，和凝对范质说："你的文章在众人之上，之所以让你屈居十三，只不过想让你传承我的衣钵罢了。"范质听后，深以为荣，曾作一诗志感，其中说："从继庙堂添故事，登庸衣冠亦相传。"

中进士后，范质被忠武军节度使推举做官，任封丘县令。当时，天下动荡，战乱频繁，后唐很快被后晋所代。

后晋天福年间，范质以文章谒见当朝宰相桑维翰，桑维翰十分器重,即刻奏明后晋高祖石敬瑭,任命他为监察御史。后来,桑维翰镇守相州(今河南安阳南),又历任泰宁、晋昌节度使,便把范质带在身边协助事务。桑维翰再度任宰相后,范质升任主客员外郎、直史馆。一年多之后,范质被召为翰林学士,加授比部郎中、知制诰。

契丹侵犯边境,后晋出帝石重贵命刘知远(即后来的后汉高祖)等十五位将领出征,抵御敌军。当天晚上,范质在翰林院当值,出帝命召集学士分头起草制书,范质说:"宫城已经命人关闭,以防泄露机密。"他独自拟稿进献,文辞优美,内容充实,受到人们的称赞。

后汉建国之初,范质被任命为中书舍人。后汉乾祐元年(948),河中、永兴、凤翔府三个藩镇叛乱,郭威为西面军前招慰安抚使,出兵平叛。其间,朝廷每次下达的诏书都措辞得体,军务处置也十分妥当。郭威十分惊奇,问使者:"这诏书是谁起草的?"使者回答说是翰林学士范质。郭威赞叹道:"真是宰相的材料啊!"("宰相器也。"《宋史·范质传》)

当时,汉隐帝刘承祐年幼荒政。郭威自邺(今河南安阳)起兵,进取京城汴京,烽烟四起,京城大乱。范质为避战乱,藏匿民间。郭威平定京城后,在民间四处查访、寻找范质。找到范质时,正值隆冬大雪纷飞,郭威喜出望外,立刻脱下战袍给他披上。郭威命令范质起草太后诰令、迎接新国君的礼仪规则。虽然在匆忙间写成,但笔调、措辞都十分得体,符合旨意。于是报告太后,任命范质为兵部侍郎、枢密副使。

二、六朝更替 身不由己

公元 951 年春,郭威登上皇位,是为后周太祖,改元"广顺",加拜范质为中书侍郎、平章事、集贤殿大学士,同时兼参知枢密院事。太祖郭威在郊外祭祀完毕后,又把范质晋升为左仆射兼门下侍郎、平章事、监修国史。在跟随郭威征伐高平(今山西晋城)归来后,又加授为司徒、弘文馆大学士。

当初,范质初入朝廷为臣,仍手不释卷,仔细研读。有人劝他不必如此辛苦,范质回答:"从前有善于看相的,说我将来会担任宰相。如果真像他说的那样,不用心学习,又靠什么来胜任职务呢?"("有善相者,谓我异日位宰辅。诚如其言,不学何术以处之。"《宋史·范质传》)

显德元年(954),后周太祖郭威逝世,柴荣继位,是为后周世宗。世宗柴荣仍用范质为相。范质每次起草诏书、下达诏令,都严守法度。他命令各地的刺史、县令,一定要把清查人口、户籍作为当务之急。朝廷派使者到民间去巡视田赋和监狱诉讼的情况,范质都要把他们叫来,当面告诉皇上忧国勤政,嘱咐他们要不负圣望,然后才打发他们出巡。当时的人都称他为贤相。

范质跟随周世宗柴荣征讨淮南,诏令多出自他的手笔,吴中文人士子没有不为之惊叹折服的。世宗第一次征讨淮南时,军队驻扎在寿州、濠州,世宗锐意进取,攻城夺地,打算亲征扬州。范质和王溥等重臣认为,军队已经疲乏,且缺少粮食,哭着劝谏阻了皇上。世宗第二次征讨淮南时,大臣窦仪因一事触怒皇上,将被降罪,生死未卜。范质闻知求见,世宗知其来意,便起身回避。范质急步走上去说:"窦仪是陛下身边的大臣,他的过错小,罪不该杀啊!"接着,他摘掉头上的帽子,一边叩头,一边声泪俱下:"臣在宰相位置上充数,怎能坐视陛下暴怒,将近臣置于死地而不问呢?希望能宽恕窦仪的过错!"("臣备位宰相,岂可使人主暴怒,致近臣于死地耶?愿宽仪罪。"同上)世宗怒气慢慢消减,当即派人释放了窦仪。

显德四年(957)夏天,范质跟随周世宗征伐回朝,被授予爵位和食邑。

范质认为，当时通行的法律条文繁复冗杂、互不统一，量刑轻重没有依据，一些官吏乘机相互勾结，营私舞弊。范质进言，请求重新修订法律，世宗批准了。范质开始致力于制定详细而规范的法律，他广泛参考前代法律条文，博览相关书籍，最终编定了缜密的《刑统》。

显德六年（959）夏，周世宗北征，范质因生病未能跟随，留在京师。世宗赐给他百万钱，以延医吃药。世宗平定关南，到达瀛洲，范质赶往路边迎接。班师回京后，世宗任用枢密使魏仁浦为宰相，命范质与王溥同参知枢密院事。世宗病危时，范质入宫接受遗命。七岁的柴宗训继位后，范质作为顾命大臣加授开府仪同三司，封萧国公。

次年（960）正月，传来北部辽、后汉军队南下犯境的消息，范质等宰辅大臣不辨真伪，急命殿前都点检赵匡胤率兵御敌。大军到达陈桥驿时，执掌军政六年、屡建战功的赵匡胤在全军将士推举拥戴下登上帝位，自陈桥驱兵回京，返回官署。

听说陈桥兵变的消息时，范质正在便殿之中吃饭，急忙去见另一宰相王溥。二人相见，范质握着王溥的手说："仓促派兵遣将，这是你我的罪过。"他的指甲掐得王溥的手几乎出血，王溥无言以对。在众将士的推拥下，范质、王溥、魏仁浦前往赵匡胤官署。赵匡胤对着范质痛哭流涕，细说自己被将士拥立为帝的被逼之状。范质等人还没有来得及回答，军校罗彦瓌便拔出佩剑，厉声说："我们这些人没有主人，今天必须得到天子！"（"我辈无主，今日须得天子。"《宋史·范质传》）赵匡胤大声呵斥，罗彦瓌也不肯退下。范质不知所措，于是被迫与王溥、魏仁浦等跪拜赵匡胤，也就是承认了既成事实。

三、宋朝为相　留名千古

宋太祖赵匡胤为了笼络前朝旧臣，对范质、王溥等人也加以重用。范质以司徒、平章事、昭文馆大学士加官侍中。从唐代以来，昭文馆、史馆、集贤院三大馆职都由宰相兼任，首相兼昭文馆大学士，次相兼监修国史，末相兼集贤殿大学士。宋朝沿袭此制，范质的参知枢密职务被免去。

不久，范质生了病，宋太祖出征泽潞前，亲自到他府上探视，并赐予黄金器皿二百两、银器一千两、绢两千匹、铜钱二百万贯。

宋太祖初登宝座，许多事务还来不及办理，藩镇、皇亲都未得到封赏，幕府宾客、辅佐官员等开国功臣也没有授予相应的官位。范质为此上奏疏说："自古以来，帝王开创国家基业，分封子弟为诸侯，树立像磐石一样稳固的维系。听说皇弟泰宁军节度使赵光义长期担任军中职务，具有突出的将帅才能，统领藩镇更是一时众望所归；嘉州防御使赵光美，雄俊老成，修养身心，乐于行善，好名声天天可以听到。请求对他们全部进行封册，颁布赐予任命的文告。皇子、皇女即使还在襁褓中，也应交付有司施行封赏加恩制度。"

范质还上疏说："臣听说宰相为官，应该荐举贤才，辅佐天子。臣看到端明殿学士吕馀庆、枢密副使赵普精通治国之道，经历过藩镇府邸事务，资历颇深，经验丰富，他们都公正忠诚，值得信赖，请求授予台司之职，使他们能施展才能。"宋太祖欣然采纳了这些建议。

按照先朝旧制，宰相面见天子商议重大政事时，必定赐座，当面商讨，事毕也是赐茶后方才退下，唐朝和五代一直遵循此制。范质身历五朝，深知做官为臣之道，每逢有政事就写成札子进呈，他还建言说："这样也许才算禀事承命的合适方式，从而避免虚妄平庸的失误。"（"如此庶尽禀承之方，免妄庸之失。"《宋史·范质传》）宋太祖采纳了这个意见。从此，向皇帝上奏书论事的逐渐增多，赐座论政之礼就被废除了。

乾德初年（963），宋太祖准备祭天，命范质为大礼使。他对范质说："近百余年来，中原动荡不安，礼乐仪仗制度虽未断绝，也像游丝细线一样了。如今有幸时事祥和，年成丰收，能够举行祭祀大典了。报答神明借助于众物齐备，爱卿和大礼五使千万要寻究失传的礼仪，遵奉实行典故旧制，不要有旷废失落，以符合朕的一片虔诚恭谨。"于是，范质和陶毂、张昭等研讨寻索前代故事，详细考定新制，制定《南郊行礼图》献上，太祖特别赞赏褒奖。从此，宋朝的礼制才完备起来。大祭礼仪完毕后，封范质为鲁国公。范质上表推辞不受，太祖不允。

范质生病时，宋太祖曾前去探望。范质请宋太祖用茶，茶具是粗瓷杯盏。宋太祖心想："范质是一品官员，岂会如此穷酸？"后来，宋太祖又到相府几次，发现范质睡的是硬板床，铺的是旧棉被，就派人送去雕花床、鸭绒被和精美的茶具。后来，看到范质仍睡硬板床，仍用粗瓷杯盏，便问："为何如此跟自己过不去呢？"范质回答："陛下给我那么多俸禄，岂会置办不起好家具？只是为臣倘若摆设豪华，过分奢侈，大小官吏便会群起效仿。岂不带坏了朝野风气，成了千古罪人？"

乾德二年（964）正月，范质上表请求致仕。宋太祖免去他的一切行政事务，任命为太子太傅。九月，范质患病去世，时年五十四岁。因心存对后周的愧疚之心，范质临终时告诫儿子："我死后，不要请求谥号，不要镌刻墓碑。"宋太祖闻讯，深感悲伤痛惜，取消了朝会，追赠中书令，赐予绢五百匹及粟、麦各一百石，给范家办丧事。

范质性格耿直，喜欢当面指出他人的缺点，曾对人说："人能鼻吸三斗醇醋，即可为宰相矣。"(《王文正公笔录》) 做了宰相后，范质廉洁谨慎，敬守法度，从不接受私人馈赠；朝廷所给俸禄、赏赐，多半都给了孤儿和老人。他生活朴素，平时粗茶淡饭，死后家里也没有多余财物。他的养子范杲曾上书请求升迁，范质作诗告诫他，当时的人广为传诵。他死后留下《文集》三十卷，又著有后梁至后周的《通录》六十五卷，流传于世。

宋太祖在谈论辅相时，对侍臣说："范质只有居住的宅第，不经营私产，是真正的宰相啊！"（"朕闻范质止有居第，不事生产，真宰相也。"《宋史·范质传》）宋太宗赵光义也曾称赞范质说："宰辅当中能遵循规矩、慎重名器、保守清廉节操之人，没有超过范质的，他只欠周世宗一死，算是可惜之事。"（"宰辅中能循规矩、慎名器、持廉节，无出质右者，但欠世宗一死，为可惜尔。"同上）

司空王溥

王溥（？—982），宋初宰相。字齐物，并州祁县（今山西祁县）人。历仕后汉、后周，先后任秘书郎、枢密使、中书侍郎同平章事；入宋拜司空及太子保、傅、师，封祁国公。王溥性情宽厚，才能卓越，颇负盛名。他担任宰相十年间，三次升迁至一品，福运之盛无人可比。所编《唐会要》《五代会要》，至今仍受重视。

一、父亲显达　深受影响

王溥的父亲名叫王祚，是一名郡衙小吏。后来，他跟随后晋高祖石敬瑭进入洛阳城，负责掌管盐业与冶铁事务。过了几年，因为母亲已年老体衰，王祚辞官回乡，侍奉老母。后汉高祖刘知远镇守并州时，统率步军抵抗契丹军的入侵，任命王祚掌管盐铁事务。

后周建立后，王祚担任了很长时间的随州（治今湖北随县）刺史。按照后汉的法律，制作禁军士兵盔甲所用的牛皮，都要用车全部送到京城，再进行集中制作。由于路途遥远，一旦遇到暴雨，牛皮常常腐败，损失非常大。王祚是一个很有心计的人，他请求朝廷把盔甲制作标准颁布发放各州，命各州将盔甲制作好，然后再成批运送到京城。这一举措受到多方赞同，无论运送牛皮的百姓还是千里迢迢赶往京城制作盔甲的能工巧匠，无不感到非常方便；朝廷也因为大大减少了牛皮的损失，对王祚的建议连连称道。

因为建议得当，王祚受到重用，升任为商州（治今陕西商县）刺史。商州境内有秦山，山路崎岖，行走困难，百姓苦不堪言。王祚用自己的俸禄招募役夫，在秦山上开出了一条岩梯路，行走困难的问题得到很大改善，来往其间的百姓对王祚无不感激涕零。

显德初年（954），朝廷设置华州节度，委任王祚为华州刺史。不久，王祚又调任颍州节度使。任颍州节度使期间，他做了一些利国利民的好事：平衡调节了辖区的各种租税，帮助原来流离在外的人返回家乡；取消原有的户籍，实行新的户籍制度。

华州境内原有一条通商渠，距离淮河三百里。早年间，这条渠上商船来来往往，一派热闹非凡的繁华景象。但由于岁月流逝，渠中泥土逐渐淤积，堵塞了航道。王祚上任以后，命令下属带领工匠疏导渠道，使这条商渠恢复了通航，因商渠淤塞引起的水患也得到了解决，过去的繁华景象得以再现。

在这以后，王祚又做了郑州的团练使，掌管着本州的军事。

北宋初年（960），朝廷将宿州（今安徽宿州）设置为防御重地，任命王祚为防御使。王祚带领百姓开凿水井，并时时进行督导，仔细检查、整治城里的防火设施，并在城北修筑了坚固的大堤，以防御水灾。

此时王祚年事已高，到了安度晚年的时候。他向朝廷提出致仕请求，得到同意后，他来到京城，被拜授为左领军卫上将军，退职回到了家。

王溥自幼深受父亲影响，有着远大抱负。他深知要想像父亲那样为国为民办事，必须拥有知识和才干。因此，他发奋学习，饱读诗书，于后汉乾祐年间（948）考中进士甲科，担任了秘书郎一职。

二、献智太祖　平步青云

五代十国时期，战乱频仍，后汉的局势很不稳定，许多军阀都拥兵叛乱，李守贞占据河中地区，赵思绾在京兆叛乱，王景崇在凤翔叛乱。后汉大将郭威奉命率领大军征讨，任命王溥为从事。

河中地区的李守贞叛乱平定后，在被缴获的叛军文件里，有许多朝廷权贵和藩镇官员的来往书信。郭威把这些人的名字都记了下来，准备追究法办。王溥得知，劝郭威说："所有的妖魔鬼怪，都是等到天黑才会出现。现在叛乱已经平定，天空日月高照，妖魔鬼怪的毒气自然都消失了。您不如把这些文件全部烧掉，从而安定人心。"（"魑魅之形，伺夜而出，日月既照，氛沴自消。愿一切焚之，以安反侧。"《宋史·王溥传》）郭威稍加思考，同意了王溥的建议，把文件都销毁了。

王溥随郭威大军班师回朝后，受任为太常丞，跟随郭威镇守邺城（今河北临漳）。

郭威建立后周，王溥受到重用。广顺初年（951），王溥被任命为左谏议大夫、枢密直学士。广顺二年（952），他又升任中书舍人、翰林学士。广顺三年（953），又加官户部侍郎，改任端明殿学士。

显德初年（954），周太祖郭威病重，危在旦夕。他召集大学士起草诏书，任命王溥为中书侍郎、平章事，让他辅佐即将继位的世宗柴荣。任命诏书宣布之后，周太祖长嘘一口气，说道："我没有什么可以挂念的事情了。"（"宣制毕，周祖曰：'吾无忧矣。'"同上）当天就驾崩了。

周世宗柴荣刚刚继位，北汉主刘崇就趁其国丧，率军入侵后周领地。世宗年轻气盛，当下准备率军前去抵御，并亲征泽、潞两地。朝臣考虑到世宗新近继位，没有什么经验，纷纷劝他打消这个念头。他们说："陛下新近继位，局势还未稳定，人心容易动摇，不宜轻易出动，应该命令将领们去抗敌。"世宗哪里听得进去，气愤地说："因为我国有大丧，举国悲痛，刘崇便想钻空子。他小看朕年轻，又是新近继位。看来他有吞并天下的大野心，肯定会亲自前来的，朕不能怕他，一定要亲自会一会这个刘崇！"

宰相冯道一再和世宗争辩，世宗情绪激动，站起身来大声说道："昔日唐太宗平定天下，哪一次征战不是亲自出征，朕难道就要苟且偷安吗？"冯道说："不知陛下能不能成为唐太宗？"世宗不服气，说道："以我的兵力强大，打败刘崇犹如大山压碎鸡蛋罢了。"冯道苦笑一声说："不知陛下能不能成为大山？"冯道口气中有意无意透露出的轻视，让世宗怒火中烧，双目圆睁，可他再也说不出什么话来反驳冯道，无奈中将目光转向在争吵中一直保持沉默的王溥。

周太祖去世之前曾告诉世宗，王溥生性稳重，才华出众，足智多谋，是个可以依靠的人。在大臣们纷纷劝阻出征的时候，王溥一直没有说话。他深知世宗虽然年轻、又是新近继位，但他有远大的抱负和昂扬的斗志，这股气势足以使他成为优秀的军队统帅，再加上朝中群臣的辅佐，北汉军队仿佛是囊中之物。待到大家安静下来，王溥开始发言，极力鼓励世宗亲征，又将形势分析给大家听。最后，世宗柴荣采纳了王溥的意见，亲自率军出征抵御北汉军队。

战事正如王溥所预料到的，后周军队大获全胜。此时，王溥在世宗心中的形象又高大了很多。胜利还朝以后，王溥被任命兼任礼部尚书，负责监修国史。

一日闲暇时间，世宗问王溥："后汉的宰相李崧，用蜡丸寄信给契丹国，还有人能记得信上那些话，真有这件的事吗？"王溥思考片刻说："李崧身为后汉重臣，即使有勾结契丹谋反的阴谋，他能随便把信给外人看吗？难道他不怕事情败露？大概是宰相苏逢吉想诬陷他罢了。"世宗这才明白，随即下诏追赠李崧的官职。

周世宗柴荣谋划着要攻打北汉的秦州、凤州，他问王溥谁可以担当大军的统帅。王溥向他推荐了宣徽南院使、镇安节度使向拱。世宗遂命向拱与凤翔节度使王景、客省使昝居润，共同统军前往。

向拱没有辜负王溥的荐举，没过多长时间，便统军攻克了秦州、凤州。捷报传来，文武百官入朝祝贺。宫中宴会，世宗赐酒给王溥，不无感慨地说："为我选择主帅获得这次边疆胜利的，全仗你啊！"（"为吾择帅成边功者，卿也。"同上）此时，王溥在朝中的地位可想而知。

三、仕途顺利　加官晋爵

后周显德二年（955），王溥跟随周世宗柴荣征伐南唐，在平定寿春（今安徽寿县）之后，世宗下诏为王溥加官封爵。

显德四年（957），王溥的父亲王祚去世，王溥在家为父亲服丧。但丧期未满，世宗就要重新起用，令他回朝。王溥四次上表，请求让自己服丧到期满。世宗对他不服从命令大为光火，宰相范质上奏劝解世宗和王溥的矛盾。王溥感到非常害怕，毕竟自己在朝中的地位再高，也只是人臣啊，为此他几次入朝道歉，这才平息了世宗的怒气。显德六年（959），世宗任命王溥参知枢密院事，也就是成了宰相。

后周恭帝柴宗训继位以后，授予王溥右仆射一职。当年冬天，王溥上表请求编写《世宗实录》，并保奏史馆修撰、都官郎中、知制诰扈蒙，右司员外郎、知制诰张谈，左拾遗王格，直史馆、左拾遗董淳，共同修纂，恭帝批准了他的请求。

北宋初年，王溥被擢任司空，免去了参知枢密院事。乾德二年（964），降职为太子太保。按照旧的制度规定，一品官的上朝班次应排列在台省官的后面，宋太祖赵匡胤因此召见王溥，对左右的人说："王溥是从前的宰相，应当特别恩宠优待。"当即命令把台省官员立班位置分在东西两侧，并从此成为固定的制度。（"太祖因见溥，谓左右曰：'溥旧相，当宠异之。'即令分台省班东西，遂为定制。"《宋史·王溥传》）

乾德五年（967），王溥的母亲生病去世，他服丧期满后，受任为太子太傅。开宝二年（969），又升为太子太师。他入朝谢恩那天，宋太祖环视满朝文武百官说："王溥担任宰相十年，三次升迁到一品官位，他的福运之盛，近世未见可以和他相比的。这都是由于王溥功高德劭所致啊。"言外之意，是在鼓励满朝文武向王溥学习。

王溥性情宽厚淳朴，仪表风度优美，喜欢提拔后辈，他所推荐的人，达到显赫位置的很多。但王溥又相当吝啬，这与其父王祚很像。王祚多次担任州郡官员，善于经营，继而敛财，所到之处都有田产宅第，家中聚积财物万金。

王溥虽然身居相位，但在家中，言谈举止之间也不敢有冒犯父亲之处。王祚以宿州防御使的身份闲居在家，每当客人来访相府，必定首先拜见王祚。王祚摆上酒席招待客人，王溥则穿着宰相朝服在一旁服侍，弄得客人们很是尴尬，不敢安心坐下来。王祚不以为然，对客人说："这是犬子，不必劳烦大家再站起来。"听了这话，王溥的心中很别扭，但又不好发作。

王溥委婉地请求父亲致仕，王祚估计朝廷不会批准，便假意上疏请求，没有想到朝廷很快批准了。王祚因此勃然大怒，指着王溥大骂："你这个不孝之子，我的身体和精力还没有衰老，你急于巩固自己的名位，就想囚禁我，看我不教训教训你！"说罢便举起大棒要痛打王溥，家里人急忙上前劝阻，这才止住了一场"棒打宰相"的事件。

四、学高八斗　泽被子孙

王溥生性好学，一生酷爱读书，手不释卷。他曾收集到苏冕所著的《会要》及崔铉的《续会要》，对里面的内容补其缺漏，将书编为一百卷，命名为《唐会要》。他又收集到从朱梁到后周的材料，将它们编为三十卷，命名为《五代会要》。王溥还具有很高的文采，著有《文集》二十卷。

太平兴国初年（976），王溥封祁国公。太平兴国七年（982）八月，王溥去世。朝中因此停止朝会二日，追赠侍中，谥曰"文献"。

王溥有四个儿子，分别名为：贻孙、贻正、贻庆、贻序。其中贻正官至国子博士。贻庆担任比部郎中。贻序在景德二年（1005）考中进士，后来改名为"贻矩"，官至司封员外郎。贻正的儿子克明，娶宋太宗赵光义之女郑国长公主为妻，太宗赐名"贻永"，让他与父亲同一行辈。

右仆射魏仁浦

魏仁浦（911—969），宋初宰相。字道济，卫州汲县（今河南汲县）人。他出身寒门，志向远大，艰苦读书，才华出众，功勋卓著，后周时期立下了汗马功劳；宋朝初期，他也不失为宋太祖的左膀右臂。他宽厚大度，不以私怨害人，公事中亦尽可能保全别人，人称"宽厚长者"。

一、出身寒门　誓为显贵

魏仁浦出身寒门，幼年时父亲因病去世，母亲独自抚养他。由于家境贫寒，魏仁浦没钱上学，但他并不气馁，而是利用一切机会学习。由于天资聪慧，毅力顽强，勤奋苦读，所以到十三岁时，就已经很有学问，而且擅长文书和计算。

由于家贫，到了夏天，没有夏衣，魏仁浦还穿着厚厚的衣服，母亲跟邻居借了几尺细绢，给儿子做了一身夏衣。为此，魏仁浦万分感慨，长叹道："作为人子而不能供养，却让慈母求人借贷给我做衣服，我怎么能安心呢！"（"为子不克供养，乃使慈母求贷以衣我，我能安乎！"《宋史·魏仁浦传》）。

经过了一番思考，魏仁浦决定告别母亲，前往洛阳。在渡济河时，他脱下衣服，在河中央扔进水里，发誓说："如果不能显贵通达，就不再渡过这条河！"（"不贵达，不复渡此。"同上）从此，他开始了自己的追梦生涯。

当时，正值后晋开运年间，凭着渊博的知识，魏仁浦在枢密院做了一名小官。任职期间，他正直谨慎，同僚没人能比得上他。契丹军队入侵中原的时候，强迫老百姓向北迁徙，魏仁浦也在其中。那时，正逢契丹主帅在真定（今河北正定）去世，汉军将领趁机兵变，赶跑了契丹军，魏仁浦这才获得自由。

驻守河北的元帅杜重威，知道魏仁浦为人谨慎厚道，而且擅长文书和笔算，想把他留下来担任低级职务。杜重威是一名降将，魏仁浦向来看不起向对手投降、苟且偷生的人，所以不愿做他的手下。于是，在一个圆月高悬的深夜，魏仁浦逃走了。杜重威派出骑兵去追赶，但没有追上。

二、才华卓越　献计化险

后汉高祖刘知远在太原起兵，军队驻扎在巩县（今属河南）时，魏仁浦跪在道旁迎接后汉军队，刘知远为其一片诚心感动，立即就恢复了他的官职。

大将郭威掌管枢密院时，把魏仁浦招来，问他京城军队的士兵数量，魏仁浦略作思考后，就提笔写了士兵数量六万人。郭威见魏仁浦对政务如此谙熟，高兴地对众人说："（有这样的人在我身边，）天下的事情没什么值得忧虑的了"（"天下事不足忧也。"《宋史·魏仁浦传》）魏仁浦被升任为兵房主事，跟随郭威来到了节镇邺都（今河北临漳）。

乾祐末年（950），后汉隐帝刘承祐听信武德使李邺等人的谗言，杀掉大臣杨邠、史弘肇等，又秘密下诏给澶州（今河南濮阳西南）节帅李洪义，让他去杀掉骑将王殷，命郭崇去杀害郭威。李洪义畏缩胆怯，顾虑王殷已经知道此事，不敢动手，于是派人送诏书给王殷；王殷囚禁了送诏书的官吏，派遣副使陈光穗把绝密诏书送给郭威看。

郭威接过诏书一看,当即跌坐在榻上,汗水布满额头。郭威召魏仁浦来府上商量对策,把诏书给他看,对他说:"朝廷要杀我,我一个人死不足惜,但就怕麾下的将士受到连累。"魏仁浦说:"您是朝廷的大臣,一向享有盛名,而且掌握着国家的兵权,把守着重镇,一旦被小人诬陷,便不是只言片语所能解释清楚的。您必须想想办法。"魏仁浦思考片刻,接着说:"事已至此,我们也不能坐以待毙。诏书是刚刚下的,将士们都还不知道,不如把诏书改为要杀掉全部将士,以此来激怒将士们。这样做,不仅能免去您的灾祸,也可以为杨邠和史弘肇两位大臣洗雪冤屈。"

郭威采纳了魏仁浦的意见,临时用留守官印改动了诏书。郭威召集郭崇威、曹威等众多将领,告诉他们杨邠等人蒙冤屈死的情况,还给他们看了绝密诏书。郭威说:"我与杨邠等人披荆斩棘,跟随先帝夺取天下,接受托孤的重任,尽心竭力保卫国家。如今他们已死,我还有什么心思独自活着?而且还要连累到将士们,我郭威愧对大家啊!"说罢,泪流满面。郭崇威等人听后,个个怒火中烧,流着泪对郭威说:"天子年少,这必定是天子身边的小人干的,倘若让这帮小人得志,国家岂能得到安宁!我郭崇威情愿跟您进京入朝亲自申诉,扫除无能鼠辈来肃清朝廷污浊,切不可被一个使者所杀,蒙受千古恶名。"郭威部将赵修己也说:"我们白白送死有什么好处?不如顺应众人之心,您领兵南行,这是天赐良机啊!"

第二天,郭威留下养子郭荣镇守邺都,自己领兵南进,进而建立了后周。

三、身受恩宠 终达显贵

郭威建立后周称帝后,任用魏仁浦为枢密副承旨,不久又升为右羽林将军，充任承旨。

一次，后周太祖郭威问魏仁浦各州屯兵的数量和将校的姓名，命他翻阅花名册查看。魏仁浦微微一笑，合上名册说："不用看，臣都记得。"然后提笔在纸上将各州屯兵数量和将校的姓名写成奏疏。郭威翻开名册核对，竟然没有一点差错，因此非常欣赏魏仁浦的非凡才能，更加器重、信任他。

广顺末年（953），北汉主刘崇率军入侵晋州（今山西临汾），魏仁浦当时正在为母亲服丧，但住宅离皇宫很近，太祖郭威徒步登上宽仁门，秘密派小黄门召见魏仁浦商量对策。第二天，魏仁浦便重任旧职。太祖临终前，曾对养子郭荣说："李洪义让他长做节镇使，魏仁浦则不要让他离开枢密院。"（"李洪义长兴节镇，魏仁浦无遣违禁密。"《宋史·魏仁浦传》）

郭荣登上皇位后，恢复原名柴荣，是为后周世宗。魏仁浦任右监门卫大将军、枢密副使，跟随世宗出征高平（今山西高平）。当时战场形势对后周很不利，东侧已经被敌军击溃。魏仁浦建议世宗从军队西侧冲出，与敌人殊死作战，世宗照计而行。敌方没有料到后周军队如此勇猛，也予以顽强抵抗，霎时间，一片刀光剑影，杀声阵阵。最后，后周军队取得了胜利。

大军回朝之后，周世宗任命魏仁浦为检校太保、枢密使。按照惯例，只有宰相过生日的时候，皇帝才会赏赐器皿、钱币和鞍马等物，但世宗却将这些物品特别赏赐给魏仁浦，以表示对他的恩宠。魏仁浦随世宗平定寿春后，又被任命为检校太傅，提高爵位、封邑，升任中书侍郎、平章事、集贤殿大学士兼枢密使。

周世宗想任命魏仁浦为宰相，但有些大臣认为魏仁浦没有参加过科举考试，不该受到如此重用。世宗说："从古至今，做宰相的难道都是通过科举考试的吗？"于是任命魏仁浦为宰相。后周恭帝柴宗训继位后，又任命魏仁浦为刑部尚书。

魏仁浦终于凭借着自己出众的才能实现了年轻时的誓言，取得了显贵的地位。

四、与人为善　厚德载物

魏仁浦性情宽厚淳朴，待人接物礼数周全，常常以德报怨。

后汉乾祐年间，有个叫郑元昭的人，任安邑（今山西夏县西北）、解县（今山西南部）的两池榷盐使。后来在他升任解州（治今山西运城西南）刺史时，朝廷任命魏仁浦的岳父李温玉为榷盐使，管理安邑与解县的两座盐池。郑元昭管理盐池的时候，从中获得了很大的利益，李温玉接管以后，郑元昭担心自己不能独占此中利益，便与李温玉产生了矛盾。魏仁浦时任枢密院主事，郑元昭认定魏仁浦必定会包庇李温玉。恰逢李守贞在河中地区叛乱，李温玉之子是李守贞的属下，郑元昭就逮捕了李温玉，向朝廷报告，说他和李守贞勾结谋反。当时郭威总管枢密事务，知道他们俩关系不和，就没有追究这件事。

后周显德年间，魏仁浦任枢密使，郑元昭很害怕，担心他会利用职位之便而报复自己。等到任职期满回朝途经洛阳时，郑元昭把自己的担心告诉了魏仁浦的弟弟魏仁涤，魏仁涤笑着摇了摇头对他说："我的兄长一向宽厚大度，即使是公事也不想伤害到人，又怎么会把私人恩怨记在心里呢？"（"我兄素宽仁有度，虽公事不欲伤于人，岂念私隙乎？"《宋史·魏仁浦传》）一到京城，郑元昭就连忙去拜见，魏仁浦果然不计前嫌，而且还向周世宗推荐他担任庆州刺史。

后汉隐帝刘承祐非常宠信作坊使贾延徽。当时，贾延徽是魏仁浦的邻居，他为人贪婪，多次想吞并魏仁浦的宅地，为此屡次向朝廷上书诬陷，使魏仁浦险遭不测。后来，郭威进入汴京，魏仁浦受到重视，有人抓住贾延徽交给魏仁浦惩治，魏仁浦连忙推辞说:"趁着战乱来报私仇,我不忍心这样做。"("因兵戈以报怨,不忍为也。"同上)魏仁浦不但没有报私仇,还在战乱中尽力保全贾延徽的性命。

魏仁浦以仁心对待每个人。后周世宗朝中有些近侍犯了死罪,魏仁浦极力挽救,被他保全性命的人很多。在征伐淮南的战役中,后周军队俘获贼兵数千,魏仁浦竭力向世宗请求,把他们分到各个部队,没有造成滥杀无辜的现象。这些受到保全的人,无不感激涕零,称魏仁浦为再生父母。

五、太祖臂膀　子嗣出色

建隆元年(960),魏仁浦升任右仆射,后来因病在家休养。宋太祖赵匡胤也非常欣赏魏仁浦的才能,临幸他的住宅,赏赐金二百两、钱二百万。

魏仁浦操劳数十年,感觉自己逐渐年老体衰,想放弃官职回家休养。他两次上表请求致仕,都没有得到批准。乾德初年(963),宋太祖同意魏仁浦免职守本官。

早在建国之初,宋太祖便与宰相赵普定下了"先南后北"的军事方略,即先攻打南方的后蜀、南唐、南汉等国,再攻打盘踞太原的北汉。但在伐蜀成功后,宋太祖有些得意忘形,遂急于征伐北汉。在开宝元年(968),他派兵讨伐北汉,结果大败而回。

在开宝二年(969)春天的皇宫宴会上,宋太祖笑着对魏仁浦说:"爱卿为什么不敬我一杯酒呢?"魏仁浦会意,连忙举杯上前敬酒。此时,宋太祖悄悄对他说:"朕想亲征太原,你看如何?"魏仁浦说:"欲速则不达,望陛下慎重。"太祖哈哈一笑,转身与众位大臣举杯共饮,把酒尽欢。宴会结束后,太祖又赏赐了魏仁浦十石酒,百口御膳羊。

不过,宋太祖虽知魏仁浦是为国家考虑,但仍一意孤行,不久便又亲征太原。魏仁浦也跟随太祖出征，不料在返回途中患了重病，在走到梁侯驿时去世，享年五十九岁，追赠侍中。景德四年（1007），其子魏咸信请求为父亲定谥，宋仁宗赐谥曰"宣懿"。

中书令郭从义

郭从义（909—971），宋初宰相。并州太原人。他为人有谋略、多才艺，历仕五代唐、晋、汉、周四朝，历任内园使、马步军都虞候、郑州防御使、节度使加同平章事以及节度使加侍中、开府仪同三司兼中书令，多次率军平叛。宋初守中书令，但并未得到信用。

一、寄居皇宫　仕途顺利

郭从义的祖先是沙陀部人。沙陀部是西突厥的一个部分，由于驻地有沙碛（在今新疆古尔班通古沙漠），因而得名。

郭从义的父亲郭绍古，是五代后唐庄宗李存勖之父李克用（追尊"武皇"）身边的亲信，为人忠诚可靠、谦虚谨慎，受到李克用的重用，赐以"李"姓。郭绍古去世时，郭从义还是个娃娃，非常可爱，众人见了，无不想抱抱、逗逗。庄宗李存勖心疼他这么小就没了父亲，便把他抱到皇宫里抚养，地位与各皇子等同。他从小和皇子们一起长大，在皇宫里习文练字、习武练剑，堪称文武双全。

当初，李克用的养子李嗣源，曾和郭绍古一起事奉李克用，二人脾气相投，形影不离，结下深厚情谊。郭绍谷辞世，让李嗣源欷歔感伤了许久，自然对郭从义视如己出，爱护有加。李嗣源继位（后唐明宗）后，任用郭从义补内职，逐渐升迁为内园使。

后晋天福初年（936），郭从义恢复了自己的本姓。这一年，他因事获罪，离京任宿州团练副使，正值老母亲病重身亡，心灰意冷的他为母亲服丧回到北京（今山西太原西南晋源镇），顺便就在那里安家落户。

当时，后汉高祖刘知远尚在节镇，他很早就听说了郭从义的大名，因而极力上表举荐郭从义为马步军都虞候。上任之后，郭从义重振旗鼓，意气风发，多次率领军队在代州（今山西蔚县）以北打败契丹军，充分显示了出众的军事才能。刘知远建立帝号时，郭从义首先表示赞成，因拥戴有功，被任命为东南道行营都虞候，率领先头部队从太行路渡过黄河，攻打汴京。刘知远进入汴京后，任命他为河北都巡检使。

二、智平叛军　备受恩宠

郭从义智勇双全，为后汉平定各次叛乱立下了汗马功劳。

后晋宰相杜重威占据大名（今属河北）叛乱时，郭从义任行营诸军都虞候，他随从后汉高祖刘知远率军围攻杜重威，双方僵持了一年左右，城中粮尽，杜重威只好投降。平定叛乱后，郭从义被任命为镇宁军节度使。

后晋晋昌节度使赵匡赞归附后汉之后，他的牙校赵思绾害怕进入京城后被处死，遂占据永兴军首府京兆府（即长安，今陕西西安）叛乱。郭从义受命任行营都署，率军前去平叛。临行前，刘知远赏赐他戎装、器仗、金带等物。军队到达后，迅速包围了城池。长安城被围困多日，城中粮绝，甚至到了人吃人的地步。城中百姓无不对赵思绾恨得咬牙切齿，但其为人凶猛暴戾，杀人不眨眼，百姓也只是敢怒不敢言。

郭从义把劝降书系在箭上射入城中，劝说赵思绾尽快投降，并向朝廷表奏，许诺给他华州节制使。后汉隐帝刘承祐采纳郭从义的计谋，派遣使臣任命赵思绾为华州节度使。赵思绾乃一介武夫，有勇无谋，自然没有识破郭从义的计谋，于是打开城门投降。第二天，郭从义率军入城，在馆舍中休息，等候赵思绾前来拜见。到达馆舍的一路上，赵思绾哼着小曲，心中窃喜，以为自己从此可以过上荣华富贵的生活。但他并没有完全放松警惕，随身还带着一把尖刀，还有几名随从跟在身后。

来到馆舍门口，看到并无兵士把守，赵思绾松了口气，于是径直来到堂中，郭从义起身笑脸相迎，把赵思绾让到上座，奉上香茗，命手下将其随从带到后堂好生招待。赵思绾此时完全放松了警惕，与郭从义高谈阔论起来，语气中的狂妄尽显无遗。正在他憧憬着美好未来时，忽然见郭从义一跃而起，他见势不妙，急忙拔出尖刀，但郭从义飞起一脚，踢落了他的尖刀。赵思绾大声呼喊自己的随从，殊不知，那些人早已在后堂被制服了。说时迟、那时快，从帐内闪出几名武士，三下五除二就将赵思绾制服在地，赵思绾瞪着一双惊慌失措的眼睛，半天回不过味儿来。郭从义仍然面带微笑对他说："赵将军辛苦了！"随后将他连同党羽三百余人全部斩首示众。因平叛有功，郭从义加任同平章事。

广顺元年（951），郭威建立后周，郭从义兼任侍中，镇守许州。显德初年（954），后周世宗柴荣亲自郊祀，他跟随左右，加任检校太师。

当年，北汉刘崇联合契丹人南侵，周世宗要征伐北汉，郭从义上朝请求扈从，世宗命他跟随符彦卿在忻口抗击契丹军。在这场战役中，郭从义勇猛过人，积极配合符彦卿大败契丹军。班师回朝后，他因功兼任中书令。显德四年（957），他随从周世宗征伐南唐，镇守徐州。世宗驻军泗州（今江苏泗洪东南）时，特地把他召来，与之促膝而谈，众人无不羡慕郭从义所受到的恩宠。

周恭帝柴宗训继位之后，加郭从义为开府仪同三司，允许他开府置官。

三、被拒扈驾　心狭多艺

宋朝建立后，郭从义加守中书令。宋太祖赵匡胤征伐扬州李重进的时候，他在路上迎接拜见，请求扈驾随行，宋太祖没有答应。郭从义心中不免有些失落，回到家中，暗自落泪感叹："廉颇虽老，尚能饭也！"乾德二年（964），任河中府尹、护国军节度使。乾德六年（968），因病返回京城。

郭从义有时也不免心胸狭隘。当初，赵思绾叛乱时，巡检使乔守温不从而逃走，家中姬妾全部归赵思绾所有。赵思绾被斩首后，那些姬妾又全部归了郭从义。乔守温来索要自己的爱妾，郭从义虽然不敢拒绝，但心中对其怀恨在心，伺机报复。他向朝廷揭发了乔守温在一次战斗中临阵脱逃之事，乔守温被定罪处死。众人都认为乔守温很冤枉，但碍于郭从义的面子，也不好说什么。

郭从义多才多艺，掌握有多种技艺，尤其擅长飞白书（亦称"草篆"，一种书写方法特殊的字体）与击毬，而且玩心很重。有一次，他侍奉宋太祖在便殿观看皇子击毬，按捺不住，请求一同击毬。宋太祖同意后，他换了衣服，骑着驴，在殿庭奔跑，周旋击拂，极尽其妙。结束后，宋太祖赐座给他，微笑着对他说："你的技艺固然很精妙，但这些不是将相所宜做的事情。"（"卿技固精矣，然非将相所为。"《宋史·郭从义传》）他听后感到非常羞愧。

开宝二年（969），宋太祖召郭从义与凤翔节度使王彦超、安远军节度使武行德等同时入朝，收回了众人的兵权，郭从义改任左金吾卫上将军。过了一年，郭从义上表请求告老，授太子太师致仕。

开宝四年（971），郭从义去世，享年六十三岁。朝廷追赠中书令。

检校太傅孙行友

孙行友（902—981），宋初宰相。莫州清苑人。出身农家，颇有武艺，曾以法术聚众占山为王。后晋及后周时，受命抵御契丹入侵，边民赖以无患。宋朝建立后，他受到宋太祖信任，以检校太傅加同平章事，但感到力不从心，曾为保全自己获罪软禁。

一、聚众为盗　抗击契丹

孙行友是莫州清苑（今河北任丘）人，后居住在定州（今河北满城以南）。家中世代务农，武艺高强。年轻时，他与兄长孙方谏利用法术迷惑百姓，聚众占山为王。

在定州西北二百里处有座狼山，当地人在山上筑起城堡，用来躲避胡人的抢掠。城堡中有佛舍，尼姑孙深意住在里面，以妖法蛊惑大众，预言事情颇有灵验，远近村民无不信奉。家住山下的孙行友兄弟自称是孙深意的侄儿，从不喝酒吃肉，侍奉孙深意极为恭谨。孙深意死后，孙方谏接着用她的法术蛊惑众人。他点燃香灯，声称孙深意是坐化的，将其尸体精心修饰，像在世时一样供奉。孙方谏在百姓中的威信日益提升，门徒也日渐增多。

当时，正值契丹计划入侵后晋，出帝石重贵与契丹断绝了往来。契丹人不断侵扰边境，加之北部边境地区赋役沉重，盗贼遍地丛生，百姓不能安居乐业。于是，孙行友兄弟便率领当地百姓中的强健好斗者，把寺庙作为兵寨来保护自己。契丹入侵时，孙方谏率领大家迎击，缴获了许多兵器、铠甲、牛马等军用物资，人们携家带口前来依附的日益众多。时间久了，竟达到一千家，成了群盗。后来，孙家兄弟怕官家征讨，便率众归顺了朝廷。朝廷也想借助他们抵御契丹入侵，就命二人代理东北招讨指挥使，并赐予孙深意的佛舍写有"胜福"二字的匾额。

孙方谏经常进入契丹境内抢掠，每次都有斩获。不久，孙行友、孙方谏向朝廷邀功请赏，稍不如意，他们就率全寨投降了契丹人，并请求做向导深入内地抢掠。当时正值河北荒年，百姓饿死的数以万计，兖、郓、沧、贝四州之间，盗贼蜂起，官吏不能禁止。

天雄节度使杜威，派手下将领刘延翰到边境一带买马，孙方谏抓住他，献给了契丹。刘延翰逃跑回来，说："孙方谏想乘中国大饥荒之机，勾引契丹人入侵，应该为此做好准备。"为了安抚孙方谏，镇守易州与定州的晋军主帅向朝廷举荐孙方谏为边界游奕使，孙行友为副使，并给予丰厚的赏赐。从此，孙家兄弟率兵在边界线上为后晋抗击契丹，连续攻克了祁沟关、平庸城、飞狐寨等城，杀敌无数。

二、见风使舵　终归后周

然而，此时的孙方谏仍怀二心，他一边抵御契丹入侵，同时也在讨好契丹。他曾经对孙行友说："晋军与契丹两方势均力敌，最后谁败谁胜，还不能确定，所以两方都不能得罪。"

不久，契丹军主帅向孙方谏承诺任命他为定州节度使，利欲熏心的孙方谏倒向了契丹。他暗中勾结蓟人引导契丹人攻打中原，使晋军作战严重失利。契丹主任命孙方谏为定州节度使，孙行友为易州刺史。但不久，契丹主又任命本族人耶律忠为定州节度使，而将孙方谏派往云州。这说明契丹主对孙方谏只是利用而已。孙方谏因此恼羞成怒，又怕到契丹朝廷被扣留，所以不肯接受任命，与孙行友率领党羽三千多人返回狼山，以山寨为屏障，固守各处要害。契丹兵进攻,未能攻克。

契丹军返回北方前,在定州城内烧杀抢掠,孙方谏、孙行友与小弟孙行义率领人马,再次返回定州攻打契丹军,将他们赶出了定州城。兄弟三人归顺后汉,朝廷任命孙方谏为定州刺史,孙行友为易州刺史,孙行义为泰州刺史。他们互相声援,敌军每次入侵,兄弟三人互相配合,没有让一座城邑落入契丹人的手里。

孙行友跟兄长孙方谏一样,武艺高强,杀敌勇猛。他曾亲自率兵在石河地区巡视,与契丹兵相遇,独自杀死契丹骑兵一百多名;他曾俘虏过契丹的一名刺史——蔡福顺以及清苑县县令王琏。后汉乾祐年间,契丹军又一次侵犯边境,孙行友率兵奋力抵抗,俘虏和杀死数百人。正值后周太祖郭威领兵北征,孙行友率部进献敌人首级,并请求效忠。郭威很欣赏他,给予丰厚赏赐,并把他留在军营里。

后周建立后,孙行友多次向太祖郭威报告他所侦察到的契丹军的分合变化情况,希望得到三千名强兵,趁契丹局势不稳时去平定幽州。郭威认可他对契丹军情的分析,对其才能表示赞赏,任用他为定州留后。

显德初年(954),后周世宗柴荣继位,看重孙行友的才能,任命他为检校太傅,正式授予节钺。显德六年(959)世宗北征,孙行友攻下被契丹占据的易州城,并俘获了契丹的易州刺史李在钦。

三、占山自保　获罪被禁

宋初,孙行友凭借才能获得宋太祖赵匡胤的信任,原官加同平章事。当上宰相的孙行友重担压身,常常感到疲惫不堪。

当时,正值狼山有关妖魔鬼怪的荒诞邪说盛行,不断有人受迷惑而奔向那里,官府屡禁不止,狼山上形成了一个庞大的佛教徒群体。朝廷担心这些人会聚众造反,多次催促孙行友予以解决。孙行友感到力不从心，多次上表请求解除官职，但宋太祖没有同意。无奈之际，孙行友于建隆二年（961）暗中将府中财物与粮食都转移到家乡，召集很多成年男子修缮武器，演练战术，意欲返回狼山，继续占山为王，以图保全自己。

兵马都监乐继能暗中上奏此事，宋太祖立即派遣阁门副使武怀节集合部队，声称巡视边境，径直进入定州城，已经回到此地的孙行友没有察觉危险。武怀节将皇上的诏书拿给孙行友看，命令他全族前往朝廷，惊慌失措的孙行友只能服从命令。

回朝之后，宋太祖命侍御史李维岳到其府上审问，孙行友未作任何辩解，一五一十地全部作了交代。宋太祖大为恼火，下诏严厉责骂，并免去官爵，软禁家中。太祖命人杀掉了孙行友的几名手下，又派使臣快马前往狼山，把引起妖魔邪说的元凶——尼姑孙深意的尸体运出尼姑庵焚毁。孙行友之弟、易州刺史孙行义和孙方谏之子、保塞军使孙全晖，都来到朝廷待罪，宋太祖下诏释放了他们。

建隆四年（963）秋，宋太祖下诏免除对孙行友的软禁。正值宋太祖郊祀赦罪，孙行友不久便被任命为右龙武军将军。宋太祖不计前嫌，只看重他的能力，乾德二年（964）又升他为右监门卫大将军，后来改为左龙武军大将军。

太平兴国六年（981），孙行友去世，享年八十岁，追赠左卫大将军。

门下侍郎赵普

赵普（922—992），宋太祖、太宗时宰相。字则平，幽州蓟城（今北京西南）人。后周世宗时，历任军事判官、推官、掌书记等。宋太祖时，先后任右谏议大夫、门下侍郎、平章事等，独相近十年；太宗时，任西京留守、河南尹兼太师、中书令，封魏国公，两度拜相。赵普是宋朝开国元勋，谋划实施陈桥兵变，使赵匡胤黄袍加身，建立赵宋政权；参与制定"先南后北"战略，使宋朝基本实现统一；倡导强干弱枝政策，使中央集权空前加强。他深受两位皇帝信任、尊崇，"半部《论语》治天下"成为美谈。

一、筹划兵变　开国元勋

赵普祖祖辈辈居住在幽州，家族人口众多。五代时，战乱频仍，幽州一带由于后唐幽帅赵德钧连年用兵，民力凋敝。赵普的父亲赵回为避兵乱，把全族迁移到常山，又迁移到河南洛阳。赵普稳重敦厚而沉默寡言，镇阳豪族魏氏认为他是大器之才，遂把女儿嫁给他为妻。

赵普读书不多，但喜欢学习吏事。后周显德初年（954），永兴军节度使刘词征辟赵普为幕僚，很为赏识，临终前上表向朝廷推荐了他。

后周显德三年（956），周世宗柴荣亲征淮南。滁州（今安徽滁州）地势险要，历来是兵家必争之地。大军渡过淮水后，周世宗命令禁军统帅殿前都虞候赵匡胤率部强攻，袭破清流关（今滁州西北），占领滁州。宰相范质根据刘词的推荐，奏请任命赵普为滁州军事判官。

在滁州，赵普与赵匡胤相处了一段时间，他的才智给赵匡胤留下了很深的印象。在审理一起百余人的强盗案中，赵普怀疑其中有无辜者，就细心核查，又请赵匡胤亲自审讯，结果救活了很多无辜的人，赵匡胤因此更加器重他。有一次，赵匡胤的父亲赵弘殷在滁州患病，当时正值赵匡胤即将出征，赵普见他左右为难,就主动承担起了侍奉赵弘殷的责任。赵普早晚侍奉、尽心照料,赵弘殷因此把他当作宗族亲信看待。赵匡胤与赵普两人之间的关系由此更加亲近。

平定淮南后,赵匡胤领同州节度使,召赵普为推官。赵匡胤移镇宋州时,又任赵普为掌书记。这时,赵普已成为赵匡胤幕府中的核心人物。

赵匡胤在赵普等人的辅佐下屡立战功,更加得到周世宗的信任和器重。显德六年(959),赵匡胤被提升为殿前都点检。这个职务是总领禁军及统帅出征各军的最高指挥官,握有军队的最高权力。同年六月,后周世宗柴荣去世,年仅七岁儿子的柴宗训继位,是为恭帝。虽然有顾命大臣的辅佐,但主少君轻之势已成现实。这就给握有禁军大权的赵匡胤提供了很好的机会,一个拥立他做皇帝的预谋也就开始了。

显德七年(960)正月初一,朝廷得到契丹勾结北汉大举进犯中原的消息。当朝宰相范质、王溥未察虚实,决定派赵匡胤率军出征。正月初二,赵匡胤整军出发,当晚宿营在开封东北的陈桥驿。安营之后,军中将士开始议论纷纷,军心思变。一些将士簇拥着赵匡胤弟弟赵匡义和赵普,要求立赵匡胤为帝。赵匡义见已水到渠成,便对诸将说出了自己的真心话:"君王兴起、改朝换代的事情,虽然说是上天的意旨,实际上却关系到人心的向背。"

于是赵普开始进行周密而紧张的布置:一方面提出要求,约束将士不许剽掠,保证都城人心稳定,使四方不发生骚动;另一方面,派遣军使飞驰入京,密告留京的亲信殿前都指挥使石守信、殿前都虞候王审琦准备内应;又命令陈桥夜宿的将士甲胄在身,枕戈待旦。

第二天黎明,拥立之声震荡原野,赵匡胤在酒醉酣睡中猛醒。赵普、赵匡义已带领将领推门而入,不由分说,便把象征皇帝身份的黄袍加在赵匡胤身上,大家跪在地上叩拜,高呼"万岁"。早已心领神会的赵匡胤,立即下令部队返回京城。后周在朝百官见大势已去,便承认了现实,以宰相范质、王溥为首的百官不得不降阶跪拜。

就这样,赵匡胤成了宋朝的开国皇帝,而直接参与策划、指挥这一兵变的赵普,也成了大宋王朝的开国元勋。

二、审时度势 扫除割据

赵匡胤取代后周之后,改国号为"宋",建都汴梁(今河南开封),建元"建隆"。赵普因有拥立大功,迁升为右谏议大夫,枢密直学士。

宋朝取代后周,总体上算是一种和平过渡的方式。为稳定政权,赵普积极支持宋太祖对后周旧臣采取诱之以官爵的办法,使之改奉宋朝,迅速安定了京城。但是,领兵在外的一些地方大员依仗手中重兵、据有数州,不甘心降宋,决心与之对抗。

建隆元年(960)三月,盘踞在晋南的昭义军节度使李筠,联合北汉,首先起兵反宋。宋太祖决定出征,命赵普和吕馀庆留守京师。赵普请求随从出征,太祖笑着问:"你穿得了(撑得住)盔甲吗?"("普愿扈从,太祖笑曰:'若胜胄介乎?'"《宋史·赵普传》)赵普表示,虽不能战场杀敌,尚可帷幄谋划,太祖便同意他随军从征。

大军到达荥阳时,赵普建议乘敌不备,速战速决。宋太祖采纳了赵他的意见,加快进军速度,一举攻克泽州城。李筠投火自焚而死,其子李守节投降。平定李筠后,赵普因功升任兵部侍郎、枢密副使。

这年八月,扬州的淮南节度使李重进又起兵反宋。宋太祖周密部署后,于十月亲率大军出征。出发前,太祖问赵普讨扬州之策。赵普认为，李重进虽然据有地形和防御工事方面的优势，但士卒离心，外绝援救，内乏资粮，不如迅速取之。太祖欣然采纳，发兵东下，进军神速，很快包围扬州，并于十一月攻下，李重进全家投火自焚而亡。

两股反宋势力很快镇压了下去，在政治上为稳定国内局势奠定了基础，在军事上为进一步开展统一战争创造了有利条件。

宋朝初建时，所继承的后周疆域只有黄河中下游地区，在它周围还盘踞着许多大大小小的割据政权。宋太祖有统一天下的雄心大志，但究竟应当从何入手，他日夜思忖、殚精竭虑。

一个大雪纷飞的夜里，宋太祖带着胞弟赵光义，微服出访赵普。赵普见太祖顶寒冒雪到自己家来，急忙加炭、烧肉，置酒驱寒。赵普的妻子魏氏在旁边斟酒劝饮，宋太祖称呼她为嫂。赵普问："这么寒冷的深夜，陛下为什么而来？"宋太祖直言不讳："我睡不着，一榻之外，都是他人的地方，因此来见你。"赵普说："陛下是认为国土小吧？南征北战，今天是时候了，臣愿意听您的计划。"宋太祖试探地说："我打算收太原。"

太原是北汉都城，先收太原，意味着采取"先北后南"的策略，从北伐开始。赵普意见不同，他说："太原挡住西、北二边，即使一举而下，以后的边患就要由我们独立承当，何不暂且留下，以待削平其他诸国以后再解决？这么一个弹丸之地，有什么地方可逃。"宋太祖听完，笑着说："朕的想法正是如此，不过考验你一下罢了。"赵普提出的是"先南后北"的战略，他的这番话，使宋太祖为统一天下思虑已久的战略方针确定下来。这件事便是历史上传为美谈的"雪夜访普"。

经过一番周密准备，建隆三年（962），宋太祖赵匡胤开始了"先南后北"的统一战争。在赵普的精心策划下，首先进攻南方中间地带实力最弱的荆南和湖南，结果平灭了这两个割据政权，取得了完全胜利。继而又于乾德二年（964）向后蜀发起进攻，只用两个月时间就占领了成都，后蜀灭亡。之后，又于开宝三年（970），挥师征讨南汉。第二年正月，宋军逼近广州，南汉虽作困兽之斗，但在宋军强大攻势下死伤惨重，广州被占领。随后又平定了岭南，南汉灭亡。

开宝七年（974），宋太祖派十万大军进攻南方最强大的割据势力南唐，南唐对宋军的进攻缺乏准备，因而宋军的推进比较顺利。过长江天险后，宋军迅速包围了南唐都城金陵（今南京），经一年左右，金陵被宋军攻破，南唐也灭亡了。在宋军节节胜利的形势下，南方剩下的吴越、漳州割据势力，慑于宋军强大威力，也先后降宋。至此，宋朝已经完全统一了南方。

开宝九年（976）秋天，宋太祖下令征伐北汉。战争在开始时进展很顺利，宋军很快就逼近太原城。但宋太祖于同年十月猝然去世，使征伐北汉的军事行动停滞。宋太宗继位后，继续实行宋太祖的大政方针，决心完成统一北方的事业。太平兴国四年（979）春，宋军兵分四路，向北汉都城太原发起进攻，并成功地击败了契丹对北汉的援军。四月，宋太宗亲至太原督战，北汉苦战到五月，终于力竭城破而投降。攻取北汉的成功，再一次显示了赵普制定的"先南后北"战略方针的正确。

三、殚精竭虑　巩固皇权

陈桥兵变，黄袍加身，宋太祖赵匡胤深知自己的皇位是怎么来的，也深知唐王朝走向没落的根本原因在于藩镇割据。因此，在谋划统一战争的同时，宋太祖还在思考另一个重要问题，即怎样不让自己建立起来的宋王朝成为五代之后的又一个短命王朝。

建隆二年（961），宋太祖有一次召见赵普时，就此征求他的意见。赵普认为，想要巩固统治，就必须削弱拥有重权的"藩镇"。而对付藩镇没有别的好办法，只有剥夺他们的政权、财权和兵权，使他们丧失叛乱的条件，天下才能安定。兵权是藩镇赖以生存的支柱，因此"收其精兵"便成为赵普君臣首先要解决的问题。

建隆二年闰三月，宋太祖和赵普乘殿前都检点慕容延钊和侍卫亲军都指挥使韩令坤由淮南回京之机，解除了二人所掌禁军的兵权，收归皇帝所有。改任慕容延钊为山南东道节度使，改任韩令坤为成德节度使。这是收兵权的第一次行动。

同年七月，赵普多次向太祖提出请求收回石守信、王审琦等人典领禁军的权力，安排其他职务。宋太祖开始不同意，认为他们都是旧日故人，素有深交，绝不会背叛。赵普提醒太祖说："臣也不担心他们会背叛。不过，详细观察这几个人，都不是善于统御的帅才，恐怕不能管制降伏部下。万一军中将士做出罪孽之事，他们就可能不由自主、任人摆布了。"（"臣亦不忧其叛也。然熟观数人者，皆非统御才，恐不能制伏其下。万一军伍作孽，彼亦不得自由耳。"《续资治通鉴·宋纪二》）赵普的话外音很明白，是担心这几员大将的部下也会重演"黄袍加身"的故技。宋太祖这才恍然大悟，下定了决心。

接着宋太祖在宫中摆下丰盛的酒宴，请石守信等几员大将入席饮宴，演出了一幕活剧，通过一番话语，使石守信等相继请求解职，交出了兵权。这就是赵普参与策划的历史上有名的"杯酒释兵权"。

在此之后，收兵权的行动继续进行。乾德元年（963）春，首先对几十个异姓王以及节度使通过迁徙、告老、遥领他职等方式，夺了他们的兵权，都以文官取代其职位。开宝二年（969）十月，乘凤翔节度使王彦超及诸藩镇入朝之机，宋太祖在皇家后苑摆下酒宴，又通过巧妙的暗示，迫使王彦超等人自动请求辞官归家养老，罢去了他们握有重兵的藩镇职务，夺了他们的兵权。

这一系列的夺兵权活动，对避免宿将、旧藩恃兵叛宋的确有重大作用，但仍然难以保证不再发生悍将强藩的威胁。为了消除隐患，宋太祖和赵普又在国家军事体制方面进行了调整。

禁军将领权任极重，容易威胁皇权。因此，朝廷在调整中取消了殿前都点检、殿前副点检等高级禁军将领的建制，改由职位较低的殿前都指挥使、侍卫马军都指挥使、侍卫步军指挥使统辖禁军，称为"三衙"或"三司"。"三衙"只负责军队的管理和训练，没有调兵权。调兵权属于枢密院，而枢密院又无指挥权，军队指挥必须完全听命于皇帝。征战之时由皇帝临时点将，将帅在战场上的军事活动完全听从皇帝的远地指挥，无权独立作战。征战结束之后，兵归宿卫，将还本职。这样，将帅不能专有其兵，兵也不能附属于将帅，兵、将分离，武将也就难以有所作为了。

为提高禁军素质，在赵普的策划下，朝廷裁掉了禁军中的老弱病残者，选拔出精壮士兵加以补充。并由太祖诏命殿前侍卫二司，挑选所属士兵中的骁勇者升为上军；又命令各州选拔精壮的士兵送至京师，补充禁军。这样，不但提高了禁军的素质，而且也起到了削弱地方军队的作用。

总之，赵普对军制的精心调整，的确起到了强干弱枝、加强皇权的作用。禁军"皆以一当百"，诸镇也都自知手下的兵力绝非京师的对手，不敢叛乱。不过，由于中央集中兵权，使将不知兵、兵不知将，皇帝在远地遥控指挥，大大削弱了将帅的主动作战能力，影响作战效果。而这种文强武弱的官僚体制，又影响了宋朝军队的实力，导致了军力不振、对敌乏将的弊端。

四、削弱藩镇　改革官制

由于赵普的贡献极大，所以职务提升很快。建隆三年（962）

出任枢密使、检校太保兼御史大夫。乾德二年（964）正月，范质等三位宰相同日罢免，拜任赵普为门下侍郎、同中书门下平章事、集贤殿大学士，成了宰相。

赵普十分清楚：只是削夺藩镇的兵权，并不能彻底解决藩镇强霸一方的问题，他们往往兼管几个州，有经济基础，有财政来源，有司法大权，可以随时委派亲信为镇将，控制州县官吏，实际上成为地方的土皇帝。于是，他奏请宋太祖革除这种弊病。

乾德二年（964），朝廷下令：各州的财政收入，除留下作本地领费支出外，其余全部上交京师，不许藩镇私自截留地方财政收入。乾德三年（965），朝廷在全国各路设置转运使，掌管各路财赋，节度使所属官吏不得参与。地方司法由提点刑狱官监临，节镇亦不得干预。

五代以来，节度使常常委派亲信任为镇将，与县令对抗，实际是取代县令而自成体系。赵普决定恢复县令的权力，地方一切事务都统一由县管理。更为重要的是，中央收回了以前节度使统领几州的权力，使各州直属京师，并由中央委派文官充任知州。同时又在各州加设通判官，与知州共同处理政务，起到了互相监督和制约的作用，为避免知州久任一地形成割据势力，又规定了"三年一易"的轮换制度。这样，地方的封建割据就很难形成了。

赵普采取的这些果断措施，进一步从各个方面削弱了藩镇的权势，节度使几乎成了没有实权的虚衔。相反，中央的统治权力得到极大的加强，强干弱枝的形势已经形成。朝廷的一纸文书下到郡县，就好像身体调动臂膀、臂膀调动手指一样，不打一点儿折扣，上令下行，雷厉风行，天下一统。中央和藩镇的关系出现了深刻的变化。

宋初的中央机构，基本上还是沿袭后周的制度。为了加强皇权，在赵普的倡导下，对中央机构作了较大调整。在禁中设立中书门下，称为"政事堂"，由中书管政事；设立枢密使，专掌军事；另设三司使（盐铁、度支、户部称三司），总管全国贡赋和财政。过去由宰相总揽的行政、军事、财政大权，现在一分为三，削弱了宰相的权力。而皇帝除统领中书省外，还统领枢密院、三司等机构，皇权大为加强。为加强中央对司法权的控制，司法权也向上收束，凡是处以死刑的案件——大辟，必须录案上报刑部审核。

赵普主持进行的一系列调整和改革，有效解决了君弱臣强的内部机制，使中央集权得到空前加强。宋太祖视赵普为左右手，事情不论大小，全都与之商量后再做决定，且无不言听计从。

起初，中书省没有设宰相，也就无人来签署敕令。赵普为此上言，宋太祖说："你只进呈敕令，由我为你签署可以吗？"赵普说："这是有司的职责，不是帝王负责的事情。"（"此有司职尔，非帝王事也。"《宋史·赵普传》）命令翰林学士研究过去的实例，窦仪说："现在皇弟（赵光义）任开封尹、同平章事，就是宰相的职位。"于是，宋太祖命令赵光义签署敕书赐给赵普。

赵普成为宰相后，独居相位，"上（宋太祖）视如左右手，事无大小，悉咨决焉"（同上）。鉴于赵普"独断政事"的情况，乾德二年（964）四月，宋太祖为协助赵普处理政务，特地设立了"参知政事"一职作为副相，并拜任薛居正、吕馀庆为参知政事，但参知政事不押班、不知印、不升政事堂，权力是有限的。

乾德五年（967）春，赵普加官右仆射、昭文馆大学士。不久，因母亲去世服丧，宋太祖诏令服丧未满而复职处理政事。

开宝二年（969）冬，赵普患病，宋太祖亲自来到中书省慰问他。开宝三年春，宋太祖又到他的宅第慰问，赏赐钱财，增加俸禄。

五、勤于相业　直言敢谏

赵普历任宋太祖、宋太宗两朝宰相，为宋朝的统治做出了很大贡献。赵普勤于相业，辅佐宋太祖以及后来的宋太宗，始终忠贞不贰。

有一次，太宗问赵普，在治国之道方面还有什么办法。赵普回答说："陛下恤念生民，每闻利病，无不即日施行。古圣王爱民之心，止于此矣。"（《皇宋通鉴长编纪事本末·太宗皇帝》）赵普肯定了帝王应及时关切百姓的疾苦，并想办法去解决。他还提醒宋太祖，应时时刻刻把百姓放在心上。

开宝六年（973）的一天，宋太祖在与群臣欢宴时，忽然天降大雨，开始太祖有些扫兴；后来雨越下越大，太祖怒形于色。左右大臣害怕获罪，谁也不敢说话，只有赵普对太祖说，这场雨对宴会并无妨碍，对老百姓却很难得，他们都在盼雨，这场雨他们一定很高兴，实在值得庆贺，请求乐官为之奏乐。经赵普这么一说，太祖马上转怒为喜，命令乐官为喜雨而奏乐。

赵普辅佐太祖、太宗，对官吏严加选择和考绩。他认为："治国莫如用贤，用贤莫如历试，历试莫如责功，责功莫如较考。"（《上太祖请行百官考绩》）他请求太祖对官员进行考绩，提出以后拜节度使及武官等职必须要求有战功，对宰相及以下的百官应每年进行考绩，以此选拔任用贤才，摒弃庸懦之才，激励官吏奉公尽职，尽其所能。他还认为，遴选人才是一件很重要的事情，最关键的是用对地方、用其所长。

赵普选择官吏刚毅果断，有一种据理力争、不屈不挠、百折不回的可贵精神。赵普平生举荐过许多人，发掘过许多人才。

一次，赵普曾发现一个人很有才华，便上奏向宋太祖推荐，但太祖看后后决定不用。谁知上朝时，赵普又递上了同样内容的奏章，太祖大怒，把奏章撕碎抛在地上。满朝文武都大惊失色，赵普却面不改色，跪在地上不慌不忙地把撕碎的奏章一片片捡起，回家后把碎片对好粘住，第二天上朝又重新递上。太祖为赵普的忠诚所感动，终于批准了。此人后来果然业绩出色，太祖十分高兴。

又有一次，赵普奏请太祖为一名才能突出、政绩卓著的大臣晋级。太祖一向不喜欢此人，表示拒绝。赵普再三劝说，惹得太祖大怒，指着他说："我坚持不让此人升官，看你怎么办？"赵普回答道："刑法是惩治罪恶的，封赏是报答功劳的，这是古今不变的道理。况且刑法是天下的刑法，不是陛下一个人的刑法，哪能以个人喜怒来专断呢？"（"普坚以为请，太祖怒曰：'朕固不为迁官，卿若之何？'普曰：'刑以惩恶，赏以酬功，古今通道也。且刑赏天下之刑赏，非陛下之刑赏，岂得以喜怒专之？'"《宋史·赵普传》）太祖站起身来，怒气冲冲就走，赵普心平气和地跟在身后。太祖进宫后，赵普站在宫门口，很久不肯离开。太祖得知后心中不安，批准了赵普的奏请。

赵普曾上疏宋太宗推荐张齐贤任宰相，说"张齐贤素蕴机谋，兼全德义"，有"经国之才，堪副济时之用"《续资治通鉴·宋纪十五》。他希望太宗把张齐贤留在身边，多让他历练，使其成长，这样委以重任，一定能够做出突出贡献。以后张齐贤两次担任宰相，相当出色。

赵普对禁军将领的选择尤为精心谨慎。乾德元年（963），宋太祖要提升天雄节度使符彦卿掌管禁军。赵普知道符颜卿在节度使任上骄横放纵、恣意不法，认为他的名位已经够高了，不宜再授予兵权。但太祖不听，发出了委任诏令，不许再谏。赵普把诏令扣留在自己手里，第二天上朝还了回去，并劝太祖深思利害。太祖问赵普为何多疑，认为自己对符彦卿很好，他不会有负于自己。赵普只好说了句分量很重的话："陛下何以能负周世宗？"（《宋史·石守信传》）太祖听后，沉默不语，中止了自己的做法。

赵普也很重视法制。宋初的刑律基本上沿用后周的《大周刑统》，不适应中央集权的需要。建隆三年（962），朝廷决定更定《刑统》，命令兵部尚书窦仪主持这项工作，第二年修成《宋建隆重详定刑统》（简称《宋刑统》）。经赵普的斟酌修改，连目录三十一卷，计十二篇、五百零二条。这是专属刑事法规，凡与刑名无关的敕令，另编有《建隆编敕》四卷，与《宋刑统》一起颁布天下。

六、专断自裁　收受贿赂

在封建社会，皇权往往大于法，赵普努力影响和劝说太祖、太宗依法办事。

太平兴国年间，卖药的骗子陈利用得到宋太宗的信任，官至郑州团练使。他骄横肆虐，目无国法，干了不少坏事，还拉拢一些爪牙为其张目，朝中许多大臣敢怒不敢言。赵普派人查清了他的劣迹，审讯时陈利用也都服罪。赵普奏请将其处斩，但太宗却下诏流放商州，随后又要让他回来。赵普说陈利用罪大恶极，处置如此之轻，天下何以能服，留这样的佞臣贼子有什么用！太宗反驳说："难道作为万乘之主，就不能庇护一个人吗？"赵普说："陛下不杀他，就会搞乱天下的法律。法律应当爱惜，这小子有什么可爱惜的！"（帝曰："岂有万乘之主，不能庇一人乎！"普曰："陛下不诛则乱天下法，法可惜，此一竖子何足惜哉！"《宋史纪事本末·太宗致治》）太宗不得已，命陈利用在商州自裁，但随后又后悔了，急忙派使臣送去免死的命令。但赵普在使臣未到时就把这个恶棍杀了，结果大快人心。

赵普独居相位达九年之久，朝政独断，威权日重，骄横之气也日盛，出现了刚愎自用、专断自裁的现象。他常在衙署座位后边放置两口大瓮，凡是不合意的内外表疏，就擅自丢在瓮里一烧了事，为此他也得罪了不少人。他虽然善于举贤荐能，但也有嫉贤妒能的时候。宋太祖曾夸奖过枢密直学士、右谏议大夫冯瓒是当世罕有的奇士，打算重用。赵普出于妒能之心，先是把冯瓒弄到梓州去做官，又想用不光彩的手段把他置于死地，幸好宋太祖出面才得以保全。

当时，枢密副使赵昌言与胡旦、陈象舆、董俨、梁颢交情深厚。胡旦让翟马周上密封奏章，毁谤时政，赵普非常嫉恨他，上奏流放翟马周，贬黜赵昌言等。

开宝六年（973）的一天，宋太祖亲临赵普的府第，见廊下放着十个瓶子，问是什么。赵普说是吴越王钱俶王派人送书信时，顺便带来的"海物"。太祖对此颇感兴趣，便令打开看看，结果里面全是瓜子金（小颗粒的瓜子黄金）。赵普慌忙顿首谢罪，说："臣还没有打开书信，实在不知道是金子。"太祖叹口气说："收下无妨，那些人还以为国家大事都是由你们书生做主呢。"（"受之无妨，彼谓国家事皆由汝书生尔！"《宋史·赵普传》）此时，君臣显然已经出现矛盾了。

当时，官府禁止私人贩卖秦、陇地区的木材。赵普曾派遣亲信官吏去买造屋用的木材，连成大木筏运到京城，而官吏却趁机偷卖木材，假称赵普买来的，到都城再出卖。权三司使赵玭查到此事，报告了皇上。太祖大怒，催促百官上朝列班，要下诏贬退赵普，幸而王溥上奏解救了他。

赵普之子赵承宗，娶枢密使李崇矩之女为妻，违反了宰辅大臣子女不得通婚的禁令。赵普又用空闲地私下交换尚食局的菜园，来扩大自己的住宅，还经营旅店牟利。卢多逊为翰林学士，趁召见应对时，多次指责赵普的短处。恰逢雷有邻击登闻鼓告状，控告堂后官胡赞、李可度受贿枉法，以及刘伟伪造文书得官，王洞收受李可度财物，赵孚授西川官职称病不赴任，而这些人都是赵普包庇的。太祖大怒，决定借机分割赵普的相权，诏令参知政事轮流与赵普知印、押班、奏事。开宝六年（973）八月，太祖干脆罢了赵普的宰相，出任河阳三城节度使。

宋太祖去世后，太平兴国二年（977），宋太宗诏令赵普入朝，任太子太保，留在京城供职。在留京的开始几年，因为宰相卢多逊的诋毁，太宗对赵普怀有猜疑之心，赵普郁郁不得志，一直没能入相。后来，赵普冲破卢多逊的障碍，积极支持太宗对秦王赵廷美（太宗之弟）的斗争，才使关系有所改变。

柴禹锡、赵镕等上告秦王赵廷美骄横放纵，准备暗中发动阴谋。宋太宗召见赵普询问，赵普上言希望以宰相身份来追查其阴谋，退朝后又上书，自述参与太祖、昭宪皇太后（宋太宗之母杜氏）临终顾命的事，言辞极为恳切。宋太宗恍然大悟，召见了赵普，谋议除掉赵廷美。随即任赵普司徒兼侍中，封梁国公。在此之前，赵廷美立班在宰相之上，到这时，因为赵普是开国功臣，再次为立班之首。赵廷美贬官废死，卢多逊贬往南方，都是赵普的计谋。

太平兴国八年（983），赵普出朝为武胜军（治今河南郑州）节度使、检校太尉兼侍中。太宗作诗为他饯行，赵普捧着诗流泪说："陛下赐给臣的诗，应当刻在石碑上，与臣的朽骨一同葬入地下。"（"陛下赐臣诗，当刻石，与臣朽骨同葬泉下。"《宋史·赵普传》）太宗为此很感动，第二天对宰相说："赵普过去对国家有功，现在年纪老了，不能再用国家大事来烦劳他。朕特意选择好地方来安置他，又以诗来表达心意。赵普对此感激涕零，我也忍不住落泪。"宋琪回答说："昨天赵普来到中书省，拿着皇上的诗哭泣，对我说：'这一生剩下的岁月，没有机会报答皇上了，希望来世能效犬马之劳。'我昨天听到赵普的话，现在又听到皇上所说，君臣自始至终的情分，可以说两全了。"

七、谏阻出兵　三度拜相

宋太宗灭掉北汉后，决定乘胜收复后晋石敬瑭割让给契丹辽的燕云十六州。但先后两次出兵，均以失败而告终，特别是第二次，宋军死伤惨重，全线崩溃，太宗本人也险些丧命。

当时，赵普对出兵燕云持反对态度，雍熙三年（986），他上疏太宗时提出：第一，不能低估辽的实力。出兵燕云失败，就是明证。第二，太祖虽平息了割据势力，并剥夺了最高将领的兵权，但自唐末五代以来，悍将强藩形成内患的情形应该借鉴，这是长期用兵不能不加考虑的问题。赵普认为，北征燕云是"兴不急之兵，颇涉无名之议"，是朝廷奸邪小人欺君的结果，要求追查兴兵主谋，对首恶者"早正刑章"。

宋太宗赐给赵普亲笔手敕，其中说：

> 我前日兴师选将，仅命令曹彬、米信等屯兵雄、霸，厉兵秣马，以张军威。等到一两个月之间山后诸州平定，潘美、田重进等合兵进发，直达幽州，然后控制险要之处，恢复旧日的疆土，这是我的志愿。但将帅等不遵循制定的策略，各自依照自己的见解，率领十万披甲战士出塞远去战斗，迅速夺取州县，再回师取军用物资，来回劳累疲乏，被辽人所袭击，这责任在主将。

> 何况我继百王之末，大体得到太平，惦念那里的百姓陷于边境祸患，打算从水火中拯救出来，不是滥施武力而用兵，你应当了解这些。战场上的事，已经做好准备，你不要为此担忧。你是国家元老，忠言苦口，再三上奏，朕惭愧实深。

赵普上表谢罪说:

> 日前因为我军久驻塞外,不能收复国土,渐到炎热天气,形势紧迫,所以臣上书陈述偏激的见解,甘愿按照典章受罚。陛下看到臣的忠诚,亲笔写下手敕,秘密告知圣上的计谋。臣认为派军队讨伐有罪的人,的确是上策;将帅能遵循策略,必定可以平定。但他们不合圣心,因此败坏了事情。现在既然边境有所防备,还有什么忧虑呢?何况陛下登上帝位十年,稳坐着便兴盛了国家大业,没有一件事不妥当,出现了万邦安宁的局面,可谓无为而治,天下和睦太平。如果能爱惜精神、调和心志,自然可以远继九皇、俯视五帝。何必要征战不止,与契丹一争胜败呢?臣平素缺少壮志,况且在衰老之年,虽然没有战功,但愿意竭尽忠诚。

见到这封奏表的人,无不赞美赵普的忠诚。

雍熙四年(987),赵普调任山南东道节度使,由梁国公改封许国公。宋太宗下诏亲耕农田,赵普上表请求入朝,言辞非常恳切。宋太宗伤感地对宰相说:"赵普是开国元老,是朕所尊重礼遇的,应当依从他的请求。"等赵普到达以后,宋太宗再三抚慰。

陈王赵元僖认为赵普有宰相之才,上疏太宗,推荐赵普再次任相。于是,赵普三度任相。宋太宗想任用吕蒙正为相,因为他是新提升的,以赵普往日的善政作为他的表率,授赵普太保兼侍中。宋太宗对他说:"你是国家有功勋的老臣,我的辅佐和依靠,古人耻于君主赶不上尧、舜,你也应这样。"("卿国之勋旧,朕所毗倚,古人耻其君不及尧、舜,卿其念哉!"《宋史·赵普传》)赵普叩头拜谢。

宋太宗曾听信弭德超的谗言,怀疑开国功臣曹彬图谋不轨,赵普再任宰相后,为曹彬辩护,事情终于水落石出。太宗感叹说:"我判断不明,几乎耽误国家大事。"当天放逐弭德超,像过去一样对待曹彬。

祖吉任州太守时,牟取私利,事发后入狱,立案追查罪状。在文书尚未齐备时,恰逢郊祭临近,太宗憎恨他贪污,派宦官向宰相传达旨意说:"郊祭赦免时,唯独不能宽恕祖吉。"赵普上奏说:"腐败官员有罪,应当正法。然而国家祭天,告于天地,告于神明,怎能因为祖吉而坏了陛下的赦免令呢?"太宗认为他说得对,就中止了此事。

八、半部《论语》 治理天下

宋太宗继位后,占领了党项部所属的五州之地。党项首领李继捧同族之弟李继迁只同意归附,但不肯放弃土地,无奈宋军已经控制了五州,便只好带着少数亲信逃到草原,与当地豪族联合,招兵买马,举兵反宋。北宋与党项人之间的战争由此而爆发。

起先,李继迁的实力很弱,没有大兵团,只能用散兵游勇袭击宋朝边境。宋朝方面深受其害,但忙于同契丹的战争,每次都是力不从心。之后,北宋和契丹再次爆发大战,李继迁瞧准时机,派人与契丹联合,双方结盟并答应东西策应,联合夹攻宋军。对于李继迁投靠契丹的举动,宋廷无能为力,因为宋军拿契丹人也没有办法。李继迁得到契丹的帮助,战斗力果然大不相同,多次打败宋军,最多的一次消灭了三万宋军。

这时,赵普建议采用"以夷制夷"的策略。宋太宗见自己拿李继迁没有办法,便采纳了他的意见。端拱元年(988),重新起用李继捧为定难军节度使,赐姓名"赵保忠",派他回镇夏州,想通过他来稳定西北局势。这本是一招好棋,可惜出手太晚,李继迁已渐成大患,而且李继捧心志不定,才智也不如李继迁,根本算不上同等对手,反倒在背后支持族弟。李继迁四出攻略,闹得动静越来越大,还明目张胆地上表索取宥、夏等州。

当时舆论归咎于赵普,他因此深受同僚排挤,不能够独自决断。宋太宗也失去了对赵普的信任,有罢免其宰相之意。

过去的制度,宰相在未时回家,这年粮食丰收,特许赵普夏季到午时回家。第二年,免于上朝拜见,仅每天到中书省处理事务,有重大政事召见面谈。冬天,赵普患病请假,宋太宗多次到他家看望,赏赐众多。赵普深知急流勇退之道,于是声称病重,三次上表请求退休。宋太宗依从,授他为西京留守、河南尹,依旧为守太保兼中书令。赵普三次上表章恳切推辞,太宗赐手诏说:"开国元勋,只有你一人了,不能和其他人等同,无需再三推辞,等到起程的日期临近,就到府上与你告别。"("开国旧勋,惟卿一人,不同他等,无至固让,俟首涂有日,当就第与卿为别。"《宋史·赵普传》)赵普捧诏哭泣,不顾病体请求面见,赐座面谈良久,很多国家大事,太宗都采纳了他的意见。赵普出发时,太宗又到他的府第送行。

淳化三年(992)春,因为衰老久病,赵普命留守通判刘昌言替自己上表,请求退休,宦官骑驿马抚慰问候。赵普三次上表乞求告老,宋太宗才授他为太师,封魏国公,供给宰相的俸禄,让他养病。等到赵普病愈来到朝廷,又派遣他的弟弟宗正省卿赵安易携带诏书赏赐他。还特地派遣使臣赐他诏书说:"你近时得了小病,恳求辞政,任命你为太师,以表彰尊重贤人。现在你已痊愈,来京与朕相见,朕赏赐羊、酒等给你,你应当爱惜身体,及时用药,注意饮食调养,以符合朕眷重知遇的心意。"

同年七月,赵普在洛阳家中去世,享年七十一岁。太宗闻讯,十分震惊悲痛,对侍奉的大臣说:"赵普辅佐先帝,和朕也有旧交，他能决断大事，之前和朕有些不愉快，很多人都知道。朕即位以来，经常优厚礼遇他，赵普也倾尽全力效忠于朕，尽忠于国家，是真正的社稷之臣。朕深感痛惜。"（"普事先帝，与朕故旧，能断大事，向与朕尝有不足，众所知也。朕君临以来，每优礼之，普亦倾竭自效，尽忠国家，真社稷臣也，朕甚惜之。"《宋史·赵普传》）痛哭涕泣，左右大臣都非常感动。随后亲临其丧，为他"缞服举哀"，宣布辍朝五日。同时下诏追赠赵普为尚书令，追封真定郡王，赐谥曰"忠献"，葬洛阳邙山。

当初，宋太祖赵匡胤地位低下，赵普与他交往时，多有失礼、轻慢之处。后来，赵普多次为从前的失礼之处道歉，太祖豁达大度，对他说："如果在尘埃里就可以识别天子、宰相，那人们都去访求他们了。"（"若尘埃中总教识天子、宰相，则人皆去寻也。"《宋朝事实类苑》卷一引《丁晋公谈录》）从此，赵普不再上言。

赵普年轻时，喜好学习为官之道，没有什么学问。等到出任宰相，太祖经常劝他多读书。赵普常年手不释卷，每次返回住宅，关上门打开箱子取书，读起来就是一整天。到第二天处理政务，决断便如同流水。去世以后，家人打开箱子查看，仅有《论语》二十篇。（"普少习吏事，寡学术，及为相，太祖常劝以读书。晚年手不释卷，每归私第，阖户启箧取书，读之竟日。及次日临政，处决如流。既薨，家人发箧视之，则《论语》二十篇也。"《宋史·赵普传》）因此，后人称之为"半部《论语》治天下"。（《学仕遗规》卷一引《黄氏日钞》："韩王每断大事，惟读《论语》，曰'以半部《论语》佐艺祖定天下'。"）

真宗咸平初年（998），追封赵普为韩王，配享太祖庙庭，故后世多称之为"赵韩王"。宝庆二年（1226年），宋理宗在昭勋崇德阁图绘二十四功臣画像，赵普位列其中。

门下侍郎薛居正

薛居正（912—981），宋太祖、太宗两朝宰相。字子平，开封浚仪（今河南开封）人。少年时胸有大志，奋发图强。后唐时进士及第，先后仕后晋、后汉、后周，任右拾遗、开封府判、刑部侍郎判吏部铨。宋太祖时任门下侍郎、同平章事，太宗时加官左仆射、昭文馆大学士、司空。他为人忠诚正直，谨守为臣之道，居家生活节俭。任相处事宽厚，深得皇帝重用和士人赞许。

一、仕途顺利　不畏强权

薛居正少年时勤奋好学，胸怀大志，且心态平和。后唐清泰初年（934），他参加进士考试没有及第，一同落榜的书生们无不捶胸顿足、哭天喊地，唯有薛居正作《遣愁文》来自我宽慰，文章寓意潇洒豪迈。有识之士认为他有公卿宰辅的器量，（"识者以为有公辅之量"，《宋史·薛居正传》）必定会成为国家的栋梁。果不其然，一年过后，他重入考场，进士及第，从此走上了顺利的仕途。

进士及第后，后晋天福年间，华帅刘遂凝召任薛居正为从事。当时，刘遂凝之兄刘遂溥管理财政，上奏举荐薛居正为盐铁巡官。开运初年（944），薛居正改任度支推官。由于表现良好，当时管理盐铁的宰相李崧上奏推举他担任推官，加官大理司直，升为右拾遗。后晋宰相桑维翰任开封府尹时，对薛居正欣赏有加，上奏安排他为判官。

薛居正为人正直，不畏强权。后汉乾祐初年（948），史弘肇统领侍卫亲军，掌握兵权，威慑四方，但他为人残忍专横，没有人敢违背他的心意。有一次,他手下官吏控告平民犯了盐禁,依照法律应当处死。案件将要判决时,薛居正怀疑案情不实,招来几名证人详细询问。原来,那位官吏与这位平民素有私仇,故而栽赃陷害。薛居正立即逮捕这名官吏,进行审问。起初,这官吏仗着自己是史弘肇的亲信,强词夺理,拒不认罪,但终究抵不过薛居正正颜厉色的审问,全部供认不讳。史弘肇对薛居正此举大为恼火,曾派人前来警告,但薛居义正词严地告诉来者:"王子犯法,尚与庶民同罪,何况他不过是一名小吏,必将严惩不贷!"史弘肇无奈之下,只得眼睁睁看着自己的那名亲信锒铛入狱。

后周广顺初年(951),薛居正升任比部员外郎,领三司推官,很快又任知制诰。显德三年(956),他升任左谏议大夫,提升为弘文馆学士,判馆事。显德六年(959),他出使沧州,负责收缴租税。在此期间,薛居正按章办事,公正廉明,既保证了朝廷的赋税,又保护了老百姓的正当利益,当地百姓无不对他赞不绝口。不久,薛居正以才干出众闻名于朝廷。

后周恭帝柴宗训继位后,提拔薛居正为刑部侍郎、判吏部铨。

二、宽厚待人 尽职尽责

宋朝建立后,薛居正的才能为宋太祖赵匡胤所看重,深得信任和重用。宋初,他升任户部侍郎。宋太祖亲征平定昭义军节度使李筠及淮南节度使李重进叛乱时,都任薛居正为判留守司三司。建隆二年(961),薛居正出朝任许州知州。建隆三年(962),因政绩出色,回朝任枢密直学士,权知贡举。

薛居正讲究仁义之道,一向宽厚待人。宋太祖平定荆湖地区之初,有数千名逃亡士兵啸聚郎州(今属湖南)附近的山林湖泊成为盗匪,朝廷派来的监军使怀疑城中的一千余名僧侣都是盗匪同党，准备将他们全部逮捕杀掉。时任郎州知州的薛居正认为这样做不妥，便对监军说："郎州城里的百姓家家笃信佛教，对寺中僧侣极为尊敬，如果杀了僧侣，必定会引起百姓强烈不满，难免后患无穷。请您稍安勿躁，我定会给您一个交代。"紧接着，他率领人马剿灭群寇，擒获了贼帅汪端，经审讯后得知，僧人与盗匪并无瓜葛，郎州城的僧侣得以保全性命。

乾德元年（963），薛居正加任兵部侍郎。当时，宋太祖即将亲征太原的北汉政权，大量调发民夫运输粮饷。而河南府因受灾正闹饥荒，哀鸿遍野，外出逃荒的老百姓多达四万户，找不到运输粮草的民夫。宋太祖为此一筹莫展，薛居正毛遂自荐，乘驿车快速前去召集百姓，对逃荒的百姓晓之以理、动之以情，十天之间，百姓们全部返乡务农。薛居正还向太祖建议从京城调来粮食，帮助当地百姓度过饥荒。事后，薛居正因功以本官任参知政事，加官吏部侍郎。

开宝五年（972），薛居正兼任判门下侍郎事，监修国史；又监修《五代史》，预计两年修史完毕，他一年半就提前完成，太祖赏赐他器币等物。紧接着，开宝六年（973），薛居正又升任门下侍郎、平章事。

开宝八年（975）二月，宋太祖对薛居正等人说："如今风调雨顺，国泰民安，如果不是上天保佑，怎么能够如此？应当共同考虑对万物有益的事情，如果朝政有疏漏缺失，应当予以指出、弥补，以完成朕的志愿。"而薛居正等愈发勤修政事，来符合太祖的心愿。

三、谨守臣道　中毒身亡

宋太宗继位后，薛居正一如既往地尽心尽力。太平兴国初年（976），宋太宗为他加官左仆射，昭文馆大学士。薛居正随从宋太宗平定北汉，还朝后因功晋封司空。

薛居正气度非凡，仪表堂堂，饮酒数斗而心志不乱。他孝顺父母，友爱兄弟，日常生活节俭朴素。担任宰相期间，处理政务宽松简易，不喜欢苛刻烦琐，在士人君子之中很受推重。薛居正从参政到担任宰相，共十八载，恩遇始终不衰，这不仅是凭借其出众的才能，与他的德行完美也密不可分。

宋太祖曾对薛居正说："自古以来，做君主的很少有人能够自己纠正错误，做大臣的也多数没有远略，虽然地位显贵，但不能名垂青史，而将自身陷于不义，遗祸子孙，那是他们没有遵守君臣之道。我看唐太宗接受进谏，臣下直指过错而不以为耻。在朕看来，不如洁身自好，使别人无话可说。另外，古来大臣大多不能有始有终，那些能保全自身而享受厚福的，是因为他们为人忠诚正直。"（"自古为君者鲜克正己，为臣者多无远略，虽居显位，不能垂名后代，而身陷不义，子孙罹殃，盖君臣之道有所未尽。吾观唐太宗受人谏疏，直诋其非而不耻。以朕所见，不若自不为之，使人无异词。又观古之人臣多不终始，能保全而享厚福者，由忠正也。"《宋史·薛居正传》）

宋太祖的这番话，在薛居正身上得到了体现。开宝年间，薛居正与沈伦一同任相，卢多逊任参知政事（副相）。开宝九年（976）冬，卢多逊也任平章事。到薛居正去世后，沈伦贬官，卢多逊流放，人们说薛居正坚守臣道受福，果然符合太祖之言。（"论者以居正守道蒙福，果符太祖之言。"同上）

薛居正喜好读书，下笔成篇，文采优美，言辞动人，著有《文惠集》三十卷。

太平兴国六年（981）六月，薛居正因服用丹砂中毒，正当奏事之时，毒性突然发作，他急忙退至殿门之外，饮水一升余，堂吏扶他回到中书省，已经不能说话，痛苦万状地指廊下的储水器。

旁人把水取来，但他一口也喝不进去了，躺在阁中，吐气如烟。一代良臣转眼就变成一个将死之人，众人见状，无不暗自垂泪。

薛居正被人用车运回府宅后去世，享年七十岁。宋太宗追赠太尉、中书令，谥曰"文惠"。咸平二年（999），配飨宋太宗庙庭。宝庆二年（1226），宋理宗在昭勋阁图绘二十四功臣画像，薛居正位列其中。

中书侍郎沈伦

沈伦（909—987），宋初宰相。原名"义伦"，因避宋太宗讳改单名，字顺宜，开封太康（今属河南）人。后周时，为赵匡胤幕僚；赵匡胤建宋称帝后，历任户部郎中、给事中、户部侍郎、枢密副使、中书侍郎、平章事等职；宋太宗时，历官右仆射兼门下侍郎、开府仪同三司。沈伦为官清廉，生活节俭，敢于为百姓请命，是宋初的开明宰相之一。

一、清廉正直 受帝信任

沈伦年轻时，在嵩、洛间学习《三礼》，依靠讲学维生。后汉乾祐年间，白文珂镇守永兴军（陕州，今河南三门峡），沈伦前去依附，成为其幕僚。

后周显德初年（954），赵匡胤领同州节度使，宣徽使昝居润与沈伦亲密友善，把他推荐给赵匡胤，赵匡胤便把他留在了幕府。赵匡胤接着领滑、许、宋三镇，沈伦都为从事，负责掌管留使财物，以清廉闻名。

赵匡胤称帝建宋后，把沈伦从宋州观察推官召为户部郎中。当时，吴越地区的君主是钱俶，宋太祖即位之初，对吴越王钱俶优礼有加，多次派使者前往，沈伦也曾奉命出使吴越。

沈伦途经扬、泗二州（今属江苏）时，因逢饥荒，百姓大量死亡，州长官告诉沈伦说："州中军粮还有一百多万斛，如果借给百姓，让他们暂渡难关，种上庄稼，到秋天再收新粮，这样于公于私都有利，希望您能向皇上进言。"沈伦回朝，立即上报。朝廷官员议论说："现在用军粮赈济饥民，如果连年饥荒，无法征收粮食，谁来承担这个罪责？"太祖以此事询问，沈伦说："国家用官仓中的粮食救济百姓，自然应当招来祥和之气，带来丰收，怎么会再发生水旱灾害呢？这件事应当按圣上的意思决定。"（"国家以廪粟济民，自当召和气、致丰稔，岂复有水旱？"《宋史·沈伦传》）太祖遂下诏打开官仓，借粮食给百姓。

建隆三年（962），沈伦升任给事中。第二年春天，任陕西转运使。宋太祖派军伐蜀时，任命他为随军水陆转运使。王全斌、崔彦进等将领进入成都后，竞相夺取民家财物、子女，沈伦独自居住佛寺，每天粗茶淡饭，有人进献珍异奇巧之物，他一概拒绝。沈伦东行回朝，箱中所有之物仅数卷图书而已。宋太祖得知此事，贬黜王全斌等人，任用沈伦为户部侍郎、枢密副使。宋太祖亲征北汉时，沈伦领大内都部署、判留司三司事。

沈伦的住宅低矮简陋，但他处之坦然。当时权贵、要人大多违反禁令，在秦、陇一带购买木材，到各地贩卖牟取私利。等事情败露，这些人都自行在宋太祖面前请罪。沈伦也曾为母亲买木料营建佛堂，因而也向宋太祖请罪。宋太祖笑着对他说："你不属于违犯规矩。"（"尔非逾矩者。"同上）宋太祖知道他没有修建住宅，因而派遣宦官按照图纸督工为他建造。沈伦私下告诉宦官，希望规格狭小。宦官上报，宋太祖也不违背他的意愿。

开宝三年（970），沈伦的母亲去世，沈伦离职服丧，但丧期未满即被起用理政。开宝六年（973），沈伦为中书侍郎、平章事、集贤殿大学士兼提点荆南、剑南水陆发运使。当时，久旱无雨，宋太祖在西京洛阳求雨祭祀，任用沈伦留守东京开封兼大内都部署。随即又把他召往洛阳，让他参加大典。

沈伦为官清廉，性格耿直，淳厚谨慎，宋太祖每次出行，大多命他留守。沈伦喜好佛教，相信因果。他曾经盛夏坐在房中，任凭蚊虫叮咬，童子拿着扇子为他驱蚊，他都不允许，希望以此得福。沈伦任宰相时，遇到年成饥馑，凡有同乡人向他借粮食，全都借予，借出的粮食差不多有一千斛。一年多以后，沈伦将这些借券全部烧毁。（"在相位日，值岁饥，乡人假粟者皆与之，殆至千斛，岁余尽焚其券。"同上）

沈伦地位低微时，娶阎氏为妻，无子，妾田氏生沈继宗。沈伦显贵后，阎氏坚持把封邑让给田氏，沈伦就为阎氏在太康修建宅第，田氏于是成为正妻。

二、晚年多病　谥号纷争

太平兴国初年（976），沈伦加官右仆射兼门下侍郎，监修国史。宋太宗亲征太原，又任命沈伦为留守、判开封府事。班师后，沈伦加官左仆射。太平兴国五年（980），史官李昉、扈蒙编写《太祖实录》五十卷。书编成后，沈伦作为监修进呈，受赐衣服、金带。太平兴国六年（981），加官开府仪同三司。这年，沈伦开始生病，从此经常请假。

宰相卢多逊勾结秦王赵廷美意欲谋反之事即将败露时，沈伦已上表请求告老。第二年，卢多逊谋反之事败露，因沈伦曾与同事而不能察觉，宋太宗下诏严厉责备，把他降职为工部尚书。沈伦之子都官员外郎沈继宗，本是因父荫得官，不宜再在朝为官，也被除名。当时沈伦病重不能起床，上表谢罪。不久，沈伦再次上表章乞求告老，遂重授左仆射致仕。宋太宗因沈伦是开国之初的老臣，急速恢复沈继宗的官职以抚慰他。

雍熙四年（987），沈伦去世，享年七十九岁。追赠侍中。

起初，有司商议赠予沈伦的谥号为"恭惠"，沈继宗上言说："亡父刚成年时，就从事儒业，未曾跟随贼寇，得遇圣明时代登上相位。本朝去世的宰相，薛居正谥号'文惠'，王溥谥号'文献'，这虽然是近代体制，实为典制的常规。如果因为我父不是从文人起家，但也曾历任集贤、修史的职务，伏请改谥号为'文'。"

判太常礼院赵昂、判考功张洎反驳说："沈伦事奉两朝，得以升任台辅，有廉洁谨慎的美德，有怜惜、周济百姓的慈心。按照《谥法》：不懈于本职，与谨慎敬奉皇上、担任工作稳固可靠、依据礼制对待宾客、奉行职事诚信、接待下级不骄横、能避免耻辱、贤能而不夸耀、尊重贤人崇尚谦让、爱护百姓讲求孝悌、坚持不懈地施行恩惠、有过失能够改正，这几项都称为'恭'。又说，慈爱百姓喜好施予，与品质温柔对百姓仁爱、爱护百姓崇尚柔和、宽厚不苛刻、品质温和接受劝谏，这几项都称为'惠'。从汉朝以来，都是赞美的谥号。像唐朝宰相温彦博掌管出纳明白公正，仅谥为'恭'；窦易直公正举荐他人，无所避讳，才谥为'恭惠'。而沈伦之所以能官居台辅，不过是抓住了良机，他能小心整饬来保全自己，用'恭'配'惠'，赞美居多。又根据《谥法》：有道德见闻广博叫做'文'，忠诚信实遵守礼仪叫做'文'，宽而不懈叫做'文'，忠诚信实遵守礼仪叫做'文'，宽而不懈怠、廉而不伤人叫做'文'，坚强而不暴烈叫做'文'，聪明好学、不耻下问叫做'文'，道德高尚才华出众叫做'文'，修治尊卑秩序叫做'文'。昔日张说谥号'文正'，杨绾谥号'文简'，人们都认为是不正确的，这是因为他们在行为道义上有尚未达到之处，虽然受到特殊恩赐，实在不是完全公正的。如果允许大臣的子孙为其父陈述请求，那么曲台、考功一类的机构就成为虚设之物，同时表彰美善、憎恨奸恶的意义也便失去。沈继宗因为父亲曾任集贤殿学士及监修国史之职，就援引薛居正、王溥作比较，他们两位都是科举出身，曾经掌管诰命，以'文'作为谥号，合乎国家规章。至于集贤、国史，都是宰相兼领的职务，不是一定因文雅而担任。沈伦的谥号，希望依照原定。"

最终，宋太宗一锤定音，赐沈伦谥曰"恭惠"。

中书侍郎卢多逊

卢多逊（934—985），宋初宰相。怀州河内（今河南沁阳）人。受家庭影响，自幼学习勤奋，饱读诗书，进士及第后入仕，历任中书舍人、参知政事、中书侍郎同中书门下平章事。他能力出众，足智多谋，也备受恩宠。但与赵普交恶，被揭发其交结藩王，坐罪削夺官爵，并家属流放崖州，卒于流所。

一、入仕才高　献策修史

卢多逊出身官宦世家，曾祖卢得一、祖父卢真启，都曾担任县令；父亲卢亿，也先后在后晋、后汉、后周为官。

卢多逊的父亲卢亿博学多才，为人清高耿直，淡泊名利，为官清廉。卢多逊在父亲的影响下，自幼学习勤奋，饱读诗书。后周显德初年（954），他考取进士，步入仕途。起初担任秘书郎、集贤校理，后来升任左拾遗、集贤殿修撰。在任职期间，他始终兢兢业业。

宋建隆三年（962），卢多逊以本官任知制诰，兼任祠部员外郎。乾德二年（964），他知贡举（担任科举主考官），其间拒收考生贿赂，得到宋太祖的赞赏，乾德三年（965），加官为兵部郎中。乾德四年（966），他再次知贡举。乾德六年（968），加官史馆修撰、判馆事。无论担任何职，卢多逊都尽心竭力地做好，所显示出来的才干，众人有目共睹，也得到宋太祖更多的信任和重用。

开宝二年（969），宋太祖亲征占据太原的北汉政权，任卢多逊为太原行府知府事。太祖驻军常山时，又任命他权知镇州。北伐班师后，太祖让他直学士院。开宝三年（970）春，他第三次知贡举。开宝四年（971）冬，受任为翰林学士。

卢多逊足智多谋，积极为宋太祖献策。开宝六年（973），他作为江南生辰国信使，出使江南（即南唐），得到南唐国主李煜的欢心。他曾派人告知李煜，说是朝廷计划重修天下图籍，史馆缺少江东各州的资料，希望各送一本。李煜即刻命人缮写赠送，卢多逊便把江东十九州的地理形势、屯兵远近、人口多寡等资料带回朝廷，并向太祖上言："此时的南唐国弱兵乏，内无良臣，外少强将，而江南主整日吟诗作曲，留恋声色，疏于朝政。而我朝国强兵壮，声势浩大，如若趁此时攻打南唐，则势在必得。"宋太祖对他所言极为赞赏。

接着，卢多逊受命参加编写《五代史》，完成后升任中书舍人、参知政事。父亲去世，他回家服丧，丧期未满便受命恢复处理朝政。正值史馆修撰扈蒙请求恢复编写时政记，宋太祖命令卢多逊负责掌管此事。完成后，他又加官吏部侍郎。

卢多逊的仕途一直都很顺利，这取决于他个人的能力。他广泛涉猎经史，文辞敏捷。他有心计、有谋略，往往出人意料。宋太祖喜欢读书，每次从史馆取书时，卢多逊都要让史馆官吏告诉自己皇上所取书名，并连夜阅读。太祖询问书中之事时，卢多逊都能对答如流，同僚都很佩服。（"太祖好读书，每取书史馆，多逊预戒吏令白己，知所取书，必通夕阅览，及太祖问书中事，多逊应答无滞，同列皆伏焉。"《宋史·卢多逊传》)卢多逊因此更受太祖信任。

二、卢赵之争　赵普胜出

卢多逊如其父一般才能出众，但人品却大大劣于其父，最终为自己招致了祸事。

担任知制诰时，卢多逊与宰相赵普不和；在翰林任职时，两人的关系更加恶化。每次上朝，卢多逊常用恶言恶语诋毁赵普。最使赵普难堪的是，卢多逊当众揭发其隐私，说赵普随便议论皇弟赵光义。赵普碍于面子，不便与他争辩，暗中思索如何反击。

宋太宗继位后，看重卢多逊的才干，继续重用他。太平兴国初年（976），卢多逊任中书侍郎、平章事。太平兴国四年（979），他随从宋太宗平定北汉回朝后，加官兵部尚书。此后，卢多逊变本加厉，为难赵普更甚，两人的矛盾彻底激化。

当时，赵普在朝中任少保。几年后，赵普之子赵承宗迎娶燕国长公主（宋太祖之妹）的女儿，赵承宗时任潭州知州，接受诏命回朝完婚。小两口新婚燕尔，浓情蜜意，自然不在话下。然而不到一个月，卢多逊就多次上言，请求让赵承宗返回任所，还美其名曰要给大臣子弟树立榜样。赵普得知后怒火中烧，无法坐视不管，有力地反击了卢多逊。

当初，赵普被罢相出朝镇守河阳，临走前，他向宋太祖上言自诉说："外人说我随便议论皇弟开封尹，皇弟忠孝两全，臣向来对他佩服有加，怎么会和他有隔阂呢？所幸臣得到昭宪皇太后的信任，牢记太后临终前的嘱咐，对大宋忠心不贰。陛下了解臣的为人，千万不能听信小人的谗言，望陛下明鉴。"宋太祖亲手封好他的奏章，收藏在宫中。

此时，为了儿子赵承宗的事，赵普向宋太宗密奏说："臣是开国旧臣，如今却被当权宠臣陷害，实在冤枉。"接着他诉说了昭宪皇太后临终所嘱。原来，宋太祖赵匡胤称帝后，昭宪皇太后杜氏非常信任赵普，临终前曾嘱托赵普，要"赵书记"（赵普曾在赵匡胤麾下任掌书记），多多帮助自己的儿子。赵普对太后的信任非常感激。宋太祖本来就很佩服赵普，母训更增强了他对赵普的信任，长期用其为宰相。赵普为北宋初期开创基业做出了巨大贡献。

接着，赵普又向宋太宗讲述了他在先朝上言自诉的事。宋太宗在宫里找到赵普原先的表章，看过之后，感动得流下眼泪，就把赵承宗留在了京城。

卢多逊与赵普的这次较量，赵普胜出，而且过后不久，赵普再次当上了宰相。此时，卢多逊的心里更加忐忑不安，行为大为收敛。赵普多次暗示卢多逊自行引退，但卢多逊贪图权势地位，始终不肯辞去相位。

三、被诬谋反　株连亲属

按照杜太后的临终遗嘱，帝位将兄终弟及，但宋太宗不愿把帝位传给弟弟秦王赵廷美，而是想传给自己的儿子，所以蓄意除掉赵廷美。赵普看透了太宗的心思，一来为了报复卢多逊，二来为讨得太宗欢心，就决定以此为突破口。

卢多逊曾派遣中书省官员赵白，与秦王赵廷美暗中勾结。赵普将此事上报朝廷，说卢多逊盼望太宗早日晏驾、秦王继位，秦王还赠给他许多财物。宋太宗勃然大怒，下诏列举卢多逊不忠的罪过，将他降为兵部尚书。

与卢多逊一同被降的，还有中书省官员赵白、秦王府孔目官阎密、樊德明、赵怀禄、阎怀忠。阎密起初在赵廷美身边供职，太宗继位后，被补为殿直，仍旧隶属秦王府，此人骄横无礼，目无法纪。樊德明与卢多逊的手下赵白关系很好，卢多逊利用他传递消息，结交赵廷美；赵怀禄则多次受卢多逊派遣，请来赵廷美之弟、军器库副使赵廷俊密谈；阎怀忠曾作为赵廷美的使臣到吴越国王钱俶那里赠送白金、金器、绢扇等物，赵廷美又曾派他携带银器、锦绥、羊酒等到岳父潘璘营中宴请军校。这是宋太宗的一面之词，到底真相如何，后人不得而知。

卢多逊在降职的第二天就被关押起来。宋太宗命翰林学士承旨李昉、学士扈蒙、卫尉卿崔仁冀、膳部郎中兼御使知杂滕中正一起审讯。审结之后，太宗召集文武常参官聚集朝堂，商议为卢多逊定罪。太子太师王溥等七十四人奏议说："兵部尚书卢多逊，身处宰相之位，却不忠心为朝，而身在曹营心在汉。他暗咒君父，大逆不道，违背法纪伦常，上负国恩，下失为臣节操，应当处以死刑，以正刑法。请求削去卢多逊所有官爵，依法处斩。秦王赵廷美，也应同样处置。所有与本案有关之人，希望依法予以制裁。"

宋太宗下诏说："大臣侍奉君主，若有贰心，就是有罪，以下谋上，必定处斩。兵部尚书卢多逊，从先朝参与朝政到朕登基，官至宰相，备受恩宠。他的职责是协调政务，辅佐帝王。然而他却包藏祸心，在君主身边窥伺，指责帝王，勾结藩王，大逆不道，罪不可赦。据审查，他的丑恶行迹全部暴露，罪恶昭彰。经众臣商议，决定将卢多逊灭族，宅地变成水潭。这样做是合情合理的，但朕念他曾担任重要职位，长期事奉朝廷，能力出众，所以全家免于处死，全部流放荒岛。不是朕没有恩德，而是他罪有应得。卢多逊本身官爵及三代封赠、妻子儿子的官封，全部削除追毁。全家亲属，都流放崖州（今广东崖县），所到之处用驿车遣送，即使遇到大赦，也不许酌情移近。五服以内的亲属，都发配到边远州县。家丁、奴婢都遣返回家。其他依照百官所议。中书吏赵白、秦王府吏阎密、樊德明、赵怀禄、阎怀忠，都推到都门斩首，并没收家产，亲属流放海岛。"

卢多逊的败落，其父卢亿早有预感。当初，卢亿生活俭朴，不事奢侈。而卢多逊显贵后，得到丰厚的赏赐，生活渐渐奢侈起来，挥金如土，铺张浪费。卢亿心中不快，曾对亲友说："家中世代都是儒者，一旦富贵突然到来，我不知道会有一个什么样的归宿。"（"家世儒素，一旦富贵暴至，吾未知税驾之所。"《宋史·卢多逊传》）果不其然，事实验证了卢亿的话。而且就在卢多逊事发之前，有一天夜里，天空中突然雷电交加，卢家祖坟周围的林木全部焚毁，人们对此无不感到惊异万分。

雍熙二年（985），卢多逊在流放地去世，享年五十二岁。宋太宗诏令他家迁徙容州，不久又迁徙安置在荆南。景祐四年（1037），经其子卢察请求，宋仁宗追复卢多逊为工部尚书，其妻京兆郡太君苏氏为京兆郡夫人。

武将偏多是使相

宋朝建立初期，终宋太祖一朝，可谓战事不断：先则平定李筠、李重进反叛，继则南征北战，征讨、降服各地割据政权，统一全国。战事频仍，战将凸显，而宋初武将多前朝重臣，大多已是节镇一方的节度使；新建战功，则加侍中、中书令、同平章事以宠之，成为"使相"……尽管诸将"杯酒释兵权"，但结局终究远过于汉初、明初的"卸磨杀驴""兔死狗烹"。

成德军节度使韩令坤

韩令坤（922—968），宋初名将。磁州武安（今河北磁县）人。本为后周太祖郭威帐下骁将，屡立战功，先后任和州刺史、殿前都虞候、定武军节度使等，其间与赵匡胤关系密切。入宋，任侍卫马步军都指挥使、成德军节度使，加同中书门下平章事、侍中，曾参与平定李筠、李重进叛乱。他颇有才略，善于治理地方，边境得以安宁。

一、泣免父死　驻守扬州

韩令坤出身将门，父亲韩伦，年轻时隶属成德军兵籍，累迁徐州下邳镇将兼守御指挥使。后周世宗柴荣因韩令坤乃将门之子，遂提拔他为陈州（今河南淮阳）行军司马。韩令坤领官陈州后，世宗便迁调其父韩伦至许州，韩伦自请罢职，居于宛丘（今河南淮阳）。

韩伦居住宛丘期间，多以不法行为，不仅干涉郡中政事，还私自倒卖酒水谋求重利、聚敛民财，官府和百姓都以之为患。项城（今河南项城）有个叫武郁的百姓，到京城开封状告韩伦，周世宗命令殿中侍御史率汀调查。韩伦欺骗率汀，说他已奉召要赴开封。率汀因而未作深入调查，就回开封向世宗汇报了此事。周世宗十分愤怒，命追劾其罪，按法当斩。韩令坤得知后，便到世宗那里，流泪请求免父死罪。世宗一向器重韩令坤，遂没有处韩伦死罪，而是流放海岛。

后周显德六年（959），韩伦任左骁卫中郎将，升左监门卫将军。宋初，任磁州刺史，调任亳州团练使。乾德四年（966），改任本州防御使，不久去世。

韩令坤年轻时，隶属后汉重臣郭威帐下。广顺元年（951），郭威代汉建周，自立为帝。后周太祖时期，韩令坤历任铁骑散员都虞候、控鹤右第一军都校、领和州刺史。

后周世宗柴荣继位，授韩令坤殿前都虞候。韩令坤随征高平，大败后汉刘崇军，因功升任龙捷左厢都虞候、领容州团练使，又升任本厢都指挥使、领泗州防御使。在后周军大举征伐太原刘崇时，韩令坤任行营前军马军都校。不久，任侍卫马军都指挥使、领定武军节度。

周世宗命宰相李谷率军征伐淮南时，命韩令坤等十二将随从。李谷兵败，退保正阳，使南唐军有机可乘。韩令坤与赵弘殷（赵匡胤之父）、李重进合兵出击，方才大败敌军。后周军继而进攻扬州，韩令坤命部将白延遇先以数百精锐骑兵在黎明前驰入城中，城中唐兵竟没有觉察。后周军随后里外夹攻，攻破扬州。

进城之后，韩令坤严禁士卒劫掠，城中百姓遂安定下来。其时，南唐东都副留守冯延鲁剃发为僧，藏匿寺庙之中，韩令坤命人搜捕，将其捉住，押送京城开封。周世宗命韩令坤留在扬州，镇守其城。泰州守官得知韩令坤镇守扬州，十分害怕，献城而降。

二、义报妾仇 数平叛乱

显德二年（955）四月，吴越王钱俶应后周世宗柴荣诏命，攻打南唐的常、润二州，兵围毗陵，因不慎，反被南唐军所败。南唐乘胜，派大将陆孟俊进兵进逼泰州。后周军不能固守，泰州遂为陆孟俊夺取。之后，陆孟俊进军蜀冈，进逼扬州，韩令坤惧怕，弃城而走。

周世宗得知消息，十分愤怒，命赵匡胤与张永德二将领兵奔六合（今江苏仪征西），往援扬州，迎战后唐军。韩令坤听到援兵到来，复入扬州城。等陆孟俊率军来到，便出城迎战，后周军大胜，生擒陆孟俊和后唐涟州刺史秦进崇。

韩令坤械缚陆孟俊，正准备押送开封，忽然听到屋里有人痛哭。韩令坤回头一看，原来是杨氏。杨氏本是扬州妓女，韩令坤攻下扬州城后，唐将马希崇献上杨氏，韩令坤十分宠爱。韩令坤问杨氏缘何痛哭，杨氏说往年陆孟俊入潭州，曾杀她全家二百余人，自己因受马希崇喜爱，藏匿起来，才得以逃生。韩令坤听罢，以此诘问，陆孟俊只得承认，韩令坤便就地杀了他。

其后，周世宗又诏令向拱为沿江招讨使，韩令坤为副使，攻打寿州。后周军战胜，夺取了寿州城。归朝后，加封韩令坤为检校太尉等职。

显德六年（959）春，韩令坤征调汴京、亳州百姓疏通汴水河道，使之流经蔡州（今河南汝南）。三月，世宗北征，命韩令坤率领龙捷、虎捷、骁武营军卒率先奔赴大名。韩令坤奉命来到大名，又协助将军王晏担任益津关一路都部署，不久任霸州都部署，率领所辖兵将进行守卫。

后周恭帝柴宗训即位，韩令坤加检校太尉、侍卫马步军都虞候。同年冬，韩令坤受诏防卫契丹。

宋朝建立后，韩令坤因素来与太祖"情好亲密"，移领天平军，加授侍卫马步军都指挥使、同中书门下平章事，成为禁军最高将领。宋太祖亲征占据潞州叛乱的李筠，下诏命韩令坤率军屯兵河阳（今河南孟县）。泽潞平定后，宋太祖返回京城，在礼贤讲武殿赐宴韩令坤等人，赏赐全套衣服、器皿、配有鞍勒的马匹各有不同，韩令坤因功加兼侍中。随后，韩令坤又随从宋太祖讨伐李重进。

建隆二年（961），韩令坤改任成德军节度使，镇守常山（今属河北），充任北面缘边兵马都部署。韩令坤出发前，宋太祖在偏殿摆酒为他送行，借机鼓励他治理地方。

乾德六年（968），韩令坤疽发于背，不久去世，年仅四十七岁。宋太祖闻讯深感悼惜，素服发哀于讲武殿，宣布辍朝三日，追封南阳郡王；录用其二子为官：韩庆朝为闲厩使，韩庆雄为闲厩副使。

韩令坤颇有才略，善于治理地方。他与赵匡胤效力后周时，性情相投，关系密切。他镇守常山七年，宋朝北部边庭安宁无事。常山人闻知韩令坤去世，也都非常伤痛惋惜。（"令坤有才略，识治道，与太祖同事周室，情好亲密。镇常山凡七年，北边以宁。闻其卒，甚悼惜之。"《宋史·韩令坤传》）

检校太尉慕容延钊

慕容延钊（912—963），宋初名将。太原人。出身将门，武艺高强，作战勇猛，在后周及宋初屡立战功，官至殿前副都检点、同中书门下二品及检校太尉。为人仪表俊伟，性格豪爽，巡视边境以镇静细心闻名。他与宋太祖关系密切，年轻时即是好友，因病去世后，太祖深感痛失手足。

一、勇猛干练　转战南北

慕容延钊出身将门，其父慕容章，后周时官至襄州马步军都校、兼开州刺史。

慕容延钊年轻时，即以勇猛干练著称。后汉高祖刘知远在太原起兵时，大将郭威辅佐，慕容延钊前往投奔。郭威久闻其名，见他来投军分外高兴，把他留在自己部下。后周广顺初年（951），慕容延钊补任供奉官，历任尚食副使、铁骑都虞候等职。

后周世宗柴荣继位后，慕容延钊任殿前散指挥使都校、领溪州刺史。显德元年（954），北汉大军入侵，周世宗御驾亲征，慕容延钊随行。在高平（今山西高平）与北汉军交战，慕容延钊奉命督率左先锋。在这场战役中，慕容延钊首先挥刀冲到阵前，把敌军杀得抱头鼠窜，众将士在他的感召下，都奋力拼杀。这场战役胜利后，慕容延钊因功授任虎捷左厢都指挥使、领本州团练使；又任殿前都虞候、领睦州防御使。

显德二年（955），周世宗命大将王彦超、韩令坤统军征伐南唐，慕容延钊改任龙捷左厢都校、沿江马军都部署，随军与南唐军作战。胜利回朝后，他又担任殿前都虞候，出任镇淮军都部署。

显德五年（958），周世宗亲征南唐，到达长江口，派遣水军攻击南唐军队。世宗听说南唐数百艘战舰要赶赴入海口，扼守通往苏州、杭州的路，便派慕容延钊带领步、骑，右神武统军宋延渥带领水军，沿江而下。慕容延钊率军大败南唐军。

在这场战役中，慕容延钊所率步兵和骑兵充分发挥了善打陆地战的优势，与水军互相配合，打得敌军无路可逃。这支部队在慕容延钊的带领下，素以演练刻苦、纪律严明而享有盛名。

淮南平定以后，慕容延钊升任殿前副都指挥使、领淮南节度使。世宗去世，恭帝柴宗训继位，慕容延钊改任镇宁军节度使，充任殿前副都点检，又任北面行营马步军都虞候。

经过历次战役的磨炼，慕容延钊练就了一身奋勇杀敌的好本领，以及领兵作战的卓越军事才能，这为他成为宋太祖开疆拓土的骁将奠定了基础。

二、守边平叛　与帝情深

慕容延钊与宋太祖赵匡胤，年轻时就是好朋友。青年时期的赵匡胤，仪表雄伟，性格豪爽，许多少年慕名而来与他交朋友，其中慕容延钊、韩令坤可谓"莫逆之交"，他们时常在一起，不是研究、切磋武艺，就是去游玩、射箭、打猎、击毬，几乎形影不离。赵匡胤非常信任他们，以至在做了皇帝后，仍然与他们保持良好关系，也很重用他们。

赵匡胤登基后，慕容延钊掌握重兵驻扎真定（今河北正定），宋太祖派使臣传达圣旨，准许他根据时机自行处置军中事务。之所以得此殊荣，和慕容延钊的个人能力分不开。慕容延钊统率军队巡视边境，以镇静、细心而闻名。他也非常体恤士兵，每一班巡视，他都亲自带领，让士兵们多休息，而自己很少主动休息。宋太祖因此嘉奖他，加授他为殿前都点检、同中书门下二品，（本称"同中书门下平章事"，因避慕容延钊的父亲慕容章名讳，故改称"同中书门下二品"。唐代宗大历二年，升中书令、侍中为正二品，"同中书门下三品"之名不再用。）成了执政大员。

建隆元年（960），昭义军节度使李筠在潞州起兵叛乱。宋太祖命慕容延钊与王全斌从东路合兵前往征讨。李筠叛乱平定后，慕容延钊又兼任侍中，受诏返回澶州。

建隆二年（961），慕容延钊在长春节（皇帝生日）时前来朝见，宋太祖赐他宅第一处。慕容延钊上表解除军职，调任山南东道节度使、西南面兵马都部署。这年冬天非常寒冷，宋太祖知道慕容延钊因作战受伤，天气寒冷便会浑身酸疼，便派遣宫使赏赐貂裘、百子毡帐。

建隆四年（963），宋太祖命令军队征伐占据荆湘的周保权，任用慕容延钊为湖南道行营前军都部署。当时慕容延钊已重病缠身，太祖不忍心让他过于操劳，但他却极力要求领兵作战，太祖只得诏令他乘坐便轿参与军事。敌军将领汪端与数千人马侵扰郎州，慕容延钊将其俘获，磔尸于市。荆、湘平定后，慕容延钊受任检校太尉。

建隆四年冬天,慕容延钊因病去世,终年五十一岁。追赠中书令,追封河南郡王,并录用四个子弟为官。

慕容延钊与宋太祖赵匡胤虽为君臣,但亲如手足。后周显德末年(960),赵匡胤任殿前都点检,慕容延钊任副职,他常把慕容延钊当作兄长对待;建宋称帝后,宋太祖经常派遣使臣慰劳问候,仍称呼慕容延钊为"兄"。慕容延钊卧病时,太祖亲自包裹药品赏赐。听说慕容钊去世,宋太祖痛哭了很久。

凤翔节度使符彦卿

符彦卿(898—975),宋初名将。字冠侯,陈州宛丘(今河南淮阳)人。符彦卿出身将门,自幼习武,骑射精良,勇敢机智,善于用兵。历仕后唐、后晋、后汉、后周,历任散员指挥使、吉州刺史、忠武节度使、天雄节度使等,累封魏王。入宋以原官加守太师,调任凤翔节度使。晚年闲居洛阳,不问世事。

一、忠于君主 誓死不降

符彦卿出身将门,为后唐将领付彦审第四子,故军中称之为"符第四"。符存审曾任后唐宣武节度使,蕃汉马步军都总管兼中书令。

符彦卿自幼习武,十三岁时就能骑马射箭,从而入选后唐皇宫,侍奉庄宗李存勖。他以诚实著称,李存勖很喜欢他,允许他自由出入内宫。等到成年,符彦卿被任用为亲从指挥使,后又升任散员指挥使。

符彦卿对后唐庄宗忠心耿耿。郭从谦叛乱时,叛军把庄宗及随从团团包围，周围的人都逃走了，只有符彦卿仍竭尽全力保护主人，奋力作战，射死十来个人。很快，敌人乱箭攒射庄宗所乘的车子，符彦卿才痛哭着离开。

后唐天成三年（928），符彦卿以龙武都虞候、吉州刺史的身份驻守定州，他率军主动出击，大败契丹人。第二年，符彦卿率军攻占契丹的都城，因功擢授耀州团练使。不久，改任庆州刺史，奉命在方渠以北乌仑山口修筑城堡，用来招引党项。清泰初年（934），调任易州刺史，兼领北面骑军，后唐末帝李从珂赏赐给他戎装、甲胄、战马。

后晋天福初年（936），符彦卿受任同州节度使，兄长符彦饶也节镇滑台。不久，符彦饶反叛，符彦卿上表待罪，请求返回乡里，后晋高祖石敬瑭没有追究他的罪过。符彦卿改任左羽林统军，不久兼领右羽林，改节镇鄜延。

后晋出帝石重贵少时，与符彦卿关系很好，出帝继位后，立即召他回朝，离京节镇河阳三城。契丹人南侵，出帝诏令符彦卿率所辖人马在澶州抵抗。契丹骑兵数万围困高行周，气焰嚣张，叫喊着要生擒高行周。诸将没人敢抵挡他们的锐气，符彦卿却毫不畏惧，独自带领数百名骑兵袭击契丹骑兵。经过一番激烈厮杀，契丹骑兵的叫嚣变成了求救，全都哭爹喊娘。高行周得免于难，对这位年轻将领感激万分。接着，符彦卿协助李守贞讨伐并平定了在青州叛乱的杨光远，改节镇许州，封祁国公。

开运二年（945），符彦卿与大将杜重威、李守贞谋划攻打契丹。契丹主率十多万人马在阳城（今河北保定西南）包围后晋军，军中缺水，一凿井土就会坍塌，士兵们争着绞泥水来吸吮，人马渴死了很多。当时晋军处于逆风，即使作战，弓箭也无法施展。符彦卿对张彦泽、皇甫运说："与其束手就擒，不如死战，成败在此一举，倒也未必会死。"张彦泽等人也认为应该这样。

于是暗中派兵跟在契丹军后面,顺风攻打敌人。这样,后晋军的弓箭派上了用场,结果契丹大败,契丹主乘骆驼逃走。后晋军缴获兵器铠甲、旗帜仪仗数万。返回朝廷后,出帝石重贵嘉奖符彦卿,改任他为武宁军节度使、同平章事(使相)。

符彦卿屡立战功,地位扶摇直上,受到朝中权贵的忌恨。这些人在出帝面前争相诋毁,说他将要谋反。出帝偏偏听信,在后晋再次攻打契丹时,便没有让符彦卿参加,还更换了他的队伍,把数千老弱士兵配备给他,守卫荆州口。结果,后晋军在与契丹军交战中惨败,杜重威率大军在滹水投降。朝廷急忙诏令符彦卿与高行周率领禁军驻兵澶州(今河南濮阳西南)。

张彦泽引导契丹军进入汴梁,符彦卿与高行周被契丹军抓住,成了俘虏。契丹主用阳城的失败责问符彦卿,符彦卿面无惧色,镇静有力地回答说:"我效忠后晋帝是不会贪生怕死的,今天我落到了你的手里,要杀要剐由你。"契丹主非常赏识符彦卿的忠诚与胆识,对其才能也略有耳闻,很想把他收在麾下,但符彦卿誓死不从。最后契丹主笑着为他松了绑。

二、城下平贼　沙场杀敌

五代政权更迭,混战不已,民不聊生,徐州、宋州一带强盗蜂起,他们烧杀抢掠,百姓苦不堪言。为了镇压盗贼,契丹主派遣符彦卿返回节镇。符彦卿在返回途中暂驻甬桥,贼首李仁恕以数万人马攻打徐州。符彦卿带数几十名骑兵突然到达城下,没有立即表示与李仁恕是敌对,反而对他很友好。李仁恕派手下拉住符彦卿的马,请他帮自己攻城,符彦卿假意答应。很快,符彦卿之子符昭序从城中派军校陈守习放绳子出城,向贼军大声呼喊说:"相公应当为国家讨伐贼寇,为什么自入虎口,帮助贼兵攻城?我们虽是父子,现在成了仇敌,应当拼死作战,城绝不能进。"贼军听了,既惊恐又惭愧,围成一片,在符彦卿面前下拜,请求免罪,符彦卿与他们立下誓言,解围离去。

后汉高祖刘知远进入汴梁后,代晋建汉,符彦卿从徐州前来朝见,刘知远任命他镇守兖州,加兼侍中。乾祐年间,加兼中书令,封魏国公,授守太保,改节镇青州。

后汉乾祐三年(950),后周太祖郭威称帝,封符彦卿为淮阳王,把位于京城的一座宅第赐给他。郭威亲自率军征伐兖州时,符彦卿到其临时驻地朝见,进献马匹、缯绵以及军粮一万石,受到赏赐。不久,他改节镇郓州。郭威召魏州知府王殷入朝,想让符彦卿接替其职务。但不久契丹军入侵,郭威只得仍让王殷驻守魏州。王殷防守契丹失利获罪,朝廷任用符彦卿为大名尹、天雄军节度使,晋封卫王。

后周世宗柴荣继位之初,北汉军队侵扰潞州,潞州守军战败。柴荣命符彦卿领兵从磁州固镇(在今河北武安境内)一路逼其后。几天后,柴荣又亲征,任命符彦卿为行营都署兼知太原行府事,率领步、骑两万进讨晋阳。

起初,符彦卿出征时,周世宗柴荣因北汉军队虽被打败,但朝廷粮草运输接续不上,没有商议进攻,命令他暂且在城下观望敌军形势,等待进攻之机。后周军队入境后,汾、晋的官吏、百姓殷勤接待,都说长期遭受北汉的残暴统治,早盼着有人来解救,自愿输送军需帮助后周军攻打晋阳。世宗听信,认为粮草足够。谁知接连攻占几个州郡,符彦卿等人都因粮草不充足,想要回师。世宗这才醒悟战争中粮草储备非常重要,只好临时调用山东州郡运送军粮接济。世宗到达城下,命令符彦卿与郭从义、向拱、白重赞、史彦超率一万骑兵会集忻口,抵御契丹援军,又攻下了孟县。

契丹军驻扎在忻州以北,游动骑兵直到近郊,史彦超率两千骑兵迎击其前锋，左右奔驰攻打。这次战斗，后周军大胜，契丹骑兵逃走，但不幸的是，史彦超在战斗中身亡。后周军虽然取得了胜利，但其先锋被契丹袭击，重伤数百人，而且诸将之间意见不合、矛盾很多，因此士气不振，周世宗柴荣遂下令班师。回朝后，柴荣多次赏赐符彦卿缯䌽、配有鞍勒的马匹，派他返回节镇。符彦卿在节镇驻守数年，返回京都汴梁后，受任太傅，改封魏王。

后周世宗柴荣病逝，恭帝柴宗训继位，加封符彦卿为守太尉。

三、威名远扬　疏于驭下

宋太祖赵匡胤登基后，加封符彦卿为守太师。建隆四年（963）春，符彦卿朝见太祖，太祖赏赐他全套衣服、玉带。在金凤园宴会上，宋太祖与众大臣练习射箭，太祖七发全中靶心，符彦卿进献名马以祝贺。

符彦卿是将门之子，勇敢机智而有谋略，善于用兵，屡立战功。前后得到很多赏赐，他全都分给部下将士，因此士卒皆乐于为他效命。

契丹人自阳城战败后，特别害怕符彦卿，有时马生病不肯喝水吃草，契丹人必定吐口唾沫指着马咒骂说："这里哪有符王呢？（把你吓成这样。）"（"辽人自阳城之败，尤畏彦卿，或马病不饮龁，必唾而咒曰：'此中岂有符王邪？'"）辽朝攻灭后晋后，述律平——辽太祖耶律阿保机皇后、辽太宗耶律德光之母——问侍从："符彦卿在哪儿？"当听说他已经回到徐州时，述律平说："将此人留在中原，怎么会如此失策！"（"德光之母问左右曰：'彦卿安在？'或对曰：'闻其已遣归徐州矣。'德光母曰：'留此人中原，何失策之甚！'"均《宋史·符彦卿传》）由此可见其威名之盛。

符彦卿节镇大名超过十年，政事全部委托低级军官刘思遇处理。刘思遇贪婪狡猾，仗势聚敛财物，公府财物多数进了他家，符彦卿却没有发觉。当时藩镇都派遣亲信官吏收取百姓租税，用大斗去收，超过应收数量，多余的谷物由大家共同分取，魏郡此类情况特别严重。宋太祖听说后，派遣常参官主持此事，从此粮食的度量才得以公平。宋太祖下诏把多余的谷物赐给符彦卿，以此使他为自己疏于驭下而感到惭愧。

符彦卿非常喜欢打猎，曾在遂城盐台淀射猎，一天之内就射得獐子、野猪、狼、狐狸、兔子四十二头只，围观的人把他看成是神。由于喜欢猎鹰和猎犬，吏卒一旦有过失，如果找到名鹰名犬进献，符彦卿即使盛怒也一定会予以赦免。

符彦卿生性不好饮酒，颇能谦恭下士，对宾客终日谈笑，言谈中不涉及俗务，不夸耀战功。他在洛阳居住了七八年，每逢春月，便乘坐四匹马拉的小车、带一两名家童，游览僧寺名园，悠然自得。（"性不饮酒，颇谦恭下士，对宾客终日谈笑，不及世务，不伐战功。居洛阳七八年，每春月，乘小驷从家僮一二游僧寺名园，优游自适。"同上）

开宝二年（969）六月，符彦卿调任凤翔节度使，因患病乘坐便轿前往。到达西京洛阳后，上言说病重，请求在洛阳就医，宋太祖批准。符彦卿休假长达一百天，还请求发给俸禄，被御史弹劾，交给留司御史台处理。宋太祖因他是后周世宗的丈人（后周世宗柴荣宣懿皇后、宋太宗赵光义懿德皇后，都是符彦卿的女儿），免于追究审问，仅免去了节度使之职。

开宝八年（975）六月，符彦卿去世，享年七十八岁。宋太祖为其辍朝三日，下诏由官府负责办理其丧事。后追谥"忠宣"

后世对符彦卿为将评价颇高，李焘曰："彦卿武勇有谋，善用兵。"（《续资治通鉴长编》）胡三省谓："高行周、符彦卿，一时名将也。"(《资治通鉴》注)而《宋史》本传云:"彦卿一门二后,累朝袭宠,有谋善战,声振殊俗,与时进退,其名将之贤者欤?"

凤翔节度使王景

王景(885—963),宋初名将。莱州掖县(今山东莱州)人。历经后梁、后唐、后晋、后周,先后任都虞候、耀州团练使、中书令等。入宋,任凤翔节度使,封太原郡王。他见证了五代的政权更迭,目睹了赵氏的代周建宋。他作战勇猛,为政宽松,深受部下和百姓爱戴;为人谦逊有礼,折节下士,获得众人的好评。

一、作战勇猛　为政宽松

王景出身农家,世代务农。少年时期,王景善于骑射,性格豪迈,却厌烦务农,便结交邻近游手好闲的年轻人,组成一个小团伙,专干偷窃打劫的勾当,邻里、乡亲因此特别嫌恶他,而他并不以此为耻,全然不放在心上。

王景深知,打劫不是长久之道,决心参军从戎,建功立业。后梁大将王檀,曾带兵镇守滑台。王景抓住机会,带着几位子弟前往投靠。王檀久闻王景勇猛无畏之名,见他来投奔,便高兴地收留下来。

后来,王檀与后唐庄宗李存勖在黄河一带展开激战,王景作战勇猛,立下战功,得到王檀的嘉赏。不久之后,后唐、后梁再次交战,梁军大败,李存勖攻入汴京(今河南开封),王景遂归降。因其作战勇敢而众所周知,所以唐庄宗对他也加以重用,多次升迁,做到了都虞候。后唐清泰末年(936),王景奉命跟随张敬达围攻后晋属地晋阳，恰逢契丹军来援，王景就率所部兵众投归了后晋高祖石敬瑭。

后晋天福初年（936），王景被授为相州（治今河北临漳邺城镇）刺史。这时，范延光占据邺城发动叛乱，后晋诸郡都为其要挟随从，唯独王景誓死拒守。石敬瑭特予赞许、嘉奖，任他为耀州团练使，随后又任京城巡检使。此后，王景又多次立功，得到大家的认可。

石敬瑭去世后，出帝石重贵即位，与契丹关系恶化。契丹主多次派兵南下攻打，后晋军大多战败。开运初年（944），王景授侍卫马军左厢都校。开运二年（945），契丹南侵，出帝驾幸澶州，王景与高行周等将大败契丹军，王景升任侍卫马军都指挥使、领郑州防御使，出任晋州巡检使、知州，授横海军节度使。契丹到达汴京，朝中权臣以同党接替王景，王景只好返回常山。走到半途，听说契丹主在栾城（今属河北）去世，王景当机立断，改道去栾城，直冲入城，把契丹军打得大败而逃。

到了后汉，王景仍然得到重用。恰逢契丹发生灾荒，幽州一带居民多数南下乞讨，到沧州境内的就有五千余人。王景奉命安抚饥民，他友善对待饥民，还分给一些田地，让他们暂时耕种度日。

后周太祖郭威尚未发迹时，就和王景特别要好，两人经常一起饮酒、谈论兵事，特别投缘。郭威即帝位后，很快给王景加授侍中之职。王景是军人出身，没读过什么书，缺少智谋策略，但他为政从不喜欢严厉苛刻。百姓一旦有事上告，他一定要当面问清缘由，如果没有什么大的罪过，便当即下令从轻处置，然后对告状的加以安抚。他能坚持己见，从来不会被趋炎附势的文书小吏迷惑。因此，部下和百姓都不愿打扰他，鸡毛蒜皮的小争执也就自行解决了。久而久之，辖境内百姓安居乐业，诉讼大为减少。

后周广顺初年（951），朝中下令要调王景回京任职，当地百姓舍不得他走，在起身那天，以周环为首的百姓数百人拦道苦留。王景不敢久留，只好设法脱身，以至于马镫都被人抢了去。

不久，朝廷任用王景为护国军节度使，一年后，改节镇凤翔。显德初年（954），封褒国公，加开府。世宗柴荣即位，加兼中书令。在此之前，秦、凤二州被西蜀占领，州城附近居民请求收复，周世宗命令王景与向拱率军出大散关，前去讨伐。后周军到了那里，连续攻破寨栅。王景又在上邽大败蜀军，斩首数万级。当年秋天，秦州投降。过了一年，王景调任节镇秦州兼西面缘边都部署。

后来恭帝继位，晋封王景为凉国公。

二、宠爱小师　折节下士

宋朝建立后，宋太祖赵匡胤封王景为太原郡王。建隆二年（961）春，宋太祖特意设宴，款待后周功臣，对王景特别关照。席间，太祖和他谈了许多军政大事，王景虽然不敢多说，但他的回答都令太祖很满意，宴后对他大加赏赐，又任他为凤翔节度使、西面缘边都部署。

当初，王景投奔后晋高祖石敬瑭，妻子被后唐杀害，两个儿子逃跑才保全了性命。石敬瑭待他特别优厚，赏赐数以万计。有一次，石敬瑭问他如今还想要什么，王景回答说："我自从归顺您以来，得到许多的恩宠，实在是别无他求了。"石敬瑭不以为然，再三追问。王景推辞不过，只好叩头回答："当初我还是军中小卒时，曾背着胡床跟随队长出入，多次经过官妓侯小师家门前，对她特别爱慕。如今我的妻子已被杀害，如果能让侯小师做我的妻子，我就心满意足了。"石敬瑭听了，忍不住哈哈大笑，对他说："你立下那么多功劳，想得到侯小师，这要求不算过分，我哪能不答应你呢？"于是当即下令将侯小师赐给王景为妻。

王景欢天喜地，对侯小师特别宠爱，而侯小师也跟着他的升迁屡次受封，最后被封为楚国夫人。侯小师虽然对他百般迎合，但心里却惦念着另外一个旧日情人，因此经常偷拿王景的黄金送给那人，累计多达好几百两。王景也知道此事，但他并不计较，对小师宠爱不减，也从不责备。

王景虽然没读过书，但他对人特别谦逊有礼，折节下士，每次朝廷派遣使者到他家来办事，他都一定是服饰严整，礼节周到；即使是地位卑微的使者，他也要亲自走下台阶迎来送往，一点儿也不怠慢。左右的人看不惯，劝阻他："您地位高贵，不能过于谦卑呀！"王景反驳说："作为臣子，就应该特别尊重君主的命令，这没有什么不妥当的，我还唯恐做得不够周到呢！"左右听了，很是佩服。

王景受封太原郡王，朝廷派吏部尚书张昭宣达旨意。见是张昭，王景自然更加礼貌对待。张昭临走时，他非要送张昭一万匹绢，张昭再三推辞，他坚持再三，最后张昭只好收下。张昭走后，左右又有人说礼物过于厚重了，王景摆摆手说："我还是军中小卒的时候，就听说张尚书的大名。现在他作为使者来到我家，说明朝廷有意厚待我，哪能以往日惯例为限呢？"众人都叹服他的谦逊周到，再也不妄加评议。

建隆四年（963），王景患了重病，宋太祖带着几位御医来探视。王景很受感动，对太祖说："我只是个旧将而已，对大宋王朝并没做过什么大的贡献。遗憾的是，年纪已老，恐怕为您效劳的机会不会有了。"太祖安抚他好好养病，对他的忠心表示赞许。不久，王景去世，终年七十九岁。太祖闻讯，追赠太傅，追封岐王，谥曰"元靖"。

山南东道节度使向拱

向拱（912—986），宋初将领。初名"训"，避后周恭帝讳改名"拱"，怀州河内（今河南沁阳）人。后周时，历任宫苑使、陕州知州、宣徽南院使、检校太尉等。入宋后，以原官山南东道节度使、河南尹加兼侍中，先后封谯国公、秦国公。他作战有方，多有战功；担任河南尹时，耽于声色玩乐，辖境政治废弛，受到宋太祖指责。

一、南征北战 战功显赫

向拱年轻时，倜傥而不肯屈居人下。二十岁时，他听说后汉高祖刘知远在晋阳招揽天下有才之士，就想前去投奔，以建功立业。途中，向拱遇到强盗，强盗见他相貌雄伟，认为是富家之子，便跟随他，想伺机抢劫财物。向拱发觉后，走到石会关时，他杀掉所骑的驴，买酒宴请当地豪杰，告诉他们自己已被强盗盯上。当地豪杰乐于结交他，纷纷派出壮年男子，一路保护他到了太原。

到太原后，为了求取功名，向拱进献计谋，但刘知远没有采纳。当时，权臣郭威礼贤下士，向拱投靠朝廷不成，就到郭威门下做了宾客。到郭威领节度使时，安排向拱为知客押牙。

郭威建立后周，授向拱为宫苑使。广顺年间，升为皇城使，出朝监昭义屯兵。这时，恰有外敌来犯，向拱与巡检使陈思让在虒亭以南迎战，大败敌军，杀死三百多人，擒获一百人，俘虏了敌军统帅王璠、曹海金。

战后，向拱班师回朝，适逢后周太祖郭威大举征伐叛将慕容彦超，向拱被任命为都监，还赐予六铢、袍带、鞍勒马、器仗，当天出行。向拱随从大军，与慕容彦超军展开多次激战，最终平定了叛乱，因功升为陕州巡检。不久，改任客省使、陕州知州。

延州是后周的国防重镇，守将高允权去世后，他的儿子高绍基想请求承袭职位，就自行领节度使事务。为了防止高绍基有不轨企图，朝廷增加禁军驻守，任命向拱负责知州的事务，随即升为内客省使。向拱在延州时，曾请求禁止州内百姓出卖军装、武器给西边的部族，被朝廷采纳。向拱辖区部落有侵害、偷盗中原人家的，向拱招来那里的酋长犒劳，让他发誓不再侵犯。此后，果然杜绝了侵犯事件，百姓生活安定，向拱因功得授左神武大将军、宣徽南院使。

后周世宗柴荣继位不久，北汉刘崇入侵。周世宗先派樊爱能、何徽分别率领骑兵、步兵赴泽州，命向拱监护。接着，世宗又率军亲征，向拱率精锐骑兵部署在军阵正中。后周军在高平战胜敌人，向拱因功授兼义成军节度使、河东行营前军都监。班师后，向拱出朝镇守陈州。

早在后晋末年，秦州节度使何建把秦、成、阶三州归入蜀，蜀人又夺取凤州（治今陕西宝鸡西南）。到这时，宰相王溥举荐向拱前往讨伐，后周世宗柴荣就召向拱与凤翔节度使王景共同率军出征。向拱统率后周军浩浩荡荡出大散关，接连攻取城寨。世宗接到战报，大为高兴，任命向拱为西南面行营都监。

蜀人听到凤州危急，发兵五千多，从凤州北堂仓镇路出发，行进到黄花谷，企图切断后周军的运粮道路。向拱与王景所派侦察人员侦知此事，急忙汇报，向拱命令排阵使张建雄领兵两千直达黄花谷，又派其他将领率强兵一千从敌后出击，截断敌军的归路。敌军果然被张建雄打败，逃往堂仓，又被强兵威逼。后周军合力袭击，擒获敌方的监军王峦、孙韬等一千五百余人。剑门附近的州县营寨，因此望风而逃，秦、凤、阶、成平定。战后，世宗将向拱召回，在金祥殿设宴款待，并赏赐袭衣、金带、银器、缯帛、鞍勒马。

二、转任地方　纵情声色

显德二年（955），后周世宗亲征淮南，向拱担任东京留守兼判开封府事。当时扬州刚刚攻克，由韩令坤驻守，南唐图谋收复，派出大军围攻。韩令坤打算弃城，世宗不肯，立即召向拱前来，授任淮南节度使，照旧任宣徽使兼缘江招讨使，让韩令坤任副职。

当时，后周军长期驻兵淮阳，都将赵晁、白廷遇等骄横残暴，不服从命令，大肆贪污，弄虚作假，甚至有强占百姓妻子、女儿的。向拱到来后，杀掉其中不守法的几个人，军中震动，再无人敢胡作非为。六月，追叙平定秦、凤的功劳，向拱加官检校太尉。

后周军围困寿春长达一年，尚未攻下。江、淮一带遍布草寇，南唐援军在紫金山建立营栅，与城中烽火呼应，而舒、蕲、和、泰又被南唐占据。向拱上言，建议暂且转移扬州的军队，合力攻打寿春，等攻克寿春，然后攻取扬州。世宗认为此计甚好，便听从了他。于是，向拱封闭仓库，交给扬州的主管人；又派遣本府牙将分部巡查城中，秋毫无犯，军民都满心喜悦。后周军队出发时，当地百姓有背着干粮来送行的。向拱率军到达寿春，与李重进合力进攻，终于攻克。周世宗到寿州，召见向拱，并设宴犒劳，赏赐非常优厚；又升任他为武宁军节度使，让他率领部属驻守镇淮军。

显德四年（957），向拱调任归德节度使。淮南平定后，改任山南东道节度使，充任西南面水陆发运招讨使。恭帝柴宗训继位，向拱加官检校太师、河南尹、西京留守。

宋初，向拱以原官加兼侍中，成为使相。昭义节度使李筠在潞州反叛，宋太祖赵匡胤亲征。向拱到汜水迎接御驾，进言说："李筠长期蓄意谋反，招兵买马，兵力越来越强盛。陛下应当赶快渡过黄河，翻越太行，乘其尚未集中兵力将之消灭，行动慢了，会使叛军声势大张，就难以消灭了。"宋太祖听从向拱的意见，轻装兼程前进，渡黄河，翻太行，来到长平。李筠果然率兵向南，听说宋太祖御驾亲征，十分惊慌，逃到泽州城内防守，宋军攻破泽州，李筠势穷自焚。

乾德初年（963），向拱随从郊祀，事后封谯国公。

向拱任河南尹十余年，营建了许多园林住宅。他喜好声色歌妓，饮酒无度，辖境内政治废弛，成群结队的强盗在大白天就四处抢劫。宋太祖听说后很生气，调任向拱镇守安州，命令左武卫上将军焦继勋接替，并对焦继勋说："河南长期缺乏治理，朕让你接替向拱，希望你不要步他的后尘。"

宋太宗赵光义继位后，向拱晋封秦国公，从安州入朝，得授左卫上将军。太平兴国八年（983），接替王彦超判左金吾。向拱有一座园林，位于西京洛阳长夏门北，为了表示忠心，他把此园进献给太宗，太宗大为高兴，诏令用白银五千两给他补偿。

雍熙三年（986），向拱去世，享年七十五岁。朝廷为其辍朝一日，追赠中书令。

咸平初年（998），宋真宗听说向拱后代有饥寒流离的，心生怜悯，便录用他的孙子向怿为国子助教。向拱之子向德明，官至洛苑使；向昱，大中祥符八年（1015）进士出身。向德明之子向悦，为虞部郎中。

永兴军节度使王彦超

王彦超（913—986），宋初名将。字德升，大名临清（今河北临清）人。他本为后唐魏王李继岌属将，后投奔石敬瑭。后晋亡，又投效后周，历后周太祖、世宗、恭帝三朝，先后任河阳三城节度使、同平章事、忠武军节度使、检校太师等。宋太祖时，历任中书令、永兴军节度使等。他尽心竭力为国征战，多有战功，又不乏勇武谋断，为宋太祖推重。

一、逃命寺庙　投奔石晋

王彦超的父亲王重霸，唐末曾参与黄巢起义，后降唐。五代后梁时，官居太子少傅，加尚书，后以光禄卿致仕。

王彦超性情温和恭谨，能礼贤下士。年轻时，在后唐魏王李继岌帐下效力，曾随李继岌讨蜀，还军后驻渭南。

李继岌是后唐庄宗李存勖之子，庄宗死后，其养子李嗣源继位，李继岌遇害，其左右亲随俱各逃散。王彦超也逃入凤翔（今陕西凤翔）重云山寺庙中，拜僧人晖道人为师，打算出家为僧。晖道人善观人面，一天对王彦超说："你是富贵之人，怎么会久居于此呢？"（"子，富贵人也，安能久居此？"《宋史·王彦超传》）于是赠予资金、衣帛，送他下了山。

这时，石敬瑭为陕西军帅，王彦超便去投奔他。石敬瑭召王彦超至帐前，询问情况后，见他对答得体、颇有才干，十分高兴，便用为心腹。后来陕西军移镇太原，即将引兵南下，石敬瑭派从事桑维翰为使，求援于北边的契丹辽，并派王彦超随行。石敬瑭依靠契丹人支持建立后晋称帝后，王彦超升任殿前散指挥都虞候，负责禁军事务，并领蒙州（治今河南商丘北）刺史。

后汉初年，王彦超任岳州防御使兼护圣左厢都校，出朝任复州（治今湖北仙桃）防御使。那时，赵匡胤还未崭露头角，正准备参军建立功业。一天，赵匡胤前来复州投奔，王彦超没有收留他。

当时，后汉重臣郭威深受隐帝刘承祐的赏识、宠信。乾祐元年（948）十月，契丹入寇，北边诸州告急，王彦超跟随郭威率军迎战。到邢州时，契丹听说威名素著的郭威来了，知道难以对付，便自行退兵。郭威想穷追猛打，刘承祐不准。到乾祐三年（950），郭威只得率大军班师回朝。

同年十一月十四日，郭威正与宣徽使王峻坐在衙堂商议边事，突然澶州（今河南濮阳）节度使李洪义、侍卫步军都指挥使王殷，派遣澶州副使陈光穗来报告，说京城发生了政变。两人一听，不觉大惊失色。原来，十三日晨，隐帝刘承祐把宰相史弘肇等大臣多人灭族。又遣心腹密诏李洪义杀王殷，还密令左厢都指挥使郭崇等杀郭威。李洪义看到密诏十分惶惑，就拿给王殷看，二人深感事情严重，就派陈光穗驰告郭威，共商对策。

郭威召集养子柴荣及王彦超等将商议，大家听说宰相史弘肇等惨死，个个义愤填膺。这时，郭崇也拿出隐帝命他杀郭威的密诏给大家看，王彦超等更加愤怒。郭威把情况公布于众，对将士们说："我起自微贱，佐先帝创立国家，有大功于国。如今皇上有诏来取我首级，诸位若图功业，可以取我首级去报功。"王彦超等人齐声呼喊，说皇上听信身边小人的诬罔，愿随郭威起兵以清君侧。郭崇等也哭着表示愿听郭威调遣，万死不辞。于是郭威调集大军，浩浩荡荡地向首都开封进发。

十一月十九日，隐帝刘承祐遣刘重进率禁军迎战，企图阻止郭威大军前进。但士兵厌战，未及接战便退。二十日，刘承祐只好自率禁军在刘子陂列阵。二十一日进行了一场阵地战,除慕容彦超率部做了一些抵抗外,隐帝手下兵将纷纷投降。慕容彦超见状,亦率兵逃到兖州去了。刘承祐稳不住阵势,只好后退。二十二日,刘承祐被部下郭允明在开封北郊杀死。于是,郭威率大军进入开封。

郭威和王峻一齐来到太后李氏宫中问安,申述被迫起兵的理由,并请立刘氏后代继承皇位。李太后提议立徐州节度使刘赟,他是后汉高祖刘知远弟弟刘崇之子,于是派老宰相冯道前往徐州迎立。刘赟未入都以前,凡军国大事,皆以李太后名义发教令而行。郭威又请李太后临朝听政,政事则由自己决断。这时,河北诸州又奏契丹大军入寇,边境告急,太后于是又命郭威统军北征,王彦超再次随行。

十二月一日,郭威离开京师出发,十六日到达澶州。这时士兵都不愿走了,王彦超趁机传言说:"我们拥郭公攻打京师,已经个个负罪于刘氏。如今还要立刘氏为帝,为刘氏打仗,今后我们还能有好下场吗?"

十九日,郭威令大军继续进发,到二十日,军士大叫大嚷,坚决不走了。郭威假装躲进屋内,不少人就爬墙登屋进入郭威居处,面请他做皇帝。郭威身不由己,披上黄旗,登上城楼。数万大军齐集城下,不再去打契丹,稍微休整了一下,便回师开封。

二、效力后周　征战南北

后周太祖郭威称帝后,王彦超被暂时任命为徐州节度使。王彦超尚未赴任,刘赟旧将巩廷美已占据徐州叛乱。郭威正式任命王彦超为武宁军节度使,率军讨伐巩廷美。王彦超率领战舰攻破巩廷美的水寨,乘胜攻下了徐州。

刘赟被杀后,其父刘崇逃到太原,自称皇帝,史称"北汉"。

刘崇与后周有国恨家仇，遂勾结契丹进犯后周边境，郭威命枢密使王峻统兵拒敌，在晋州遭遇刘崇军。王彦超率骑兵出击刘军，刘军不能抵挡，遂退走。王彦超率兵追击，至霍邑，刘军再次大败。霍邑多山崖，刘军步、骑坠崖而死者甚多。后周军大胜而归，王彦超率兵归镇所，郭威下诏改授他为河阳三城节度使，移镇所于河中（今山西永济蒲州镇）。

后周世宗柴荣继位后，加授王彦超为同平章事。这时，刘崇又领兵南寇，世宗命王彦超领兵从晋州东面攻击刘军。在高平，后周军再胜刘军，刘军大溃。

之后，王彦超自阴地关与符彦卿会合，围攻汾州（今山西汾阳）。当时后周军兵气正盛，攻势如潮，敌军不能抵挡，只得死守汾州城。诸将请再攻城，王彦超说："汾州城即将攻破，若再急攻，敌军势必拼全力死守，我军就会增加伤亡。不如稍稍等待，以观敌势变化。"第二天，守将董希颜果然献城投降。众将都佩服王彦超善于用兵。

攻下汾州城后，王彦超又率军攻打石州（今山西离石）。两军开战，王彦超先是亲自擂鼓助威，继而又奋勇当先，亲冒矢石，率众攻城。后周军虽已连续作战，但在主帅的鼓舞带动下，个个奋勇当先，只用几天时间就攻破石州城，生擒守将安彦进。攻夺两城后，王彦超率军还朝，世宗嘉奖他，改授忠武军节度使，加兼侍中。

世宗柴荣命宰相李谷率军征淮南，王彦超为前军行营副部署。后周军先在寿州城下打胜一仗，淮南吴军水、陆两路来援，李谷不敌，只得退保正阳。吴军随后袭击，后周军反而不利。恰好后周将领李重进率兵来到，与王彦超等将合兵击敌，大败吴军。三万吴兵溃败而逃，王彦超又率军追敌二十余里。世宗论王彦超之功，改授京兆尹、永兴军节度使。后又接任凤翔节度使。

后周恭帝柴宗训继位后，王彦超加检校太师、西面缘边副都部署。

三、受宋猜忌　自求致仕

宋朝建立后，王彦超奉命离开凤翔，入朝加中书令。不久，宋太祖又任命王彦超为永兴军节度使，并升任其父王重霸为太子少傅。

宋太祖赵匡胤与王彦超都曾效力于后周，故有旧交。一日，宋太祖召集群臣宴会，席间，走到王彦超面前说："卿当年在复州时，朕曾投依帐下，卿为何不收用我？"王彦超听罢浑身冒汗，急忙走下台阶，叩头解释说："一勺之水怎么容得下神龙呢！当日陛下之所以没有滞留在复州小郡，正是天意的安排呀。"（"勺水岂能止神龙耶！当日陛下不留滞于小郡者，盖天使然尔。"《宋史·王彦超传》）宋太祖听罢此言，哈哈大笑，遂继续宴饮。第二天，王彦超上表请罪，宋太祖派中使慰谕，此事便翻了篇儿。

乾德二年（964），王彦超再次出镇凤翔。次年，王重霸去世，王彦超为父服丧，朝廷起复任职。

开宝初年（968），王彦超自凤翔来朝，与武行德、郭从义等五位节度使，俱赴宋太祖所设之宴。宴会中，太祖从容对诸将说："众卿都是国家重臣，长久在外镇守，国事有劳操心，这并非朕优礼贤臣的本意。"（"卿等皆国家旧臣，久临剧镇，王事鞅掌，非朕所以优贤之意。"）宋太祖言罢，王彦超已知其意，便进前说："臣素来缺乏功劳，却久受皇上恩宠。如今已年老衰朽，希望乞赐骸骨，归老田园，这是臣的愿望。"（"臣无勋劳，久冒荣宠，今已衰朽，愿乞骸骨归丘园，臣之愿也。"）但武行德等人尚未理解皇上的意思，都自叙往日的战功和艰苦，太祖冷笑说："这是前朝的事情，不值得再提了。"（"此异代事，何足论？"《宋史·王彦超传》）第二天，宋太祖下诏罢武行德等四将节镇官职，唯令王彦超留镇如故。时议以此赞许王彦超聪明机警。

太平兴国六年（981），宋太宗封王彦超为邠国公。第二年，王彦超对人说："人臣七十致仕，这是古代的制度。我六十有九，应当有自知之明。"次年，王彦超上表请求致仕，太宗应允，加官太子太师，给金吾上将军的俸禄。

王彦超致仕后，把仆、妾中多余之人全部斥退，自己的居所服用，全都遵循俭约之道。雍熙三年（986），王彦超去世，享年七十四岁，朝廷追赠尚书令。

当初，王彦超即将致仕，经常告诫几个儿子说："我多次担任统帅，杀人太多，自身得免于死已属侥幸，没有阴德留给后代，你们应当努力做善事来保全自己。"《宋史》本传在赞扬王彦超"引年高蹈，武夫之贞"后，尤其感叹他"自悔多杀，垂戒后裔"，谓之"近乎仁人之用心"。

忠武军节度使王全斌

王全斌（908—976），宋初名将。并州太原（今山西太原）人。历仕后唐、后晋、后周。先后任禁军列校、龙捷右厢都指挥使、泗州防御使等，屡有战功。入宋任安国军、忠武军等节度使，转战南北。他轻财重士，不求声誉，宽厚大度，但灭蜀后放纵士卒抢掠、诱杀蜀军降卒，表现出贪婪残暴的一面。

一、智脱父险　领兵作战

王全斌自幼聪明伶俐，少年时期就显现出同龄人少有的机智和胆识。其父在后唐任岢岚军使，私自蓄养勇士一百多人，后唐庄宗李存勖怀疑有叛变图谋，召其入宫询问，他害怕不敢前往。王全斌时年仅十二，对父亲说："这是怀疑父亲有别的图谋，希望父亲把我作为人质，父亲就一定能平安无事。"

父亲听从王全斌的计策，带着他去见庄宗。庄宗指责其私自屯兵，王全斌之父跪在地上大呼冤枉："我对陛下的忠心上天可以作证！如果陛下不相信，可将小儿留在宫中，请陛下来考验我。"此时，王全斌上前跪拜，带着稚气未脱的声音说道："陛下请相信我父，我愿留在宫中陪伴陛下。"看着这个伶俐可爱的孩子，庄宗心想："这孩子年龄虽小，但在大殿之上却能如此镇定，有胆有识，是个可造之材。"于是微微一笑，说道："罢了，我相信你们。"

王全斌成年后，多次担任朝廷官职。同光末年（926），后唐发生内乱，乱军进入宫城，近臣老将都弃甲而逃，唯有王全斌与符彦卿等十余人在宫中抵抗。庄宗李存勖身中流箭，被搀扶到绛霄殿，王全斌痛哭着不肯离去。庄宗再三催促说："朕知道爱卿的忠心，但大势已去，你还年轻，快快逃命去吧。"王全斌万般不舍，流泪离去。

后唐明宗李嗣源即位后，很欣赏王全斌的胆识，任命他为禁军列校。

后晋初年（936），诸军都虞候张从宾勾结临清郡王范延光造反，王全斌随从侯益在汜水打败张从宾，因功升为护圣指挥使。

后周广顺初年（951），朝廷改护圣为"龙捷"，王全斌为右厢都指挥使。广顺二年（952），后汉泰宁节度使兼中书令慕容彦超勾结北汉国叛乱，后周军在兖州讨伐慕容彦超时，王全斌任行营马步都校。

显德二年（955），王全斌随从向拱平定秦、凤两地，因功任恩州团练使，随后升任泗州防御使。显德四年（957），王全斌随从周世宗柴荣出兵淮南，在数次作战中都立下了战功。显德六年（959）三月，再随世宗北伐契丹，率军收复瓦桥关（今河北雄县），因功改为相州留后。

宋朝建立后，王全斌卓越的军事才能继续得到充分展示。那时，后周昭义军节度使李筠在潞州叛乱，王全斌与慕容延钊从东路会合大军前去讨伐，获胜之后，因功授安国军节度使。宋太祖诏命修缮西山堡垒营寨，他按预定时间完成。建隆四年（963），王全斌与洺州防御使郭进等率军进入太原界内，俘虏数千人返回，随后又进军攻克了乐平。

二、宋蜀交战　攻克成都

乾德二年（964）冬，王全斌改任忠武军节度使。在任职当天，宋太祖赵匡胤下诏征伐后蜀，任命王全斌为西川行营前军都部署，率领禁军步骑两万、州兵一万，从凤州路进军。出发前，太祖召见他，展示川陕地图，部署进攻策略。

十二月，王全斌率军攻下乾渠渡及万仞、燕子两座营寨，继而攻克兴州，后蜀兴州刺史蓝思绾退保西县。王全斌打败蜀军七千人，缴获军粮四十多万斛。随后进军攻取石圌、鱼关、白水二十多座营寨，所部招讨使韩保正、副使李进，缴获粮食三十多万斛。接着，崔彦进、康延泽等追击蜀军过三泉，到达嘉陵，杀死和俘虏的蜀兵不计其数。

后来大军继续前进时，蜀人断绝栈道，宋军受到阻碍。王全斌谋划夺取罗川路进入，康延泽私下对崔彦进说："罗川路险，军队难以同时前进，不如分兵修筑栈道，与大军在深渡会合。"崔彦进转告王全斌，王全斌认为可以，命令崔彦进、康延泽监督修筑栈道，数日完成。紧接着，他们进军攻克金山寨，攻破小漫天寨。王全斌从罗川奔赴深渡，与崔彦进会合。蜀军依江列阵等待，崔彦进、康延泽、张万友分三路攻打，蜀军派出精锐部队迎战，宋军又大败他们，乘胜攻取了大漫天寨，蜀将王审超、监军赵崇渥逃走。蜀军三泉监军刘延祚、大将王昭远、赵崇韬领兵前来与宋军作战，三战三败，被宋军追到利州以北。王昭远逃走，渡桔柏江时，烧毁了桥梁，退守到剑门。接着，宋军又攻克利州，得到军粮八十万斛。

王全斌从利州奔赴剑门，驻兵益光。他召集诸将商议说："剑门天险，自古称为一夫当关，万夫莫开，诸君应当各自陈述攻取的计策。"侍卫军头目向韬说："降卒牟进曾说：'益光江东岸，越过大山数座，有一条狭窄的道路名叫来苏，蜀军在江的西岸设营，对岸有渡口，从这里出剑门关向南二十里，便到清强，与大路会合。如果从这里进军，剑门就可攻下了。'"王全斌当即就要轻装前往，康延泽说："来苏是条小路，不需要主帅亲自前往。而且蜀军多次战败，合并军队退守剑门，此时兵力已经大大减弱，不如诸帅协力进攻，命令一员偏将赶往来苏，如果到达清强，北攻剑关，与大军夹攻，攻破剑门定如囊中取物。"

王全斌采纳康延泽的计策，命史延德分兵赶往来苏。宋军在江上建造浮桥，蜀军见浮桥建成，便放弃营寨逃走。蜀将王昭远听说史延德的军队奔赴来苏，到达清强，就率军后退，列阵汉源坡，留偏将镇守剑门。宋军轻松攻破剑门，蜀将王昭远、赵崇韬逃走，王全斌派轻骑追赶，将二人俘获，用驿车押送朝廷。紧接着又攻克剑州，杀死蜀军一万多人。

王全斌战绩卓越，但在一些小事上却表现得心胸狭隘。乾德四年（966）正月十三日，宋军到达魏城，蜀后主孟昶派使者献表投降，王全斌等进入成都。十多天后，宋将刘廷让等才从峡路到达。孟昶赠送食物给刘廷让等并犒劳军队，他的部队受待遇和王全斌到来时一样；朝廷下诏书颁发赏赐时，诸军也没有差别。

刘廷让和王全斌两路军队因此互相嫉恨，蜀人趁机挑拨离间，致使宋军主帅不和。此前接受诏命及处理事情，宋军诸将定要共同商定，但后来即使小事也不能马上决定。

三、逼反蜀军　战祸绵延

王全斌在成都驻军期间，放纵部下抢掠百姓财物、强占民女为妻妾，蜀地百姓对宋军都心怀怨恨。王全斌不仅放纵部下，他自己也很贪婪。朝廷诏令将所俘蜀兵调往京城，发给衣装费；如有不想走的，就增发两个月的粮饷。王全斌却擅自减少衣装费的数额，因此蜀军都十分愤怒，人人想着叛乱。两路随军使臣通常是数十到一百人，由他们负责运送蜀兵进京，但王全斌、崔彦进及王仁赡等各自包庇，不让他们运送蜀兵，仅派遣各州低级武官运送蜀兵。

到达绵州后，愤怒的蜀兵发动了叛乱，十多万蜀兵纷纷打家劫舍，自号"兴国军"。后蜀文州刺史全师雄，曾是武将，在军中极有威望，士卒都很敬服。当时，他正带领族人前往朝廷，意欲归附宋朝。途经绵州时遇到叛乱，全师雄害怕被叛军逼迫，便把族人隐藏在江边偏僻之处的民舍里。过了数日，他还是被乱兵找到，被推为主帅。

王全斌派遣都监米光绪招抚全师雄，米光绪却杀掉了全师雄全家，将财物据为己有，并强占了他的爱女。全师雄听到这些，先前的归附之心一扫而光，大骂宋军没有人性，发誓与之决一死战。他率领人马急攻绵州，被横海指挥使刘福、龙捷指挥使田绍斌打败；转而进攻彭州，赶走刺史王继涛，杀了都监李德荣，占据了这座城。成都十县都起兵响应，全师雄自号"兴蜀大王"，开幕府，设辅佐官员，委任节度使二十多人，命令他们分别据守灌口、导江、郫、新繁、青城等县。

崔彦进与张万友、高彦晖、田钦祚等宋将讨伐叛军,但被全师雄打败,高彦晖战死,只有田钦祚侥幸逃出,但也身负重伤。叛军日益强大。王全斌又派张廷翰、张煦去攻打,但再次战败而归,宋军只好退入成都。全师雄分兵于绵、汉之间,断绝栈道,沿江设营,声称要攻下成都。从此以后,邛、蜀、眉、雅、东川、果、遂、渝、合、资、简、昌、普、嘉、戎、荣、陵十七州,都随全师雄进行叛乱,驿站传递不通有一个多月。王全斌没有预料到全师雄如此强悍,这对战无不胜的他提出了挑战。当时城中投降的蜀兵还有两万,王全斌担心他们接应敌人,与诸将商量后,把他们诱骗到夹城中,然后全部杀死。

但不久,局势发生了变化,宋军逐渐转为上风。刘廷让、曹彬在新繁打败全师雄的人马,俘虏一万多人。全师雄退保郫县,王全斌、王仁赡又攻下郫县城,全师雄只好逃往灌口寨。叛军的势力已经挫伤,余党分散保守州县。陵州指挥使元裕有一万多人马,为了笼络,全师雄暂授他为刺史。王仁赡得知消息,派军攻打元裕,将之生擒,在成都市上处以磔刑。

不久,虎捷指挥使吕翰因不为主将礼遇,杀了嘉州知州客省使武怀节、战棹都监刘汉卿,与全师雄的党徒刘泽合并,人数达到五万。他们赶走普州刺史刘楚信,杀了通判刘沂及虎捷都校冯绍。后来,果州指挥使宋德威又杀了知州八作使王永昌及通判刘涣、都监郑光弼;遂州牙校王可璙也率本州百姓叛乱。王仁赡等在嘉州讨伐蜀将吕翰,吕翰战败逃入雅州。全师雄在金堂病逝后,蜀军推举谢行本为主帅,罗七君为佐国令公,与贼将宋德威等占据铜山,但很快被康延泽打败。王仁赡又在雅州打败吕翰,吕翰逃往黎州,被属下所杀,尸体抛弃水中。后来,丁德裕等分兵招安,乱军才算平息。

四、贪婪残暴　被贬十年

宋太祖赵匡胤很欣赏王全斌的才能，因而经常赏赐财物给他。王全斌入蜀时，正逢暮冬时节，京城一连下了几场大雪，宋太祖在讲武殿设氈帷，穿戴紫貂皮衣帽处理国事，忽然一阵寒气袭来，不由得拉了拉皮衣，望着窗外纷飞的雪花，对周围的人说："我穿戴这样的衣帽，身体还觉得寒冷，那些顶着霜雪的西征将领，怎么经得住！"（"我被服若此，体尚觉寒，念西征将冲犯霜雪，何以堪处！"《宋史·王全斌传》）就解下裘皮衣帽，派中黄门快马赏赐王全斌，又告知诸将，难以每人都送。王全斌捧着裘皮衣帽感激涕零。

王全斌受到特别恩宠，但违法乱纪时，一样会受到惩罚。成都平定后，朝廷任命参知政事吕馀庆掌管府事，王全斌只掌管军队。王全斌对此心怀不满，曾对亲近的人说："我听说古代的将帅，多数不能保全功名。如今西蜀已经平定，我打算称病东归，也许可以免于悔恨。"（"我闻古之将帅，多不能保全功名，今西蜀既平，欲称疾东归，庶免悔吝。"同上）有人劝他说："现在盗寇还很多，没有诏令，还是不要轻率离开。"王全斌犹豫不决。

这时，有人控告王全斌和崔彦进等人破蜀时，抢夺民家财物、强占百姓妻女等违法乱纪之事，王全斌与诸将同时奉召回京。宋太祖因王全斌等人刚立了功，虽然犯法，但并不想投入监狱，仅命中书省官员前去查问情况，王全斌等人对罪行供认不讳。宋太祖很生气，下诏说："王全斌、王仁赡、崔彦进等人披坚执锐，出征全蜀，对方畏惧天威而投诚，不久快马传递诏书申明恩德，为表示怜悯同情，务必尽力安抚，所有孟昶的宗族、官吏、将士、百姓全部让他们安居乐业，不要惊扰。然而王全斌等人却违背法规，侵犯宪章，专杀降兵，擅开公库，强夺妇女，广纳财物，招致万民怨恨，致使群盗充斥。以致再次费力调拨军队，才获得和平安宁。下令返回时，他们还想隐瞒真相，而不计其数的含冤者，每天拥挤在殿门之外，控诉王全斌等人暗中吞没金银、犀玉、钱帛十六万七百余贯。王全斌又擅自打开丰德库（后蜀国库），以致丢失钱财二十八万一千余贯。朕命令中书门下召他们与诉讼者对质，而王全斌等人全部认罪。"下令御史台在朝堂会集文武百官，议定王全斌等人的罪名。

百官经过商议，认为王全斌等罪当处死，请求皇上依法律处分。宋太祖下诏说："有征无战，虽出于王师；禁用武力，应当崇尚武德。愚昧无知的庸蜀图谋造反，怀有邪恶的欲望，我军讨伐他们的罪恶，是向天下宣示大宋朝的威严，他们随即闻风而降。朕也急速下令安定局势，不犯秋毫，希望朝廷的恩泽遍及各地，有利于百姓休养生息。忠武军节度使王全斌、武信军节度使崔彦进率领精锐军队，接受我的计谋，平定叛乱，立有大功。他们应该理解朕要实行安抚的深意，但却认为马上就要大功告成，只想着领赏记功，继而目无法纪，造成灾祸，贪婪残暴不知满足，杀戮无辜，穷兵黩武。朕念及他们以前的功劳，所以特别从宽处理，罢去军权，委以藩镇。不是朕没有恩德，而是你们应当反省自己。王全斌可降授崇义军节度观察留后，崔彦进可降授昭化军节度观察留后，特设随州为崇义军、金州为昭化军以安置他们。将王仁赡降授为右卫大将军。"

王全斌虽被降职，但在宋太祖的心里，一直都没有失去对他的信任。开宝末年（976），宋太祖到洛阳郊外祭祀，召王全斌陪祭，任命他为武宁军节度使。他语重心长地对王全斌说："朕因为江左尚未平定，担心南征诸将效仿你们而不遵守纪律，所以压制你数年，为我立法。现在我朝已经攻克金陵，你是个领兵打仗的良将，应该让你掌握军权。"又赏赐他许多财物。

王全斌虽在征伐蜀军时表现出了贪婪残暴的一面，但他同时也是个轻财重士的人，不追求浮名，宽厚待人。他很体恤士兵，部下都乐于听他指挥，在他贬官居住随州的十余年里，专心读诗作画，怡然自得，有识之士都称道他。

开宝末年（976），重获兵权的王全斌到藩镇数月后去世，享年六十九岁。宋太祖追赠他为中书令。

枢密使曹彬

曹彬（930—999），宋初名将。字国华，真定灵寿（今河北灵寿）人。早年投身军旅，任牙将、监军、兵马都监等。宋初任客省使、左神武将军，官至检校太师、枢密使。太祖时，曾辅助宋军主帅平定西蜀，率大军收降南唐；太宗时，又出谋灭北汉。曹彬能文知武，用兵有方略，位兼将相，不以威严自异。伐蜀征唐，秋毫无取，朝野皆服。

一、身为国戚　立身严谨

曹彬出身将门，父亲曹芸，后汉及后周时，任成德节度都知兵马使。

曹彬刚满周岁时，父母便把许多玩具放在他面前，想看看他拿什么。曹彬看着满地玩具，非常兴奋，环视一番，左手拿起干戈（泛指武器），右手拿起俎豆（古代祭祀器具），又立即放下，拿了一块官印在手。父母对此都很惊异，认为此儿将来一定是个文武全才。（"始生周岁，父母以百玩之具罗于席，观其所取。彬左手持干戈，右手持俎豆，斯须取一印，他无所视，人皆异之。"《宋史·曹彬传》）

曹彬成年后，正值后周太祖时期。太祖郭威的贵妃张氏，是曹彬的从母（即姨母），所以曹家是后周皇室近亲，曹彬也算是后周国戚和近臣。但曹彬并不因此骄横，反而举止庄重，谈吐谨严。

后周乾祐年间，曹彬开始任成德军牙将。元帅武行德见到曹彬，便指着他对左右说："这是个成就远大的材地，不是平常之人。"（"此远大器，非常流也。"同上）

还在受禅建立后周时，因为张贵妃是曹彬的从母，郭威召曹彬回京师开封。后又派他隶属柴荣帐下，跟随其镇守澶州，补供奉官。不久，升为河中（治今山西永济蒲州镇）都监。因曹彬是皇亲，蒲州镇帅王仁镐尤加礼遇，曹彬也因此对王仁镐更加尊重。每当公府宴会，府中将吏全都前来，曹彬从始至终持简端坐，礼贤宾客，没有片刻失态。王仁镐对从事说："老夫自以为昼夜勤劳王事，未尝懈怠，如今见监军曹彬态度端庄谨严，才感到自己的散漫懈怠了。"（"老夫自谓夙夜匪懈，及见监军矜严，始觉己之散率也。"同上）

后周显德三年（956），曹彬改职为潼关监军，又升任西上阁门使。

显德五年（958），曹彬出使吴越。其实，后周军力强盛，周世宗柴荣又久怀平荡南北、一统国家之志，所以各国都很害怕。此次曹彬顺利完成使命，即将返回后周时，吴越人私下送礼的不少，都想趁机巴结后周权贵，以为将来之备。但曹彬对所送之礼一概拒绝，绝不接受。乘船返回时，吴越人又驾着轻舟赶来，追上曹彬的官船。见到曹彬，他们坚持非送些礼物。曹彬开始仍旧不愿接受，后来看出不接受不行，便说："我始终拒不接受，有些近于谋求名声了。"（"吾终拒之，是近名也。"同上）于是收下礼物，叫随从吏员一一登记在册，回京后全部上交了官府。周世宗听说后，下令官府把上交的礼物，又交还给了曹彬。这样，曹彬方才拜受，回家之后，却又把这些礼物一件不留地全部分赠给了亲戚好友。

不久，曹彬受任晋州兵马都监。一天，他与主帅和同僚环坐野外。正巧，守卫附州镇的将官派人带书信到晋州来办事。此人虽然久闻曹彬之名，但并不相识，于是悄悄问晋州的官员说："哪位是曹监军？"有人指给他看，他却不信，以为是开他的玩笑，说："哪有皇亲国戚，却穿着粗绸袍子、坐着朴素胡床的呢？"（"岂有国戚近臣，而衣弋绨袍、坐素胡床者乎？"同上）经曹彬亲自承认，那人才肯相信。

宋太祖赵匡胤初登帝位，整顿禁军，曹彬保持中立，没有公事不登太祖之门。每当有宴会，别人都去宴饮，曹彬却很少参加。太祖认为他与众不同，从此十分器重。建隆二年（961），宋太祖从平阳（今山西临汾）召回曹彬，对他说："朕以前很想亲近你，但你为何总疏远我呢？"（"我畴昔常欲亲汝，汝何故疏我？"）曹彬低头拜谢说："臣为后周皇室近亲，又忝任宫内职务，即使恭谨端正，还担心出现过失，哪里还敢与您亲近呢？"（"臣为周室近亲，复忝内职，靖恭守位，犹恐获过，安敢妄有交结？"均同上）宋太祖听罢，对他愈加敬重。

不久，曹彬升任客省使，与王全斌等攻打北汉的乐平县（今山西昔阳）。宋军战胜，俘虏千余人，乐平守将投降。北汉将领率兵增援，又被宋军打败，宋军三战三捷，将乐平改升为平晋军，屯驻守兵。曹彬因功升任左神武将军。不久，北汉约召契丹骑兵六万，又来攻夺平晋军，曹彬与李继勋等大败汉辽联军。之后，曹彬兼任枢密承旨。

二、出师后蜀　建功两川

乾德二年（964），宋太祖诏伐后蜀。原来，后蜀主孟昶准备联络北汉夹攻宋朝,但书信反为宋朝劫得。宋太祖看信后大怒,正好借机兴师伐蜀。

宋军分两路攻蜀:统帅王全斌率军一路,从凤州进川;副帅刘光义与曹彬,由归州入川。当时,曹彬任归州行营前军部署都监。宋军两路军马连战皆捷,蜀兵素来不懂争战,一战即溃,蜀将被活捉的人很多,蜀军都指挥使王昭远也被擒获,蜀主孟昶只好降宋。

两川平定后,主帅王全斌等人昼夜宴饮,通宵达旦,不理军务。对入川的宋兵不加管束,听任他们劫夺蜀中财物、掳掠女子,蜀人苦不堪言,望而生怨。曹彬屡次劝王全斌还师,王全斌不听。

当时,宋太祖赵匡胤为安置蜀兵,诏令蜀兵全部开赴汴京听调,朝廷拨款资助路费,并通知王全斌要尽力给足。王全斌却想方设法克扣,极力中饱私囊。蜀兵非常愤怒,在离川赴汴途中,行至绵州(今四川绵阳),竟揭竿为乱,自号"兴国军",胁从者十万余人,并推文州刺史全师雄为帅。全师雄起初不肯,后来得知王全斌派米光绪领宋兵千余人"抚乱",先杀了他的全家,又霸占了他的女儿,于是大怒,率乱兵攻占彭州,与宋朝作对,两川百姓群起响应。

入川平叛的宋将崔彦进,与其弟弟分道进讨,屡战不利,弟弟阵亡。当时成都城中尚有投降的蜀兵二万七千余名,王全斌担心叛变,将他们诱入夹城中,全部杀死。王全斌一面上报朝廷,一面令副帅刘光义和都监曹彬领兵讨贼,刘光义廉谨有法,曹彬宽厚有恩,两人率兵入蜀以来,秋毫无犯,声名远播。此次从成都出兵平乱,仍令全军严守纪律,不准扰民。川民见其旗帜,都拍手相庆。宋军到新繁,与全师雄乱兵交战。宋军大胜,追敌到灌口,歼敌甚众,全师雄病死,蜀乱遂平。

宋军还朝时，很多将领缴获了不少蜀中的子女玉帛，而曹彬的行囊里，却只有图书、衣服。宋太祖令中书省查问蜀战前后情况，查清了王全斌等将领黩货杀降之罪。只因众将平蜀有功，降王全斌为崇义节度使留后，崔彦进为昭化节度使留后，王仁赡为右卫将军。王仁赡在对证时，经常诋毁别的将领，以求自免；唯独推重曹彬一人，对太祖说："清廉谦虚，小心谨慎，不辜负陛下器重任用者，只有曹彬一个人。"（"清谦畏谨，不负陛下任使者，惟曹彬一人耳。"《续资治通鉴·宋纪五》）

曹彬入川，先以清廉谨慎闻名，不贪不敛，继而平全师雄兵乱，这对西蜀民生的安定、统一大业的实现，都起了不可低估的作用。朝廷升他为宣徽南院使，义成军节度使。为此，曹彬颇感不安，求见太祖，请求辞掉升授官职。他说："征蜀的将士全都获罪，臣单独受到赏赐，担心这不利于激励众人。"（"征西将士俱得罪，臣独受赏，恐无以示劝。"）宋太祖说："卿有很大功劳，又不居功自夸。假若真有过错，王仁赡怎么会不说呢？惩恶劝善是国家的基本规矩，卿无须谦让。"（"卿有茂功，又不矜伐，设有微累，仁赡等岂惜言哉？惩劝国之常典，可无让。"《宋史·曹彬传》）宋太祖的确是一代明主，赏惩严明，言之有理，曹彬也不好再说什么，只有接受新职。

三、兵伐江南　施仁南唐

宋太祖把平定南北、统一国家作为自己最高的战争目标，所以出师西蜀获胜后，便在他生命的最后几年展开了平定北汉和南唐的战争。

乾德六年（968），宋太祖派李继勋、党进等将率师进攻北汉都城太原，命曹彬为前军都监。曹彬率军前行，与北汉军狭路相逢，发生激战，斩首两千余级，缴获了许多物资。

开宝二年（969），宋太祖与百官商议亲征北汉，再次任命曹彬为前军都监，率军先行。曹彬率军昼夜急行，以迅雷不及掩耳之势攻下了团柏谷，敌将陈廷山投降。接着，曹彬又与敌军在城南大战，夺得敌军战马千匹，并进围太原，自己主攻北门。宋太祖见此，大为高兴。开宝六年（973），曹彬晋封检校太傅。

开宝七年（974），宋太祖诏令宋军出兵征讨江南的南唐。九月，曹彬奉诏与李汉琼等将先赴荆南，准备渡江的战船，潘美则率步兵随后而进。十月，又任命曹彬为西南路行营马步军战棹都部署，分兵由荆南顺流而下，从东面攻击南唐军队。曹彬率所部宋军，先攻破南军的峡口寨，再克南军的池州（今安徽贵池）。之后，又挥师前进，连克当涂、芜湖二县，驻军于采石矶（今安徽马鞍山西南）。十一月，曹彬命军士造作浮梁（即浮桥），准备率军跨过长江，接应大队宋军。十二月，南军来攻，曹彬率军在白鹭洲击败了敌军。

开宝八年（975）二月，宋军驻扎在江淮。浮梁造成，宋军横渡长江，南唐出兵抵抗，又被宋军打败。宋军乘胜前进，攻克润州（今江苏镇江），包围了金陵。宋军分为三路，分扎三大营寨于城下。当时，潘美在北面扎营。宋太祖指着北营对使者说："敌军必定趁夜偷袭，你赶快前往，命令曹彬尽快挖深沟以自固，不要中了敌人的奸计。"曹彬接到命令，立即命令士卒挖沟。沟刚挖成，南唐军果然来偷袭，潘美率军依靠新沟迎战，敌军大败而归。奏书送达，宋太祖一看笑了，说："果然不出朕所料。"南唐后主李煜见大势已去，就派大臣捧着降表来到开封，谒见宋太祖，请求宋军班师。宋太祖不予理睬。

包围金陵之后，曹彬经常命令宋军不要着急攻打城池，希望李煜投降归服。这年十一月，曹彬又派人带书信告谕李煜说："如今形势已到此种地步，宋军之所以不着急攻城，是为全城百姓着想。你如果能归依宋朝，这是上策。"后来金陵城快攻克时，曹彬忽然称自己有病，不再过问军务。于是诸将都来探问病情，曹彬对他们说："我的病不是吃药能治好的。如果诸公能在我这儿诚心立誓：攻克金陵之日，不乱杀一人，我的病自然就好了。"诸将听后，恍然大悟，于是全都答应下来。曹彬听了，焚香为誓。第二天，曹彬的病就好多了。

第三天，金陵城被攻破。南唐后主李煜率臣僚百余人到曹彬军门请罪。曹彬安慰了一番，以宾礼招待李煜，同时请他进宫换装，北赴汴京。这时，曹彬只带几个军兵在宫外等候。有人悄悄对曹彬说："李煜入宫，万一有不测，怎么办？"曹彬笑着回答："李煜素无决断，既已投降，必然不会自绝。"片刻之后，李煜果然换好服装出来，众人都佩服曹彬的远见。

这次宋军南征，李煜君臣的性命，全靠曹彬保全。而宋军从出师到凯旋，将士也都很畏服他，没有敢轻率犯法、乱杀的人。曹彬入朝拜见太祖，也只称："奉命到江南办事返回。"（"奉敕江南干事回。"《宋史·曹彬传》）其他所谓大小军功，概不提及。可见他为人谦恭，从不浮夸。

起初，宋军攻打江南时，宋太祖对曹彬说："等你收复江南，收降李煜，命任你为使相。"宋军凯旋后，副帅潘美预先祝贺，曹彬说："不对。这次南征，依仗上天威严，遵循皇上谋略，才得以成事，我有什么功劳呢？何况做使相是极品之事呀！"（"不然，夫是行也，仗天威，遵庙谟，乃能成事，吾何功哉？况使相极品乎！"同上）潘美不解其意，问道："此话怎讲？"曹彬说："还有太原未平，官怎么能到极品？"

等到班师还朝，太祖犒赏曹彬、潘美二帅，对曹彬说："本来打算令卿为使相，然而太原未平，请卿暂且稍作等待。"潘美在一旁听到此话，不由偷看曹彬而微笑。宋太祖见状追问，潘美不敢隐瞒,便把那天与曹彬的对话讲了出来。宋太祖闻言大笑,赐给曹彬二十万钱,没过多久,就拜曹彬为枢密使、检校太尉、忠武军节度使。

四、析太原势　战涿州城

宋军消灭南唐后,宋太祖赵匡胤病逝。这时,天下尚未统一,中原还有太原的北汉政权,南方还有吴越政权。宋太宗赵光义继位后,先使用政治压力,使吴越纳土归附,随后便考虑消灭仍割据一方的北汉政权。

宋太宗召见曹彬,此时曹彬已加同平章事,也就是做了使相。太宗问曹彬:"北汉太原政权,后周世宗和太祖都曾亲自征讨,为什么总没能消灭?"曹彬答道:"后周世宗时,因史彦超在石岭关战败身亡,人人惊惧,士气不振,所以班师;到本朝太祖时,宋军兵屯甘草地,赶上暑雨连绵不断,士兵得病的人很多,军队战斗力下降,所以也半途而止。"太宗又问:"如今朕打算北征消灭北汉,卿以为如何?"曹彬回答说:"以今日国家兵甲精锐,攻夺太原这一孤城,如同摧枯拉朽,定能取得胜利。"

宋太宗听了曹彬的分析,坚定了信心,决意发兵太原。太平兴国三年(978),晋升曹彬为检校太师,从征太原,再加兼侍中。太平兴国四年(979),宋太宗发兵北征,采用围城打援之法,派潘美等围攻太原,而另派军队击败契丹辽的援兵,北汉主刘继元被迫投降。至此,唐末以来约有一百多年的地方割据局面基本结束。

雍熙三年(986),宋太宗诏命曹彬率幽州行营前军马步水陆之师,与潘美等共同征辽,意在收复幽燕地区。宋军兵分三路,东路主力军由曹彬率领,自雄州(今河北雄县)北上,攻打涿州;中路军由田重进率领,出飞狐(今河北涞源),攻打蔚州

（今河北蔚县）；西路军由潘美、杨业率领，出雁门关（今山西代县），攻打山后诸州。宋军的战略意图，是由东路军牵制辽军主力，使西路、中路乘机攻夺山后诸州，然后三路大军合击幽州府（今北京）。

诸将出师时，太宗对曹彬说："潘美之师，可以先取云、应之地；卿率十万之师，只可声言取幽州，但要持重缓行，不得贪利。辽人听说卿大兵至，必定率众去救范阳，也就无暇援救山后了。"宋军出师不久，西路军先攻下寰、朔、云、应等州；中路军又攻下许多山后要塞；曹彬所率东路军，也一连攻下数个州县。宋军军势大振，然而每奏捷报，宋太宗都颇感东路军进军过速。

曹彬所率东路军，三月在固安打败辽军，并攻破涿州，又在城南大破辽军援兵。四月，曹彬与米信在新城破敌，斩首二百余人。但东路军驻扎涿州时，因为大军深入，仅带十余日粮草，因而又退师雄州，以待粮援。消息报到朝廷，宋太宗说："岂有敌人在前，反倒退军以待援粟，曹彬太失策了！"急忙派人到曹彬处，命他再不要前进。于是曹彬引军至白沙河与米信军会合，按兵不动，养精蓄锐，以张西路军之势，等西路军攻下山后诸地，再与田重进合兵向东，三路宋军合攻幽州。但曹彬部将听说西路、中路军顺利进军，连克州县，累建功劳，而自己手握重兵却不能有所进取，议论蜂起，军心不稳。

曹彬不得已，就再次带足军粮，去攻取涿州。这时，辽军以重兵在前抵挡，两军相持。当时天气炎热，军士困乏，斗志锐减。而辽承天皇太后亲自率援军赶来，与辽将耶律休哥会合，会击宋东路军。双方大战于岐沟关，宋军大败溃散，伤亡惨重，兵退易州（今河北易县），在易水边扎营。宋太宗闻报，急忙诏令宋军各自守好边陲之地，命令诸将退师还朝。中、西两路军因东路军失利,也被迫撤军。之后,宋太宗放弃了收复燕云的打算,只加强北边戍守,对辽采取守势。

宋军兵败还师,宋太宗诏命尚书省调查此次战事的经过及责任,命翰林学士贾黄中等案治其事。曹彬等承认违诏失律之罪,于是贬曹彬为右骁卫上将军,其余诸将依次贬黜。不久,又复起曹彬为侍中、武宁军节度使。到真宗继位,恢复曹彬检校太师、同平章事之职,数月后召拜为枢密使。

曹彬仁敬和厚,在朝数十年未尝抗旨,也未尝议论他人过失。伐蜀讨唐,秋毫无取,位兼将相,不以威严自异。在路上遇见士大夫,必定引车而避之;不知姓名的小吏来禀报事情,他也要严服整冠而见。曹彬为官,俸禄大多分给宗族,家无余积。平蜀归来时,宋太祖向他问及官吏的优劣,曹彬回答说:"军队的事情之外,不是臣所应该知道的。"("军政之外,非臣所闻也。"《宋史·曹彬传》)宋太祖一定要听听他的意见,曹彬只推荐随军转运使沈伦廉谨可用。雍熙北征军败失律,赵昌言曾上表请行军法,宋太宗不许。后来赵昌言自延安还,被人弹劾,不得入朝。曹彬为赵昌言向太宗求情,太宗这才允许他入朝谒见。

咸平二年(999),曹彬患病,宋真宗亲往其府宅探望,亲手为之和药,并赐白金万两。真宗问及以后的事情,曹彬回答说:"我无事可言。只是臣二子材器可取,如果准许臣内举,二子都可为将。"真宗又问二子优劣,曹彬说:"曹璨不如曹玮。"

这年六月,曹彬去世,终年七十岁。真宗为之痛哭,追赠中书令,追封济阳郡王,谥曰"武惠",赠其妻高氏为韩国夫人。八月,下诏命曹彬与赵普俱配飨于太祖庙庭。后来,每当对辅臣言及曹彬,宋真宗仍然流泪。

曹彬有子七人,曹璨、曹玮二子有其父的风范,而曹玮亦属一时名将。

宣徽北院使潘美

潘美（920—987），宋初名将。字仲询，大名（今河北大名）人。潘美历仕太祖、太宗两朝，历任泰州团练使、潭州防御使、岭南道节度使、忠武军节度使、宣徽北院使等，先后封代国公、韩国公。他平寇、灭汉、灭唐、防边，多有战功，深受宋太祖信用。但征辽之战指挥失当，致名将杨业陷敌而死，为后人訾议。

一、少怀壮志　入宋建功

潘美出身军人家庭，父亲潘璘，以军校之职在常山戍边。

潘美年轻时，倜傥有志向。他曾对其乡人王密说："汉代（指五代后汉）就要结束，凶恶之臣肆其残虐，天下有改朝换代之兆。大丈夫不趁此时建立功名、获取富贵，而碌碌无为，与众生庸庸碌碌老死，羞耻得很。"（"汉代将终，凶臣肆虐，四海有改卜之兆。大丈夫不以此时立功名、取富贵，碌碌与万物共尽，可羞也。"《宋史·潘美传》）于是投奔后周柴荣帐下效力，任其侍从。当时柴荣尚为开封府尹。

柴荣继位成为后周世宗，任命潘美为供奉官。在世宗时期，潘美出入战阵，多有战功。当时，潘美与赵匡胤共同效力于后周，二人颇为友善，交往密切。

陈桥兵变，赵匡胤代后周而立，命潘美先返回开封，去见执政大臣，晓谕、安抚朝廷内外。（"先是，太祖遇美素厚，及受禅，命美先往见执政，谕旨中外。"同上）潘美身受重托，赶回京城，顺利完成任务。

当时，元帅袁彦率兵镇守陕西。此人凶悍嗜杀，而且善于用兵，宋太祖赵匡胤颇为担心，遂派潘美监视陕军，暗中图谋袁彦。潘美单骑往见袁彦，晓以天命大义、"将军宜修臣职"之理。听了潘美一番话后，袁彦竟俯首听命，拥戴赵匡胤为帝，并入朝谒见。宋太祖见此，十分高兴地说："潘美不杀袁彦，并能让他来朝谒见，成就了我的大志啊。"（"潘美不杀袁彦，能令来觐，成我志矣。"同上）

淮南节度使李重进在扬州起兵反叛，宋太祖亲征，命石守信为招讨使，潘美为行营都监。潘美随军征战，多有献策，并有战功。平定李重进之叛后，潘美以功进扬州巡检，泰州（今江苏泰州）团练使。

当时，湖南汪端的叛乱刚刚平息，人心未定。为了安抚百姓，宋太祖又命潘美任潭州（今湖南长沙）防御使。在任期间，南汉后主刘鋹屡次侵犯桂阳、江华，潘美率兵将之击退。自唐朝以来，五溪地区的部族不时侵略中原，颇为民患。潘美率兵围剿，直到他们的老窝，诛杀、俘获了很多，其余加以抚慰，五溪于是安定下来。

二、平岭南寇　败南唐军

开宝三年（970），宋太祖出师征岭南，讨伐南汉刘鋹，任命潘美为行营诸军都部署、朗州团练使，尹崇珂为副帅。

宋军首先攻克富州（今广西昭平），刘鋹遣将率众万余来援，潘美率军迎战，大败敌兵，又克贺州（治今广西贺县东南）。十月，又连克昭、桂、连三州，西江诸州县相继降宋。接着，宋军进兵韶州（今广东韶关）。

韶州是广州的北面门户。刘鋹以十万人马屯守。潘美率兵以迅雷不及掩耳之势，又攻下了韶州。刘鋹计穷，开宝四年（971），遣其臣子王珪至潘美军门请求通好罢战，又遣其左仆射肖潅等奉表求降。潘美遂向王珪等人谕以太祖之意，并命部下送肖潅等人进京。

刘鋹复又派其弟刘保兴，率众与宋军作战。潘美令宋军急速而行，赶至栅头，距广州约一百二十余里。刘鋹以十五万兵众依山谷坚壁，以待宋军。潘美与诸将商议说："敌众编竹木为栅，若用火攻之，敌必溃乱。再以精锐夹击敌人，此乃万全之策。"于是分派丁夫数千，每人手持两把火炬，从小路行至敌栅前。到了夜间，数千民夫点燃火炬，万炬齐明，正逢老天刮大风，便乘风投炬焚烧敌栅。火势甚大，敌众惊慌无状，潘美又派精锐兵骑急攻敌众，刘鋹军大败而逃。宋军斩敌数万，于是长驱直入，直至广州城下。刘鋹尽烧其府库之物，准备逃跑，被宋军擒获，押解至京。潘美与尹崇珂因功同知广州兼市舶使。不久，潘美又拜山南东道节度使

开宝五年（972），土豪周思琼聚众靠海为乱，潘美兼任岭南道节度使，率军讨平叛乱。至此，岭南一带再无盗寇骚扰，百姓生活安定。

开宝八年（975），宋军出师江南，攻打南唐。九月，宋太祖先派潘美与刘遇等率兵赴江陵。十月，命潘美率师与曹彬一起出发，进军至秦淮。当时船只还没有造好，潘美下令说："我潘美受诏，率领精兵数万至此，志在必胜。如今虽然舟楫没有齐备，但我数万大军岂能因此一水之隔而不渡江呢？"遂下令涉水渡江，大败南唐军。后来采石矶所造浮桥成功，南唐军以战船二十艘鸣鼓逆流来进行破坏，潘美挥兵击敌，夺取南唐军战船，擒获其将郑宾等七人。又攻破南唐军城南的水营栅栏，分派水师驻守。

此战之后，宋军借助敌军战船得以过江，包围了南唐首都金陵。南唐水、陆军共十万在城下摆开阵势，潘美率部袭击，把敌人打得大败。南唐后主李煜请求宋军缓师，宋太祖不予理睬，仍

诏令诸将促其归附。李煜拖延未决，却趁夜派兵袭击宋营。潘美率精锐与南唐军短兵相接，并趁机与大将军曹彬率军发起攻击，分道一齐攻城。李煜见大势已去，遂开城投降。金陵平定，潘美以功升为宣徽北院使。

三、备边三交　失计谷口

开宝九年（976）秋，宋太祖命潘美为主帅、党进为副帅，进军北汉。潘美率军与敌军战于汾水，大胜北汉军，多有擒获。

太平兴国初年（976），潘美改任宣徽南院使。太平兴国三年（978），加开府仪同三司。

太平兴国四年（979），宋太宗诏令北征太原，以消灭北汉政权，令潘美为北路都招讨。几个月后，宋军攻克太原，灭掉北汉，潘美判太原（今山西太原）府事。

紧接着，宋太宗又诏命征伐范阳，攻打契丹辽，潘美受任为知幽州行府事。双方战于幽州城下，宋军败北。班师的时候，太宗命潘美兼任三交都部署，屯兵边隘，以防辽人南下。

三交（在今山西忻州境）西北三百里，有个地方叫"固军"，地势险要，是宋朝北部边境的咽喉之地。潘美先率师袭击三交，攻夺后据有其地，进而囤积粮粟，派兵据守。自此，宋朝北部边境安定，辽人再不敢随意侵掠。

在此期间，潘美曾巡边至代州（今山西代县），辽兵万余骑趁机侵扰雁门。潘美命士兵衔枚突击辽兵，辽兵不备，大败溃退。宋军杀其节度使、侍中萧咄李，生擒马步军都指挥使李重海，获铠甲革马甚众。朝廷以潘美守边之功，封为代国公。太平兴国八年（983），潘美改忠武军节度使，晋封韩国公。

雍熙三年（986），宋太宗诏令伐辽，命潘美与曹彬等将各率一路人马北进。潘美率西路宋军，连破朔州（今山西朔县）、云州（今山西大同）、应州（今山西应县）等州。因东路军失利，诏令班师，并将所攻各州之民全部迁徙内地。由于班师迟缓，被辽军追上。潘美命副帅杨业断后，与辽兵作战。在陈家谷口，杨业大战敌军，但作战不利，杨业陷敌被俘，不屈而死。

回朝之后，潘美因指挥失当，导致陈家谷口之败，削秩三等，贬授检校太保。第二年，复检校太师，出知真定府（今河北正定），后改都部署、并州通判，加同平章事。数月后去世，终年六十八岁。赠中书令，谥曰"武惠"。宋真宗咸平二年（999），赐配飨太宗庙庭。

《宋史》云："潘美素厚太祖，信任于得位之初，遂受征讨之托。刘鋹遣使乞降……则其威名之重，岂待平岭表、定江南、征太原、镇北门而后见哉？"所言极是。

潘美为宋朝开国功臣，历事两朝宋主。平寇灭汉，多有战功，为北宋初期的名将。潘美之子潘惟德，官至宫苑使；潘惟固，官至西上阁门使；潘惟正，官至西京作坊使；潘惟清，官至崇仪使；潘惟熙，娶秦王赵德芳之女，官至平州刺史。潘惟熙之女，是宋真宗的皇后，潘美也因此被追封为郑王。可以说，潘美子孙富贵，在宋初威名素重。后代小说家演义杨家将故事，多因杨业之死，丑化潘美这一历史人物。虽云"潘仁美"，实则取诸潘美其人。如今，这一艺术形象已家喻户晓，但与潘美的原貌相去甚远。

嘉州防御使张琼

张琼（？—963），宋初将领。大名馆陶（今河北馆陶）人。张家世代为将。张琼作战勇猛，对宋太祖有救命之恩。但性情暴烈，得罪权贵，被诬陷入狱。宋太祖不辨真假，致其被冤杀。

张琼年轻时勇猛有力，善于射箭，在后周时隶属大将赵匡胤部下。后周显德年间，赵匡胤随从后周世宗柴荣南征，在攻打十八里滩营寨时，被战舰包围，情况危急。正在这时，有人披甲持盾呐喊向前，人们不敢抵挡，赵匡胤命张琼将其射杀。张琼拉开强弓，一箭将那个人射倒，敌人大惊，于是后退。

在进攻寿春时，赵匡胤乘坐皮船进入护城濠。城上的车弩急速发射，箭矢密集射来，张琼急忙用身体遮住赵匡胤，弩箭射中张琼的大腿，鲜血直流。箭镞射进髀骨，非常牢固，无法拔下。张琼要来一杯酒饮干，打破骨头拔出，鲜血流出数升，但他神色自如。赵匡胤赞扬其勇猛，更感激他的救命之恩。

赵匡胤称帝后，提拔张琼掌管禁军，逐步提升为内外马步军都军头、领爱州刺史。几天后，宋太祖之弟赵光义自殿前都虞候升任开封尹。宋太祖说："殿前卫士如狼似虎的不下一万人，非张琼不能统辖指挥。"（"殿前卫士如狼虎者不啻万人，非琼不能统制。"《宋史·张琼传》）就任命张琼接任都虞候，升为嘉州防御使。

张琼性情暴烈、没有计谋，经常欺压别人。当时史珪、石汉卿正在掌权，张琼欺侮他们，把他们看作巫婆神汉之流的人物。二人对他切齿痛恨，告发他擅自骑坐官马，收纳已经败亡的叛将李筠的仆从，蓄养部属一百多人，肆意作威作福，禁军都很畏惧他。

建隆四年（963）秋，郊祀的制文下达，宋太祖正要整顿京城秩序，大力肃清吏治。见到有人告发张琼，立即召见审讯。张琼不肯认罪，太祖发怒，下令对他施以重刑。石汉卿对张琼恨之入骨，趁机公报私仇，举起铁樇乱打一通，张琼被打得皮开肉绽，但仍不肯认罪。在奄奄一息时，宋太祖命人把他拉出，交给御史审讯。张琼知道不能免祸，便解下所系腰带留给母亲。不久，张琼被定案入狱，在城西井亭赐死。

张琼死后，宋太祖听说他家中并没有多余财产，仅有三名奴仆而已，非常后悔。因而责备石汉卿说："你说张琼有仆从一百人，现在在哪里？"石汉卿说："张琼所养的人，以一敌百啊。"宋太祖优厚抚恤张琼家，因其儿子年幼，就提拔他的兄长张进为龙捷副指挥使。

桂州观察使曹翰

曹翰（924—992），宋初将领。大名人。早年隶属后周世宗帐下，从征高平与瓦桥关。入宋之后，从征平定叛乱，参与平南唐、平北汉、攻契丹等，均有功绩。历任桂州观察使、幽州行营都部署、千牛卫大将军等。他足智多谋，善于钻营，凭借不俗战绩，深受重用。但生性凶狠残暴，杀人不眨眼，为众人所不齿；为人阴险狡诈，善用计谋使自己转危为安。

一、计赚帝宠　假传圣旨

曹翰年轻时，在大名府（治今河北大名东）任小吏，品行不端，以欺凌别人为乐，招人厌恶。但他足智多谋，善于钻营。

后汉乾祐初年（948），大将郭威镇守邺都，曹翰想去依附，便托人引荐了自己。曹翰善于言谈，受到郭威的赏识，让他隶属养子柴荣的部下。郭威建立后周称帝，因没有亲生儿子，养子柴荣便成为皇位继承人。

柴荣镇守澶州时，任用曹翰为牙校。后来柴荣入京任开封府尹，把曹翰留在了藩镇。曹翰不想失去柴荣这棵大树的庇护，于是略施小计。适逢周太祖郭威重病在床，为了获取柴荣的信任，曹翰不等召见，便擅自回京拜见，私下里对柴荣说："皇上患病，大王是皇太子，不在父亲床边侍奉，而在外廷处理事务，这样恐怕会失去民众的拥护和爱戴。"柴荣听后，恍然大悟，当即入宫侍奉太祖，将府中事务委托曹翰处理。因为此事，柴荣增加了对曹翰的信任，继位后任其为供奉官。

周世宗柴荣亲征北汉军时，曹翰随军前往。在战争中，曹翰积极为世宗出谋划策，战后升任枢密承旨，受命前往堵塞黄河决口。

周世宗征伐南唐时，曹翰又一次显示了其足智多谋。在一次大败敌军后，世宗把缴获的数千套铠甲留在了正阳。接着有八百敌军投降，被押送回京城。当时曹翰恰好从京城前来面见世宗，在正阳城外十里处遇到降兵。他担心这些降兵劫掠武器进行叛乱，便假托朝廷之命将他们杀死。面见世宗后，他说明了此事，世宗对他擅自行事极为不悦。曹翰辩解道："贼军因为被困而归附，并非心服。陛下缴获的武器、铠甲全在正阳，如果被他们劫走，后果不堪设想。"世宗思索过后，认为言之有理，反而更加信任他，命他跟随自己征伐瓦桥关（在今河北雄县）。战争胜利后，曹翰因功留任雄州知州。

周世宗去世时，告诉宰相范质等，任命曹翰为宣徽使。但范质认为此人太过阴险、虚伪狡诈而且专横，所以没有执行遗命，而是任曹翰为德州刺史。

二、才能卓越　战功累累

宋朝建立后，曹翰出众的军事才能得到了更多的展示。

宋初，昭义军节度使李筠在潞州叛乱，曹翰跟随宋太祖赵匡胤征伐泽、潞两地，胜利回朝后，因功改任济州刺史。

乾德二年（964），宋太祖派大军征伐后蜀，任曹翰为均州刺史，随军征蜀。在征蜀途中，险山峻谷挡住了宋军去路，曹翰亲自率兵凿山通路，军队得以顺利通行。他受命兼任西南诸州转运使，从石门直接赶赴归州，军队的粮草供应快捷、充足。曹翰率军从夔州、万州入川，与宋军主帅王全斌的部队会合，平定了成都。后来，蜀将全师雄拥兵叛乱，曹翰又率军会同刘廷让、曹彬等，平定了这场叛乱。

不久，军校吕翰杀死武怀节，占据嘉州反叛，曹翰率军攻克了嘉州。曹翰侦察得知，叛军预定三更再次进攻，于是安排更夫延迟打更时间。直到天快亮时，更夫才打二更，叛军还没有做好战斗准备，就被率军冲出的曹翰打了个措手不及。叛军全军覆灭，剑南地区得以平定。胜利回朝后，曹翰因功升任蔡州团练使。

曹翰的战绩，使其得到了宋太祖更多的信用。开宝二年（969），曹翰随从征伐北汉，任行营都壕寨使。班师后，黄河在澶州决口，宋太祖命他管理堵决。曹翰拿出银器资助工程，把自己所骑白马沉到河中祭祀。黄河又在阳武决口，曹翰再次督导堵决。结果，两次堵决都取得了成绩。

宋太祖准备征伐南唐时，命曹翰率军首先奔赴荆南，改任为行营先锋使。曹翰所部初战告捷，率先进军攻克了池州。攻下池州后，又率军攻打金陵。

三、曾经屠城　再度立功

曹翰虽然战功累累，但生性凶残，所作所为令人发指。攻克金陵后，江州军校胡德、牙将宋德明据城抵抗。曹翰率军与敌军展开殊死决战，战役持续了五个月之久，最终江州城被攻陷。宋军入城后，曹翰放纵士兵掠取亿万金帛，又屠杀了全城百姓，杀掉八百名士兵。他声称要把庐山东林寺铁罗汉像五百尊运往京城，因而调集大舰百艘，装载所得财物返回。虽然行径惨无人道，但因攻城夺寨有功，曹翰还是升任桂州观察使、判颍州。

太平兴国四年（979），曹翰随宋太宗赵光义征伐北汉，任攻城南面都部署，与崔彦进、李汉琼、刘遇三节度使分兵攻城，曹翰攻打东北面，刘遇攻打西北。因为敌将刘继元距离很近，西北面城墙尤其险峻坚固，刘遇想与曹翰交换攻城位置，曹翰说："观察使班次低下，应当在东北。"刘遇执意要与他交换，多日不能决定。

宋太宗担心诸将不和，派人告诉曹翰说："你智勇无双，西北面除了你，无人能够承担。"（"卿智勇无双，西北面非卿不能当也。"《宋史·曹翰传》）曹翰这才奉诏，建土山俯瞰城中，数日完成。刘继元对曹翰早有耳闻，眼看劲敌当前，心中自然恐惧万分。军中缺水，城西十余里山谷中有座娘子庙，曹翰前去祈祷，回后来，立即命人开渠，果然有水，军士都因此视曹翰为神。

曹翰又随从宋太宗征伐契丹辽，在攻打幽州时，所部进攻城东南角，士兵挖土得到螃蟹进献。曹翰对诸将说："蟹是水生之物，却在陆地居处，是失其所居。蟹长着很多脚，这是敌人援军即将到达的象征，是不能攻取的征兆。同时，蟹读'解'的音，看来不久就要班师回朝了。"不久，他的话果然应验。

太平兴国五年（980），宋太宗行至大名，驻扎下来，任曹翰为威塞军节度，仍判颍州。接着，宋太宗任命曹翰为幽州行营都部署，命他修整雄州、霸州、平戎军、破虏军、乾宁军等处城池，开挖南河，从雄州直达莫州，并筑堤阻挡水势，以打通水运。曹翰征调民夫数万，在北部边境砍伐木材，以供使用。先前辽人南下入侵，宋兵必定燃起烽堠烟火。此时，曹翰分头派人在边境上举燃烟火，敌人怀疑有伏兵，不敢接近关塞。缘此，宋军取得大木数万根，车拉人抬而回，满足了大规模需求。数十天后，工程顺利完成。

四、贪婪违法　施计救己

曹翰为人贪婪，在辖区横征暴敛，对州中事务也因此疏于管理。宋太宗因他有功，总是宽容他。可曹翰非但不加收敛，反而变本加厉，直至为自己招来灾祸。

有一天，汝阴令孙崇望来到朝廷，举报曹翰私自买卖武器。宋太宗下诏，派御史滕中正坐驿车前去审问他。经过审问，证明举报属实，曹翰应当处死，但太宗宽恕了他的死罪。不过，宋太宗这一次没再姑息，还是削去了官爵，将他流放至登州监禁起来。

阴险狡诈的曹翰不甘心就此度过余生，他又一次略施小计，改变了自己的命运。一天，宫中派使者来到登州，曹翰对着他掉眼泪，说："家里人口太多，缺吃的，活不下去了。我用包袱包上一包旧衣服，请您帮我抵押一万文钱。"使者回京后，不敢隐瞒，向宋太宗作了汇报事。宋太宗打开一看，原来是一幅画屏，题为《下江南图》，画的是当年曹翰任先锋都指挥使，按宋太祖的旨意，为大宋灭南唐的情景。宋太宗看到这副画屏，想到曹翰当年的功勋，颇为难过，产生怜悯之心，便把他召回了京师。

雍熙二年（985），宋太宗重新起用曹翰为右千牛卫大将军，分司西京。雍熙四年（987），曹翰入京城任左千牛卫上将军，赐钱五百万、白银五千两。

曹翰贪得无厌，他的手甚至伸到了宋太宗那里。他曾作过一首《退将诗》，拿给太宗看。诗中说："曾因国难披金甲，耻为家贫卖宝刀。"意在向皇上表示自己家境贫寒。宋太宗怜悯他，赏赐他很多财物。

淳化三年（992），曹翰去世，享年六十九岁。追赠太尉。真宗咸平元年（998），赐谥曰"武毅"。

枢密使吴廷祚

吴廷祚（918—971），宋初将领。字庆元，太原人。早年追随郭威，长期担任亲校。后周时官拜枢密使、宣徽南院使、检校太尉。柴荣亲征北汉时，负责东京留守事务。宋朝建立后，拜同平章事，兼枢密使，在出谋划策、支援前线、安定边地中均有突出贡献。

一、屡受重任　治河有功

吴廷祚的青少年时代，正值朝代更迭频繁、战乱迭起、民不聊生的五代十国时期。在这样的环境中，吴廷祚仍然勤奋学习，掌握了渊博的知识，为有所作为打下了良好基础。

后汉末年（950），吴廷祚在时任枢密使、检校太保郭威身边任亲兵将领。后周广顺元年（951），郭威登基后，吴廷祚因拥戴之功，授任庄宅副使之职。郭威欣赏他的能力，连续授予他内军器库使、怀州知州、皇城使、郓州知州等职。

后周世宗柴荣继位后，吴廷祚以其出众才能受到重用，出任羽林将军内名省使。世宗北上征伐刘崇时，任他为北面都巡检使。班师后，吴廷祚权判澶州。返回朝廷后，吴廷祚因功加官为右监门卫大将军，随即又改任宣徽南院使、判河南府、知西京留守事，管理军队器材、民政事务、部队军需。紧接着，显德四年（957），世宗又任吴廷祚为宣徽南院使、知西京留守事，判开封府。

当年六月，汴河（在今河南原武一带）决口，沿河百姓的生产生活遭受严重破坏。世宗派吴廷祚前往治理。吴廷祚受命后，立即前往，征发两万民夫堵塞决口。紧接着又督导民夫增筑堤防，从京城汴梁到临淮（今安徽泗县东南），距离长、工程难度大。吴廷祚亲力亲为，日夜坚守在施工现场，仅仅几十天就顺利完工。因功升任左骁卫上将军、检校太傅、枢密使。

后周恭帝柴宗训继位后，也很欣赏吴廷祚的才能，为他加官检校太尉。

二、足智多谋　德高受宠

吴廷祚在后周时的作为，被当时任殿前都点检的赵匡胤看在眼里，记在心里。宋朝建立后，后周众臣降宋者均加封官职，吴廷祚加官同中书门下三品，枢密使依旧。

建隆元年（960）四月，后周昭义军节度使李筠在潞州起兵反宋。吴廷祚向太祖献计说："潞州城墙高大险峻，并有太行山阻隔，贼军占据那里，我军很难攻破。李筠一向有勇无谋，为人轻率，我军何不引蛇出洞，让他离开上党来阻截我军？到那时，他必然如野兽离开草泽、鱼儿脱离深水一样，我军即可轻松将其擒获。"

宋太祖采纳了吴廷祚的建议，率军亲征，任命吴廷祚留守东京兼判开封府。李筠果然领兵前来，双方在泽州以南交战，李筠战败逃走。

九月，后周淮南节度使李重进又在扬州起兵反宋，吴廷祚随从宋太祖前往讨伐。十一月，扬州被宋军攻破，李重进战败身亡，吴廷祚因功任为留守东京兼管开封府事。

吴廷祚为朝廷尽职尽责、呕心沥血，因而得到宋太祖的恩宠与体恤。建隆三年（962）夏，宋太祖对吴廷祚说："你掌管枢密事务，已经很多年了。（你为国家大事日夜操劳，万分辛苦。）朕任命你做雄武军节度使（治所在秦州），以均衡劳逸。制文明天发出，担心你因为离开朕的左右而有所疑惧，所以预先告诉你。"（"卿掌枢务，有年于兹，与卿秦州，以均劳逸。明日制出，恐卿以离朕左右为忧，故先告卿。"《宋史·吴廷祚》）吴廷祚十分感激太祖的体恤，随即走马上任。

秦州夕阳镇西北连接着大森林，不计其数的大树枝繁叶茂。前任知州高防曾在这里设立采造机构，因当地与西夏接壤，经常发生本地土人、西夏兵民与宋军士兵抢夺木材之事。吴廷祚到任之前，高防便因此捕获本地土人酋长尚波于，使宋军与土人关系紧张。吴廷祚上任后，将此地情况向宋太祖作了详细汇报，释放了尚波于，赦免其罪，并赠送物品给土人与西夏人，三方关系始得和解。当年秋天，这一带西夏人与土人全部归附了宋朝。

吴廷祚为人谨慎敦厚，沉默寡言。他对母亲极为孝顺，在为母亲服丧期间，多日守候在灵前，滴水未进，形销骨立。吴廷祚很好学，家里收藏书籍一万多卷。吴廷祚治家严肃，教子有方，他的子孙都有着很好的德行。

开宝四年（971），吴廷祚去开封祝贺宋太祖寿诞，不久便身患重病。宋太祖亲自去看望他，命令太医烧艾针灸他的腹部，用珍贵药草医治，并派宦官王继恩日夜看护。但最终诊治无效，吴廷祚卒于家中，终年五十四岁。宋太祖追赠他为侍中，官府供给丧事费用。

枢密使李崇矩

李崇矩（924—988），宋初将领。字守则，潞州上党（今山西长治）人。初为后汉枢密使史弘肇亲吏，入后周隶世宗柴荣帐下。宋初参与讨平李筠、李重进有功，曾代赵普充枢密使，历任镇国军节度使、左卫大将军等。他心地善良，宽厚待人，重信然诺，忠于职守，不仅建有军功，治理地方亦有不俗政绩。

一、史公知遇　不离不弃

李崇矩虽然自幼丧父，家境贫寒，但却人穷志不短，刻苦学习，饱读诗书，而且有着完美的德行和出众的才能，在家乡颇负盛名。

后晋末年（947），后汉高祖刘知远在晋阳（今山西太原）起兵，到达上党后，武节都指挥使史弘肇时任先锋都校，他听到很多人赞美李崇矩，便将他召来，安置为亲近吏人。乾祐初年（948），史弘肇统率禁军兼京城巡检，经常残杀军民，身边的人无不恐惧，纷纷离去，唯有李崇矩更加恭谨侍奉，并曾委婉劝谏"不可多行不义"。

后来，史弘肇受人诬陷谋反被处死，朝廷念李崇矩与史弘肇有所不同，没有将他一并处死。史弘肇死后，部属相继四散离去，唯独李崇矩念及知遇之恩，没有避嫌，反而留在其母舅叫"福"（姓氏不详）的家中。

后周太祖郭威与史弘肇一向亲密友好，他称帝后，寻访史弘肇的亲友，找到李崇矩，对他说："我与史公受到后汉的厚恩，同心合力，共同辅助王室。史公被奸邪之人诬陷，终于遭遇大祸，我也仅能免死。你是史家的旧吏，可否为我寻找他的亲属，我要抚恤他们。"李崇矩报上了史弘肇的母舅家"福"，他一直在那里主管家事，为其管理财产，账目十分详细。郭威称赞李崇矩的品德，把他安排在养子柴荣的手下。

从此以后，李崇矩开始了自己的戎马生涯。后周显德初年（954），李崇矩任供奉官。他随从后周世宗柴荣北征，在高平与北汉军交战，因功转为供备库副使，改任作坊使。

后周恭帝柴宗训继位后，命李崇矩到南唐传达后周世宗去世的讣闻，他顺利完成使命，回朝后任四方馆事。

二、杀敌立功　德高平乱

赵匡胤取代后周，建宋称帝，李崇矩顺应时势，归附了宋朝。

建隆元年（960），昭义军节度使李筠勾结北汉军起兵叛乱，宋太祖赵匡胤命李崇矩率龙捷、骁武左右射禁军数千，驻军河阳（今河南孟县）。李崇矩率所辖军队进攻大会寨，击败敌军，斩首五百级，因功改任为泽潞南面行营前军都监。随后，与石守信、高怀德、罗彦瓌一起，在碾子谷打败了李筠叛军。大军班师后，正逢三司使张美出朝镇守，李崇矩被授为右监门卫大将军，充任三司使。

不久，淮南节度使李重进在扬州起兵叛乱，李崇矩随宋太祖征伐，平定了叛乱。回朝后，他被任命为宣徽北院使，仍判理三司使。

李崇矩为人忠厚、善良，一向以慈悲为怀。乾德二年（964），李崇矩接替赵普任枢密使。乾德五年（967），加官为检校太傅。当时，剑南刚刚平定，禁军军校吕翰聚众叛乱，纠集了很多军士。谏官请求处死这些士兵的家人，宋太祖犹豫不决，告诉了李崇矩。李崇矩说："叛逃的人固然应当杀掉全家，但根据名册，应当处死的有一万多人，难道要全部杀头吗？"宋太祖说："我怕这里面有很多人是被人威逼的，并非出于本意。"于是，宋太祖下令把名册上的人全部释放。叛军听到此事，无心再做亡命徒，渐渐地都离开了吕翰。不久，吕翰战败灭亡。

太平兴国二年（977）夏天，黄河堤防多处决口，宋太宗诏令李崇矩乘驿车从陕州到沧州、棣州，巡视黄河堤防。当年秋天，他出朝为邕、贵、浔、宾、横、钦六州都巡检使。

不久，李崇矩调任琼、崖、儋、万四州都巡检使。部下士兵不愿离开家乡，害怕远行，李崇矩拿出自己全部的器皿、金帛，共值数百万，全都分给士兵，并到军营里与士兵促膝长谈，抚慰他们，消除他们的畏惧心理。士兵们非常感动、喜悦，个个情绪激昂，军心大振。

当时，正值当地骚乱，李崇矩到人们的家中去安抚慰问，把自己的财物赠送给酋长，酋长带领全体族人归附了宋朝。李崇矩以自己的德行，平定了这场骚乱。任满回朝后，因功补授右千牛卫上将军。

三、性直忠君　受谗出朝

李崇矩生性耿直，忠心为国，君臣等级观念很重。开宝初年（968），他随从宋太祖征伐北汉，班师时任后军殿后。宋军驻扎常山（即恒山，在今山西浑源东，避宋真宗赵恒名讳而改）时，李崇矩患了重病，宋太祖派太医诊断看视，命他乘坐凉车返回京城。李崇矩叩头道："凉车是天子乘坐的，臣乘坐了是加速死亡啊。"（"凉车乃至尊所御，是速臣死尔。"《宋史·李崇矩传》）他执意推辞，最后随从雇车送他回京城，结果一路舟车劳顿，病情加重。

宋太祖一直宠信李崇矩，但也会因为私心给他穿小鞋。赵普任宰相时，李崇矩把女儿嫁给赵普的儿子赵承宗，两人亲密友好，宋太祖很不高兴。李崇矩的儿子李继昌，每逢皇上生日都会替父亲奉献礼物，宋太祖很喜欢他，还曾教他射箭。宋太祖希望李继昌能做自己的女婿，但李崇矩谦让不敢当，李继昌自己也不愿意。

有个叫郑伸的人，在李崇矩门下做了近十年的宾客近。此人性情阴险，行为不轨，李崇矩察知后，逐渐疏远了他。郑伸因此怀恨在心，进而上书控告李崇矩的隐秘之事。李崇矩无法辩明，宋太祖虽然没有追究，但命他出朝到岭海为镇国军节度使，并赐郑伸同进士出身，任命为酸枣县主簿，赏赐器物、袭衣、银带。直到开宝六年（973），李崇矩才回朝任左卫大将军。

李崇矩非常孝顺，当年父亲去世时，因为家贫，没有好好予以安葬，对此一直耿耿于怀。在征伐李筠，平定泽潞后，宋太祖派李崇矩首先入城，接收地图和户籍，视察府库。由此他上言说："潞州是臣的故乡。臣的父亲原来是草草埋葬的，希望陛下能准许我保护灵柩返回京城。"宋太祖答应，并赐给他丰厚的物品。李崇矩得以将父亲重新厚葬。

李崇矩生性淳厚，寡言少语，特别看重诺言。他感激史弘肇的知遇之恩，虽然后来地位显贵，但见到史弘肇的子孙，也必定厚待礼遇，救济他们的困难。

岭海地区气候炎热，人烟稀少，满目荒凉。在李崇矩任职镇国军节度使的四五年里，他心情安闲，不因炎热荒凉而沮丧。沿海地区气候多变，海上更是风浪难测，以前渡海的人多数停船靠岸，等待顺风，有时十几天，有时一个月。李崇矩需经常乘船渡海，沿着海岸视察，往来都是当天就渡过，从不滞留，跟随他的士兵、仆人都安然无恙。

李崇矩信奉佛教，供给僧人斋饭达七十万人次，由他出资塑造的佛像、建立的寺庙非常多。李崇矩又喜好炼丹术，他从远方接来炼丹师，安顿在家里，当作老师向其学习。虽然知道炼丹师不过是在欺骗自己，但他还是把那人当作神仙。炼丹失败后，他也始终没有悔恨。

宋太宗端拱元年（988），李崇矩去世，享年六十五岁。追赠太尉，谥曰"元靖"。

右卫大将军王仁赡

王仁赡（916—982），宋初将领。唐州方城（今河南方城）人。他风流倜傥、机智灵活，善于察言观色。早年即在赵匡胤属下，有拥立之功；平蜀之时，因触犯纪律遭贬。宋太宗时期，因举报他人而升官，又因放任手下作恶，最终失去了权势，抑郁而死。

一、托身刘词　平蜀乱纪

王仁赡年轻时风流倜傥，擅长骑术，整日与一帮少年饮酒吟诗，骑马射箭，不事生产。父亲对他很不满意，多次劝他谋一份营生养活自己，他却认为自己要干大事，不稀罕那些营生。父亲无奈，便求人把他托付给刺史刘词。

王仁赡聪慧过人，善于察言观色，很得刘词的喜爱，有心提拔他。刘词升任永兴军节度使，便任命王仁赡为牙校。在刘词的手下，王仁赡办事精明干练，渐渐小有名气。

刘词后来身患重病，去世前留下表章，说王仁赡是个有用之才，希望周世宗柴荣加以重用。赵匡胤喜欢招贤纳士，他请求让王仁赡做自己的部下，世宗批准了。

在赵匡胤谋划代后周建宋的过程中，王仁赡积极支持，是拥立有功之人。宋朝建立之初，王仁赡任武德使，出朝为秦州知州，后改任左飞龙使。建隆二年（961），升任右领军卫将军，任枢密承旨。当时，荆南王高继冲请求归附朝廷，宋太祖任命王仁赡为荆南巡检使。乾德元年（963），升任左千牛卫大将军。不到一个月，又加官为内客省使。

乾德二年（964）春，王仁赡奉命回到朝廷，升为枢密副使。

七月，加官为左卫大将军。宋太祖发兵伐蜀的时候，任命王仁赡为凤州路行营前军都监。

在平蜀期间，王仁赡与王全斌等人违法乱纪，导致蜀地叛乱四起，动荡不安。王仁赡见后蜀侍中李廷珪的姬妾生得美丽，遂纳为小妾；他还私自打开丰德库（后蜀国库），取走了其中储存的金银珠宝。后蜀官吏、百姓相继到京城告发王全斌、王仁赡、崔彦进等人攻占成都后的各种不法之事，各将领同时被召回。王仁赡先入朝进见，宋太祖追问，王仁赡逐一诋毁各将的过失，企图开脱自己。太祖说："纳取李廷珪的姬妾，打开丰德库取走金银财宝，这些难道都是王全斌他们干的吗？"王仁赡惶恐不安，没法回答。

宋太祖因王全斌等人灭蜀有功，不想把他们交付司法官吏审理，命令中书门下官员让他们与诉讼人对质，结果私取的钱多达六十四万六千八百多贯，而后蜀皇宫珍宝和外地府库其他收藏没有登记簿册的还不在其中。同时，宋太祖又命人查究王仁赡等擅自克扣士兵行装费用、屠杀降卒导致叛乱等事，在证据面前，他们全都供认不讳。宋太祖诏令御史台在朝堂聚集文武百官，议定这些人的罪行。文武百官都说三人依法当判死罪，太祖予以特别宽赦，其中王仁赡免去枢密副使，为右卫大将军。其他将士收取钱物的，一律不再追究。过了几年，众怒逐渐平息后，王仁赡又重新受到了任用。

宋太祖到达洛阳后，任命王仁赡为判留守，兼任东京留守兼大内都署。不久，宋太祖任他为宣徽北院使。

二、举报得宠　恃恩犯法

太平兴国初年（976），王仁赡任宣徽北院使兼判职如旧，加官检校太保。太平兴国四年（979），宋太宗赵光义亲征太原，任王仁赡为大内部署，仍旧判留守司、三司，统辖内外巡检司公事。太宗胜利班师后，王仁赡因功升为检校太傅。

王仁赡并不满足现有地位，继续为加官晋爵寻找着机会。

太平兴国五年（980），王仁赡查知朝中一些权贵大臣及其亲信，派人在秦、陇一带购买竹木，扎成大筏运到京城，所经关卡渡口时，都假托皇上的命令免税；竹木到达京城后，贿赂有关官吏，全部通过官府出售，加倍收取利润。王仁赡秘密上奏，宋太宗大怒，痛斥三司副使范旻、户部判官杜载、开封府判官吕端，说："你们平日里口口声声说如何效忠于朕，可如今，这大宋朝的钱财都进了你们自己的腰包，这就是你们的忠心吗？"

经有司查处，范旻、杜载承认欺瞒皇上购买竹木牟私利的罪过，而吕端是受秦王赵廷美属吏乔琏请托所为。宋太宗贬范旻为房州司户，杜载为均州司户，吕端为商州司户。判四方馆事程德玄、武德使刘知信，以及驸马都尉王承衎、石保吉、魏咸信等多人，都因贩卖竹木被降职罚俸。因为此次密奏，宋太宗对王仁赡大加赞赏，其他大臣却对他无比忌恨，避之唯恐不及。

当年，宋太宗巡视北方时，任命王仁赡为大内都部署。太平兴国七年（982）春，王仁赡因政事与属官产生矛盾，在皇上面前争辩，王仁赡辩论失败，降职为右卫大将军。第二天，改任为唐州防御使，每月给俸钱三十万。在此之前，王仁赡掌管财政将近十年，放任属下官吏作恶，仗恃恩宠而无人敢于告发；而他曾揭发范旻等人，朝廷内外都心有余悸。但属吏陈恕等人却毫不畏惧，以明察秋毫、不畏强权自任，在与王仁赡议论本司事务时，不肯随声附和。朝参之日，陈恕独自出班，手持奏状上奏。宋太宗再三追问，王仁赡最终理屈认罪。太宗非常愤怒，王仁赡因此遭到贬谪，而陈恕等敢于直谏的大臣全部得到奖拔。

后来，宋太宗与众臣谈及三司财政赋税，对宰相赵普等人说:"王仁赡管理国家财政多年,放任官吏作恶,各场院官员都暗中吞没官府钱财,数以千万计。我下令将他们全部罢免,重新任命官员分别管理。王仁赡再三进言,恐怕亏损旧数,我拒绝了他。官员贪没现象杜绝后不到一年,国家的财政收入成倍增加。国库用度充足,如果遇到水旱灾害,就可以免去百姓租税。王仁赡心里知道自己的过错,也很惭愧不安,我宽恕了他。"

王仁赡被贬之后,怏怏不乐,愁闷成疾,没过多久便去世了,享年六十六岁。

文臣谋士状元郎

宋太祖鉴于前朝经验教训，开国之初，大力提倡文治、重用文臣，故而宋初以来文臣大量涌现，地位很快超越开疆拓土的武将。这班文臣自然也是各色各样，有的清正廉明、恪尽职守，有的偷奸取巧、贪污受贿，有的庸庸碌碌、尸位素餐；自然也有才学卓著而始终不受重用、仕途坎坷者。至于宋王朝的善待文人，已经成为迄今文人们津津乐道的千古佳话。

兵部尚书李涛

李涛（898—961），宋初文臣。字信臣，京兆万年（今陕西西安）人。出身名门，勤奋好学，科举及第后入仕，先后在后唐、后晋、后汉、后周为官，受到信任。入宋任兵部尚书，亦得太祖信任。他德才兼备，才能出众，勇于直谏，以治国济民为己任，受到好评。

一、名门之后　科举入仕

李涛出身名门，为唐敬宗李湛之子郇王李玮十一世孙。祖父李镇，任临濮令。父亲李元，任将作监。后梁代唐建国后，作为大唐宗室的李元害怕遇祸，带着李涛逃避到湖南，依附马殷。

李涛的堂兄李郁，在后梁任阁门使，他向朝廷上言李涛父子客居湖湘，并说李涛才能出众，为可用之才。于是，朝廷下诏命马殷送李涛父子回到京城，任李涛为河阳令。

后唐天成初年（926），李涛考中进士甲科，从晋州从事升任监察御史、右补阙。宋王李从厚镇守邺都时，任用李涛为魏博观察判官。一年多后，李从厚推荐李涛入朝为起居舍人。

李涛为人善良，为官清廉。后晋天福二年（937），后晋诸军都虞候张从宾，受后唐天雄节度使兼中书令范延光的诱劝，与之一同起兵造反，杀了任河阳节度使的皇子石重信，让上将军张继祚主持河阳留后的事务。张从宾叛乱平定后，后晋高祖石敬瑭打算将张从宾的同党张继祚满门抄斩，李涛上疏说："张继祚之父张全义，历仕几个朝代，很有功劳。战乱之后，京城成为废墟，张全义亲自披荆斩棘，重建都城。他任职洛阳将近五十年，洛阳百姓一直非常爱戴和拥护他。请求因张全义的缘故，仅惩罚张继祚及妻子儿女。"石敬瑭采纳了他的意见。

在担任宋州括田使的时候，前雄州刺史袁正辞，携带丝帛送给李涛，托他举荐自己升官。李涛不仅没有接受贿赂，反而向朝廷表奏了此事，受到高祖石敬瑭的高度赞扬，连续为他加官浚仪令、比部郎中、盐判官及刑部郎中。

二、勇于直谏　独入虎穴

李涛为官刚正不阿，勇于直谏。泾帅张彦泽杀死记室张式，强占了他的妻子，张式的父亲张铎到朝廷鸣冤，控诉张彦泽杀害张式的惨状。石敬瑭因为张彦泽有功，便宽恕了他的罪责。李涛得知后，义愤填膺，伏在阁门上奏，请求依法处置。

石敬瑭召见李涛，劝告李涛就此罢休，李涛不肯听从，他竖起笏板敲击台阶，声色俱厉。石敬瑭见此，大为恼怒，厉声叱责，但李涛毫不退缩，仍就拿着笏板继续敲击。石敬瑭无可奈何地说："我与张彦泽有过誓约，无论如何都要宽恕他的死罪。"李涛厉声说："陛下与张彦泽私下盟誓，不忍食言；那范延光还曾被赐予免死铁券，现在在哪里？"石敬瑭被问得哑口无言，无奈之下，拂袖离去，但李涛亦步亦趋地跟着他，不停地进谏。石敬瑭生气地用衣袖把李涛的笏板打到地上，李涛捡起来继续直谏，弄得石敬瑭哭笑不得。

不得已，石敬瑭召见了张式之父张铎、弟弟张守贞、儿子张希范等，都授予官职，罢免了张彦泽的节度使一职。李涛回到洛下，赋诗自怜，有"三谏不从归去来"的诗句。在此之前，范延光占据邺都叛乱，石敬瑭旧日曾赏赐铁券许他不死，但最终还是没能免死，因此李涛才援引此事。

石敬瑭去世时，李涛没有去赴丧，因此被停职。不久，后晋出帝石重贵念及李涛出众的才能，重新起用他为洛阳县令，升任屯田职方郎中、中书舍人。

后晋开运三年（946），契丹军攻克京城汴梁，张彦泽投靠了契丹军，率领骑兵进入京城，放纵士兵大肆烧杀抢掠。李涛的处境很危险，人们都为他捏着一把汗。但李涛毫不惧怕，众人劝他逃走，但都没有说动。

李涛对众人说："与其逃到水沟里而不免一死，就不如前去见他。"于是只身一人，来到张彦泽帐前，投上名刺谒见，说："上书请杀太尉的李涛，谨来请死。"张彦泽欣然接见，问道："你今天害怕了？"李涛说："我今天的害怕，就像你当年的害怕一样。过去如果高祖听我李涛的话，事情哪能到这种地步！"张彦泽听了放声大笑，命人拿酒来给他喝，李涛斟满杯后一饮而尽，然后旁若无人地走了。

到了后汉时期，李涛凭借自己的能力，继续受到重用。后汉高祖刘知远起兵进入洛阳后，向李涛问及京城当时的财政情况，李涛作了详细回答，无一遗漏。刘知远很赞赏他的才能，任命他为翰林学士，而李涛也不断让刘知远看到了自己出众的才能。

后汉天福十二年（947），领兵投降契丹的后晋天雄节度使杜重威，向后汉高祖刘知远上表请求归顺，刘知远任他为归德节度使。杜重威投靠契丹、背叛中原后，心里常常疑惧；等到调任归德节度使的制令下达，他又拒不接受；他派儿子杜弘璲到契丹将领处做人质，以换取契丹的援兵来帮他反叛后汉。刘知远诏令削去杜重威的官职爵位，派高行周为招讨使，镇宁节度使慕容彦超为副招讨使，出兵讨伐。

高行周与慕容彦超二人一直不和，李涛秘密上疏请求御驾亲征。他说："二位将帅不和，恐怕会因此而延误战机。陛下亲征，可以监督二人，有陛下在，他们二人会收敛很多。"刘知远看了奏章，认为李涛所言极是，可以担任宰辅，当即任他为中书侍郎兼户部尚书、平章事。

三、富有远见　才德兼备

后汉隐帝刘承祐即位后，右仆射杨邠与郭威共同执政，中书令史弘肇掌握兵权，与武德使李邺等人争权夺利、作威作福。李涛上疏请求派杨邠等出朝担任藩镇职务，以肃清朝政，否则将会招致亡国之祸。隐帝不能决断，告诉太后，太后召见杨邠等人告知此事，李涛反而受到诬陷，被罢免宰相回了家。

当时，中书省厨房的锅多次鸣响，李涛在官署午睡，梦到装饰官署，群吏奔走，说是迎接新宰相及诸司使，醒来后，心中觉得很奇怪。数日之后，李涛被罢免，杨邠出任宰相兼枢密使。等到郭威以"清君侧"起兵反汉时，太后这才懊悔当初的举动，惊慌失措地流泪说："没听李涛的建议，该有亡国之灾啊！"（"不用李涛之言，宜其亡也。"《宋史·李涛传》）

后周建立后，太祖郭威并没介意李涛当初的直谏，反而因此认为他富有政治远见，更加欣赏，继而重用。后周初期，李涛被起用为太子宾客，出任刑部、户部二尚书。后周恭帝柴宗训即位后，又封他为莒国公。

宋朝建立后，李涛继续受到宋太祖赵匡胤的重用，建国伊始任为兵部尚书。身负重任的李涛，一如既往地忠心为国，勇于直谏。

建隆二年（961），军校尹勋受命疏通五丈河，来自陈留（今河南开封）地区的壮丁在夜间逃散，尹勋擅自处斩队长陈琲等十人，民夫七十人全部被杖责一百，割掉左耳，民夫家属愤怒难当，聚集在官府门前击鼓鸣冤。李涛听到此事，对尹勋草菅人命的行为非常气愤，便抱病起草奏章，请求斩尹勋以向百姓谢罪。

李涛家人很是担忧，对他说："你长期患病，应当爱惜保养自己，朝廷的事暂且放下，否则会加重病情的。"李寿愤恨地说："人谁没有一死？但我身为兵部尚书，眼见军校草菅人命，怎能坐视不奏？"宋太祖读过奏章，赞赏李涛的正直，下诏削夺尹勋官爵，发配许州。民夫的家属对李涛感激涕零，聚集在官宅门前伏地致谢，几天几夜不肯离去。

李涛才德兼备，以济世救民为己任。他擅长作诗，文笔苍劲妩媚。他性情诙谐、幽默，善于戏谑，但从未用语言讽刺、伤害别人。在家里，他敬老爱幼，家风优良，子孙后代大多才高学富、有所作为。其子李承休，官至尚书水部郎中；其孙李惟勤，在景德三年（1006）到朝廷毛遂自荐，谈辞如云，宋真宗赵恒当即任他为许州司土参军。

建隆二年（961），李涛患病，同年病逝，享年六十四岁。宋太祖闻讣讯，追赠右仆射。

御史中丞刘温叟

刘温叟（909—971），宋初文臣。字永龄，河南洛阳人。自幼聪慧过人，学习勤奋，为人稳重耿直，举动遵循礼法，为五代时第一人。历仕后唐、后晋、后汉、后周，任左拾遗、驾部郎中、翰林学士、中书舍人；入宋之后，任官刑部郎中、御史中丞。为官以清正廉明、恪尽职守著称。

一、历仕四朝　官高位显

刘温叟出身名门，为唐高祖武德年间功臣刘政会之后。叔祖刘崇望，为唐昭宗时宰相；父亲刘岳，后唐时任太常卿。

刘温叟七岁就下笔成文。他喜爱书法，擅长楷书和隶书。其父刘岳当时辞官居住洛中，对家里人说："这孩子品格优异，不能预知的是年寿。现在战乱未息，他能与老夫同样成为温、洛一带的老叟就满足了。"（"吾儿风骨秀异，所未知者寿耳。今世难未息，得与老夫皆为温、洛之叟足矣。"《宋史·刘温叟传》）因此为他取名"温叟"。

后唐时期，刘温叟因恩荫，任国子四门助教、河南府文学。清泰年间，凭借出众的文学才华，升任左拾遗、内供奉。后因母亲年迈，请求返回洛阳，以就近奉养，所以改任为监察御史。当时监察官署官务荒废，人浮于事，他上任后大刀阔斧加以整顿，使监察官署面貌一新，因此不久被召为右补阙。

后晋初年，在青州知州王松权的推荐下，刘温叟升任判官，加朝散官。当时，后来继承帝位的石重贵领开封尹，他非常欣赏刘温叟的文学才能，上表推荐其为巡官，负责掌管文书，后又改任广晋府巡官。在此期间，刘温叟表现优异，石重贵十分看重，即位后便任他为刑部郎中，赏赐金紫。后来改任都官郎中，充任翰林学士。起初，刘岳在后唐为官，曾任翰林学士，到这时，刘温叟又担任这一职务，父子先后出任同一官职，众人无不羡慕。

刘温叟对继母极尽孝顺，因此名闻乡里。在接受翰林学士任命后，正值母亲大寿，他官袍还未换去，就连忙回家为母亲祝寿。回到家里，刘温叟站在堂前，恭候母亲出来。不久两名侍女举着箱子走出厅堂，向他奉上紫袍。接着，母亲命侍女卷起帘子，对刘温叟说："这是你父亲在宫中时内库赏赐之物，如今你官居此位，也可以告慰你父亲的在天之灵。"刘温叟听后泪流满面，跪在地上抽泣着说："母亲敬请安心，儿无论官居何位，也必尽心服侍您。"母亲对刘温叟的作为感到欣慰，由此更为怀念刘岳，为此流泪感伤了多日。后来，刘温叟又加官知制诰，其母得知，再次喜极而泣。

后晋末年，契丹大举入侵中原，后晋王朝已经日暮途穷。契丹军攻克京城汴梁，出帝石重贵被流放，百官都被契丹人挟持到北方。刘温叟到北方后，与承旨张允共同上表请求解除职务。契丹主为他们的不识时务感到愤怒，准备贬到边远之地担任县令。契丹将领赵延寿说："如果学士才不称职而请求解除职务，守本官即可，不可贬黜外派。"于是刘温叟得以免职离开翰林学士院。

后汉高祖刘知远在太原称帝，刘温叟得知，立即赶赴太原，请求为其效力。刘知远南下前往汴京时，刘温叟随从到郑州，途中患病无法前行。刘知远进入汴京后，刘温叟很久才到达。他的才干，刘知远早有耳闻，所以任为驾部郎中。

后周初年，刘温叟任左谏议大夫，一年后改任中书舍人，加官史馆修撰、判馆事。显德初年（954），升任礼部侍郎、主持贡举，录取进士十六人。有考生试图贿赂，刘温叟义正词严地予以拒绝。此人恼羞成怒，怀恨在心，便到世宗柴荣那里诬陷。世宗大怒，黜落已被录取的十二人，刘温叟降任太子詹事。刘温叟有苦难言，但未作任何辩解。此后几年中，那些被黜落的人相继被录取。刘温叟与张昭共同编纂后汉隐帝刘承祐及后周太祖郭威《实录》，完成得很好，受到世宗的称赞。

后周恭帝柴宗训即位后，任命刘温叟为工部侍郎，兼判国子祭酒事。

二、励精图治　泽被子孙

宋朝建立后，刘温叟得到宋太祖信用，更加尽职尽责，励精图治。

宋初，刘温叟任刑部侍郎，后又改任御史中丞。母亲去世，他离任为母服丧，居住西洛。服丧期满，很快恢复了官职。

建隆三年（962），刘温叟兼判吏部铨选。针对当时吏部选官多有疏漏之处，他上言说："臣见两京各官署，旧臣渐渐缺乏，旧规章废弛。虽然旧规章保存在以往的文书中可以查阅，但具体执行却在各个部门。官员们凭借年限得官，回到官署的人按例参加拣选；冬季集中听候调动，授予职务者随即又有人曾因故停任，急于返回部门，而原敕令不完备，无从复职。这就使在官的人失于教习，有经验的人难于追回。希望从今以后，各部门任职官员，任官停留和返回官署的，如果理减外欠三选以下，必须在官署执行公事，满三十个月的才允许前去集中；如果理减外欠三选以上，以及任职没有资历的，就按照原敕令处理。至于在任停官及在司停职的官员，经过陛下施行恩泽以后，由刑部提供昭雪文书，再命令返回原部门，如果没有空缺，就命令候补，其他按照敕令处理。"刘温叟的建议得到了宋太祖的赞赏，并下诏将新制度予以执行。

刘温叟为官以身作则，处理公务坚持原则。一天晚上，刘温叟回府时从城楼前经过，当时宋太祖正与几名宦官偶然登上明德门西楼。官轿前面的先导暗中得知此事，告诉了刘温叟，但刘温叟却不动声色，命令部下照常传呼走过楼门。第二天上朝时，宋太祖对刘温叟昨日的视而不见颇有微词，但刘温叟心平气和地说道："陛下在不是登楼的时间登楼，知道此事的人肯定都会去那里求恩泽，京城诸军也希望陛下赐赏。我喝道而过的原因，是想要让人们知道陛下不在登楼的时间是不会登楼的。"宋太祖恍然大悟，连连称赞他所言极是。

刘温叟为人耿直，为官清正廉明，即使官高位显，也过着清贫的生活，从不收取别人的馈赠。有一次，一个自称学生的人送他一车粮食，学生尊师，无可非议，刘温叟不好拒绝，就叫家人把自己刚做的一件新衣送去作回礼，其价值远远超过了粮食。刘温叟的德行在朝廷内外颇负盛名，意欲行贿的人也只好敬而远之。

宋太祖之弟赵光义在晋王府时，听说刘温叟清高耿直，非常敬佩，便派遣府吏赠钱五百千。刘温叟接受后，存放在西侧房舍中，让府吏封好，作出标志。第二年端午节，赵光义又赠送粽子、执扇，所派官吏就是上年送钱的人。此人看到西侧房舍封识依旧，回去告诉了赵光义，赵光义说："我的钱他尚且不用，何况别人的呢？从前收下，是不想拒绝我；现在整整一年没有启封，可见他的品行节操。"（"我钱尚不用，况他人乎？昔日纳之，是不欲拒我也；今周岁不启封，其苦节愈见。"《宋史·刘温叟传》）于是赵光义命府吏用车子把送给刘温叟的财物运回了王府。当年秋，赵光义在后苑陪侍宋太祖饮宴，谈论到当世讲求名节的人，详细述说了刘温叟清高守志之事，宋太祖听后也赞叹不已。

御史台旧例，每月赏公用茶，中丞接受钱一万，公用不足，就用赃物罚金补充。刘温叟厌恶"赃物"这个名称，没有取用。他担任御史中丞十二年，多次请求替换。宋太祖因难于再得到此等良臣，所以一直没有应允。

刘温叟一向提倡遵行礼法，为五代以来第一人。即使在盛暑，他不整冠束带，也不敢去见母亲。五代以来，提倡遵行礼法的仅有刘温叟。

刘温叟在朝廷德高望重，明于识人，很注重培养年轻人，在其门生当中，他特别器重杨徽之、赵邻几，两人后来都成了名士。范杲少年时，曾用文章做礼物拜见刘温叟，刘温叟赞赏他的才华，把女儿嫁给了他。

开宝四年（971），刘温叟患病，宋太祖怜其家贫，赐予器具、钱物。几个月后，刘温叟去世，享年六十三岁。

刘温叟虽然位居高官，却从未给子孙带来任何好处，几个儿子在他的言传身教之下，都成了才德兼备的人。雍熙初年

(984)，其子刘炤免去徐州观察推官等待选用，因贫困到登闻鼓院请求任命官职。廷封时，宋太宗问他是谁家之子，刘炤回答是刘温叟之子，宋太宗很伤感，召见宰相告诉了这件事，并说当今大臣很少有能与刘温叟相比的，因而询问："刘炤应当得到什么官？"宰相说："免于铨选作为厚恩。"宋太宗说："他的父亲有清廉的操守，录用其子在朝廷任职，才足以表示鼓励。"于是，太宗提升刘炤为太子右赞善大夫，后来入朝为司封郎中。刘温叟的另外两子刘炳、刘烨，也都进士及第。

御史中丞边光范

边光范（903—976），宋初文臣。字子仪，并州阳曲（今山西阳曲）人。历仕后晋、后汉、后周，无论任职中央、地方还是出使，均不辱君命。宋朝建立后，年岁已高却宝刀未老，再建政绩。为人性情谦逊温雅，敬老爱幼，平易近人，公正廉明，造福百姓，受到赞扬。

一、建言献策　政绩不凡

边光范性情谦逊温雅，年轻时就胸怀大志，奋发图强。入仕伊始，他的就得到了充分展示。后唐天成二年（927），边光范以榆次县令起家，后升任殿中丞。长兴四年（933）改任太常丞。同年，母亲去世，他回家服丧。后晋天福初年（936），服丧结束，任检校户部员外郎、北京（即太原府）留守判官兼侍御史。

边光范励精图治，积极为国家出谋划策。后晋天福二年（937）时，朝政混乱，任用的刺史多不称职，有的凭军功任职，有的用钱财贿赂得官。这些人到任后，缺乏吏治才能，因此往往骚乱不安。鉴于此,时任太府少卿的边光范上书说:"臣听说唐太宗有这样的话:'我住在深宫之中,见闻不能达到远地,所托付的只有都督、刺史。'臣深知这一官职关系国家治乱,必须任用合适的人选。现在任用刺史则或者凭世代为官,或者贡奉家财,或者稍有军功,或者按资提升。刺史任用的要求降低,难免会有鱼目混珠之辈任此要职。恐怕这样的人难以安抚百姓,也很难控制吏人,如此管理百姓,百姓很少能得到好处。希望选用有能力的官员来解除民间疾苦,以使天下升平。"

后晋高祖石敬瑭昏庸无能,不理政务,所以边光范的奏章上呈后,留宫不发,随即任命边光范为秦王李从曦的副使。外戚张从恩担任河南尹时,上表推荐边光范为判官。后来,边光范升为秘书监兼御史中丞,入朝授大理少卿。

后晋出帝石重贵任京城府尹时,改任边光范为卫尉少卿,充任开封府判官,又改为光禄少卿、广晋府判官,赏赐金紫。石重贵继位后,边光范升任右谏议大夫,权知开封府事,升为给事中。军粮供给地发生蝗灾时,朝廷派边光范出使亳州,搜括借贷军粮。他以钦差大臣身份到达亳州,做事公平得当,没有以权欺人,受到当地百姓称赞。

当时,后晋与契丹关系恶化,河朔战争不断,朝廷命边光范出使契丹。在边光范的努力下,两国重新和好。然而不久,契丹人再次南侵,边光范刚走到赵州,就被召回朝廷。开运元年(944),边光范权知郑州,为左散骑常侍。开运二年(945),入朝为枢密直学士。

后晋出帝因边光范是王府旧官,所以待遇特别优厚。在游玩饮宴时,他见到边光范位次在翰林学士以下,当天即授为尚书礼部侍郎、知制诰,充翰林学士,仍旧直枢密院。

时光流逝,改朝换代,但边光范仍一如既往地为国家尽职尽责,积极建言献策。后汉初年,他上言说:"看到朝廷任命刺史,没有限制年日,有的人上任还不到一年,又接到新的任命。往来跋涉,怎么还会有时间安心工作?希望陛下慎重挑选优秀的州县官,规定年限,以使各地和睦安定。"奏疏呈入,但没有得到答复。乾祐二年(949),他又连续出使宋州虞城、汝州襄城,视察受灾农田。当年冬,为吴越加恩使。

二、有自知明　待母亲孝

边光范虽然很有才能,但他有自知之明,对无法胜任的工作,他绝不接手。后周广顺初年(951),边光范出朝为陈州知州,兼秘书监,随即被召为御史中丞,赏赐袭衣、银器、缯䌷、鞍勒马,再任礼部侍郎。当时,礼部侍郎对于科举取士有时掌管、有时不管。边光范任职时,即将进行秋试,他深知自己才疏学浅,于是就向宰相提议说:"我不过是侥幸为官,怎么谈得上名次等级。如果是其他部门的公事,我不敢推辞;如果掌握文章的取舍,就要比较、察看那些名士和才子,品评其优劣,这不是我所能胜任的。"宰相说:"你在晋末任翰林、枢密直学士,你有这个能力,请不要谦虚推辞。"到了考试之日,边光范推辞有病不出门,朝廷就用翰林学士承旨徐台符掌管此事。

后周世宗柴荣即位后,边光范改任刑部侍郎、权知开封府,不久改任户部。显德三年(956),他受命前往大名检查百姓农田。显德五年(958),朝廷派使臣出使全国各地,督促百姓缴租税,边光范分在宋州。当时韩通掌管禁军,率领宋州军队修筑汴河堤坝,向本州百姓询问边光范在当地的表现,百姓们都说边光范为人正直,做事公平。韩通回去后将此事上报,世宗很高兴,并且嘉奖了边光范。

宋初,昭义军节度使李筠在潞州叛乱,宋太祖亲征,任命边光范为前军转运使，负责收缴、管理郑、洛、汝、孟、怀的粮草。同年秋季，边光范升任太常卿。当时张昭任吏部尚书，朝廷认为他年老，不再胜任工作，就命边光范兼管铨选之事。

建隆四年（963），襄州节度使慕容延钊征伐湖南，任用边光范权知州事。襄州位于交通要道，敌方虎视眈眈，经常伺机侵略。但边光范胆大心细，恪尽职守，粮饷运送毫不缺乏。当年冬天郊祀，他被召回朝廷。慕容延钊去世后，他再次为襄州知州。大军几万人从陕路征伐后蜀，经过汉水时，边光范又负责供应军需。他日夜操劳，保障了供给，但其功劳不为人所知。

边光范曾举荐本镇判官李槪为殿中侍御史，后来李槪因事获罪，被削去官籍，边光范因荐人不当受到牵连，降为太子宾客，仍旧任襄州知州。

乾德二年（964），边光范兼任桥道使。朝廷派遣使臣监督修建道路，经常是六七个人，每位使臣调发民夫都是数百人。官吏乘机作恶，经常以修路为名私自收取百姓租税，民夫数目不足，官吏贪污工程费用，因而道路更加得不到修整。边光范任职后，见此情景异常气愤，下决心进行整顿。他详细计算了工程的用工，用州兵代替，官府供给工具，不拖拉工程，百姓不再受害。宋太祖很高兴，下诏褒奖了他。

开宝四年（971），边光范再判吏部铨曹。御史中丞刘温叟去世，任用边光范判御史台事，几个月后，实任御史中丞。

边光范对母亲极为孝顺。有一次，母亲背部生了疽，整日疼痛，不思茶饭，坐卧不安。边光范看在眼里，疼在心里。医生说只要把疮脓弄出来，就会治愈，边光范立即用嘴为母亲吸吮，母亲感动得热泪盈眶。

开宝六年（973），边光范因病解除铨曹职务，且当年就去世了，享年七十三岁。

礼部尚书窦仪

窦仪（914—966），宋初文臣。字可象，蓟州渔阳（今天津蓟县）人。窦仪自幼学习勤奋，十五岁就下笔成篇，才华横溢。成年之后，历仕后晋、反汉、后周，其吏治才能得到充分展示。宋朝建立后，深受宋太祖信任，历任工部、礼部尚书，励精图治，卓有贡献。兄弟五人均有高名（《三字经》所谓"名俱扬"），人称"窦氏五龙"。

一、出身名门　智多才高

窦仪出身于官宦世家，曾祖窦逊曾任玉田县令，祖父窦思恭任妫州司马。父亲窦禹钧，与兄长窦禹锡都以词学闻名。窦禹钧在唐天祐末年从幽州掾起家，历任沂、邓、安、同、郑、华、宋、澶州支使判官。后周初，为户部郎中，赏赐金紫。显德年间，升为太常少卿、右谏议大夫直至退休。

窦仪受良好家庭环境的影响，自幼饱读诗书，刻苦学习，十五岁时就能下笔成篇，文辞优美，众人读后，无不称赞他的才华。后晋天福年间，举进士。侍卫军帅景延广领夔州节度使时，听说窦仪的声名，遂表奏推荐他为记室。景延广后来历任滑、陕、孟、郓四镇节度使，杨光远、窦仪都担任从事。

窦仪聪慧过人，足智多谋。后晋开运年间，平卢军节度使杨光远占据青州（治今山东临淄北）叛乱，勾结博州刺史周儒，令其派人引导契丹轻骑在马家渡渡过黄河，入侵中原。当时，景延广掌管禁卫部队，颜衎担任知州，派窦仪入朝奏报。窦仪对执政大臣说："前日与颜衎议论事态变化，对契丹入侵十分忧虑，所以乘驿车日夜兼程赶来。国家如果不用良将重兵扼守博州渡口，周儒定会引导契丹军越过东岸，与杨光远的军队会合，那时河南就危险了。"执政大臣听从了他的建议，奏知后晋出帝石重贵，做好了抗击契丹军的部署。

不久，周儒果然引导契丹渡过黄河，增设营栅。出帝石重贵驻军黄河岸边，当即派遣李守贞等将率军一万，水陆并进，镇守汶阳，占据要害。契丹军大举到来，与杨光远会合。李守贞率军迎头痛击，大败敌军，杀死杨光远，契丹军落荒而逃。此战后晋大获全胜，窦仪功不可没。但契丹军不久便卷土重来，灭亡了后晋。

后汉初年，窦仪任右补阙、礼部员外郎。

后周广顺初年（951），窦仪改任仓部员外郎、知制诰。不久，召为翰林学士。有一次，后周太祖郭威到南御庄饮宴射戏，在酒席上与众臣谈天说地，众人纷纷称赞窦仪，郭威当场就赏赐给他金紫（金印紫绶）。此后，郭威开始重用窦仪，窦仪历任驾部郎中、给事中，都充任职事。

二、改革科考　行动遵礼

刘温叟主持贡举时，因遭人诬陷而被罢免。当时，窦仪的才能令人瞩目，朝廷就任命窦仪为礼部侍郎，主持贡举。

窦仪认为，本朝的考试制度尚不完善，因此上言说："请求按照后晋天福五年（940）的制度，废除明经、童子科。进士省试文卷，命令交纳五卷以上，不许有神道碑、墓志之类的文章；帖经封义，有三道通过为合格；恢复白昼考试制度。把那些落第的人，分为五等：文理严重错误的为第五等，罚停五科应考；其次为第四等，罚停三科考试；依次逐渐提高的为第三等、第二等、第一等，都允许第二年前来应举。考试科目，请求合并《周易》《尚书》为一科，分别对墨义三十道；《毛诗》依旧作为一科,也对墨义三十道。及第以后,都减为七选集。各科举人,第一场十道不通过,罚停五科应举;第二、三场十道不通过,罚停三科应举;三场之内有九道不通过,罚停一次考试。解试官员定罪处罚。进士请求解试,加考策论一篇,以五百字以上为准。"他这一建议被采纳。

不久,窦仪因父亲患病,上表请求解除职务,以便回家照顾。周世宗柴荣亲自到他府上慰问安抚,亲手封好金丹,赏赐他的父亲。父亲去世后,窦仪返回洛阳安葬。世宗下诏赐钱三十万,米麦三百斛。服丧期满后,窦仪被任命为端明殿学士。随从世宗征伐淮南,窦仪负责粮饷运输事务。由于种种原因,窦仪粮饷运输供应不上,世宗大怒,要处罚他,宰相范质积极解救,他得以避免处罚。

窦仪为人遵守礼节。淮南平定后,窦仪判河南府兼知西京留守事。后周恭帝柴宗训继位后,范质当权,开始重用窦仪,任命他为兵部侍郎,充任职事。随即,窦仪受命出使南唐。到达南唐后,正要向南唐主李璟宣读诏书时,突然下起了大雪。李璟请求在廊下拜受,窦仪说:"我敬奉国家诏命,不敢违背旧礼。如果认为沾湿衣服损害仪表,请求等待他日。"李璟无奈,在庭院中拜受了诏命。

三、编撰法典　恪尽职守

宋朝建立后,窦仪的才能同样被宋太祖赵匡胤所赏识,逐渐重用,而他也忠心耿耿,恪尽职守。

建隆元年(960)秋天,窦仪升为工部尚书,免去翰林学士,兼判大理寺。他向宋太祖建议编撰本朝法典,被采纳,并受命与苏晓、奚屿等人编撰了宋朝第一部刑事法典《宋建隆重详定刑统》(简称《宋刑统》)。建隆四年(963),宋太祖下诏将《宋刑统》颁行天下。

适逢翰林学士王著因醉酒失职贬官,宋太祖对几位宰相说:"深宫尊严之地,应当由名儒来充任,朕认为窦仪可以担当此职。"范质等回答说:"窦仪为人清高,正直稳重,但他已经从翰林学士迁为端明殿学士了。"太祖说:"非此人不能在皇宫中任职,你应当传达我的旨意,尽力让他就职。"("非斯人不可处禁中,卿当谕以朕意,勉令就职。"《宋史·窦仪传》)当天,窦仪再次成为翰林学士。

乾德二年(964),宰相范质、王溥、魏仁浦等三人上表请求致仕,得到允许。就这样,三位宰相同时辞职,过了三天,宋太祖才任命赵普为平章事。制书已经下达,太祖问翰林学士:"范质等人已经罢免,委任赵普的敕令,应当由什么官员签署?"承旨陶榖时任尚书,建议宰相之职不能长期空缺,眼下尚书是尚书省六官的长官,可以签署。窦仪说:"陶榖所说不是承平时期的制度,皇弟(赵光义)任开封尹、同平章事,就是宰相的职位。"宋太祖说:"窦仪的话是对的。"就命赵光义签署敕文任命赵普为相,随即又拜窦仪为礼部尚书。

当时御史台商议,打算把左右仆射合为上朝立班的首位,太常礼院则把东宫三师作为立班之首。窦仪援引典章故制,说用仆射共同作为立班之首的有六例,而用东宫三师作为立班首位的说法没有依据。乾德四年(966)秋,窦仪主持贡举。

窦仪忠于职守。后周显德年间,时任太尉赵匡胤攻克滁州时,周世宗柴荣派窦仪籍没那里的官府仓库。赵匡胤命亲信官吏取库藏绢匹分给部下,窦仪说:"太尉刚刚攻下城池,即使把全部库藏拿来分给官兵,谁又敢说什么?但现在已经登记在册,就是国家财物,不奉诏书不能拿走。"("太尉初下城,虽倾藏以给军士,谁敢言者?今既著籍,乃公帑物也,非诏不可取。"同上)

后来宋太祖多次向大臣称赞窦仪忠于职守，想任用他为宰相。但赵普顾忌窦仪为人刚直，不肯任用他为相，而是提携薛居正做了参知政事。

四、善自为谋　五枝同芳

窦仪具有远见，能够善自为谋，保全自己。宋太祖自任命赵普为宰相后，发现他日益专权，心中很不高兴，产生了免其相职、改任窦仪为相的念头。宋太祖一直认为，窦仪才能高过赵普，对窦仪非常宠信。赵普也因此更加忌恨窦仪，在处理政务上处处刁难，窦仪多年来一直郁郁不欢。

有一天，宋太祖召见窦仪，二人坐于偏殿之中。太祖向窦仪讲了不少赵普擅权不法的事，又称赞窦仪早在后周世宗时，已经显露出才能和威望，暗示有任命他做宰相的想法。窦仪却回奏说："赵普是开国元勋，一贯忠诚正直，虽有小过，但都是枝节小事。臣认为当今之世，没有人能比得上赵普，还是赵普为相最为稳妥。"他把赵普大大吹捧一番，宋太祖听了很不高兴，便暂时放下罢免赵普、改用窦仪为相的念头。

窦仪聪明过人，他对宋太祖的心理揣摸得十分透彻。回家以后，窦仪对他的弟弟窦俨说："我肯定不能当宰相，但是塞翁失马，焉知非福？就因为这，可以使我免去被流放的灾祸，也可使我们家族得以保全。"

当时，窦俨不能理解窦仪的话。后来，宋太祖又宣召另一位翰林学士卢多逊，一起议论赵普。卢多逊平日就对赵普极为不满，便乘机大加攻击贬低。赵普最终被罢相，卢多逊被提升为宰相。后来，宋太祖去世，赵光义当了皇帝，又起用赵普为相，卢多逊被流放到崖州（在今海南），并病死在那里。这时，窦俨才佩服兄长确实有先见之明。

窦仪学问渊博，举止稳重。他的弟弟窦俨、窦侃、窦偁、窦僖，也同样有很高的学识，相继进士及第。后周时任中书令的冯道，与窦仪的父亲窦禹钧是旧交，曾赠诗给他，其中有"灵椿一株老，丹桂五枝芳"的句子，缙绅经常诵读。当时窦家这五兄弟，号称"窦氏五龙"。

乾德四年（966）冬天，窦仪去世，享年五十三岁，追赠右仆射。窦仪的辞世，令宋太祖惋惜不已，他叹息着对身边大臣说："上天为什么这么快就夺走我的窦仪呢！"（"天何夺我窦仪之速耶！"《宋史·窦仪传》）后悔没有任用窦仪为相。

吏部侍郎吕馀庆

吕馀庆（927—976），宋初文臣。原名胤，字馀庆，因避宋祖名讳而以字行，幽州安次（今河北安次）人。历仕后晋、后汉、后周。入宋任给事中、开封知府，及兵部侍郎、户部侍郎、参知政事等。他颇有吏治才能，恪尽职守，公正严明，且为人稳重，生活简朴，正直善良，人谓有长者之风。

一、因荫入仕　才能出众

吕馀庆出身官宦世家，祖父吕兖在唐末任横海军（治今河北沧州东南）节度判官。后梁开平三年（909）五月，横海军节度使刘守文攻打其弟刘守光，在幽州败死，刘守光反攻沧州，吕兖立刘守文之子刘延祚为帅，并率军民守城。次年正月，刘延祚降，吕兖全家遇害。吕兖之子吕琦时年十五岁，父亲的门客帮助他逃了出来。

后来，吕琦投靠到太原晋王李存勖的门下。李存勖建立后唐称帝，吕琦受到重用，历任殿中侍御史、礼部郎中、给事中、御史中丞、端明殿学士。后晋时，吕琦任秘书监、兵部侍郎。

吕馀庆因父荫走上仕途，先任开封府参军，后升为户曹掾。在后晋出帝石重贵之弟石重睿领忠武军节度使时，吕馀庆被任命为推官。到了后汉，吕馀庆出任濮州录事参军。

吕馀庆虽然是靠父荫进入仕途的，但他个人也颇有才华。后周世宗时期，大将赵匡胤任同州节度使，听说吕馀庆很有才能，上奏请求任命他为自己的从事。世宗问道："吕馀庆不是曾任濮州录事参军的那个人吗？"遂任命他为定国军掌书记。世宗曾镇守澶州，濮州为其所辖之州，因此知道吕馀庆的才华与为人。

任定国军掌书记期间，吕馀庆兢兢业业，把政务打理得井井有条。赵匡胤很欣赏他的才华，逐渐信任和重用。赵匡胤历任滑、许、宋三镇的长官，吕馀庆一直是他的宾佐。

赵匡胤建宋称帝，时任宋、亳观察判官的吕馀庆被召为给事中，充任端明殿学士。不久，吕馀庆任开封府知府。潞州李筠及扬州李重进叛乱时，宋太祖亲自前往征伐，吕馀庆协助枢密使吴廷祚及皇弟赵光义留守京城，都领上都副留守。

建隆三年（962），吕馀庆升为户部侍郎。后来母亲去世，他回家服丧。乾德元年（963），平定荆湖后，他出朝为潭州知州，改任襄州，改为兵部侍郎、江陵府知府。

二、为官公正　为人善良

吕馀庆为官公正，疾恶如仇。平定后蜀之后，宋太祖任命吕馀庆为参知政事，安抚成都百姓。

进入成都城的许多宋将，仗恃战功横行霸道，盗贼也趁机违法作乱。大将王全斌等放纵部下，不加管束。一天，药材市场上熙熙攘攘，老百姓正在买卖，突然一名军校醉醺醺地闯了进来，持刀抢夺商人货物。吕馀庆急速赶到现场，怒斥那名军校，但那名醉酒的军校没把吕馀庆当回事，只见他满脸通红，醉眼惺忪，手持大刀摇摇晃晃，满口喷着酒气说："你是谁，敢骂老子？老子立了战功，拿这点东西是应该的！"说完又去抢夺货物。

吕馀庆非常愤怒，为这些宋军士兵感到羞耻，当即逮捕了这名军校，将他斩首示众。那些横行霸道的士兵见此情景非常害怕，都收敛了自己的行为。从此，此类抢掠百姓财物之事都销声匿迹，盗贼们也闻风丧胆、偃旗息鼓，百姓生活安定下来。宋太祖高度赞扬了吕馀庆的做法，就地为他加官为吏部侍郎。回京朝见，宋太祖命他兼任剑南荆南等道、提举三司水陆发运使。

吕馀庆为人稳重，正直善良。自从赵匡胤在后周连续兼领藩镇，吕馀庆便是僚佐之首。赵匡胤称帝后，赵普、李处耘相继被提升重用，唯独没有重用吕馀庆，但他毫不介意。不久，李处耘被贬官守淄州，吕馀庆分析了事情的前因后果，恳请宋太祖万万不可冤枉良臣。宋太祖认真思考了他的话，认为他言之有理，当即任命他为参知政事。适逢赵普违逆旨意，群臣争相排挤他，唯独吕馀庆没有附和，且积极为赵普辩明，客观地分析了其功过。宋太祖听后，心意稍稍有所缓解。当时的人都称吕馀庆有长者之风。（"时赵普忤旨，左右争倾普，馀庆独辨明之，太祖意稍解，时称其长者。"《宋史·吕馀庆传》）

开宝六年（973），宋太祖为抑制宰相赵普的擅权行为，命吕馀庆与宰相交换知政事印，提高了他的地位。不久，吕馀庆因患病上表请求解除职务，宋太祖虽有万般不舍，但考虑到他的身体状况，就同意了他的请求，改授他为尚书左丞。

开宝九年（976），吕馀庆病逝，享年五十岁，追赠镇南军节度使。后来，吕馀庆的弟弟吕端拜相，朝廷又追赠他为侍中。

兵部侍郎刘熙古

刘熙古（903—976），宋初文臣。字义淳，宋州宁陵（今河南宁陵）人。历仕后唐、后晋、后周，入宋先后任左谏议大夫、兵部侍郎、参知政事，以户部尚书致仕。刘熙古性格淳谨，学问渊博，善于骑射；吏治才能杰出，任官三十年几无过失，为史上仅见。

一、金榜题名　骑射高超

刘熙古学问渊博，晓古通今。他自幼学习勤奋，十五岁就通晓《周易》《诗经》《尚书》等书；十九岁时，他又熟读《春秋左氏传》，遍读诸子百家、历代史书等。虽然饱读诗书，但因避祖父刘宝进名讳，没有参加进士考试。

不过，刘熙古很有抱负，希望自己有所作为。于是，后唐长兴年间，他参加了《春秋》三《传》的考试。当时翰林学士和凝主持科举，及第后的刘熙古献上自己所作文章：两篇《春秋极论》，三篇《演例》。和凝看过后，非常欣赏刘熙古的才华，在和凝的劝说下，刘熙古参加了进士考试，并以优异成绩金榜题名，他也因此成了和凝的门生。

刘熙古不仅学问渊博，而且善于骑射。他的名声在朝中渐渐传开，很多武将都想把他召入麾下，孙铎就是其中的一个。后唐清泰年间，孙铎因战功任金州防御使，在他的请求下，后唐末帝李从珂任命刘熙古做了他的从事。

后晋天福初年（936），孙铎调任汝州，又召刘熙古随行。这一次，他真正见识了刘熙古高超的骑射本领。一天，一只鸲鹆落在府门前的槐树上,古人认为鸱鸮是不祥之鸟,因此孙铎非常讨厌,命手下人用瓦片、石子往树上扔,想赶走它。但老槐树高达百尺,谁都没能击中目标。正在懊恼之时,刘熙古恰好来到,在马上张弓一箭,只听见"嗖"的一声,那只鸱鸮便被射穿钉在了树上。人们群起鼓掌,孙铎更是喜出望外,命令不要拔箭,以此表彰刘熙古的技能。

两年后,孙铎因病去世,朝廷任命刘熙古为下邑令,随后又任为三司户部出使巡官,领永兴、渭桥、华州诸仓制置发运。在后汉时,刘熙古任卢氏令。后周广顺年间,他任亳州防御推官与澶州支使;秦、凤两地平定后,他被任命为秦州观察判官。

二、增加赋税 安辑边地

宋朝建立后,刘熙古的才能受到宋太祖赵匡胤的重视。早在后周时期,赵匡胤任宋州长官,刘熙古任节度判官,二人经常促膝而谈,彼此惺惺相惜。赵匡胤称帝后,马上任命刘熙古为左谏议大夫,兼任青州知州。刘熙古积极出谋划策,深得宋太祖的信任。宋太祖亲征南唐时,他又追随从征。

刘熙古精通算术,为宋初的财政赋税做出了很大贡献。宋朝初建,财政没有走上正轨,尤其是一些国家专管专卖品的赋税比较混乱。建隆二年(961),宋太祖派刘熙古管理晋州的矾专卖场,他严肃认真,尽职尽责,为国家增加了八十余万缗的赋税,当地商人都佩服他的精明,宋太祖也庆幸自己没有选错人。

乾德初年(963),刘熙古任刑部侍郎、凤翔府知府。不久,又调任到秦州(今甘肃天水)。当时,秦州与边地部族交界地经常受到侵扰,严重破坏了当地治安。刘熙古到任后,对前来侵扰的部族,并不是简单地以武力镇压,而是晓之以理、动之以情,向他们讲明了朝廷的恩德威信。但那些部族并未因此而有所收敛，刘熙古便设计"请"来其酋长的子弟作为人质。经过双方长时间的交涉，部族酋长终于答应不再越界侵扰，边境地区这才得以安宁。

刘熙古因功转任兵部侍郎，同时担任成都府知府。为了奖励刘熙古的作为，乾德六年（968），宋太祖任命他为端明殿学士。后来，母亲去世，他回家服丧。在家闲居几年后，开宝五年（972），宋太祖命他以本官任参知政事，并赐予一匹名马和一副银鞍。

刘熙古精通阴阳象纬之术，曾经写过一卷《续聿斯歌》、一卷《六壬释卦序例》。当时朝中的文臣武将都爱找他算卦，刘熙古也每每算中，所以百官对他都佩服有加。他还精通小学（文字学、训诂、音韵之学），曾写过两篇题为《切韵拾玉》的文章，由国子监印刷发行。刘熙古喜欢钻研历史，曾编写过一部长达五十卷的《历代纪要》，可惜散佚不存。

刘熙古生活朴素，虽然身居显贵，却毫不奢侈浪费，居住的房子和老百姓没什么两样，有上门拜访者往往怀疑自己走错了门。刘熙古性情淳厚严谨，先后担任过十八个官职，在朝中为臣三十余年，却从来没有犯过任何错误，这在历朝历代都是非常罕见的。

开宝六年（973），刘熙古患了脚病，但仍旧坚持入朝参政，直到有一天因脚痛难忍晕倒在大殿之上。他请求解除职务回家休养，宋太祖感到非常可惜，但也无奈，于是刘熙古以户部尚书致仕。开宝九年（976），刘熙古病逝，享年七十四岁，追赠右仆射。

左拾遗李穆

李穆（928—984），宋初文臣。字孟雍，开封府阳武（今河南原阳）人。后周显德初年中进士，出任颍、汝二州从事史，升任右拾遗。宋初太祖、太宗两朝,先后任太子中允、左拾遗、史馆修撰、中书舍人、参知政事等。他仁义善良,才高学富,操守坚定,宋太祖谓之"仁而有勇";他事母至孝,因母亲去世悲伤过度而早逝。

一、品高学博　人称令器

李穆出身于官宦人家,父亲李咸秩,曾任陕州大都督府司马。李穆受到良好的家庭教育,品行良好。路上拾到别人丢失的东西,一定要访到失主归还。史籍曾记载他九岁时,正月十五观灯拾得钱袋,当晚等到深夜,第二天又与家人访寻,终于找到失主,将钱袋璧还。

李穆不仅品德高尚,而且学习勤奋,少年时就能写文章。他曾跟随当时小有名气的学者王昭素,学习《周易》《庄子》《老子》等典籍,颇能理解其中的精髓。王昭素对他说:"你得到的都是精辟的道理,往往出乎我的意料。"("子所谓精理,往往出吾意表。"《宋史·儒林传一》)

李穆与堂弟都曾师从王昭素学《易》,王昭素认为他们兄弟都是不可多得的人才,李穆尤其杰出。他曾对别人说:"李穆兄弟都是好材地,李穆尤其沉稳厚重,将来定会成为朝廷的大臣、国家的栋梁。"("穆兄弟皆令器,穆尤沉厚,他日必至廊庙。"同上)出于对李穆的喜爱,王昭素把自己所著《易论》三十三篇全部传授给了他。

凭借渊博的知识,在显德初年(954)的进士考试中,李穆金榜题名。接着,他被任命为郢、汝二州从事,后来又升为左拾遗。

二、仁而有勇　不辱使命

宋朝建立后,李穆出色的吏治能力逐渐显现,但仕途并非一帆风顺,而是起起落落。

宋初,李穆以殿中侍御史选为洋州通判。到任之后,他雷厉风行,严格执法,明察暗访,办案公正,短短几个月,以前积存的案件全部解决。

不久,朝廷又调任李穆到陕州任通判。有一天,上司命他调本州租赋运往河南,但李穆因为本镇军队食品缺乏,没有马上接受命令。朝廷降罪,罢免了他的官职。紧接着,因为他向朝廷举荐官员有所失误,被贬黜回家,以前所取得的功绩全部抹掉。李穆没有因此沮丧,心态平和,一笑置之。

当时,弟弟李肃任博州从事,李穆带着母亲到弟弟那里居住,虽然生活条件不很宽裕,但兄弟俩在一起吟诗作画、谈论学问,淡泊名利,乐得逍遥。后来,宋太祖想起李穆的能力,又重新任用了他。开宝五年(972),李穆出任太子中允。第二年,又被任命为左拾遗、知制诰。

李穆才德兼备。他做学问严肃认真,写文章追求雅正,反对五代以来华丽奢侈的文风,经常写文章进行抨击。李穆与卢多逊是同学,有一次,宋太祖和卢多逊谈及李穆,说:"李穆仁义善良,才高学富,在文章辞藻之外,似乎没有别的可足取之处。"卢多逊说:"李穆操行端方正直,遇事不会因生死而改变节操,是个仁而有勇的人呐。"宋太祖说:"果真如此,我应当重用他。"("穆与卢多逊为同门生,太祖尝谓多逊:'李穆性仁善,辞学之外无所豫。'对曰:'穆操行端直,临事不以生死易节,仁而有勇者也。'上曰:'诚如是,吾当用之。'"《宋史·李穆传》)

当时,宋太祖正筹备讨伐南唐之事,但由于南唐一向卑躬屈膝臣属宋朝,一时找不到讨伐的理由。宋太祖决定先召南唐国主李煜入京朝见,派李穆作为使者出使南唐。李穆到达南唐,宣读了圣旨,李煜却以患病为由拒绝入京朝见,并且说:"吾等小国甘愿侍奉大朝，是为了能够保全。如今大朝不愿放过我们，那只有一死而已。"李穆诚心诚意地对他说："朝见与否，国主您自己来决定。然而朝廷军队精锐，财力雄厚，恐怕是不容易抵抗的。请国主三思而后行，不要到时后悔莫及。"李煜思前想后，认为他的话实事求是，句句在理。李穆出使回朝后，向宋太祖陈述了事情的经过，宋太祖也认为李穆说得话很精确，不辱使命。

三、工书能画　中风暴死

宋太宗赵光义继位后，太平兴国初年（976），李穆任左补阙。太平兴国三年（978），李穆升任史馆修撰、判馆事，宋太宗赏赐金紫给他。

太平兴国四年（979），李穆随从宋太宗征伐北汉。班师回朝后，被任命为中书舍人，参加编撰《太祖实录》。《太祖实录》编成，宋太宗赏赐他衣带、银器、丝织品等物。

但在太平兴国七年（982），李穆的仕途出现了阻碍。秦王赵廷美受宋太宗猜忌，以谋反罪贬黜、流放，而李穆好友、时任宰相卢多逊与秦王有所来往，经赵普揭发，卢多逊被贬，流放边远地区。李穆与卢多逊关系一向很好，加之他为秦王赵廷美起草过朝词笏记，因而被谏官弹劾，降任司封员外郎。

太平兴国八年（983）春天，李穆与宋白等人共同主持科举考试。后来，宋太宗到崇政殿亲自主持进士考试，见李穆面容消瘦、憔悴不堪，心生怜悯之意，又想到其往日功勋，当即重新任命他为中书舍人、史馆修撰、判馆事。

这年五月，李穆又任翰林学士；六月，任开封府知府。上任之后，他判案精确敏捷，任何奸诈狡猾之人，都别妄想逃过他的法眼。那些豪门望族都收敛了自己的不法行为，京城得以大治。李穆的能力让宋太宗大为赞赏，于十一月提拔他为左谏议大夫、参知政事。一个月后，母亲去世，李穆回家服丧，不久又恢复官职。

李穆对母亲极为孝顺，母亲病重在床时，李穆夜夜守候在旁，细心呵护，衣带渐宽。母亲每次移动翻身，他都亲力亲为，小心帮扶。当初，李穆因为秦王的事被关押，其子李惟简骗祖母说李穆奉诏在狱中审案。李穆回到家里，强忍着满腹委屈，没有告诉母亲事实，仍然是笑容满面。他依然每隔一天穿好官服，假装入朝值班，出门之后，或是访亲探友，或是游览寺庙。母亲直到去世，都不知道李穆在官场上的遭遇。亲友谈及此事，无不歔欷不已。

李穆精于书法，擅长篆书、隶书。他又工于绘画，作品往往被人怀疑出自大家之笔。但李穆从不恃才自傲。他为人质朴，一言一行非常谨慎，所作所为光明磊落。他精通佛家经典，喜欢谈论佛法。他喜欢提拔年轻人，举荐提升了很多人。在家里，他爱老慈幼，性情温和，家人从未见过他大发雷霆。李穆一生所写文章很多，但美中不足的是，多数文章随作随毁，未曾留下文稿。

李穆在为母亲服丧时，上表请求服满丧期再任职，但宋太宗却下诏强行起用。李穆悲痛万分，怀着对母亲的思念勉强上任，内心的痛苦悲伤竟然危及了生命。太平兴国九年（984）正月，李穆早晨起床上朝，中风暴死，享年五十七岁。

李穆从降职为员外郎，再任中书舍人、参知政事，直到去世，还不足一年的时间。宋太宗听到他的死讯后，哭泣着对近臣说："李穆是国家的良臣，我正要倚任重用，他去突然去世，这哪里是他的不幸，完全是我的不幸啊！"（"穆国之良臣，朕方倚用，遽兹沦没，非斯人之不幸，乃朕之不幸也。"《宋史·李穆传》）

户部侍郎扈蒙

扈蒙（915—986），宋初文臣。字日用，幽州安次（今河北安次）人。他出身官宦人家，自幼学习勤奋，少时即能文，文辞华丽优美，颇负盛名。其文学才华为宋初太祖、太宗所欣赏，相继委以重任，才能得到充分展示和发挥。

一、文采华美　名士做派

扈蒙出身官宦人家，自幼学习勤奋，饱读诗书，年少时就能写文章，文辞华美，常常受到众人的称赞。后晋天福年间考中进士，后汉时被任命为鄠县（今陕西户县）主簿。

后晋晋昌节度使赵匡赞的牙校赵思绾，占据长安城发动叛乱，朝廷派大将郭从义前往讨伐。郭从义所到之处，为军队准备供给的各州县官吏，都必须身穿军服赶去事奉。当他看到扈蒙时，很是惊讶。原来，扈蒙的军服与帽子都非常宽大，走起路来慢条斯理，举止异常舒缓。郭从义对此颇有微词，转运使李谷解释说："扈蒙是文学名士，不熟悉吏事，请将军原谅。"郭从义这才没有追究。

后周广顺年间，扈蒙在归德军节度使赵晖手下任书记，后来被任命为右拾遗、直史馆、知制诰。扈蒙的堂弟扈载，当时为翰林学士。兄弟俩一起掌管内外诏令文书，都以文笔优美著称，时人称为"二扈"。

二、献计献策　遭忌被贬

宋朝初期，扈蒙由中书舍人升任翰林学士，但因他曾请托同年进士的仇华为自己荐官，宋太祖非常厌恶此等行为，所以把他贬为太子左赞善大夫。

随着时间的推移，宋太祖逐渐平息了怒气，再次重用扈蒙，连续提升他的官职。扈蒙先为右补阙，接着掌管大名征税之事，不久又任知制诰，充史馆修撰。开宝年间，他受命与李穆等人一起编修《五代史》，详细订正《古今本草》。开宝五年（972），他被任命为科举考试的主考官。

开宝七年（974），扈蒙上书说：“过去唐文宗每次召见大臣议论政事，必定命令起居郎、起居舍人等，执笔在宫殿旁边当场记录，因而《文宗实录》所记时政比较详尽、完整。到了后唐明宗李嗣源时期，端明殿学士以及枢密直学士也要轮流写时政日历，再由枢密院抄录后移给史官。但近几朝以来，这一制度被废除，每季虽然也有内殿日历，由枢密院抄录后移送史馆，然而所记录的不过是些臣下应对、告辞或感谢之事，帝王的言行等涉及时政的事情，没有记录下来。因为宰相担心泄露国家机密，史官的作用没有得到充分发挥。希望从现在起，凡是朝廷所作的裁决、帝王对臣子体恤的言辞，以及帝王的想法和心意，都一一记录下来，一同委托宰相和参知政事轮流主持抄录，以备史官撰述收集。"扈蒙的建议被采纳，宋太祖让参知政事卢多逊主管此事。

开宝九年（976）正月，宋太祖在乾元殿接受臣子的朝见，降宋的敌国君主也在朝班行列中。扈蒙献上一篇《圣功颂》，陈述了宋太祖称帝后南讨北伐、统一天下的丰功伟绩，语言铺张华丽。宋太祖听后心花怒放，当场下诏表扬他。扈蒙本来可以因此加官晋爵，但宰相卢多逊非常忌恨，怕他抢了自己的相位，遂在皇上面前恶意中伤，宋太祖便疏远了扈蒙。过了一段时间，扈蒙便被派出京城担任江陵知府。

宋太宗赵光义一直很欣赏扈蒙的文学才华，他继位后，把扈蒙招回朝中，任命为中书舍人。不久，又升他为翰林学士，与李昉一同编修《太祖实录》。

太平兴国四年（979），扈蒙跟随宋太宗征伐北汉，回朝后转任为户部侍郎，加官承旨。

雍熙三年（986），扈蒙患病，以工部尚书去职回家。不久，病重身亡，享年七十二岁，宋太宗追赠他为右仆射。

翰林学士王著

王著（928—969），宋初文臣。字成象，单州单父（今山东单县）人。王著才华横溢，下笔成篇，为官恪尽职守、勇于直谏，后周及宋初，均受到主上赏识、重用。他生性豁达，爱护青年，为士大夫所称赞。但嗜酒成性，故未能出任宰相，终因酗酒而英年早逝。

一、才华横溢　献赋加官

王著年少时学习勤奋，饱读诗书，下笔成篇。后汉乾祐年间，考中进士。正值郭威镇守大名，其养子柴荣陪从出行，听到王著的名声，便将他安排在部下，王著因此能够谒见郭威。

后周广顺年间，柴荣镇守澶州，征召王著为观察支使。王著跟随柴荣进入朝廷，柴荣举荐他为殿中丞。柴荣继位后，任王著为度支员外郎。在职期间，王著为官廉明，恪尽职守，因此于显德三年（956）升任翰林学士。

显德六年（959），王著在家守丧，服丧未满就被重新起用。正值南唐李璟派儿子李从善来进贡，当时，后周恭帝柴宗训继承王位，他命王著陪送李从善到睢阳，给他加官金部郎中、知制诰，赐金紫。世宗柴荣的灵车到庆陵，符皇后跟从前行，里里外外的公务全都依靠王著。

王著为人正直，一向鄙夷阿谀奉承之人。建隆二年（961），宋太祖命他主持贡举。正值各地官员向朝廷进献礼物：亳州进献紫芝，郓州进献白兔，陇州贡奉黄鹦鹉，希望朝廷因此而录用自己所推荐的考生，但其中鱼目混珠、良莠不齐。王著进献颂文——《献赋》，趁机以正言相谏。宋太祖非常赞赏他的心意，下诏予以表扬。

王著的为人与才华，使他逐步官至显贵。乾德初年（963），改任兵部员外郎。乾德二年（964），再为知制诰。几个月后，加官史馆修撰、判馆事。乾德三年（965），转任户部郎中。乾德六年（968），任翰林学士，加官兵部郎中，再知贡举。

二、嗜酒过度　仕途受阻

王著嗜酒，曾因此受到贬谪。有一天晚上，王著在皇宫中值宿，晚膳时贪杯以致醉酒，头发倒垂披到脸上，然后醉醺醺到妓院嫖娼。到了半夜，王著猛敲滋德殿门请求接见，在门外大呼小叫。宋太祖从梦中惊醒，得知是王著在酗酒闹事，大发雷霆，公布他醉酒宿娼的过错，贬为比部员外郎。

但在更多的时候，宋太祖对于王著的嗜酒还是予以宽容的。王著在一次酒宴时醉酒大哭，第二天，有人对宋太祖说，王著大哭是怀念旧主后周世宗柴荣，但宋太祖却不以为然地说："王著是个酒徒，早在柴荣幕府时我就了解他，何况一个书生哭他的旧主，又能怎么样呢？"因为宋太祖了解王著，知道他不过是酒后撒疯，不会闹出什么大事来。

王著的嗜酒，曾使他在仕途上大受阻碍。当年，后周世宗很欣赏才华横溢的王著，加之又是幕府旧僚，所以对他待遇优厚，经常召见与他谈论，还命皇子柴宗训出来拜见，称呼他为"学士"而不称名字。世宗多次想提拔他做宰相，但因他嗜酒，所以迟疑不决。等到病危时，赵匡胤与宰相范质入朝接受遗诏，世宗告诉范质等人说："王著是藩镇官邸的旧人，我如果去世，应当任命他做宰相。"（"王著藩邸旧人，我若不讳，当命为相。"《宋史·王著传》）但世宗死后，王著因为嗜酒而没有当上宰相。

王著性情豁达、没有城府，喜欢为后辈传扬名声，经常勉励青年上进，为士大夫所称赞。

由于饮酒过度，王著的身体健康状况急剧恶化，最终于开宝二年（969）暴病身亡，年仅四十二岁。

给事中赵逢

赵逢（？—975），宋初文臣。字常夫，妫州怀戎（今河北怀来）人。后汉时中进士，起家秘书郎、直史馆。后周时，历任左拾遗、史馆修撰、水部郎中等。入宋任中书舍人、枢密直学士、给事中等。他起初好逸恶劳，后颇能吃苦耐劳、奉公尽职。但为人苛刻残忍，喜欢揭短，士大夫谓之"铁橛子"。

一、依附存生　甲科入仕

赵逢的父亲赵崇，是幽州节度使刘守光手下的牙校。后唐时，庄宗李存勖大将周德威平定幽州，杀了赵崇。赵逢当时尚在幼年，在旁边哇哇大哭，周德威不忍下杀手，便收养了他，让他和自己的儿子一同上学。

后梁贞明三年（917），周德威与后梁军作战，战死在胡柳坡。周德威死后，赵逢失去庇护，无家可归，无奈之下，只好在河朔一带游学。很久以后，他游历到西部，与凤翔节度使李从曮相遇。李从曮见他眉清目秀，神情刚毅，谈吐文雅，彬彬有礼，大为欣赏，赵逢便客居在他的门下。李从曮死后，侯益继任凤翔节度使，赵逢又依附于侯益。其间，侯益闲暇时常与赵逢谈天说地，很欣赏他的才干，有心向朝廷推荐做官。

后汉乾祐年间，侯益入朝任开封尹，向朝廷推荐赵逢做巡官。但赵逢对这一职务看不上眼，便要求参加进士考试。当年，在礼部侍郎、集贤殿学士司徒翊主持的科考中，赵逢考中甲科，从此入仕做官，最初任秘书郎、直史馆。

后周广顺年间，赵逢历任左拾遗、右补阙，兼任史官之职。这期间，他的才能得到充分展示。后周世宗柴荣继位后，对赵逢有所欣赏，遂升任他为礼部员外郎、知制诰。过了一年，赵逢转任水部郎中，仍为知制诰。无论担任何职，他都政绩出色。后周恭帝柴宗训继位后，为了嘉奖赵逢，赐他金紫。

二、怕死恶劳　重获任用

赵逢虽然才能出众，但贪生怕死、好逸恶劳。宋初，昭义军节度使李筠勾结北汉主起兵叛乱，宋太祖赵匡胤亲征泽、潞两地，官任中书舍人的赵逢随行。军队驻扎在河内（今河南沁阳）时，赵逢听说叛军气势凶猛，心生恐惧。

宋军翻越太行山时，山路狭窄险峻，石头很多，宋太祖自己拾取多块石头放在马上搬运，百官、六军将士都争相背石头。但赵逢好逸恶劳，又怕叛军来攻、自己小命不保，于是便向皇上谎称自己无意中从马上跌落，摔伤了脚，无法搬运石头，更不能再往前行。宋太祖便让他留在河内，他因此躲过了战事。

回到京城后，宋太祖要对功臣进行嘉奖、授官，赵逢负责起草授官文件，但他仍然称病在家，请求在家中起草制书。宋太祖问众臣："此人是不是在躲避公役呢？"有人回答说："确如陛下所言。"宋太祖怒不可遏，厉声说道："他拿着朝廷的俸禄，却不恪尽职守，如果朕的大臣都效仿他，这安邦定国大业何日才能完成？"

宋太祖下令御史弹劾赵逢，废黜其官职，贬为房州司户。后来遇到恩赦，赵逢改任离京城较近的汝州司马。此事过后，赵逢自我反省，继而改头换面，有所作为。

乾德初年（963），赵逢应召回到朝廷，被任命为都官郎中、知制诰，及史馆修撰、判馆事。乾德二年（964），改判昭文馆，不久任枢密直学士，加官左谏议大夫。

三、智平盗匪 吃苦耐劳

后蜀平定后，赵逢出朝任阆州知州。当时，辖区里经常发生山野盗贼滋生事端、占山为王之事。有一次山贼攻打州城，赵逢指挥官兵进行防御，虽是文官，倒也懂得些战策。在他的精心部署下，攻城的山贼被全歼。赵逢防御有功，宋太祖不念旧恶，对他大为赞赏，继而给予更多的宠信。赵逢的妻子朱氏在京城病逝，宋太祖诏令供给安葬费用。

赵逢任满回朝后，升任给事中，充任职务。乾德六年（968），宋太祖又任命他为科举考试的主考官。重新得到信任的赵逢再也不敢好逸恶劳，而是勤于政事，吃苦耐劳。

宋太祖征伐占据太原的北汉时，任命赵逢为随军转运使，铸印赐给他。适逢朝廷调发各路壮丁数十万，修筑河堤堵截汾水，使之流入晋阳城水淹敌人，但朝廷当时没有监督工程实施的合适人选。赵逢得知后，立即向太祖毛遂自荐，请求效力。

当时正值酷暑，烈日当头，没有云彩没有风。烈日之下，修堤壮丁们汗如雨下，叫苦连天。壮丁尚且无法忍受，更何况素来养尊处优的赵逢？但他没有叫过一声苦，汗流浃背地一直坚持在烈日之下督工。赵逢认真负责，堤坝修筑工程如期高质量完成，自己却因烈日暴虐而病倒在床。宋太祖很受感动，命他乘车回京养病。

赵逢为官清廉，所到之处都留下了好名声，颇有一些威望；但他为人苛刻残忍，经常诋毁和揭发别人的隐私，所以士大夫们都叫他"铁橛子"。（"扬历清近，所至有声，然伤惨酷，又言多诋讦，故缙绅目之为'铁橛'。"《宋史·赵逢传》）

开宝八年（975），赵逢去世。真宗大中祥符三年（1010），特诏录其子赵极为三班借职。

枢密直学士高防

高防（905—963），宋初文臣。字修己，并州寿阳（今山西寿阳）人。起初跟随后晋重臣张从恩在各地任职；后汉时，因与权臣矛盾而赋闲；后周时复出，深得世宗柴荣信任。入宋任尚书左臣、枢密直学士等，并出知秦州、凤翔，颇有政绩。他意志坚强，才能干练，宋太祖视为肱股之臣。

一、知遇从恩　代人受过

高防出身武将世家，其父高从庆，为后唐戍守天井关，在与后梁军作战中战死。父亲去世时，高防年仅十六岁，闻此噩耗，悲痛欲绝。但他虽然很年轻，却意志坚强，亲自护送父亲的灵柩回家。此后，他担当起家庭重任，更加孝顺地事奉母亲。

高防生性善良，宽厚待人，甚至可以代人受过。起初，后晋将领张从恩任北京（今山西太原西南晋源镇）副留守，听说高防的声名，便上奏推荐他代理太原府仓曹掾。二人惺惺相惜，情深谊厚。张从恩移任澶州防御使时，又上表推荐高防为判官。

张从恩任澶州防御使时，手下亲校段洪进盗取国家木材制作器物，拿到市场上出售。张从恩听说后非常愤怒，将他招来审讯，准备处死。看着怒不可遏的张从恩，段洪进浑身战栗，心想："这回是在劫难逃了。"他为人奸诈狡猾，不甘心束手待毙，便心生一计，泪流满面地说："属下实为冤枉，这都是高防让我做的，他也从中获利。"张从恩招来高防责问，高防心想："如果我否认了，段洪进就会被杀。"于是马上承认，段洪进得以免死。张从恩对高防大失所望，给钱十千、马一匹，送走了他。高防拜受而去，始终不说明自己是代人受过。

不久，张从恩后悔，往日的情谊与高防的才华，使他终究不舍得就这样让高防离去。他命令骑兵追赶，高防不得已而回来，宾主友好如初，但对代人受过之事仍旧只字未提。高防又在军中任职一年多，渐渐有人向张从恩说明高防代人受过之事，此后，张从恩对其更加礼敬，高防也感激张从恩的知遇之恩。张从恩入朝任枢密副使，向朝廷举荐高防为国子监祭酒；留守西洛时，再次推荐高防为推官。

高防的为官才能逐渐显现，朝廷召他为殿中丞，充任盐铁推官，掌管盐业与冶铁业。后来，他因母亲去世回家守丧而离职。服丧期满，又跟随张从恩出任郓、晋、潞三镇判官。

二、坚守臣节　明察秋毫

天下没有不散之筵席，高防与张从恩最终因政治志向不同而分道扬镳。

后晋末年，契丹辽大举入侵中原，攻克了汴京（今河南开封)。朝廷内外动荡不安,人心惶惶。张从恩想归顺契丹,召高防商议,高防不赞成,陈述利害,请求张从恩坚守臣节。但其他部下却七嘴八舌,劝张从恩归顺契丹,以保荣华富贵。张从恩摇摆不定,后晋日暮途穷的现状使他最终归顺了契丹。

上路之后,张从恩命副使赵行迁知留后,亲信王守恩为巡检,与高防一同领州事。高防与王守恩誓死不愿做契丹狗,他们听说镇守太原的后晋大将刘知远威望很高,人心所向,便杀掉赵行迁,献城归顺了刘知远。刘知远建汉称帝后,召高防赴太原,封他为检校金部郎中。

后汉隐帝刘承祐继位后,看重高防的才能,任命他为屯田员外郎,后改任浚仪令。当时杨邠当权,独断专横,与生性耿直的高防产生矛盾,在隐帝面前诋毁,结果高防被罢官。免职后的高防安之若素,并未郁郁寡欢。

过了几个月,高防梦见一个吏人用白帕裹着大印,从大门走进来授给他。醒来之后,高防思索说:"白色象征刑,我应当成为掌管刑法的官吗?"不久,后周太祖郭威称帝,起用高防任刑部员外郎,吏人送印到来,全部如同梦中所见。后来,周太祖又连续为高防加官开封令、本府少尹、刑部郎中。

高防明察秋毫,断案公正。宿州(今属安徽)有个百姓杀了妻子,妻子的族人接受贿赂,撒谎说他患了疯病,神志不清。官吏援引法律,不加拷问鞭打,从轻发落,把定案案卷送与高防复核。高防阅后心存疑虑,说:"这个人患疯病不能说话,没有医生检验的文书,以何为证?况且拘禁超过了十天,也应当张口索要饮食啊!其中必定有诈,希望再次审查,以获得真实情况。"后周太祖同意他的见解,命令办案官吏重新取证审查,最后此人故意杀害妻子证据确凿,依法被处死。

三、功高受宠　虑事不周

后周世宗柴荣在未继位之前，曾任京兆尹，判官崔颂违背圣旨被罢官，朝廷重新选拔判官，宰相首先推荐高防。太祖郭威说："我正想任用他。"就以高防代替崔颂。柴荣继位后，授高防为左谏议大夫，赐金紫、鞍勒马。

显德二年（955），高防升任给事中。他跟随后周世宗征伐淮南。刚到泰州（今属江苏），就被任命权知州事兼判海陵（今江苏泰州）监事。正逢南唐军到来，高防秘密迁移泰州百姓进牙城，分兵坚守，等候外面的援助。不久，后周大将韩令坤派骑兵来召高防，说南唐军又到广陵，请他和自己共同反击。高防与韩令坤紧密配合，左右夹击，大获全胜。世宗因此颁诏书嘉奖他们，并任高防为左散骑常侍，后又升任蔡州、宋州二州知州。

后来，高防再次跟随世宗南征，奉命率军攻打泗州（治今江苏泗洪东南）。高防领兵到达城下，并没有立即发起攻打，而是派使者劝说守城主帅，为其分析利弊。经过一天一夜的商谈，敌方主帅终于打开城门率军投降。高防因功受任泗州知州，后又任蔡州知州。

显德五年（958），劳苦功高的高防升任户部侍郎。世宗想攻打后蜀，任命高防为西南面水陆转运制置使。高防日夜兼程，多次征发粮草赶到凤州，做好了征讨的准备。

宋朝建立后，才能卓著的高防被宋太祖赵匡胤视为肱股之臣，予以宠信。高防的家曾被同里人抢劫一空，宋太祖下诏赐给他绫绢、衣服、衾绸、鞍马。昭义军节度使李筠起兵叛乱，太祖率军征讨，任命高防为计度转运使。高防尽心尽责，及时、足额地保障了供给。叛乱平定后，因功授任尚书左丞，赏赐银器、彩帛、鞍勒马。

高防为官，有时也虑事不周、草率行之。建隆二年（961），高防出朝为秦州知州。秦州人与西夏人杂居，缺乏教化，有许多陋俗。高防以刑法整治，移风易俗，逐渐见到了成效。

秦州西北的夕阳镇，连着大片原始森林，树木繁多，西夏人常去砍伐。高防建议朝廷设伐木场，开辟土地数百里，在重要的地方修筑城堡。从渭水以北，为西夏人所有；渭水以南，为秦州所有。高防招募士卒三百人，每年所获木材上万。西夏土人酋长尚波于率一千多族人，渡过渭河抢夺木材，砍杀士兵。高防出兵与他们作战，俘虏了四十七人进献朝廷。太祖担心高防此举会激怒西夏各部，扰乱边境，便下诏书晓谕酋长，释放了俘虏，并赐予锦袍、银带。朝廷还停止了采木的劳役，任命吴廷祚为节度使代替高防。高防回朝后，被任命为枢密直学士，后来又出朝为凤翔知府。

乾德元年（963），高防去世，享年五十九岁。宋太祖对高防辞世哀伤惋惜不已，赐高防之子太府寺丞高延绪诏书说："你父亲有干练的才能，心怀奋不顾身的臣节，是朕的辅佐和依靠。（"有干蛊之才，怀匪躬之节，朕所毗倚。"《宋史·高防传》）他一生清白，想必没有多余的钱财，入殓和埋葬所需，应当优厚抚恤。如今派遣供奉官陈彦珣，安排将你父亲归葬西洛，所有费用都由官府供给。"

枢密直学士冯瓒

冯瓒（914—980），宋初文臣。字礼臣，齐州历城（今山东济南）人。先后任职宋太祖、太宗两朝，历任刑部员外郎、左谏议大夫、枢密直学士、梓州知州等。他足智多谋，善于言辞，有吏治才能，任职地方时曾平息匪乱。但他喜用权谋，曾因贪贿被流放十年。

一、一度降级　起任知州

冯瓒的父亲冯知兆，曾任后唐司农卿。冯瓒因父荫走入官场，先后担任秘书省校书郎、著作佐郎、诸城令、太子右赞善大夫等职。

冯瓒生性聪慧，能言善辩，极尽钻营投机之能事。后周广顺元年（951），河阳判官宋仁范，与洛阳的一名寡妇因私人恩怨互相控告，闹得沸沸扬扬。朝廷派时任殿中侍御史的冯瓒审理此案，经过一番调查、审讯，判决宋仁范有罪应当受罚，降官两级。刑部员外郎张处素复核后没有异议，遂将结果上奏，朝廷予以执行。宋仁范不服判决，到朝廷告御状，要求还他一级官阶。后周太祖郭威派人重新核实，结果确实是冯瓒与张处素判案有失公允，于是下诏还宋仁范一级官阶，而冯瓒和张处素都因此受到责罚，降了一级官阶。

后周世宗柴荣一直很欣赏冯瓒的口才，继位后，将他升任刑部员外郎，充三司判官。一年多以后，又任命他为集贤院直学士。

宋朝建立以后，冯瓒已久经官场，其吏治才能得到宋太祖赵匡胤的赏识，建朝伊始就任他为兵部郎中。后来，由于冯瓒政绩出色，升任左谏议大夫，出朝担任了舒州（今安徽舒城）知州。

在舒州任上，冯瓒为百姓做了一些好事。他善于体察民情，减免税收，使百姓能够安居乐业。舒州地区渔业发达，居民捕捞水产自用，但防御史司超却要全部征税。冯瓒认为这项税赋弊大于利，严重损害了百姓的利益。他上奏请求免除，宋太祖采纳了他的建议，并对他大加赞赏。乾德三年（965），冯瓒加官为枢密直学士。

二、足智多谋　巧败匪兵

冯瓒足智多谋。乾德三年（965）宋太祖刚平定后蜀，梓州（今四川三台）在战乱之后动荡不安，在战争中开小差的逃兵流亡各地，成了盗匪。他们或聚或散，到处打家劫舍，闹得百姓不能安居乐业。朝廷任命冯瓒为梓州知州，前去平定匪乱。

冯瓒刚刚走马上任，便有一名叫上官进的后蜀军官，率领三千名亡命徒，胁迫几万百姓，夜袭梓州城。

冯瓒接到报告后，登上城墙察看。只听得城下"哇啦哇啦"叫成一片，他对部属说："你们不必担忧，这些盗匪不敢在白天出动，而在夜里偷偷摸摸，可见他们心虚胆怯，纯属乌合之众。我们如果组建精兵相迎，他们定会落荒而逃。但现在城里只有三百多人马，加上正值夜晚，难以整理队伍列成战阵。唯一可行的办法，就是要保持镇静，绝不能惊慌失措。等到天亮，盗匪必定不战自溃。"说罢，便布置各项守城事宜。他先将二百人马分派到东、南、西、北四个城门坚守，又派身强力壮、机动灵活的官兵，组成巡逻队严密监视敌情，一有动静马上敲锣，以便调集援兵救急。最后，他暗中命令更夫，把半个时辰作为一个时辰来敲。于是更夫频频敲更，在半夜三更时分，就敲响了将近天亮的五鼓——"梆、梆"的声音，传至城外。

围城的盗匪本是为抢劫而来，既无斗志，又无队阵，对城里的官兵数量更是无从知晓。听到五更鼓响，以为天就要亮了，心想官兵马上就会出城攻打，个个胆战心惊，不知所措。正在这时，不知谁大喊一声："天快亮了，宋兵要冲出来啦！"话音未落，盗匪们便乱了阵脚，"哗啦啦"退潮一般地向后逃窜。上官进也急忙带领几个亲兵，逃之夭夭。一时之间，盗匪们你践我踏，溃不成军。冯瓒在楼上看得真切，认为时机已到，便命令官兵出城追击逃匪，很快就俘获一千多人，上官进也被活捉了。

几天之后，冯瓒下令将匪首上官进斩首示众，对一千多名俘虏则在训导后予以释放。从此，梓州境内治安大为好转，百姓生活得以安定，为非作歹的盗匪销声匿迹。那个喊"宋兵要冲出来啦"的人并不是盗匪，而是冯瓒利用夜色掩护，悄悄用绳子放下城墙的一位部下。

三、仕途险恶　宦海沉浮

冯瓒平匪有功，应该得到重用，但却从此被削职为民，流放边疆。

原来，起初宋太祖想重用冯瓒，常常与宰相赵普说他有奇才。赵普非常妒忌冯瓒的才能，他推荐冯瓒到梓州平定盗匪，却暗中命令亲信跟随前往，秘密监视冯瓒的举动，希望找到过失。赵普的亲信暗中观察一段时间后，掌握了一定证据，便潜回京城，控告冯瓒、副使李美等人收受贿赂、违法乱纪。

宋太祖听后，派人急速将冯瓒召回，亲自讯问。冯瓒极力辩解，但最终理屈词穷。盛怒之下，太祖将他交给狱吏看守。

不久，赵普派人到潼关，查验冯瓒的行囊，见里面装有很多金带和珍玩之物，还用封条写明是用来贿赂皇弟赵光义亲信刘嶅的，以此来与赵光义拉拢关系。铁证如山，冯瓒对其所犯罪行供认不讳，赵普趁机请求皇上按法律将他处死。太祖念冯瓒是有功之人，想宽免他，但赵普据理力争，毫不让步。最后，冯瓒被削职为民，流放登州（今属山东）沙门岛。

冯瓒被流放十年后，在开宝末年（976）被赦免回到京城。宋太宗赵光义一直很看重冯瓒的能力，继位之后，很快就任命冯瓒为左赞善大夫。

太平兴国元年（976）冬，冯瓒与礼部员外郎贾黄中、左补阙程能，受命分别掌管左藏三库。此前货币与金帛存放于一库之中，此时，国库充溢，货币与金帛混杂堆放，无法便捷地存取。冯瓒向朝廷建议，将货币与金帛分别存放于两库之中，宋太宗采纳了他的建议，并于太平兴国二年（977）赐给他金紫。

此后，冯瓒在官场上春风得意，连续加官晋爵。他历任判大理寺、度支判官、秘书少监等职，日益受到宋太宗的重用。太平兴国四年（979），宋太宗亲征北汉，特意任命冯瓒为随驾三司判官。凯旋后，改任大理卿兼判秘书省。

后来，冯瓒因患脚病请求解官，宋太宗允许他免去朝请，仍在本部门任职。冯瓒病情加重后，上奏章请求退职，太宗任他为给事中，准许他退休，而且恢复了他以前的勋阶。

太平兴国五年（980），冯瓒去世，享年六十七岁。

光州刺史史珪

史珪（926—968），宋初文臣。河南洛阳人。他自幼习武，在后周时任小校。宋初受到宋太祖重用，后来仕途波折，曾因泄漏宫廷秘密遭贬职。出任刺史期间有所建树，仕途趋于平坦。任职地方时，颇有善政，民怀其恩。

一、恃宠而骄　诬陷不成

史珪的父亲史晖，在后晋任指挥使。史珪自幼跟随父亲习武，练得一身好本领。青年时期，他凭借高强的武艺获得了军籍，后周显德年间升为小校。赵匡胤当时统率宫禁侍卫军，对史珪有所看重，让他在自己左右效命。

宋朝建立后，因为宋太祖赵匡胤的信任，史珪从御马直队长,逐渐升迁为马步军副都军头兼控鹤、弓弩、大剑都指挥使、都军头,领毅州刺史。

宋太祖登上皇位之初,想详细知道宫廷之外的事情,史珪受命前往民间进行访查。他把所查访到的几件事上禀太祖,经验证,其所言都为事实,宋太祖为此对他大为赞赏。

但随着所获信任的增多,史珪开始恃宠而骄,访查有失公正。某日,一名商贩以很高的价钱将货物卖给官府,史珪告发他欺骗,应当法办。由此,史珪遭到商贩们的怨恨与唾骂。宋太祖闻知,特地下诏说:"自古以来,商贩都是唯利是图,古人依法管理市场,以保证市场平衡,防止商贩以过高价格进行买卖,但不能将他们都绳之以法,要视情况而定。况且,先前的法令对于商贩以什么价钱进行买卖算是违法,没有作出明确规定。如果将那些高价出售货物的商贩法办,显然有悖情理。如果阻止商贩以高价买卖,应该明确予以告示。从今以后,如有哄抬物价、以高价欺骗官府者,一经查处,立即法办。在诏令颁布以前违法者,都不予以追究。"

德州刺史郭贵在升任邢州知州后,国子监丞梁梦升为德州知州。郭贵的几个亲戚在德州为官,仗势在德州城里横行霸道、为非作歹,梁梦升将他们绳之以法,郭贵为此怀恨在心,伺机报复。郭贵与史珪一向友好,他请托史珪在太祖面前参梁梦升一本,趁机拔掉这颗眼中钉。

一天,风和日丽,御花园里花团锦簇,美景如画。宋太祖与几名近臣在园中亭上饮酒闲聊。酒意正浓,太祖笑吟吟地说道:"近来朝廷和地方所任命的人都是合适的人选,朕感到很欣慰。"众人纷纷随声附和,园中呈现出一片其乐融融的景象。

偏偏这时有人要破坏气氛,大煞风景。史珪从怀中取出事先准备好的奏折呈上,说:"如今的文臣,也未必都是好的。德州知州梁梦升欺负蔑视刺史郭贵,几乎要把他置于死地。"宋太祖听后,好心情立即丢了一半,把刚刚送至嘴边的酒杯"嘭"地一声重重放在桌上。看完史珪的奏折,宋太祖沉吟不语,颇有深意地看了看史珪,对他说:"梁梦升的为人朕十分了解,他是一名清廉强干的官吏,这必定是郭贵做了违法的事。"宋太祖将奏折交给中书说:"立即任命梁梦升为赞善大夫。"紧接着又说:"授他左赞善。"史珪欲加辩解,但宋太祖挥手阻止,摇摇头,语气沉重地对他说:"爱卿太让朕失望了!"

酒会不欢而散,史珪偷鸡不成蚀把米,因为诬陷不成,他快快不快了很久。

二、开仓济民 善政升官

开宝九年(976),史珪因泄露宫廷秘密而被降罪,出朝任光州刺史。在此期间,史珪痛改前非,其所作所为令人耳目一新。

担任光州刺史期间,恰巧遇到周边的几个州城闹饥荒,淮州、蔡州等地百姓都逃荒来到光州境内。史珪未经朝廷允许就开仓放粮,降价出售粮食,甚至免费发放,很多灾民因此保住了性命。当地数百名官吏及百姓,到朝廷请求立碑颂扬史珪的德行。宋太宗赵光义对其所为大加赞赏,并于太平兴国初年(976),任命他为杨、楚等九州都巡检使。

从此以后,史珪仕途趋于平坦。太平兴国四年(979),宋太宗征伐太原,史珪与彰信军节度使刘遇攻打城的北面,取得了胜利。但在随从宋太宗征伐幽州时,因所领军队徘徊观望,被降职为定武行军司马。但后来太宗念其功大于过,重新任命他为右卫将军,领平州刺史。当时发生水患,史珪受命去监督疏导工程。惠民河从尉氏到京城有九十里长的距离,在史珪不分昼夜的监督下,仅仅几十天便完成了疏导工作。

那一年，江、淮地区常有一伙强盗出没，史珪率领骑兵五百人前往捕捉，将强盗全部抓获。太平兴国六年（981），史珪积极向朝廷献计献策，提出有关沿边地区自治的十五条意见，全部被采纳。由于政绩出色，太宗连续为他加官隰州刺史、保州知州、静戎军知军。

雍熙年间，史珪跟随曹彬征伐幽州，担任押阵部署，带领军队攻下涿州。在此期间，史珪身患疾病，军队班师回朝后，病重去世。

开国第一状元杨砺

杨砺（931—999），宋初状元。本名杨励，字汝砺，京兆府鄠县（今陕西户县）人。杨砺勤奋好学，中状元使他一朝成名。但由于迷信梦境，迟迟不愿出仕，因而太祖一朝官位不显。经过太宗一朝，直到真宗朝，他才青云直上，官运亨通。

一、门第显赫 迟迟不仕

宋太祖赵匡胤建国后，采取了一系列措施强化君主专制的中央集权。为了选拔治国理民的优秀人才，在建国的当年，即建隆元年（960），便开科取士。考试分两级，一是各州举行的取解试，一是礼部举行的省试。省试的第一名即为状元。大宋王朝的第一位状元正是杨砺。

杨砺的家世可追溯到唐代。唐僖宗时，宦官杨复恭任左神策军中尉，六军十二卫观军容使，封魏国公。僖宗驾崩，杨复恭册立昭宗，威福自断。他有养子六百人，分布在中央和地方，把持政权。其中的杨守信，官居山南西道节度使、同中书门下平章事，是杨复恭的心腹之一。杨复恭专权自恣、图谋不轨，唐昭宗将其团伙一网打尽，杨守信也被斩首，但儿子杨知礼侥幸存活下来。后晋时，杨知礼官至均州刺史。

杨知礼之子杨仁俨，就是杨砺的父亲，仕后蜀任丹棱（今属四川）县令。乾德三年（965）宋太祖发兵灭蜀，杨仁俨降宋，任为渭南主簿，累迁至永和（今属山西）县令。

杨砺出生后，父亲对他严加教育。杨砺不负父亲厚望，勤奋好学，饱读诗书。在后周时期，杨砺已经以文章闻名。广顺三年（953）的一天，他拿着自己的文章去见晋王、开封府尹柴荣，柴荣命馆舍接待了杨砺。

杨砺曾经做过一个梦，梦见一位穿古时衣冠的人对他说："你能随我来吗？"杨砺欣然前往。他们来到一个地方，那里宫殿巍峨，似非人间所能有。大殿上有三十多个王秉珪南向。杨砺上殿拜谒，只见领头的大王前面有几案，上面放着录人姓名簿册，他的姓名居首，但不是写作"杨励"，而是"杨砺"。他向大王请教吉凶祸福，大王说："我并非你的老师。"用手指一人道："那位来和天尊，将来是你的主人，你可以问他。"名"来和天尊"的人笑着说："再过四十年，你就可以建立功名，而我也就贵显了。"梦醒之后，杨砺颇感惊奇，为了祈求梦中"来和天尊"所说的富贵，遂改名为"砺"。

建隆元年（960），杨砺考中进士甲科，也就是中了状元。高兴之余，他更加相信梦中的"来和天尊"所言不谬。

然而，杨砺刚中状元，父亲杨仁俨就病逝了。杨砺悲痛欲绝，数日水米未进，众乡邻都为他的孝行所感动。三年父丧结束后，杨砺认为微薄的俸禄不足以养活母亲，遂打算在家侍养老母。后经官府发送文书催促，他才出仕，担任凤州团练使推官。过了一年，老母罹病，杨砺闻讯挂冠，回家侍养老母。

杨砺在家一住多年,似无复出之意。他相信梦中"来和天尊"说的话,再有三十多年才能大贵,因此他迟迟不愿出仕。

开宝九年(976),杨砺诣阙献书,宋太祖召试于学士院,授陇州(今陕西陇县)防御史推官,掌审理刑狱。

杨砺再度出仕,到西北边地做了一名州史。这年十月二十日,宋太祖驾崩,他的弟弟赵光义即位。

二、官运亨通　病魔突降

太平兴国元年(976),杨砺奉召入汴京开封,出为光禄寺丞。光禄寺负责祭祀所需供品,丞是佐官。不久,杨砺的母亲病逝,杨砺又回家服丧。服丧期满后,杨砺再度出仕,做了很长时间的光禄寺丞。转为秘书丞,辅佐秘书监、少监掌管图籍。改任屯田员外郎,出知任鄂州(州治江夏,今湖北武汉)知州,杨砺在鄂州勤于治政,发展经济,为民做主,治绩卓著。

端拱元年(988)正月,宋太宗第三子赵元侃封为襄王,杨砺出任襄王府记室参军,负责王府的文字工作。杨砺一见赵元侃,又惊又喜,回家偷偷地告诉儿子:"我今天看见襄王仪貌,就是梦中的'来和天尊'。"赵元侃掌理开封府,杨砺又出任开封府推官,负责审理刑狱。一天,赵元侃问杨砺:"你是哪年中进士的?"杨砺唯唯,没有回答。后来,赵元侃得知杨砺为建隆元年状元,自悔问得不得体,对杨砺不以状元自傲,甚为推重。

淳化六年(995)八月,赵元侃被册立为皇太子(改名"赵恒"),杨砺兼任右谕德,掌赞谕道德、侍从文章,赵恒对他极为看重。

两年后,即至道三年(997),宋太宗驾崩,赵恒继位,是为宋真宗。杨砺晋封给事中,判吏部铨。给事中为寄禄官,仅代表品级、俸禄,他的真正职位是判吏部铨,负责铨选官吏。不久,拜翰林学士。翰林学士掌起草诏令，为皇帝近臣，一经授予此职，即有入相的希望。过了一年，即咸平元年（998），杨砺拜工部侍郎，枢密副使。工部侍郎也为寄禄官，他的真正职位为枢密副使。枢密副使为最高军事机构枢密院的副长官，职位颇重。

自真宗继位后，杨砺青云直上。他非常高兴，认为自己的梦应验了。当然，这并非因为宋真宗为广顺三年梦中的"来和天尊"，而是杨砺才堪大任，再加上他是真宗为襄王时的记室参军、开封尹时的推官，故升迁很快。

谁知正当官运亨通之时，病魔突然降临，杨砺病倒了。咸平二年（999），杨砺病逝，享年六十九岁。

宋真宗闻讯大为悲痛，对宰相说："杨砺耿直清廉，朕正准备委以重任，谁知竟这么快去世了！"（"砺介直清苦，方当任用，遽此沦谢。"《宋史·扬砺传》）遂冒雨前往吊唁。杨砺住在一条狭窄的小巷中，车驾进不去，真宗步行，来到杨砺的灵前，嗟叹良久。回宫后，真宗诏令停止朝会致哀，追赠杨砺兵部尚书。

开国第二状元张去华

张去华（932—1000），宋初状元。字信臣，开封襄邑（今河南睢县）人。自幼好学上进，擅长诗文。建隆二年中状元，历任秘书郎、右补阙、道州通判、磁州知州、中书舍人、左谏议大夫等。历经宋太祖、太宗、真宗三朝，多有政绩。为人不饰边幅，性情耿正，不肯屈尊阿附，故而官职不显。四子亦中状元，时人以为荣。

一、父子耿直　好学上进

张去华出身于书香门第。父亲张谊，自幼喜好读书，不事产业，性格耿介。

张谊少年时就成了孤儿，由叔父养大。叔父叫他监督雇工种地，有一天，叔父到地里视察，却不见张谊的身影。后来在一棵大树下找到，他正在那里聚精会神地看书。叔父大怒，斥责他懒惰、不务正业。张谊回家后，对哥哥说："我如果不出外求学，出人头地的愿望就难以实现！"于是偷偷离家出走，去了洛阳，进入龙门书院读书。

后唐长兴年间，和凝掌控贡举，张谊考中进士，出任耀州团练推官。

后晋天福初年（936），张谊任职期满，回到朝廷。当时，和凝已经升任端明殿学士，不接待宾客。张谊听说后，当即写了一封信，信中说："皇上身边的近臣，理应充任皇上的顾问，为此就应积极询访四方有关利害的消息。如果不接待宾客，必将闭目塞听，虽然是为自己的安宁考虑，但却是失职。"和凝看了信，大吃一惊，认为张谊是个人才。几天后，和凝把他推荐给宰相桑维翰，说："我的门生中有个叫张谊的人，性情耿直，颇有才能，可担任谏官之职。"

桑维翰把和凝的推荐记在心里，没过多久，便越级提拔张谊为左拾遗。张谊见后晋初建，礼仪不完备，数次上奏请求效法唐朝，制定礼仪。不久，张谊又上言说，契丹有援立之功，高祖石敬瑭是在契丹人支持下登上皇位的，理应与其交好，不可骄横滋事。上言受到朝廷重视，将他改右补阙，充任集贤殿修撰，历任礼部员外郎、侍御史、礼部郎中等职。

后汉乾祐初年（948），张谊出任中书舍人。当时，苏逢吉、杨邠、王章等大臣攀附后汉高祖刘知远，骤得大用，缙绅多阿附他们，张谊不肯屈尊阿附，所以众人都忌恨他。不久，张谊被排挤出朝廷，出任吴越宣谕使，与兵部郎中马承翰一起前往吴越，宣布官府文书。吴越一带的人，每当迎接朝廷使者时，都大列步、骑，以显示兵强马壮。张谊与马承翰见此，便加以嘲笑。吴越王钱俶深以为耻，就诬陷张谊擅自打骂防援官。结果，张谊被贬为均州司户，又改房州司马，过了一年多就郁郁而逝。

张去华像父亲一样，好学上进，擅长诗文。他的性情也很耿直，不肯屈尊奉承别人。显德二年（955）十一月，后周世宗柴荣发兵进攻南唐，张去华时年二十四，慨然叹道："兵戈不停息，民事不修治，不是治国的长久办法。"（"兵战不息，民事不修，非驭国持久之术。"《宋史·张去华传》）遂著《南征赋》《治民论》进献。世宗阅后大为欣赏，特加召试，授他御史台主簿一职，负责御史台的文字事务。御史台辖下的台院、殿院、察院三院长官议事，张去华官卑，不得预坐，对几个好友说："主簿这样的职务，不是大丈夫所要做的！"（"簿领之职，非壮夫所为。"同上）挂冠而归，杜门不出三年，专心读书著述。

宋太祖赵匡胤君临天下不久，张去华便带着自己的文章游历京师开封，拜访达官名人。饶阳（今属河北）人李昉，名重天下，时为中书舍人，读了张去华的诗文，大为赞赏。经李昉等一班文人名士称扬，张去华名声大噪。

建隆元年（960）秋天，张去华考中开封府的"取解试"。第二年，即建隆二年（961）春，参加礼部的"省试"，一举夺魁，成为大宋开国后的第二个状元。这年，张去华年仅三十岁。

二、太祖钦点　青云直上

考中状元后，张去华被授予秘书郎的官衔，入值史馆，参与修史。过了一年，任职期满，没有按规定升迁，遂上疏自诉，指斥知制诰张澹、卢多逊和殿中侍御史师颂，说他们三人学识浅陋而官居高位，请求皇上考校自己与张、卢、师三人的优劣。宋太祖见到此疏，大为惊叹，遂命大臣陶穀等考校。经过考试，张澹等成绩欠佳被降秩，张去华则擢升为右补阙，太祖还赏赐他衣服、银带和鞍马。

右补阙是寄禄官，仅代表官秩，不是实职。然而，朝中大臣鄙视张去华汲汲于功名，急于进取，屡加贬抑，张去华在右补阙之位一待就是十六年，仍不得升迁。

一天，宋太祖召见张去华，问及他的家世。张去华乘机以父亲为喻，说老父因得罪权贵而遭贬谪，以此发泄对当朝权臣的愤懑。宰相薛居正也说，张去华的父亲因耿直而遭贬。宋太祖为之动容，说："后汉不仁道，奸臣专权，这是朕亲眼目睹的。"（"汉室不道，奸臣擅权，此朕所亲见也。"《宋史·张去华传》）不久，命张去华任道州通判（治今湖南道县），也就是道州的副长官。

当时，岭南地区还有一个割据政权——南汉，国主是刘鋹。到达道州之后，经过一番调查，张去华上奏说："桂州（今广西桂林）为五岭要冲之地，如今刘鋹保境固守，依赖桂州为屏障，如果我军先夺取桂州，那么大军南下就如入无人之境。"宋太祖下诏嘉奖。

道州通判任职期满后，张去华调任磁州（今河北磁县）知州。

宋太宗继位后，张去华升任中书舍人，出知凤翔府（治今陕西凤翔）。

太平兴国四年（979），宋太宗御驾亲征北汉，张去华奉命随行，负责征收、颁赐粮饷。在出征路上，受命为京东路转运使，职司京东路财赋。太平兴国七年（982），调任江南路转运使。

雍熙三年（986）正月，宋太宗派兵收复被契丹辽占领的燕云十六州。张去华奉命督宋州（治今河南商丘）的财赋北上作军饷，至宋、辽交界的拒马河，奉调任河北路转运使。不久，调任陕州知州。临行前，张去华把所编《大政要录》三十卷献上，太宗阅后大为赞赏，赐绵帛五十匹，把他留在京师。

这时，宋太宗次子元僖晋封许王，出任开封尹。长子元佐已被废为庶人，太宗意欲以元僖为皇嗣，命张去华为开封府判官，殿中侍御史陈载为开封府推官，负责审判案件。太宗对他们说："你们都是朝中的端方之士，所以特别加以选用，请好好辅佐我儿子。"（"卿等皆朝之端士，特加选用，其善佐吾子。"同上）各赐钱百万。

第二年，张去华升任左谏议大夫，太宗又让枢密使王显传达旨意，表明要他辅佐的意思。（"逾岁，就拜左谏议大夫，又令枢密使王显传旨，谕以辅成之意。"同上）

三、官职不显　父子状元

正当官场上春风得意之时，张去华却在一桩案子上栽了跟头。

庐州（治今安徽合肥）有个尼姑，叫道安，向开封府状告弟媳不孝，张去华说道安诬告，把她押送回庐州。道安状告的弟媳，是广陵人徐铉夫人的外甥女。徐铉在朝中为官。道安经过调查，发现他曾致函张去华，要其从中斡旋，张去华因此判道安诬告。道安入京，击登闻鼓告御状。宋太宗大怒，贬张去华为安州（治今湖北安陆）司马。

过了一年，宋太宗再次起用张去华，授为将作少监，兴元府（治今陕西汉中）知州。张去华还未上路，又改任晋州知州。不久，升任秘书少监，出知许州（治今河南许昌）。

至道三年（997）三月，宋太宗驾崩，第三子赵恒承嗣大位，是为宋真宗。张去华升任左谏议大夫，不久又晋升为给事中，出任杭州知州。

杭州曾是吴越国属地。吴越统治时，征收人头税，人死了也不豁免。太平兴国三年（978），吴越纳土宋廷，但朝廷仍按吴越的人头征税。张去华上奏，请求免去死者的人头税。但有司以财政吃紧为由，未予准许。

咸平二年（999），张去华调任苏州知州。到任不久，张去华便病倒了，请求分司西京洛阳。在洛阳，他修建了一座别墅，里面建造了一个亭子，名曰"中隐亭"，打算从此隐居。景德元年（1004），张去华以工部侍郎衔致仕。咸平三年（1000）病逝，享年六十九岁。

张去华相貌堂堂，口才也好，为人刚正，崇尚气节，极重友情。在任道州通判时，遇到父亲生前好友何氏遗下的两个孩子，便收养了他们，教他们读书。何氏二子后来都做了官。

张去华为官，关心民间疾苦。他曾著《元元论》（"元元"意指百姓），论述为政应以养民重农为急。他把此文献给宋真宗，真宗大为赞赏，命用丝绢书写成十八轴，悬挂在龙图阁四壁。龙图阁是咸平四年（1001）建成的，收藏太宗手迹及各种图书。此外，张去华还留下了文集十五卷。

张去华才华非凡，但入仕四十三年，实际官职仅至知州、知府。之所以官职不显，《宋史·张去华传》说是由于他"不饰边幅（指衣装打扮，也指男女关系），颇为清议所贬"。这是原因之一，另一原因是他刚正不阿，触犯了官场大忌。

张去华有十个儿子，后来成名的有张师古、张师锡、张师颜、张师德四个。张师古官至国子监博士官；张师锡官至殿中丞；张师颜官至国子监博士官。最有名的是张师德，张去华也最器重他，说唯有此子可以继承自己的壮志。大中祥符四年（1011），张师德参加殿试，大魁天下。在老父张去华夺魁五十一年后，儿子张师德也中了状元，时人以为荣。

前朝臣子与割据群雄

宋太祖赵匡胤本为后周大将,他登上皇位,原本平起平坐的大臣俯首称臣,难免有人心存不甘。李筠、李重进率先起兵反抗,宋军大力镇压,最终平定。而宋初割据政权众多,如南唐、后蜀、吴越、南汉、北汉、荆南等,这些方国的存在,不利于统一大业,宋太祖逐一讨伐,诸方国则或败、或降,国主则或丢项上头、或成阶下囚。

昭义军节度使李筠

李筠（？—960），后周将领。并州太原（今山西太原）人。李筠力大无比，骁勇善战，在契丹入侵中原时，他予以痛击，将其赶走，立下大功，但却赏赐微薄。后来追随郭威，成为后周开国功臣，先后任昭义节度使、检校太傅、同平章事。赵匡胤取代后周，李筠内心不服，遂起兵叛乱，兵败自焚而死。

一、力大无比　痛击契丹

李筠擅长骑射，后唐秦王李从荣招募勇士做亲兵时，他拿着弓箭前往求见。李从荣的弓力达一百斤，府中没人能拉开，他让李筠射箭，结果李筠把弓拉满还有余力，而且两发两中。李从荣既惊又喜，当即让他隶属部下。

李从荣是后唐明宗李嗣源的长子，手握兵权，十分骄横。后唐长兴四年（933）五月，李嗣源突然中风。十一月中旬，李嗣源病情加剧。李从荣入宫探视，见李嗣源已不能抬头，走出宫门时又听到宫中哭声不绝，以为李嗣源已经病危，便决定先下手为强，率兵入宫夺取皇位。次日早晨，李从荣率步、骑千余人在城中天津桥列阵。当时，李筠骑马跟随，一连射死十几人。谁知李嗣源还活着，并下令反击。李从荣惊慌失措，逃回秦王府，很快就被活捉斩首。李筠知道大事不好，急忙弃马逃走。清泰初年（934），闵帝李从厚执政，李筠应募为内殿直，升为控鹤指挥使。

五代时，政权更迭频繁，后唐很快被后晋取代，李筠也归附了后晋。后晋开运末年（947），契丹侵犯汴京，契丹将领赵延寿听说李筠骁勇，便把他召来安排在部下。契丹主返回北方时，在途中病倒，死在栾城，赵延寿到常山后，兵败被拘禁。契丹军队有好几万人，占据常山，后来北撤，留下耶律解里驻守，仅剩两千名骑兵，还分给部首领杨衮一千骑兵去夺取邢、洺。

当时，士大夫大多数住在城中，契丹人和汉人互相混杂。耶律解里性情贪婪，削减汉军的饮食，汉兵吃不饱，脸上都呈现饥饿之色。李筠利用汉兵的怨恨，秘密与王荛、石公霸、何福进等人谋划，闰七月二十九日，在契丹守城门者正吃早饭时，以撞响寺钟为号，相继占武器库，接着烧毁牙门，大声呼喊市民，合力攻杀契丹人。契丹军队非常惊慌，从北门逃了出去，耶律解里与族人坐车逃往郊外。

第二天，耶律解里纠集军队进入外城，竭力作战，后晋兵士只顾掠夺财物，只有李筠率领控鹤一军与市民一起抵御契丹军，死伤不断。午后，城外有一千多名知道契丹已经奔逃败亡的百姓，手持武器奔向耶律解里与族人的坐车，准备劫取财物。守卫者飞驰进入外城报告，耶律解里得知消息，带着族人匆忙逃走。

当初，李筠提出谋划对付契丹人，约定诸将同心协力，控鹤左厢都校白再荣首先藏在内室不敢响应，李筠拔刀砍破帐幕，拉着他的手臂胁迫，白再荣不得已而出，诸将也依次前往。等到契丹人仓皇离去，百姓战死的达两千多人。诸将互相夸耀自己的功劳，李筠拜见前丞相冯道，请求让自己暂领留后，冯道说："留后的事应当让功臣担任。"冯道害怕将领们再度混乱，便以白再荣的官职超出众将，暂且推为留后，于是人心安定下来。这一战，李筠的功劳最大，但没有受到重用。

当时，后汉高祖刘知远已取代后晋登上帝位，李筠就向刘知远传送归附诚意，让儿子去朝中拜谒。刘知远十分赏识李筠，因为控鹤一军尽力奋战，给予优厚赏赐，授任白再荣留后，李筠为博州刺史。但即使这样，李筠仍认为赏赐微薄而不高兴。

二、功高劳苦　擅自征税

后汉重臣郭威镇守大名时，得知李筠骁勇善战，上表请封他为先锋指挥使，又为北面缘边巡检。李筠从此日益受到重用，也因此对郭威心存感激。后来郭威起兵反汉，李筠坚决跟随，他与后汉将领慕容彦超在留子陂（亦作"刘子陂"）作战，大败敌人，慕容彦超东逃。郭威建立后周，登上帝位，李筠功不可没。

后周广顺初年（951），李筠权知滑州，不久实授义成军节度使。过了几个月，改任彰德军节度使。正值北汉刘崇侵犯晋州，周太祖郭威派大将王峻率军抵抗，李筠主动请求西征，郭威下诏嘉奖他主动请缨、杀敌报国的精神。李筠又请求免去黄泽关的商税，得到许可。郭威征讨兖州，回来时驻兵在濮阳，李筠前去朝见，献上马匹，郭威大为高兴，赏赐成套衣服、金带。次年，郭威任命李筠为昭义军节度使。广顺三年（953），加官检校太傅。当时王峻兼节制，认为李筠、何福进都是创立基业的功臣，所以一起加恩。显德初年（954），郭威亲自举行郊祭，李筠得以加官同平章事。

后周太祖郭威驾崩，世宗柴荣即位，北汉趁后周国丧派军入侵。北汉将领张晖率先锋从团柏谷进入梁侯驿安营，攻打防御的城堡栅栏，所到之处大肆烧抢，李筠派护军穆令均率领两千名步骑抵抗。穆令均在太平驿安营，驿的东南边离潞州八十里，由于侦察、巡逻松懈，给了敌军可乘之机，张晖凌晨忽然到来，潞州兵惊慌之余，急忙披挂铠甲反击。张晖假装退却，潞兵紧追不舍，突然，伏兵如潮水一样涌出，穆令均且战且退，遭到惨败，投降敌军的步兵有几百人，未能返回的骑兵有一百人，剩余的军队返回保卫潞州。

周世宗闻讯震怒，遂亲征沁州，降服了张晖。世宗命李筠率领沁州的行营兵，赶往太原；符彦卿驻防忻口，抵御契丹的援兵。符彦卿请求增派军队，世宗派李筠和张永德领三千骑兵增援。李筠率军到达忻口，派偏师绕到契丹后面，奋力攻打，终于打跑了他们。因为此功，加官兼任侍中。

李筠连年征战，建立了赫赫战功。后周显德二年（955），李筠在榆社打败北汉军，俘获其将领安濬、康超等七十多人。显德三年（956），李筠派行军司马范守图率军进入辽州地界，杀死北汉军三百多人，俘获几名小校。显德四年（957），又派范守图进入河东地界，降服两座营寨。显德五年（958），李筠亲自率军进入石会关，攻下北汉的六座营寨。这年冬天，又攻下辽州长清寨，擒获磁州刺史李戴兴。不久，又在边境打败并军，斩杀三百多人。显德六年（959），李筠平定辽州，俘获刺史张丕旦等二百四十五人。

李筠在军镇曾擅自征税、聚集逃亡，并因私愤而拘禁监军使，世宗对此很愤怒，但想到他功高劳苦，仅下诏责备而已。

周世宗柴荣去世后，恭帝柴宗训继位，李筠加官检校太尉。同年秋，李筠命副将刘继忠领兵与吐谷浑军进入北汉地界，平定贾家寨，斩杀一百多人，获得牛羊后返回。

三、不肯臣宋　起兵谋反

后周显德末年（960），赵匡胤代周建宋称帝，升李筠兼中书令，派使臣告知恭帝禅让帝位之事。李筠深知所谓"禅让"，不过是赵匡胤对自己篡夺帝位的美化，因而当即便想抗命，左右的人劝说天命如此，他才勉强下拜，神态很不恭敬。接着，李筠邀请使臣走上台阶，摆酒宴、设音乐，命人把后周太祖的画像挂在墙壁上，哭个不停。宾客们都十分惊慌害怕，告诉使臣说："他是喝醉酒才失去了常性，希望不要介意。"（"令公被酒失其常性，

幸勿为讶。"《宋史·周三臣传》)

后来，北汉国主刘钧派人送蜡丸书，要联合李筠一同起兵。李筠虽密封书信献上，宋太祖也亲笔写诏书慰问安抚，但他心中却已起了谋乱的打算。当时，李筠之子李守节任皇城使，曾经哭着劝父亲不要谋反，李筠不听。宋太祖又派李守节传达旨意说："我听说你劝过你父亲，你父亲不听。我现在与其杀你，不如让你回去告诉你父亲，我没做天子的时候，想做天子由他；我既已做了天子，难道他就不能臣服我吗？"（"吾闻汝谏汝父，汝父不听，吾今杀汝，何如汝归语汝父，我未为天子时，任自为之，既为天子，独不能臣我耶？"《宋史·李筠传》）李守节告诉了父亲，李筠叛乱之心更加坚定，于是起兵，命令幕府撰写檄文，言辞多有不逊。

从事闾丘仲卿向李筠献策说："公以孤军举事，形势很是危急，虽有刘钧的援助，但恐怕不得其力。大梁军队装备精锐，难以争强，不如西下太行，直达怀、孟，阻塞虎牢，占据洛邑，向东争夺天下，这是上策。"李筠说："我是后周朝的老将，与世宗的情义如同手足兄弟，禁军卫士都是以前的熟人，他们一旦听说我来，必定倒戈归从。何况我有儋珪枪、拨汗马，夺取天下还有什么可担忧的呢？"儋珪是李筠的爱将，勇敢有力；拨汉马是李筠的骏马，一天能跑七百里，所以李筠以此夸耀。李筠捉住监军的亳州防御使周光逊、闲厩使李廷玉，派判官孙孚、衙校刘继忠送信给北汉主刘钧，请他派增援部队。李筠又派人杀死泽州刺史张福，占据了泽州。

刘钧派出部分老弱之兵，再加上几千名契丹兵，前来援助李筠。到了太平驿，李筠以臣礼迎接拜见，看到刘钧的军队又少又弱，非常后悔，但已经来不及了。刘钧封李筠为西平王，赐给他三百匹马，召见了他，并同他谈话。李筠对刘钧说："我受后周太祖的大恩，不能为保全性命而坐视后周江山易主。"刘钧是后汉高祖刘知远的族人，他的哥哥刘赟死于郭威之手，因此与郭威有世仇。听了李筠的话，刘钧怀疑他对自己是否忠诚，命令宣徽使卢赞监督其军队。李筠心中不满，同卢赞很不融洽，刘钧又让平章事卫融为他们调解。

李筠有三千匹马，他加紧时间训练，日夜谋划入侵。他留下儿子李守节守卫上党，自己带领军队向南开进。宋太祖派石守信、高怀德等大将率军讨伐，下敕说："不要放李筠下太行，让军队迅速前进，以占据险要之地。那样一来，击败他便易如反掌。"又派慕容延钊、王全斌从东路与石守信会师，会同监军李崇矩，在长平打败李筠军，斩首三千级。接着，宋军又攻克了大会寨。

四、兵败自焚　遗腹留子

为了尽快平定李筠的叛乱，宋太祖决定亲征。在翻越太行山时，山路险峻、石头又多，军队无法行军，宋太祖率先在马上背上几块石头，搬运到别处，群臣六军也争相搬运，当天就铲除石头成为大道。

不久，宋太祖翻过大行山，与石守信、高怀德会师，在泽州南打败李筠的监军使卢赞，擒获李筠的河阳节度使范守图，李筠逃回泽州，固城自保。

宋太祖率军排列栅栏，包围泽州。李筠的龙捷使王廷鲁、吐谷浑留后汾州团练使王全德，率军从昭义前来投降，李筠越发失去外援。宋太祖亲自督战，攻下泽州城，李筠走投无路，只好自焚而死。宋军俘获刘钧的丞相卫融，刘钧非常害怕，就逃回去了。

宋军进而征伐上党，李守节献城投降，太祖赦免了他的罪过，赏赐给成套衣服、金带、银鞍勒马。当天设宴款待僚属，李守节亦在内，宋太祖让他担任单州团练使。

李筠虽然性格暴烈，对待母亲却很孝顺。每当他发怒要杀人时，母亲便从屏风后面呼唤，李筠急忙过去，母亲说："听说你要杀人，可以赦免吗？你积些阴德，为我们这些人增点福分吧。"李筠马上就释放了那人。

李筠读过一些书，很喜欢开玩笑。起初名叫"荣"，避后周世宗柴荣名讳，将要改名，有人让他取名"筠"，他说："李筠李筠，玉帛云乎哉？"这是《论语》《礼》云：玉帛云乎哉"的谐音。听到的人都发笑不止。

李筠爱妾刘氏，跟随李筠到泽州，在宋军猛攻之下，泽州城危在旦夕。刘氏对李筠说："城里有多少健壮的马匹？"李筠说："你怎么问这个？"刘氏说："孤城凶险紧迫，不久就会被攻陷。现在如果真有几百匹马，就可与心腹冲破包围，出去保护昭义，向河东求援，胜过坐着等死。"李筠表示赞同，召集左右计数，马匹还有上千。这天晚上即将出城时，有人对李筠说："如今在帐前商议，大家都说是一条心，城门打开以后，城就不能保住了。假若有人劫持你去投降，将后悔莫及。"李筠犹豫不决。第二天，城池就陷落了。李筠即将投火，刘氏想跟他一起死，因为已有身孕，李筠命她逃走。刘氏化装成民妇，躲藏到民间。李守节悬赏找到她，后来，刘氏为李筠生了个儿子。

李守节字得臣，起初补为东头供奉官。后周广顺年间，他曾因有心病乘醉打死供给皇上的白鹘，上奏等候处分，皇上下诏赦免了他。李守节经过四次升迁至皇城使，历任单州、济州二州团练使。乾德六年（968），宋太祖任命他为辽州知州。开宝三年（970），太宗改任他为和州团练使。开宝四年（971），李守节去世，享年三十三岁。没有后裔，就以刘氏所生的弟弟为后人。

淮南军节度使李重进

李重进（？—960），后周将领，太祖郭威外甥，福庆长公主之子。后周时，历任泗州刺史、大内都点检、殿前都指挥使、武信军节度使、天平军节度使等；宋初时，任淮南节度使，加官中书令。在宋太祖命其移镇青州时，他惶恐不安，遂起兵叛乱。在宋军的进攻下，兵败投火而死。

一、遗命重臣　沙场建功

李重进祖籍沧州，生在太原。他是后周太祖郭威的外甥，福庆长公主的儿子。

后晋天福年间，李重进入仕为殿直。后汉初年，跟随郭威征讨河中。

后周广顺元年（951），郭威即位，李重进升任内殿直都知，领泗州刺史。广顺二年（952），改任大内都点检、权侍卫马步军都军头，领恩州团练使，升为殿前都指挥使。广顺三年（953），加官领泗州防御使。后周显德初年（954），领武信军节度使。

李重进比后周世宗柴荣年纪大，太祖郭威病重时，招来李重进接受临终遗命，让他拜见世宗，以定君臣名分。柴荣继位后，任命李重进为侍卫亲军马步军都虞候，跟随征讨北汉刘崇。后周军与敌军在高平作战失利，大将樊爱能、何徽带领军队逃走，唯有李重进与白重赞统兵不动。不久，后周大将赵匡胤先指挥部下进击敌人，白重赞接着率领军队奋力作战，世宗亲自率领卫兵督战，后周军又振作起来，刘崇军大败。李重进因功领忠武军节度使。

在后周军进军征讨太原时，李重进又为行营马步军都虞候。军队还朝，李重进加官同中书门下平章事，改为归德军节度使兼侍卫马步军都指挥使。

世宗柴荣准备亲征南唐，命李重进统领军队先行赶赴正阳（在今安徽寿县西北）。不久，后周宰相李谷攻打寿春，没能攻下，派人催促李重进援助。南唐军认为李谷退走是害怕自己，就发兵三万多，旌旗辎重绵延几百里，又发战船二百艘，摆开阵势，列阵擂鼓呐喊向北行进。横向布置了上万个拒马物，都安着利刃，用铁索连接；又把木头雕成作战的形状，树立在军阵前，称为"捷马牌"，用皮袋装满铁蒺藜散布在战地上。

有一天，后周军还没吃早饭，南唐军忽然来到，后周军望见其战阵，都嘲笑他们。赵匡胤之父赵弘殷带领前军与李重进、韩令坤会合攻打，一举打败敌人，斩首一万多级，又追击二十多里，杀死南唐大将刘彦贞，俘获其偏将盛师郎等几十人，收降三千人，获得兵器战甲三十万。后周世宗非常高兴，下诏嘉奖，让李重进代替李谷为行营招讨使，赏赐成套衣服、金带、玉鞍、名马。

二、威震南唐　不为利诱

显德三年（956），后周世宗任命李重进为庐州、寿州等州招讨使。当时后周大将李继勋主管寿春，李重进的军队驻屯城北。南唐军队进攻城南，李重进与李继勋商议退兵。正值赵匡胤从六合回来，路过寿州，于是驻军十多天，李重进依靠其援助，军威再次振作。南唐人非常害怕，因李重进脸色黝黑，都称他为"黑大王"。

后周大将张永德屯兵下蔡，与李重进不和，宴请将领官吏时，总是揭李重进的短处。有一次，他竟然乘着酒醉，说李重进有谋反的阴谋,众人无不惊惧。张永德秘密派遣亲信乘坐驿车上京进言,世宗柴荣不相信,也不介意。两位将军都手掌重兵,但关系日益恶化,人们的心情日益忧惧。

李重进单人匹马,从寿阳来到张永德帐中,叫人拿酒来喝,亲自为其斟酒,对他说:"我和你都是国家的肺腑之臣,应当共同尽力,一起辅助朝廷,你为何怀疑我如此之深呢?"("吾与公皆国家肺腑,相与戮力,同奖王室,公何疑我之深也。"《宋史·周三臣传·李重进》)张永德见他如此坦荡,对他的敌意立即消除,两军也因此安定下来。

南唐主李璟得知此事,秘密让人送蜡丸书引诱李重进,用优厚条件吸引他弃后周投南唐,李重进不为所动,上表奏明此事。当时,濠州刺史齐藏珍也游说李重进,想让他起兵叛乱,世宗知道后,借别的事杀了齐藏珍。

周世宗下诏,让李重进在淮河两岸正阳、下蔡筑城,完成以后,献上城图。不久,李重进又在塌山北打败淮军两千多人。

当时,后周军包围寿州整整一年,未能攻下。南唐国主派遣许文贞、边镐率领水军数万,逆淮而上,前来援救寿州。许文贞把战船停在淮河之南,依托紫金山。此山距寿州数里,设置了十几个营寨,连接相望,与城里烽火相应;又向南修筑夹道,要修到寿州,作为运输粮饷之路。李重进等他们在城北打开营寨,出兵攻打,杀死五千多人,夺取两座营寨,缴获很多器械兵甲。世宗驾临寿州,设宴款待随从官员,召见李重进,赏赐军服、玉带、金银器皿、缯綵、鞍勒马。攻下寿州后,为他记功加授检校太傅兼侍中,又改为天平军节度使,仍为招讨使。

显德四年(957),后周军攻取濠州南关城,南唐濠州团练使郭廷谓带领军兵一万多投降,李重进还缴获了几万斛粮食。接着,李重进又跟随世宗平定了楚州。显德五年(958),世宗驻扎在迎銮镇，派李重进领兵赶赴庐州。正值李璟请求划江为界，世宗便退兵返回，留下李重进驻守，李璟派人用牛酒来犒劳他，不久就返回军镇。

显德六年（959），周世宗北征北汉，停宿在博州。李重进来朝见，世宗在行宫赐宴，命他领兵先向北行进。等到世宗驻扎瓦桥关，李重进同众将率军赶到。当时关南已经平定，商议进而夺取幽州。这时，世宗身体突然感到不适，只好作罢。世宗命李重进率军赶赴河东，停宿在百井的路上，打败北汉军五千多人，斩杀两千多人。

不久，周世宗柴荣驾崩，恭帝柴宗训继承皇位，加授李重进检校太尉，改任淮南军节度使，驻军扬州。

三、惧祸谋反　兵败自杀

宋太祖赵匡胤代后周建宋，登上皇帝之位，李重进仍担任淮南军节度使。宋太祖任命韩令坤代替李重进为侍卫都指挥使，给李重进加官中书令。不久，又命李重进移镇青州，加开府官阶。

李重进和赵匡胤都是后周大将，分掌兵权，那时，李重进时常忌怕赵匡胤。赵匡胤成了皇帝，他内心越发不安，听到迁移守镇，遂暗自心怀叛乱。宋太祖察知李重进有叛乱之心，就派六宅使陈思诲持铁券赐予，以此安定他。李重进想整理行装，跟随陈思诲入朝，左右却劝他不要去送命，听了这些话，他犹豫不决。

李重进自认为是后周皇室近亲，恐怕不能保全性命，便拘禁了陈思诲，修建城壕，整治武器战甲，派人向南唐国主李璟求援。李璟害怕宋太祖，不仅没有同意，还报告了这事。监军安友规受李重进忌恨，到这时，安友规谋划与几名亲信斩关而出，被众兵拦住，安友规等越城得以逃脱。李重进逮捕不亲附自己的军校几十人，全部杀死。

宋太祖派石守信、王审琦、李处耘、宋偓四位将军，率领禁军讨伐李重进。正值安友规来到，赏赐成套衣服、金带、器皿、鞍马，让他任滁州刺史，监前军。宋太祖对左右说："我对周室旧臣没有猜疑嫌隙之心，李重进不能体察我的心意，自己怀有反复无常之心。现在六军处在野外，应当暂时去慰劳安抚他们。"于是，宋太祖亲征，停宿在大仪镇。石守信派使臣飞驰上奏，说扬州城攻破就在旦夕之间，希望皇上亲临视察，以鼓舞士气。宋太祖径直到了扬州城下，结果，扬州当日就被攻克。

起初，扬州城即将失陷时，李重进左右的人劝他杀死陈思诲，李重进说："我现在全家都将投火而死，杀这个人又有何益处？"随后纵火自焚，而陈思诲被其党羽杀害。宋太祖入城，驻兵在扬州城的西南，逮捕逆党几百人，全部杀掉。李重进的哥哥深州刺史李重兴，听说弟弟叛乱，畏罪自杀。李重进的弟弟解州刺史李重赟、儿子尚食使李延福，也一起被斩首。

在李重进谋划起兵时，曾派亲信翟守珣去潞州，暗中勾结李筠。翟守珣早就与宋太祖相识，他没去李筠那里，而是改道来到京城，暗中去见枢密承旨李处耘，请求面见宋太祖。太祖立即召见，翟守珣报告了李重进将要谋反之事。宋太祖问道："我想赐给李重进铁券，他会相信我吗？"翟守珣说："李重进终究没归顺的意思。"宋太祖重赏翟守珣，用爵位相许，并让他游说李重进，以延缓叛乱时间，不让两个叛将（李筠、李重进）一起发兵来分散宋军的兵力。

翟守珣回去后，劝说李重进保势固守，不可轻易发兵，李重进很信任他，因此延缓了反叛的时间。等到李筠兵败被杀，李重进的反书传来，都一如宋太祖的策略；他不相信铁券，也如翟守珣所说。扬州平定后，宋太祖悬赏找到翟守珣，补为殿直，不久升任他为供奉官。

受李重进谋反株连之人，有个叫张崇诂的，在后周广顺初年（951）任枢密承旨。广顺二年，出朝为解州刺史、两池权盐使，对盐池利弊多有谋划。显德三年（956），改为德州刺史，又改为泗州、泽州刺史。张崇诂本来叫崇训，恭帝柴宗训继承皇位，他避讳改名。李重进去淮南时，从泗州路过，张崇诂对他讲述了积蓄兵力保全城池的计谋，李重进失败后，这件事情败露，宋太祖下诏逮捕他，斩首于市。

荆南王高继冲

高继冲（943—973），荆南国末代君主。字成和，原籍陕州硖石（今河南三门峡南）。荆南国第三代君主高保融长子。公元962年继王位，在位仅一年便降宋。荆南的平定，为宋太祖平蜀、平南汉、平南唐提供了便利的条件。

高季兴早年流落汴州，做富商李让的家童。朱全忠据有汴州后，李让靠奉献资财，被朱全忠收为养子，高季兴也受朱全忠赏识，被任命为毅勇指挥使。唐昭宗天复二年（902），朱全忠率军进攻凤翔李茂贞，屯兵城下，久攻不克。高季兴献诈降计，令手下武士马景诈降奔入凤翔，将李茂贞之军引到城外，被朱全忠军击败。高季兴因此知名，被授予宋州（今河南商丘）团练使。天祐三年（906）十月，朱全忠攻下荆南不久，就把高季兴派往此地，为荆南节度留后。次年，朱全忠建后梁称帝，正式委任高季兴为荆南节度使。

荆南节度使在唐代本来辖有八州，但高季兴初上任时，只能管辖江陵一座孤城，其他地区早被周边各国分割。

后梁乾化二年（912），太祖朱全忠被害，国政衰颓，内乱不断，高季兴遂拥兵自立，成为独立的割据势力，在十国中被称为"荆南"或"南平"。

高季兴虽在荆南自成一统，但辖地只有江陵以及后来取得的峡州与归州（今湖北宜昌与秭归），是十国中国势最弱的。荆南不仅国势单弱，而且地当冲要，北有中原王朝，西有蜀，东有吴（南唐），南有楚。处在诸国夹缝中，高季兴采取了一条极其现实的国策，就是所向称臣。

对于北方的中原王朝，每逢新朝建立或新帝登基，他都奉表纳贡，称臣奉贺。对于南方诸国，他也多称臣称藩。这样，一方面可以得到对方大批赏赐，另一方面又可以暂时免却大兵压境之祸。

虽然对邻国多俯首称臣，但高季兴有个嗜好，就是劫掠各国途经南平的使者。诸国国君都十分鄙视这位南平王，送了个绰号"高无赖"，也有人称他"高赖子"，不十分与他计较。当然，若遇上计较的哪一国，他就要演上一出兵临城下的险剧。

后唐天成二年（927）五月，楚国派往后唐的使者史光宪自洛阳返回，带回骏马十匹、美女两名。路经江陵时，高季兴忍不住，又夺了过来，并扣留了史光宪。楚王马殷似乎肚量不大，派六军副使王环等率军大举进攻，南平军大败，楚军进逼江陵。高季兴赶紧送出史光宪及马匹、美女求和。

高季兴死后，儿子高从诲继位。他继续使用父亲的做法，先劝吴越大王徐知诰继帝位，并率先称臣，又向晋、蜀等国分别称臣。契丹灭晋后，他一方面向契丹入贡称臣，另一方面又派使者到太原，劝河东节度使刘知远称帝，并求其称帝后将郢州赐给南平。刘知远登基后，高从诲又遣使称臣纳贡，再次乞求郢州，刘知远不许，高从诲遂与北汉断绝往来，拒纳来使。但不久就因断交后北方商贾不至，境内贫乏，又遣使谢罪，请求和好。

高从诲死后，第三子高保融嗣位。这时，北方的后周日渐强盛，高保融放弃了父祖的做法，专意事奉后周，年年上表纳贡。后周军进攻后蜀、南唐时，他还主动出兵相助。宋朝建立后，高保融更是尽心事奉，一年中三次入贡，讨好宋太祖。宋建隆元年（960）八月，高保融病逝。

高保融之弟高保勖平素治事有方，干练果决，深得高保融信赖，临终遗命其嗣位。建隆二年（961），高保勖派遣其弟高保寅向宋太祖进贡。起初，高保融在纪南城北决江，江水聚集淹渍七里余，谓之"北海"，以阻隔行者。至此，宋太祖因高保寅来进贡，谕旨令打开缺口导引水流，使道路无阻。

高保勖幼年多病，体貌瘦弱，却淫逸无度，每日召娼妓集于府署，选择士卒壮健者令恣意调谑，高保勖与其姬妾垂帘共观，作为娱乐。他又喜好营造台榭，穷极土木之工，军民都很怨恨。对于政事，他不管不问，从事孙光宪切谏不听。建隆三年（962）十一月，高保勖去世。

高保勖死后，高继冲继承王位。他继位之际，正值北宋统一南北时期，乾德元年（963）正月，宋廷借口讨伐湖南，路经南平，乘机进据江陵。高继冲降宋，先被迁往汴州，后又移居徐州，被委以武宁军节度使等职。开宝六年（973）病卒，时年三十一岁。

蜀后主孟昶

孟昶（919—965），后蜀末代君主（习称"后主"）。初名仁赞，字保元，后蜀高祖孟知祥第三子，母贵妃李氏。他在位三十余年，是五代十国时期在位时间最长的君主。早期勤政，多有作为，蜀中一度经济繁荣、文化发展。但后来昏庸骄奢，任用佞臣，沉湎酒色，不思国政，朝政日非，终至国灭家亡。

一、政治清明　繁荣一时

后蜀是五代十国中的地方割据政权之一。五代时，王建据有东西二川，在成都称帝，建国号曰"蜀"，史称"前蜀"。公元925年，孟知祥灭前蜀，自称皇帝，仍建都成都，国号亦曰"蜀"，史称"后蜀"，辖有今四川省、重庆市全境。蜀都成都，素有"天府"之称，物产丰富，人口稠密。

孟昶自幼聪慧知礼，深为父亲孟知祥所爱。孟知祥称帝后，他被任命为检校太保、东川节度使、同中书门下平章事，处于储君的地位。后蜀明德元年（934）七月，孟知祥临终前，将他立为皇太子，并遗诏旧臣宿将赵季良、李仁罕、赵廷隐、王处回等人辅政。

孟知祥去世后，孟昶年少继位，国政大多委于辅政大臣。当时，李仁罕、赵廷隐为前朝宿将，手握重兵；王处回长期为枢密使，典掌机要。三人多各行其是，势焰极盛；唯独宰相赵季良能谨守职分，尽心辅佐。至广政十一年（后汉乾祐元年，948），赵廷隐、王处回罢知政事，赵季良也在此前病逝，至此，孟昶方可独立地处理政务。

自孟昶继位到降宋，中原朝代更迭，内乱不断，而且又有北方契丹人的侵扰与威胁，一直无暇西顾。因此，除后周曾一度出兵攻取后蜀秦、凤、阶、成数州外，后蜀边境大多安然无事，有几十年的安定局面。孟昶在国政治理上，也能实行了一些发展经济、改良政治的措施，使后蜀呈现出短期的繁荣与富足。

孟昶即位之初即颁布劝农桑诏，要求各地刺史、县令将农桑劝课作为主要政务；又曾罢免武将兼领的节度使职务，改为由文臣担任，改善地方吏治。对于聚敛贪污的官吏，也从重处罚。原眉州刺史申贵，在眉州任内横征暴敛、残害百姓，他指使狱中盗贼，诬蔑平民百姓为同党，以收取贿赂，曾指着狱门对左右说："此吾家钱穴。"孟昶亲政不久，即贬申贵为维州司户，未至任所，又于途中赐死。眉州百姓奔走相庆。

孟昶还亲自撰著《官箴》一篇，颁发郡县，告诫地方官员"无令侵削，无使疮痍"，"尔俸尔禄，民膏民脂，为人父母，罔不仁慈"。后来宋太祖也在这个《官箴》里选出四句，作为座右铭，令各地都刻之于石，置于府案。

在内外安靖的条件下，后蜀经济文化取得较大发展，史称"蜀中久安，斗米三钱，国都子弟不识菽麦之苗，金币充实，弦管歌诵盈于闾巷，合筵社会昼夜相接"。孟昶并下诏将《九经》刻于石上，以利传诵。广政十六年（后周广顺三年，953）五月，又准许宰相毋昭裔出私财百万设立学馆，并雕版印制《九经》，颁发郡县，促进了文化的发展与传播。

二、沉湎酒色　国破人亡

孟昶虽然有上述清明的一面，但封建皇帝的本性并未改变，即位数年，即沉湎于所谓"房中术"，不断采选民女入宫。广政六年（后晋天福八年，943），更是下令大选民女入宫，凡年在十三岁以上、二十岁以下的美貌女子，都要选入宫中，弄得举国骚动，百姓纷纷出嫁女儿，称作"惊婚"。虽然新津县令陈及之极力谏阻，孟昶仍选美不止，后宫人满为患。仅后宫位号就分成十四级，自昭仪、昭容至修娟不等。

孟昶与宠妃终日饮酒作乐，不问政事，政治日趋混乱。更为严重的是，赵季良、赵廷隐、王处回等宿将旧臣退出政治舞台后，孟昶重用了一批奸人佞臣，误国误民。新任知枢密院事王昭远、伊审征互为表里、贪佞邪佞，专擅朝政，使后蜀国政日非。而中原地区则出现了强大的宋王朝，后蜀的覆亡已成必然。

宋朝建立后，实行先南后北的方针，首先兵锋南指，广政二十六年（宋乾德元年，963）三月，平荆南，并积极准备伐蜀。次年十月，山南节度判官张廷伟劝王昭远联合北汉攻宋，建功立业，巩固自己的地位。王昭远立即奏明孟昶，派使者赵彦韬等人带着蜡丸书前往北汉，谁料到赵彦韬却直接把蜡丸书交给了宋廷。宋太祖正愁伐蜀没有借口，看过蜡丸书，笑道："西讨有名矣。"随即调动大军，命忠武节度使王全斌等人率领，水陆并进，攻伐后蜀。

得知宋军前来讨伐，孟昶委任王昭远为都统，率军抵御，并希望他努力建立功勋。军队刚从成都出发，孟昶派李昊等人设宴送行，王昭远手拿铁如意指挥军事，自比诸葛亮，酒意正浓，对李昊说："我这次进军，哪里只是抗拒敌军？应当率领这两三万雕面（面目狰狞）恶少儿，夺取中原简直易如反掌！"（"是行也，非止克敌，当领此二三万雕面恶少儿，取中原如反掌耳！"《宋史·世家列传二·西蜀孟氏》）十二月，宋军攻入蜀境，王昭远连连失利，宋军攻下剑门关后，他战战兢兢，卧床不起，汉源一战，溃不成军，他躲到一间仓房里，被宋军抓获。

孟昶得知剑门失利，马上拿出库中金帛，招募士兵，命太子孟玄喆率领北上。太子根本不懂战事，一路携乐器、拥姬妾，加上伶人数十人作为随从。至绵州，听说王昭远失败，惊慌失措，奔回东川，沿途焚掠抢劫，无恶不作。宋太祖闻知后，叹道："孟昶无股肱爪牙，其亡不远矣。"

广政二十八年（宋乾德三年，965）正月，宋军大举南下。到夔州时，蜀将高彦俦不肯投降，自焚而死，蜀兵奔溃，将帅多数被俘虏。孟昶问计于左右，老将石頵认为宋军远来，势不能久，应当聚兵坚守，等待宋兵疲惫。孟昶叹气说："吾与先君以温衣美食养士四十年，一旦临敌，不能为吾东向放一箭，虽欲坚壁，谁与吾守者邪！"（《新五代史·后蜀世家》）

宋军进至汉州时，孟昶奉表请降。十九日，王全斌至成都，孟昶开门纳降，后蜀灭亡。宋太祖将孟昶与太后、妃嫔以及百官，全部迁往都城汴梁。在押送途中，成都数万百姓为李煜送行，人们哭送，孟昶亦掩面痛哭。百姓一直从成都送到犍为，远大达数百里。

宋太祖在汴京利仁坊为孟昶建造了府第，并授"开封仪同三司、检校太师兼中书令，赐爵秦国公"，俸禄同大镇节度使。不过，到宋都七天后，孟昶即病逝于府第，享年四十七岁。宋太祖辍朝五日，下诏册赠尚书令，追封楚王，葬于洛阳，又加谥曰"恭孝"。

孟昶做君主虽不称职，但认作文人雅士则当无愧色。他喜好文学艺术，常与词人唱和，对花间词派的发展有所贡献。对躲避战乱入蜀以及蜀中的画家，他能较为眷顾，在位时西蜀画坛名家辈出。相传他还是对联的创始人（"新年纳馀庆，嘉节号长春"），民间又奉他为送子之神（张仙）。

南汉后主刘鋹

刘鋹（943—980），南汉末代君主。初名继兴，南汉中宗刘晟长子，受封卫王。刘鋹十六岁继位，在位十四年。他昏庸懦弱，国事交与宦官宫人，自己终日淫乐，民不聊生。起初不肯屈服，降宋后居汴梁，受到厚待，得以善终。

一、不理政事　穷奢极欲

南汉是五代十国中的地方割据政权之一。公元905年，岭南东道节度使刘龑在广州称帝，建国号为"越"，后改称"汉"，史称"南汉"，据有今广东及广西南部地区。刘龑死后，其子刘玢、刘晟先后继位。刘晟死后，其长子刘鋹继位。

继位之后，刘鋹对国政大事糊里糊涂，漠不关心，大权掌握在宦官龚澄枢手中。龚澄枢在中宗朝即专权用事，刘鋹继位不久，他被任命为左龙虎观军容使、内太师，独揽朝政。刘鋹认为，朝中群臣都有家室，也就都有私心，不会尽忠报国，只有宦者、宫人无牵无挂，才肯忠心为陛下效力。

就这样，南汉的军国大政，都由宦官或宫人处理，朝中大臣根本无法参与朝政，只是一种摆设。不仅如此，以龚澄枢为首的宦官集团，还对那些不依附自己的文臣武将大行杀戮。宰相钟允章等人相继被杀，趋炎附势的文臣甚至不惜变作阉宦，以致宫中的宦者多达七千人。

刘鋹即位后就很少上朝理政，整日巡幸出游或作乐宫中。他十分宠幸一名波斯女子，并赐号"媚猪"（因这位波斯女子生得又黑又胖）。他自己称"萧闲大夫"，不问国事。对那些受宠的宫妃，却封作三公、三师等高官，她们甚至可以穿起朝官服装，在朝中理事。

继位的第二年，宦官们把一个叫"樊胡子"的女巫领入宫中，对刘鋹说玉皇大帝已经附到"樊胡子"身上，为其专门设置帷帐，使她坐在帐中向刘鋹传送玉皇的旨意。女巫称刘鋹为"太子皇帝"，并说龚澄枢等人都是玉皇派来辅助他的，不可轻易加罪。刘鋹大事小事，都要叩请女巫决断。

刘鋹穷奢极欲，大兴土木，修建了高大宏伟的宫殿。宫殿修成后，他命人用珍宝装饰，布置得富丽堂皇。奢华生活需要大量钱财，刘鋹因此大肆盘剥百姓，赋税繁重，苛捐杂税名目繁多。百姓生活困苦，有的人也曾起来反抗，但都被酷刑折磨而死。

二、不修军备　战败投降

刘鋹继位的第三年，赵匡胤代周建宋。内常侍建议，宋朝势力迟早要南下，对此应早有安排，或者向北方朝贡纳款，或者修城练兵、准备抗击，刘鋹默然不对。

大宝十三年（宋开宝三年，970）九月，南唐李煜奉宋帝旨意致书刘鋹，劝其降宋。刘鋹囚禁使者，不肯投降。宋太祖以潘美为帅，大举伐汉。此时南汉旧臣宿将多半被杀，领兵者多是宦官，而且自中宗以来不修武备，城池不完，甲仗颓败，听到宋军南下的消息，举朝震恐。刘鋹命龚澄枢守贺州，岂料宋军未到，他就先逃回了番禺（今广州）。

到了十一月，宋军攻下贺、昭、桂、连四州。刘鋹自作聪明地对臣下道："昭、桂、连、贺本属湖南，如今北军取去，已经足够，他们不会再南下了。"（"昭、桂、连、贺，本属湖南，今北师取之，足矣，其不复南也。"《新五代史·南汉世家》）

但十二月，潘美又进至韶州（今广东韶关）。韶州是岭南门户，刘鋹听到韶州失落的消息，这才感到事情严重，下令修造番禺城壕，选将防守。不过，这时连一个合适的将领也选不出来。宫女梁氏向刘鋹推荐其养子郭崇岳，刘鋹任之为招讨使。但郭崇岳无勇无谋，只会祈求鬼神保佑而已。

大宝十四年（宋开宝四年，971）二月，宋军逼近番禺，刘鋹将珠宝财物装上十余只大船，想出海外逃，结果被宦官乐范与部分卫兵先行把船盗走。刘鋹无奈，只得素服出降，被送至宋都汴梁。刘鋹把责任全都推给龚澄枢，宋太祖斩了龚澄枢，赦免了刘鋹，并任命为右千牛卫大将军，封恩赦侯。

开宝八年（975），宋灭南唐后，改任刘鋹为左监门卫上将军，封彭城郡公。宋太宗即位后，又改封卫国公。

刘鋹在汴梁住久了，倒也乐不思蜀。刘鋹本人体态丰满，眉清目秀，亦能言善辩。又颇有巧思，曾用珠子将马鞍结成戏龙的形状献给宋太祖，太祖因此感叹说："刘鋹如果能将这项技艺用在治国上，怎么会灭亡！"（"鋹好工巧，遂习以成性，傥能移于治国，岂至灭亡哉！"《续资治通鉴·宋纪九》）

宋太宗征讨占据太原的北汉前夕，召群臣及刘鋹等投降的君主宴饮，刘鋹对太宗道："朝廷威灵远播，四方僭号窃位的君主，今天都在座。不久平定太原北汉，刘继元又将到达。臣率先来到朝廷，希望准许手执挺杖，做各国投降君王的老大。"（"朝廷威灵及远，四方僭窃之主，今日尽在坐中。且夕平太原，刘继元又至，臣率先来朝，愿得执挺，为诸国降王长。"同上）引得哄堂大笑。

太平兴国五年（980），刘鋹在汴梁去世，时年三十八岁。追赠太师，追封南越王。由于刘鋹是南汉最后一位君主，无谥号、庙号，史家习称"南汉后主"。

南唐后主李煜

李煜（937—977），南唐第三位君主。初名从嘉，字重光，号钟隐，亦称"李后主"或"钟隐居士"。李璟第六子，母光穆圣后钟氏。李煜工诗词，擅长绘画、书法，诗词、书画均有很高造诣，堪称一代名家。但政治上却无多建树，甘心臣属赵宋王朝，从而结束了南唐的短暂历史。在宋都汴梁，他寄人篱下，故国之思难免反映在诗词中，最终因此而被害。

一、臣属北宋　忍辱卑屈

李煜的五个哥哥有四个幼年夭逝，只有大哥弘冀活到十九岁，因而他自己实际上成了次子。他还有四个弟弟，名从善、从益、从谦、从信。大哥弘冀颇有文武才干，却心胸狭窄，立为太子后，他生怕别人觊觎，派人毒死叔父景遂。对弟弟李煜也不怀善意，生怕有朝一日威胁到他的地位，这就使少年李煜处于一种相当危险的境地。

李煜自幼就很聪明。除了爱好文学，书法、绘画也很好，因而精神也有所寄托。当时国运危艰，李煜像父亲李璟一样也不愿当皇帝，唯愿从事诗词创作和游乐。但命运却偏偏把他推上了皇位。太子弘冀一心希望做皇帝，却在毒死叔父后不几个月暴卒，李煜被封为吴王，并以尚书令知政事，居于东宫，成了皇位继承人。

过了两年，也就是宋建隆二年（961），后周被宋取代，南唐又向宋太祖称臣。二月，元宗李璟不愿在宋军眼皮底下度日，移驾南昌，称"南都"，正式立李煜为太子，留在金陵监国。

这时，李煜已经二十五岁。李璟为他安排了两个大臣辅佐，一为严续，一为殷崇义，并以张洎主笺奏。这年六月，李璟在南都病故，李煜遂于七月末袭位于金陵，并改原名"从嘉"为"煜"。十月，宋太祖遣枢密承旨王文来祝贺，李煜换了紫袍见宋使，低三下四，毕恭毕敬。宋使走后，李煜才换上黄袍。对大宋来说，他是臣子；对南唐小朝廷来说，他是皇帝。

开宝四年（971），宋灭南汉，屯兵汉阳，居长江上游，威胁着南唐的独立。李煜和南唐朝臣大惧，要对阵显然敌不过，于是遣太尉、中书令韩王李从善到汴梁朝贡，请求把"唐国主"改称

"江南国主"，求宋太祖在诏书里对唐主直呼其名。宋太祖因有其他战略安排，且南唐已不可能产生什么威胁，总算开恩答应，李煜君臣才算松了一口气。

第二年，李煜又下令贬损仪制，改"诏"称"教"，中书、门下省为左右内史府或左右内侍府，尚书省称司会府，御史台为司宪府，翰林院为艺文院或文馆，枢密院为光政院，大理寺为详刑院，客省为延宾院。官号也随之改易，以避中原宋廷。从形式上看，好像是北宋中央政府的下属机构。原先，南唐金陵皇宫十分壮丽，宫阙皆设鸱吻，一派帝都皇城气派。元宗李璟虽称臣于宋，但并未改变皇宫体制。乾德年间之后，每逢宋使到来，就把鸱吻摭去，使者走了复设。到这时，都尽去不用，以表示自己无帝王之意。为了做得彻底，李煜还降封子弟，凡封王者皆降为公。于是，弟弟从善为南楚国公，从益为江国公，从谦为鄂国公。

李煜大搞表面文章，想用这种低三下四的做法，换取南唐小朝廷的苟延残喘，保住南唐国的独立地位。但这种表面文章骗不了任何人，李煜实际上仍旧做着皇帝，只不过是一个忍辱卑屈的皇帝罢了。

李煜不求进取、奴颜婢膝的做法，引起了朝中部分有正气大臣的极大反感。开宝六年（973），内史舍人潘佑见南唐国势日削，用事者多尸位素餐，无所作为，国家眼看就要灭亡却不图振作，乃愤切上疏，极论时政，而终不见用。潘佑再次上疏，语言更为激烈，称希望李煜不要成为夏桀、商纣和孙皓之类的国主，不要眼见亡国而苟求侥幸，并语气激昂地说："三军可夺帅，匹夫不可夺志，陛下必以臣为罪，则请赐诛戮以谢中外！"

李煜本来就听得不耐烦，这下听到把自己比作夏桀、商纣，不禁大怒，自己毕竟还是皇帝，在朝廷总得有点威严和面子，于是下令判罪。因潘佑素与户部侍郎李平交厚，潘佑的狂直极谏，多半是由李平激起，而李平当时又为众所排挤，于是先收李平治罪，接着又收潘佑，加上朋比为奸的罪名。潘佑早就准备一死以尸谏昏君，于是慷慨自杀。李平后来也被缢死于狱中。

尽管李煜对外屈膝投降，对内压制不同意见，但南唐的江山仍然坐不稳。开宝四年（971），李煜遣弟弟李从善往宋廷朝贡之后，被宋太祖扣作人质，多年不回，李煜手疏求李从善还国，宋太祖始终未予答应。为此李煜心里十分难过，虽怏怏以国蹙为忧，却只是日与臣下酣宴，愁思悲歌而已。大臣韩熙载很有文武才，有北伐中原的抱负，李煜也曾考虑用为宰相，但韩熙载见国势危艰，李煜君臣不图进取，自己也与姬妾数十人，纵情娱乐，李煜只好打消起用的念头。不久韩熙载逝世，李煜便再也不提整军北伐之事。

二、不愿入朝　无奈抵抗

开宝七年（974），北宋遣使来南唐，对李煜说："大宋天子今年冬天行柴燎之礼，国主宜往助祭。"李煜脸色一下子变得煞白，一时说不出话来。这不是如同弟弟从善一样，要被扣为人质而作囚虏吗？面对宋使的催逼，他不作回答。

九月，宋太祖又遣知制诰李穆为使，持宋太祖诏书来告："朕将以仲冬有事圜丘，思与卿同阅牺牲祀礼。"这无疑又是一道催命符。李穆还告知北宋大军已经过境，要求李煜尽早入朝，其势更加咄咄逼人。李煜担心入朝被扣，就以有疾辞谢，宋使催迫，李煜百般无奈，低三下四地说："臣事大宋恭恭敬敬，只是希望保全祖宗社稷，想不到逼迫到这种地步，我今天只有一死而已。"说着就要以头触柱，大臣们忙上前拉住。

宋太祖并不理会李煜这套把戏，他要统一中国，不可能让南唐保持独立。他派遣顾州团练使曹翰率师先出江陵，宣徽南院使曹彬和侍卫马军都虞候李汉琼以及贺州刺史田钦祚率舟师也陆续出发。等到李煜拒绝入朝，宋太祖又命山南东道节度使潘美、侍卫步军都虞候刘遇溯江东上，率水陆军并进。这样一来，李煜慌了手脚，连忙又派弟弟江国公李从益向北宋贡帛二十万匹、白金二十万斤，又派起居舍人潘慎修贡买宴帛万匹、钱五百万。与此同时，暗中下令筑城聚粮，加强守备，准备万不得已时作殊死搏斗。李煜既不愿入朝去做囚徒，只有最后一拼了。

宋太祖也很明白，李煜若入朝，自己肯定不能放归，所以也料定李煜不会来。闰十月，宋军由荆湖直趋池州（今安徽贵池）。池州南唐守将戈彦没有接到抵抗的命令，还准备酒肉要犒赏三军，得知宋军真实意图后，抵抗已经来不及，只好弃城逃亡，池州遂为宋军所据。李煜知道大势已去，只有拼死决战，于是下令戒严，抵抗宋军。在大臣们的建议下，李煜下令去掉北宋开宝年号，议立自己的年号，暂时称甲戌岁。

宋太祖挥师南征，做了充分准备，而南唐方面却几乎没有任何准备。此时，宋朝已消灭后蜀、南汉、荆南等割据政权，从三面包围了南唐的国土；又和吴越结成同盟，吴越之师从东面出动，夹击南唐。宋师兼程南下，既占池州，又陷芜湖，吴越之师也向常州进发。李煜手书一通，给吴越王钱俶曰："今日无我，明日岂有君？一旦宋天子易地赏功，你也不过是大梁一布衣耳，也别想真当皇帝。"钱俶收到信后，反而转给了宋太祖。宋军很快进抵金陵附近。

三、成阶下囚　封违命侯

在进兵之前，曾有池州人樊若水，因在南唐考进士不第，不为南唐重用，到宋廷进献在长江架浮桥之策。原来，樊若水在采石矶以钓鱼为名，经过几十次测量，精确计算出当地长江的深度和宽度。宋军进兵采石矶、破南唐守将杨收以下二万人时，樊若水便向宋军建议在采石矶建造浮桥。

宋军根据樊若水的实测，把大船排列起来，造了第一座浮桥，顺利渡过了长江天险。当时，李煜听说宋军要造浮桥，就问侍臣张洎，张洎答道："有史以来，长江还没听说过可以架桥。"李煜因此以为宋军的举动形同儿戏，根本不予重视。南唐君臣认为，春夏之际大江必然暴涨，谓之"黄花水"，宋军哪里能渡得过来？但事出意外，桥竟搭成，黄花水也不足为虑。等南唐军队发觉时，国都金陵已被宋军层层包围。

据史载，李煜本人很久都不知道浮桥搭成、宋军已渡的情况。当时李煜把军务委托皇甫继勋，政事委托陈乔、张洎，又以徐元瑀、刁衎为内殿传诏。但当时所有警报，徐元瑀等人都不作报告。直到李煜有一天登城，见宋军军营列于城外，旌旗遍野，才知道为近臣蒙蔽，于是杀掉了皇甫继勋。

事已至此，李煜只好写诏书派人送到南都，召镇南节度使朱令赟率军勤王。朱令赟发兵十五万，旌旗、战舰十分雄壮，又编木为筏，长百余丈，大舰容千人，小舰亦能容百人，自鄱阳湖口至长江，前后数十里。如果李煜早做准备，有这样一支强军，宋军恐怕难渡长江天险。但李煜起先根本就不准备抵抗，待朱令赟大军出发时，战机已经失去。朱令赟率水师沿长江南下，企图冲断宋军浮桥，切断宋军退路。进至皖口，与宋军相遇，南唐军倾火油焚烧，谁知北风骤起，反焰自焚。南唐军大溃，朱令赟及副将王晖皆被宋军活捉。

外援既绝，金陵已是危城一座，但李煜不愿做囚徒，还是不肯投降。宋军围城前后长达一年时间，最后金陵城中一斗米价值万钱，病饿而死者互相枕藉。李煜又派张洎作蜡丸帛书向契丹求救,却根本不能送达。无奈之际,又派国内辩士、大学者徐铉到汴梁说情。宋太祖让徐铉进殿,徐铉说:"李煜无罪,陛下师出无名。"赵匡胤并不生气,而是让他继续。徐铉又说:"李煜以小事大,如子事父,未有过失,为什么要兵戎相待呢?"连篇累牍地说了一大套,赵匡胤才慢吞吞地反问了一句:"你说父子分为两家,能行吗?"("尔谓父子为两家,可乎?")说得徐铉无言以对。最后,宋太祖厉声说:"不要多说了!江南(南唐)又有什么罪过?但天下本是一家,卧榻的旁边,岂能容忍别人鼾然大睡呢!"("不须多言!江南亦有何罪?但天下一家,卧榻之侧,岂容他人鼾睡乎?"《续资治通鉴·宋纪八》)吓得徐铉惶恐而退,赶紧回来报告,李煜最后的希望破灭了。

开宝八年(975)十一月,金陵城被宋军攻陷。李煜在自己的宫殿积薪数丈,发誓若城破失守,就携妻儿和李氏血亲赴火就义。但他根本没有自杀的勇气,当宋朝大将曹彬率大军杀进宫来时,李煜即率领司空、知左右内史事殷宗义等四十五人,肉袒跪拜投降。

随后,李煜北上朝见宋太祖。宋太祖在明德楼御殿召见,宣布赦免李煜等人,封李煜为光禄大夫,检校太傅,右千牛卫上将军;又封违命侯,享受王侯一级的待遇。其时乃开宝九年(976),李煜正好四十岁。

四、诗词文章 成就非凡

李煜和父亲李璟一样,虽是昏庸君主,但不是暴君,待人处事很讲感情。同样的是,他也有很高的文艺天赋,诗词成就较之其父更是有过之而无不及,为中华词史上的杰出词人。

李煜是一个颇有人情味的帝王,他天资纯孝,对父母能尽子道,感情很深厚。父亲李璟去世时,李煜居丧哀毁;母亲钟氏患病,他朝夕侍在身侧,衣不解带,药必先尝。他对臣民也比较仁爱,凡论决死刑多从末减,曾亲往大理寺释放囚徒。他在汴京被毒死的时候,江南有巷哭者。

李煜自小就具有优越的文艺环境,受到良好的熏陶和修养。父亲李璟及其周围,都是一些艺术气息浓厚的人。李煜自小雅爱文学,不仅能作诗词,而且善于书法和绘画。李煜的书法很有特点,作颤笔有如樛曲之状,遒劲如寒松霜竹,人谓之"金错刀"。他有时不用毛笔,卷帛而书,亦能如意,写得相当漂亮,当时称为"撮襟书"。李煜爱画墨竹,《宣和画谱》录有"李后主丹青",署名自称"钟峰隐居"。李煜还爱好音乐,知音律。

李煜的一生,几乎都在与诗词艺术打交道。未嗣位时,就在东宫开崇文馆,招揽贤才。即位之后,更置澄心堂,在内苑招引能文之士,徐元楀、元机、元榆、元枢兄弟居其间,讨论文学,诗词唱和。国亡之时,还任用周惟简为文馆《诗》《易》侍讲学士,延入后苑,讲《易》问卦,诵读《毛诗》。至于那首没有写完而城破的《临江仙》,更显示出他对文学的爱好:国家灭亡在即,犹能作诗。故国灭亡之后,他写了许多诗词,诗词可以说就是他的生命。

据载李煜著有文集三十卷,杂说百篇。后人评价:"文有汉魏风","杂说百篇"可继《典论》。但书多散失,文章可考见的有《大周后诔》《却登高文》等十二篇。其中有些真伪尚不能定,或有当时词臣所作者。诗词可考见者,有《全唐诗》所录十八首,词三十二首。而这些作品中,流行最广远、影响最大的当属词作。李煜词的专集,始见于宋尤袤《遂初堂书目·乐曲颂》,另外,宋陈振孙《直斋书录解题》第二十一有李煜和其父李璟的《南唐二主词》,但其中也可能夹杂有他人的作品。

五、宠爱二周　被毒身亡

李煜是南唐保大十二年（954）结婚的，时年十八，妻子周娥皇是司徒周宗之女，时年十九。两人婚后情爱弥笃，李煜为妻子写了许多诗词。

周娥皇不但容貌堪称国色，且通书史，善弈棋、歌舞，尤精琵琶。年少时，她曾在李煜父皇李璟面前弹奏，李璟极为赞赏，把最珍爱的烧槽琵琶赏赐给她。李煜即位后，更是宠擘专房，册为国后。周后风流而有才气，创造了一种高髻纤裳以及首翘鬓朵之妆，当时妇女争相仿效，成为流行服饰。周后对于词曲特别在行，善于因词谱曲，随之演唱，楚楚动人。

但好景不长，周娥皇竟一病不起。周后患病时，李煜旦夕视疾，药非亲尝不进，甚至衣不解带。封建帝王能如此，亦属难能可贵。在调养之际，周后最宠爱的少子仲宣夭亡，对她打击很大，病即转恶。她知道自己不久于人世，与李煜诀别，声声含泪，感人肺腑。去世时，她年仅二十九岁。

周娥皇去世后，李煜转而恋爱娥皇的妹妹，史称"小周后"。小周后和姐姐一样美丽，才艺也很相称，且年幼天真，更招人喜欢。

小周后入宫多年，并没有名号。这一是因为周娥皇去世后，李煜哀毁过甚，无心他顾；二是第二年母亲钟氏去世，李煜以居丧之故，未及备礼。直到开宝元年（968），才议立小周后为继室，称"继国后"。在国家即将灭亡之际，李煜自知灾祸不可免，便不图进取，不事振作，日夜行乐。大臣韩熙载以下皆作诗讽谏，李煜既不肯听、也不谴责，只是得过且过而已，满门心思都倾注在爱情和诗词之中。南唐灭亡，小周后随李煜北迁汴梁，被宋廷封为郑国夫人。

宋太祖驾崩后，继位的宋太宗比太祖更为猜忌，有一次，宋太宗让南唐故臣徐铉来见李煜，二人见面后相持大哭，默不作声许久。忽然，李煜长叹一声说："悔当时杀了潘佑、李平！"徐铉本是太宗派来察看动静的，不敢隐瞒，便直言相告，太宗因此更加猜忌。

太平兴国二年（977）七夕，是李煜的生日。李煜在赐第中命故伎作乐庆贺，声闻于外。宋太宗听了十分恼怒，又传出李煜新作"小楼昨夜又东风"和"一江春水向东流"句，太宗认为他贼心不死，眷念故国，心存报复。于是赐予毒酒，李煜喝下毒酒，当晚去世，时年四十二岁。小周后痛不自胜，没过几个月亦即去世，年仅二十几岁。

吴越忠懿王钱俶

钱俶（929—988），吴越末代君主。初名钱弘俶，入宋后避宣祖赵弘殷讳，改称"钱俶"，字文德。文穆王钱元瓘第九子，忠献王钱弘佐之弟，母吴氏。

后晋天福四年（939），钱俶任内牙诸军指挥使、检校司空。钱弘倧在位时，钱俶参与主持相府工作。

后晋开运四年（947）末，权臣胡进思率军威逼钱弘倧退位，拥立钱俶为王。钱俶继位后，减免租税，整顿内政，安定了国内局势。对中原的后周王朝，仍旧称臣纳贡。

宋朝建立后，钱俶更是谨慎侍奉，不敢怠慢，多次遣长子入贡。当时，宋太祖集中力量先后平定荆湖、西蜀、南汉、南唐，无暇顾及吴越，因此便让吴越的臣属国地位一直保留了下来。

宋开宝七年（974），宋军大举进攻南唐，下诏要钱俶发兵援宋，攻打南唐，并要他"无惑人'唇亡齿寒'之言"。钱俶即发兵响应，攻下常州等地。南唐亡后，钱俶主动请求北上入觐。次年二月，至宋京汴梁，恭行臣礼。返回时，宋太祖交给他一个黄色包袱，要他路上再看。钱俶途中打开一看，尽是宋朝大臣请求扣留自己的上奏。此后，他更是战战兢兢，以臣子自居，宋廷令他散除兵甲，命他拆除城堡，均照办不误。这样，他也就成了徒具虚名的吴越国王。

宋太祖去世后，宋太宗继位，钱俶被召往汴梁，虽然表面上仍然十分优宠，但他已感到必须献出吴越国领地了。太平兴国三年（978）五月，钱俶献出土地，宋廷则在扬州虚设一淮海国，令他为王，实际上仍将他留在开封。吴越国至此结束。

虽然不做吴越国王了，钱俶的日子也不轻松，降国之王，寄人篱下，只好谨慎克己，小心度日。每天的早朝，他一定要提早赶到宫门等候。一天早晨，风雨大作，众节度使、降王没有一人上朝，只有钱俶父子二人按时来到。连宋太宗也怜悯道："卿已是中年，宜避风冷，自今入谒不须太早。"（《宋史·世家传三·吴越钱氏》）

端拱元年（988）八月二十四日，是钱俶的诞辰，宋太宗为他赐宴。他叩谢皇恩后，接受了赐宴，逐一品尝了御赐的佳肴琼浆。当天夜里，钱俶突然去世。相传，他是被宋太宗毒死的。宋廷追封他为秦国王，谥曰"忠懿"，葬于洛阳城郊陶公原。

北汉后主刘继元

刘继元（942—991），北汉末代君主。本姓何，母为北汉开国君主刘崇之女；父母早逝，兄弟二人为舅父刘钧（北汉睿宗）收养，因改姓。其兄刘继恩继位后被杀，权臣立其为帝。继位后,他一改脾性,暴戾无常;仰奉契丹辽,不肯降宋。宋军围城后奉表出降,数年后在汴梁病逝。

一、国势衰微　兄长被杀

刘继元本姓何,其母是北汉开国君主刘崇之女,先嫁薛钊,生子继恩;后嫁何氏,生继元。父母双亡后,兄弟俩无依无靠,遂投奔了舅父刘钧,刘钧收他们做养子,也便姓了"刘"。

刘继元成年之后,仪表堂堂,善于谈论,好与僧人来往,颇通禅学。

刘钧继位时,北汉国势已经十分衰落。后周势力日益强大,北汉面临兵戎之灾。北汉一向依附契丹人建立的辽朝,但当时辽朝也自顾不暇。天会三年(后周显德六年,959),后周进攻辽朝占据的瀛洲、莫州一带,辽主甚至遣使向刘钧告急。在这种情况下,刘钧一方面继续依附辽,认辽主为父皇帝,自称儿皇帝;另一方面,也主动与蜀、南唐等国建立联系,但没有多少实际行动。

天会四年(宋建隆元年,960),宋太祖代周建宋,采取先南后北的策略,对北汉没有大的军事行动,刘钧的小朝廷倒也稍稍获得了一些安定。

天会十二年(宋乾德五年,968),刘钧重病不起,召见同平章事郭无为,嘱以后事。不久病卒,养子刘继恩继位。这时,北汉国势更加疲弱,朝政由郭无为把持。郭无为本是云游道士,自称能预知吉凶、求风卜雨,深得刘钧信任。刘钧罢免原宰相赵宠,任命郭无为为同平章事,五台山僧人继颙为鸿胪卿。二人互相联合,控制了朝政。

刘继恩继位后,又给郭无为加官守司空,但暗地里却准备将其除掉。当时刘继恩独居一室守丧,左右亲信都不在身边。有人建议将郭无为召入宫中杀掉,但刘继恩犹豫不决;又有人建议大宴群臣，在席间杀掉郭氏，刘继恩采纳了后一个建议。

九月十日，刘继恩依计在宫中大宴群臣，但郭无为没有到场，计谋落空。宴请结束，刘继恩回到居室，刚刚躺下，供奉官侯霸率十余人持刀进入，反扣房门。刘继恩急忙起身，躲在屏风后面，但还是被侯霸杀了。侯霸还没来得及出去，郭无为已派人由窗中入内，把侯霸一行十人统统杀掉。

二、暴戾无常　国破降宋

刘继恩死后，宰相张昭敏建议立刘崇之孙为帝，但郭无为认为刘继元温文尔雅、易于控制，坚持要立刘继元。于是，天会十二年（宋乾德元年，968）九月，刘继元被立为帝。

也许是因为受兄长刘继恩被杀一事的刺激，刘继元即位后，一改过去谈禅读经、温文尔雅的风度，变得十分多疑，暴戾无常，动辄杀人。

刘钧的皇后郭氏，本来是刘继元兄弟的养母，但他怀疑自己夫人的猝死与郭后有关，马上派人将其勒杀。刘崇的十个儿子和一些近亲子孙，几乎都被他杀光；朝中大臣稍有触忤，轻者杀头，重者灭族；连宫中的妃嫔，也不时遭到他的杀戮。刘继元的所作所为，与专擅朝政的郭无为发生了严重冲突。

当时，北汉处处仰契丹鼻息，内部无财无粮、国库空虚，外部强大的宋朝又时时威胁着其生存。郭无为认清形势不可逆转，暗自准备降宋。

刘继元继位的当年，宋太宗遣人送来诏谕：若刘继元归附，可授平卢节度使。同时又另外送给郭无为一份诏书，答应若北汉归宋，郭无为可授安国节度使。郭无为得诏十分高兴，劝刘继元向北宋称臣，刘继元不肯。郭无为遂独自与宋朝间谍往来，并多加保护。

天会十三年（宋乾德二年，969）三月，宋太祖亲自率军至晋阳，将晋阳城团团包围。刘继元派人突围，未能成功。郭无为又劝其降宋，刘继元不肯，他仍期待着契丹援军。其实，他之所以不想降宋，在于不愿放弃为所欲为的人主生活。一天，刘继元宴集群臣，郭无为在庭中痛哭道："为何要以空城抗拒百万之师？"抽出佩刀就要自刎，想以此煽动人心，归降宋朝。刘继元急忙下阶，拉着他一起入座，但绝口不提投降之事，次日，又遣使去辽朝催促援兵。

当年四月，契丹兵分道入援，不久即败归。宋军又以水灌城，决汾水大堤，汾水流入晋阳南城。郭无为准备出降，向刘继元请求率军夜击宋军。刘继元选精兵千人，亲自到城门送行。当天风雨太大，郭无为半道折回，其密谋却被人告发。五月，刘继元诛杀郭无为。宋军也因天热多雨、军中流行疾病而撤退。

此战之后，刘继元与辽朝的依附性更加增强，甚至连粮草供给也多仰给于辽朝，国中大小政务无不一一禀告辽主。

北汉广运二年（宋太平兴国元年，975）三月，辽与宋通好，遣使告诉刘继元，要他也与宋通好，不要随便与宋军交战。但辽与宋的关系并不稳定，双方关系很快又告紧张。

广运六年（太平兴国十年，979）二月，宋太宗率军进入河东。四月，宋军包围晋阳城，太宗又向刘继元保证："若出降，可永保富贵。"五月初，刘继元奉表投降。宋太宗授其检校太师、右卫上将军、封彭城郡公，并将刘继元和刘氏亲属百余人全部迁至汴梁。宋太平兴国六年（981），又加刘继元为开府仪同三司，雍熙三年（986），授保康军节度使。

淳化三年（992），刘继元在汴梁病逝，追赠中书令，追封彭城郡王。